張覺述作集

論語善本彙校集注譯評

張覺 撰

南京大學出版社

圖書在版編目（CIP）數據

論語善本彙校集注譯評 / 張覺撰. —南京：南京
大學出版社，2024.4
　（張覺述作集）
　ISBN 978-7-305-27520-3

　Ⅰ.①論…　Ⅱ.①張…　Ⅲ.①《論語》—研究　Ⅳ.
①B222.25

中國國家版本館 CIP 數據核字（2024）第 002081 號

出版發行　南京大學出版社
社　　址　南京市漢口路 22 號　　　　郵　編 210093
叢 書 名　張覺述作集
書　　名　論語善本彙校集注譯評
撰　　者　張　覺
責任編輯　李晨遠
述作集題簽　張　覺
照　　排　南京紫藤製版印務中心
印　　刷　南京玉河印刷廠
開　　本　718 mm×1000 mm　1/16　印張 31.25　字數 512 千
版　　次　2024 年 4 月第 1 版　2024 年 4 月第 1 次印刷
ISBN　978-7-305-27520-3
定　　價　120.00 圓

網　　址：http://www.njupco.com
官方微博：http://weibo.com/njupco
官方微信：njupress
銷售諮詢熱綫：(025) 83594756

張覺二〇一三年十月二十日於曲阜孔廟　（丁雲亮攝）

　　張覺教授主要研究中國古典文獻與傳統文化、漢語言文字學，已由26家出版社出版著作55種，主要有《韓非子導讀》（巴蜀書社1990年版）、《白話搜神記》（岳麓書社1991年版）、《韓非子全譯》（貴州人民出版社1992年版）、《商君書全譯》（貴州人民出版社1993年版）、《吳越春秋全譯》（貴州人民出版社1993年版）、《〈論語〉〈孟子〉精華譯評》（中國旅遊出版社1993年版）、《荀子譯注》（上海古籍出版社1995年版）、《曾鞏散文精選》（東方出版中心1998年版）、《潛夫論全譯》（貴州人民出版社1999年版）、《常用成語詞典》（黃山書社2000年版）、《〈孟子〉句式變換釋例》（上海財經大學出版社2001年版）、《現代漢語規範指南》（漢語大詞典出版社2002年版）、《〈韓非子〉選評》（上海古籍出版社2004年版）、《韓非子譯注》（上海古籍出版社2007年版）、《商君書導讀》（中國國際廣播出版社2009年版）、《韓非子：帝王的法術》（上海古籍出版社2009年版）、《韓非子校疏》（上海古籍出版社2010年版）、《韓非子》（《大中華文庫》，商務印書館2015年版）、《韓非子》（《中華傳統文化百部經典》，國家圖書館出版社2018年版）、《張覺述作集》（已出書目見封底）。其中《韓非子校疏》於2011年獲第十四屆華東地區古籍優秀圖書獎一等獎，《吳越春秋校證注疏》（增訂本）於2020年獲第五屆湖湘優秀出版物獎，《荀子譯注》（上海古籍出版社版）、《韓非子》（國家圖書館出版社版）爲全國古籍整理出版規劃領導小組辦公室2021年首批向全國推薦的經典古籍優秀整理版本。

　　此外，已在137種刊物上發文336篇，並完成了以下項目：國家社會科學基金一般項目“《韓非子》微觀研究”（批准號：04BZX031）、《吳越春秋校證注疏》（批准號：13BZW092）、《〈潛夫論〉彙校集注》（批准號：17BZW014），國家社會科學基金後期資助項目《韓非子書錄考論》（合作，批准號：18FTQ008），全國高等院校古籍整理研究工作委員會重點科研項目《韓非子校疏》（批准編號：0314）、《商君書校疏》（批准編號：0863），教育部人文社會科學研究規劃基金項目《韓非子考論》（批准號：10YJA720041），上海市教育委員會科研創新重點項目《吳越春秋校證注疏》（批准號：13ZS058）、《潛夫論校箋注疏》（批准號：14ZS079）。

目　録

述作集自序

　　人活在世界上，有的地位甚高，身價不菲，但終其一生，其價值仍然可以用單一的經濟尺度去衡量——一輩子賺了多少錢；有些人的人生價值就不是單用金錢所能衡量的，這就是古人所謂的"不朽"。據《左傳·襄公二十四年》記載，范宣子問叔孫豹曰："古人有言曰：'死而不朽。'何謂也？"叔孫豹回答說："魯有先大夫曰臧文仲，既沒，其言立。其是之謂乎！豹聞之：'大上有立德，其次有立功，其次有立言。'雖久不廢，此之謂不朽。若夫保姓受氏，以守宗祊，世不絕祀，無國無之，祿之大者，不可謂不朽。"[1] 由此看來，人的政治生命與其生理生命同樣脆弱。從政者即使能顯赫一時，但隨着其心臟停止跳動，其政治生命也往往就此結束而不可能不朽。誠然，就是在古人心目中處於領先地位的"立德""立功"，我看其對後世的作用也有限。據杜預、孔穎達的注疏，所謂"立德"，是指黃帝、堯、舜之類的聖人"創制垂法，博施濟眾，聖德立於上代，惠澤被於無窮"；所謂"立功"，是指禹、稷之類的賢人"拯厄除難，功濟於時"[2]。這些聖賢，雖然因其功德而名垂青史，但其功德也不過是讓人緬懷而已。由於時代的變遷，他們創製的東西早已不再有什麼實際的效用了。這種情況猶如司馬遷所感歎的那樣："天下君王至于賢人眾矣，當時則榮，沒則已焉。"[3] 至於一般人，其結局就更是"沒則已焉"——"已焉"了。2021 年 4 月 8 日，我在"蘇高中 68 屆一班"羣裏看到同學陳漢中轉發的《一個獨居老知青的慘淡人生》，說老人過世不久，旅居國外的子女就把他的住房遙控出售了。其遺物中有老人珍藏的相册、獎章、高級工程師證、日記等，記載着他的一生：當知青，恢復高考後考上大學，進國企後從技術員做到副總工，下崗後出去打拚，在異地安家，把一雙兒女培養成才送到國外，老伴走後，他孤獨地度過了最後的六年。買房者叫其子女來收拾老人珍藏的這些遺物，其子女卻說"你們都扔了吧"，因而令買房者唏噓不已。我想，這應該是絕大多數人的結局吧，只要看看你自己保留了多少祖上以及父母的遺物，面對這殘酷的現實可能也就見怪不怪了。承載着個人"德""功"的獎章、高級工程師證等在其子女眼中已毫無價值，在社

---

①　《左傳·襄公二十四年》，中華書局 1980 年影印本《十三經注疏》，第 1979 頁。
②　《左傳·襄公二十四年》，中華書局 1980 年影印本《十三經注疏》，第 1979 頁。
③　司馬遷：《史記·孔子世家》，世界書局 1935 年影印本《四史》，第 333 頁。

會上就更微不足道了。其實，即使是天下認可的各種大獎或證書，能不被歷史淘汰的又能有多少？

在我看來，最有不朽效用的應該是"立言"。如果你能"立言"於世，你的傳世之作就是你的身内之物和不朽的豐碑，它永遠署你的名而永遠屬於你，即使子女把你的遺物棄之如敝屣，没人上你的墳來紀念你，後人也會從你的著作中獲益而永遠懷念你。誠如魏文帝曹丕之《典論·論文》所説："蓋文章，經國之大業，不朽之盛事。年壽有時而盡，榮樂止乎其身，二者必至之常期，未若文章之無窮。是以古之作者，寄身於翰墨，見意於篇籍，不假良史之辭，不託飛馳之勢，而聲名自傳於後。故西伯幽而演《易》，周旦顯而制《禮》，不以隱約而弗務，不以康樂而加思。夫然則古人賤尺璧而重寸陰，懼乎時之過已。而人多不强力，貧賤則懾於飢寒，富貴則流於逸樂，遂營目前之務，而遺千載之功，日月逝於上，體貌衰於下，忽然與萬物遷化，斯志士之大痛也。"[1]

的確，人在世上走一回，唯有給社會留下一些不朽之作（視野再開闊一些，應該説給社會留下一些永遠值得後人利用的東西），其生命纔有意義；否則，其存在與否也就無足輕重了。因爲一個人壽命再長也終有盡頭，其生前的工作即使十分輝煌而取得了莫大的榮譽，賺的錢、積累的財富即使無與倫比而惠及子孫或他人，到時候也會被歷史滌蕩殆盡，而至多只能讓後人感歎一聲"浪淘盡、千古風流人物"[2] 而已；一個人唯有留下一些能不斷重印的傳世之作，纔能做到老子所説的"死而不亡者壽"[3]。回顧我 1969 年下鄉務農以來這五十多年間的奔忙，除了現在還在重印的著作外，其他的辛勞，如種地、做工、教書乃至某些科研工作，都兑換成了統一的人民幣而已經或即將化爲泡影乃至不留絲毫痕跡。再回眸歷史，除了那些流傳不衰的著作之外，芸芸衆生和諸多物質文明也大都被大浪淘盡。於是我深深地體會到，社會的交換與歷史的無情是如何在不斷地摧毁個體的人生價值而使你灰飛煙滅，只有文化、經典之中藴涵的精神方面的東西纔具有强大的不朽的生命力，而軀體、財富等物質的東西是多麽地微不足道而相形見絀，如果借用以往的學説名稱，這應該是一種科學的"神

---

① 曹丕：《典論·論文》，中華書局 1977 年影印本《文選》，第 720 頁。

② 蘇軾：《念奴嬌·赤壁懷古》，上海古籍出版社 1962 年版《宋詞選》，第 75 頁。

③ 《老子》第三十三章，文物出版社、上海書店、天津古籍出版社 1988 年縮印本《道藏》第 11 册，第 484 頁。

不滅論"和"靈魂不死論"吧。正是受到這種傳統思想的影響,我纔"賤尺璧而重寸陰",身處貧賤而仍加務於著述。

但是,曹丕所説的寫文章也好,今人所説的著書立説也好,與"立言"誠然是不能畫等號的。試看今日之世界,文章浩瀚如海,圖書堆積如山,其作者都能算作"立言者"而不朽嗎?歷史是最公正無私的評判者。只有通過歷史的冲刷而流傳不衰反復重印的著作纔是不朽之作,只有貢獻了傳世之作的人纔能永遠活在人間。正是基於這樣的認識,我纔甘心久坐冷板凳,常泡圖書館,長年累月孜孜矻矻,不遺餘力精益求精,其目的無非是想使拙著贏得讀者的青睞而久傳於世。

據孔穎達的説法,"立言謂言得其要,理足可傳","老、莊、荀、孟、管、晏、楊、墨、孫、吳之徒制作子書,屈原、宋玉、賈逵、楊雄、馬遷、班固以後撰集史傳及制作文章,使後世學習,皆是立言者也"①。如此,則我雖然努力於著述,卻又離立言者甚遠。因此,我不敢將自己的作品集名爲"文集",而用了一個前人未曾用過的名稱"述作集"。

孔子曰:"述而不作,信而好古,竊比於我老彭。"② 我將自己的作品集命名爲"述作集",即源於此。不同的是,我雖然好古,卻信疑參半,所以於"述"之外又不免有所"作"。換言之,即既欲有所繼承以集前賢之大成,又欲有所發明以成一家之説。竊以爲唯其如此,方能使自己的作品受人青睞而不朽於世。誠如孔子所言:"學而不思則罔,思而不學則殆。"③ 治學不能不有所思考,有所創新,但思索卻又必須以學習與繼承爲基礎。所以,無"述"則學無根底,無"作"則學無所成。我之追求"述"而又"作",即基於這樣的認識。當然,我的這一追求也與自己的才智有關。如今有一些能人名流都是天才的創新發明家,所以他們能够"不述而作",完成一個又一個重大課題,獲得一個又一個大獎,這是我無法企及的。

出版文集往往是大家的事。現在我出版自己的述作集,其實並不意味着要以大家自居。我出身貧寒,命運坎坷,一生貧賤,出版述作集本是連做夢也沒有想到的事。

1949 年 3 月 9 日(農曆二月初十)夜,我出生於江蘇省太倉縣茜涇鎮

---

① 《左傳·襄公二十四年》"其次有立言"孔穎達疏,中華書局 1980 年影印本《十三經注疏》,第 1979 頁。

② 《論語·述而》,中華書局 1980 年影印本《十三經注疏》,第 2481 頁。

③ 《論語·爲政》,中華書局 1980 年影印本《十三經注疏》,第 2462 頁。

東街的倪家，這是當時我家借住的房子。平民百姓無家譜，所以大都不知道自己的老祖宗是誰，我家也一樣。據我父親的記憶，只知道我的曾祖叫張燕亭（1881—1944）。由於我父親外出工作，我的童年是在祖父母的撫育下度過的，因此也受到了叔父的啓蒙教育。正因爲如此，我入學後成績一直名列前茅，但我父親 1961 年 9 月響應政府號召下放務農後，家庭的貧困使我差一點輟學。禍不單行，我 1965 年考取蘇州高級中學後纔一年，原本穩上大學的前途又一下子被"文化大革命"改變了，"一片紅"使我不得不帶病回鄉務農，十年青春也就在勞累和貧病交加的掙扎中耗掉了。如果要總結這十年的收穫，恐怕只有兩點：一是在勞我筋骨、餓我體膚的鍛煉中增強了我的體質，雖然高考體檢時我 1.68 米的身高只有 99 斤，卻也頗能吃苦耐勞；二是在苦我心志、空我家財的磨練中養成了我頑强的毅力和艱苦奮鬥的拼搏精神。不知這是否是孟子所説的上天的安排①。

　　1977 年恢復高考，我考入南京大學，接着又考入復旦大學攻讀碩士學位，但由於老家已分田到户，我還得花不少時間回家種地。爲了徹底擺脱務農生涯而潛心於治學，我 1985 年初畢業後放棄了在重點大學任教的機會，到了空軍政治學院任教。1989 年，學院首長安排我轉業到太倉縣中學教書。爲了利用上海的文獻資料從事古籍整理與研究，我只好辭不赴命而下崗待業在家。在下崗待業尚未成爲社會普遍現象的當時，作爲一家之長，我所承受的經濟壓力、精神壓力與種種坎坷恐怕是一般人所難以想象與忍受的。

　　爲此，我窮而發憤，夜以繼日，賣文爲生，在待業的六年中，發表了一百多篇文章，還撰寫出版了《商君書·韓非子》（岳麓書社 1990 年版）、《白話搜神記》（岳麓書社 1991 年版）、《韓非子全譯》（貴州人民出版社 1992 年版）、《商君書全譯》（貴州人民出版社 1993 年版）、《吳越春秋全譯》（貴州人民出版社 1993 年版）、《〈論語〉〈孟子〉精華譯評》（中國旅遊出版社 1993 年版）、《〈韓非子〉精華譯評》（中國旅遊出版社 1993 年版）、《白話商君書》（岳麓書社 1994 年版）、《荀子譯注》（上海古籍出版社 1995 年版）。這些成果，雖然凝結着我身處

---

①　《孟子·告子下》（中華書局 1980 年影印本《十三經注疏》第 2762 頁）："孟子曰：舜發於畎畝之中，傅説舉於版築之間，膠鬲舉於魚鹽之中，管夷吾舉於士，孫叔敖舉於海，百里奚舉於市。故天將降大任於是人也，必先苦其心志，勞其筋骨，餓其體膚，空乏其身行，拂亂其所爲，所以動心忍性，曾益其所不能。""空乏其身行"即"空其身、乏其行"，是使其身無分文、出行無資費的意思。傳統將"行"屬下讀，誤。參見拙文《〈孟子〉句讀探討一例》，載《語文學習》1986 年第 6 期。

逆境時的頑強、勤奮與心血，但我更要説的是，它們離不開出版界同仁的熱情幫助與大力支持。岳麓書社梅季坤先生等滿懷古道熱腸而鼎力相助的動人場景，一直浮現在我的眼前。正是他們的雪中送炭，點燃了我熬過嚴冬的希望，使我身處鐵屋之寂寞而仍然不覺得孤獨，從而支撐着我艱難而順利地度過了那黑暗而冷酷的六年待業時期，同時又奠定了我的學術研究基礎。這不能不令我感慨萬千而要在此深情地寫下這濃重的一筆，以便使他們的恩德能隨着拙著的流傳而永遠被銘記。

1995 年，在空軍政治學院石柏年政委的幫助下，我終於結束了待業生涯而轉業至上海財經大學基礎教學部任講師，並於 1996 年任副教授。此後雖然忙於教學工作，但寫書之興趣與動力猶存，故丹黄仍不絕於手，於是又有《曾鞏散文精選》(東方出版中心 1998 年版)、《潛夫論全譯》(貴州人民出版社 1999 年版) 等新作問世，還完成了《老子古本探賾正解》的初稿。

人的希望或欲望大概總會隨着適合其發展的條件而不斷發展。在 1986 年，發表一篇文章就已令我高興萬分。1990 年，出版一本書會令我激動好一陣子。在那個時候，哪會萌生出版論文集或著作集的奢望呢？然而，書寫得多了，也就有出版著述集的基礎與願望了。1998 年開始，我將出版《張覺述作集》的計劃寄給了不少出版社，但均未成功。這究竟是什麼原因，我一時也不清楚。直到我歷經磨難於 2002 年又一次申報教授職稱受挫後，纔稍微有所了悟——我非常珍視自己的著作，不過是犯了曹丕在《典論·論文》中所説的毛病："夫人善於自見……家有弊帚，享之千金。"① 這些古籍譯注之作在很多學者眼中其實算不了什麼學術成果。

聽説當時某評委認爲我不夠教授資格，理由主要有三條：一是我的古籍譯注之作根本不能算學術成果，二是我出那麼多書不正常，三是我的論著涉及各個學科而所申報的漢語言文字學方面的成果不突出。

没想到我摒棄一切娛樂生活而夜以繼日地拼搏，只換到了一個否定。

當然，這種觀念也並非某評委所獨有。

在一些學者眼中，搞古籍譯注根本算不上學術研究，如今的社會科學課題或評獎中大多没有古籍譯注的一席之地，即反映了這一學術觀念。有一位好心的老師曾勸我説："你還是去搞一點學術研究，别把精力浪費在這上面。"由此我深深地感悟到古代將文字訓詁之學稱爲"小學"的道理——

---

① 曹丕：《典論·論文》，中華書局 1977 年影印本《文選》，第 720 頁。

這種既够不上"學術"又算不上"研究"的工作，何以不"小"呢？

至於著作多不正常，中國社科院鄧蔚先生也説過："深圳有位學界朋友告訴筆者，一個 40 歲的人來求職，如果拿出三本專著來，你就趕緊打發他，肯定是騙子；如果拿出兩本專著來，你要懷疑；如果只拿出一本書，還可以看一看。——當然，他説的專著是有自己心得的研究成果。這話雖然有點極端，也不無道理。"① 量多者其質必不佳，而無須細看其内容。某評委大概也是以此"學術標準"來評判拙著的，他没有把我當作騙子，已是够幸運的了。

再者，在我們這個學科分類越來越細的"專家"時代，教授應該是某一研究領域的專家，文史哲兼顧只能被認爲是雜而不專，這也已經是評委們普遍認可的評審準則而不再是笑話了，所以我研究面太廣而受非議也在情理之中。

當然，在職稱評審時，我没有申訴的權利；即使有申訴的權利，也是"道不同，不相爲謀"②，有什麽可説的呢！我的大部分著作，從其雅俗共賞的基調中就可以看出，它們本來就是爲廣大讀者寫的，而並不是爲少數學界名流寫的，非要這些專家認可幹嗎？誠如王家範先生所説："一個以科研爲生命樂趣的人，在人文學科中尋求自身價值的人，大可以領悟禪家的態度，不必把這些看得太重。須知，參透了，必要別人承認何爲？"③

孔子曰："邦有道，貧且賤焉，恥也；邦無道，富且貴焉，恥也。"④生活在一個"尊重知識、尊重人才"的時代，我則永遠處於"窮而後工"的寫作逆境之中而始終未"富且貴"。但是，我還是執"迷"不悟，仍然埋頭於古籍彙校注疏之中而不去逢迎領導以獵取名利，因爲阿諛逢迎趨炎附勢雖然可獲得現時之大利，但從總體上來考量，我還不如保持自己固有的正直品性、寫出一些必傳之作更能實現自己的人生價值。一個人總要爲自己的所愛付出代價，所以我坦然接受種種冷酷而毫無悔意。對於注重精神世界的知識分子來説，最值得告慰的應該是歷史的評判——世界上最無

① 鄧蔚：《怪現象：70 個教師 68 個教授》，載《社會科學報》2001 年 10 月 25 日第 6 版。
② 《論語·衛靈公》，中華書局 1980 年影印本《十三經注疏》，第 2518 頁。
③ 王家範：《專家成見也可無意"殺人"》，載《社會科學報》2001 年 10 月 25 日第 6 版。
④ 《論語·泰伯》，中華書局 1980 年影印本《十三經注疏》，第 2487 頁。

情而又最公正的審判。歷史絕不會向權貴諂媚，它既不會因爲你從社會上得到了什麽就瞻仰你，也不會因爲你失去了什麽而鄙視你，而只會因爲你給社會貢獻了有價值的東西而尊重你。正是在這樣的觀念中，我纔能從容面對單位領導的冷落與鄙夷。正如盧梭所説："真正的公益和真正的正義總爲一種莫名其妙的表面秩序所犧牲，而這種表面秩序實際上是破壞一切秩序的，只不過對弱者的受壓迫和强者的不義的官方權力予以認可而已。"① 我想，千古自有公論。敝帚自珍也罷，自尊自重也罷，我堅信我的著作絕不會曇花一現，它們是有生命力的，它們終究會贏得社會的認可而久傳不衰，除非中國的傳統文化被徹底消滅了。荀子説過："好士而榮。"② 反言之，則"不好士者辱"。隨着拙著的流傳，榮或辱自會分配給那些肯定或否定我學術貢獻的人。

慶幸的是，我的古籍譯注之作受到廣大讀者乃至一些專家的青睞與讚賞，因而往往一版再版。拙著在大陸與臺灣出版後，各地讀者紛紛來信，認爲它們具有很高的學術價值，不同於一般的古籍譯注本，爲研究古代哲學、史學乃至文學者所必讀。南京大學一級教授兼全國古籍整理出版規劃領導小組顧問程千帆先生曾來信説："清人治韓非者少，故尊譯可凭借者亦少，譯注雅見功力，可寶也。"③ 挪威科學院院士、奧斯陸大學東歐東亞系教授何莫邪（Christoph Harbsmeier）認爲《韓非子全譯》是所有《韓非子》注譯本中最好的一種，因而將它用作英譯《韓非子》的底本。湖南人民出版社、商務印書館肯定了《荀子譯注》《韓非子全譯》的成就而將其中校定的原文及譯文收入了《大中華文庫》，分別於 1999 年、2015 年出版了漢英對照本《荀子》《韓非子》，此後多家出版社還在此基礎上出版了多個語種的《大中華文庫》本。2021 年 3 月 3 日，全國古籍整理出版規劃領導小組辦公室公佈了首批向全國推薦的四十種經典古籍的優秀整理版本，我撰寫的《荀子譯注》（上海古籍出版社版）、《韓非子》（國家圖書館出版社版）也名列其中。截至 2023 年 2 月，以古籍譯注爲主的拙著，累計印數已達 587020 部，這充分説明拙著還是有讀者的。由此可見，塞翁失馬，焉知非福？從這種意義上來説，在某一方面的不得志其實也能造就

① 盧梭：《懺悔錄》，人民文學出版社 1992 年 6 月第 1 版，2008 年 6 月第 1 次印刷《名著名譯插圖本》精華版，第 309 頁。

② 《荀子·君道篇》，中華書局 1988 年版《荀子集解》，第 236 頁。

③ 張覺：《程千帆師書信三札》，載《中國社會科學報》2010 年 7 月 22 日第 17 版。

人，司馬遷所説的發憤著書，韓愈所説的不平之鳴，歐陽修所説的窮而後工①，何嘗不是如此？我在工作單位得不到認可，他們令我“窮”，令我“不平”，令我走上了韓愈所説的“窮餓其身、思愁其心腸而使自鳴其不幸”②的道路，使我産生一種强烈的使命感與源源不斷的動力去發憤著書，去追求社會的認可、歷史的認可，以此來彰示有司之不公，歷史竟然如此不斷地重複其驚人的相似之處！有跳槽的人説，外面的世界很精彩，外面的世界又很無奈。我要説，我在單位很無奈，還是外面的世界更精彩。得到外部世界的認可，相比單位的認可其實更有價值啊。

　　即使從學術的角度來考察，我以爲我的工作也不乏學術價值。由於古今語言與文物典章等方面的差異，因而要使中國古代燦爛輝煌的文化典籍不再死躺在藏書室之中而能“活着”流傳下去，使它成爲當今乃至將來中華文化建設的豐富資源，就必須首先做好其校點譯注工作。古人將文字訓詁之學稱爲“小學”，其雖“小”卻還是一門“學”，而治此“學”者也還有不少被稱爲“大師”的，可見這“小”之“學”中也自有大學問，認爲它不是學術研究實爲一種偏見。就是對古籍今譯提出過嚴厲批評的高嚴先生也曾説：“古文今譯是一門大學問，非淺識末學者所能勝任。在一定意義上説，它是古籍整理研究的最高形式，只有當版本、目録、音韻、訓詁、校勘、考訂、語法、斷句、標點的功夫都用到之後，方可談今譯；不僅如此，它還要求譯者有相當好的現代語文水平，如果讀者對象是兒童，還要掌握兒童語言的特點。正是如此，即使飽學之士，在古文今譯任務面前，尚‘戰戰兢兢，如履薄冰’。魯迅先生在《且介亭雜文二集·題未定草》曾這樣説過：‘我向來總以爲翻譯比創作容易，因爲至少是無須構想。但到真的一譯，就會遇到難關，譬如一個名詞或動詞，寫不出，創作時候可以回避，翻譯上卻不成，也還得想，一直弄到頭昏眼花……’這段話既適用外文翻譯，也適用古文今譯，充分説明，這是一項不好對付的學問，如果學無根底，是不可草率從事的！”③高嚴先生雖然嚴厲地指責“今譯十弊”，但對今譯工作並無偏見，而能實事求是地肯定它的學術地位。誠然，清代學者杭世駿早就説過：“作者不易，箋疏家尤難。何也？作者以才爲

---

　　①　分別見班固《漢書·司馬遷傳》、韓愈《送孟東野序》、歐陽修《〈梅聖俞詩集〉序》，知識產權出版社 2013 年版《中國古代文學》第 133 頁、第 247 頁、第 338 頁。

　　②　韓愈《送孟東野序》，知識產權出版社 2013 年版《中國古代文學》，第 250 頁。

　　③　高嚴：《今譯十弊》，載《光明日報》1992 年 4 月 26 日第 3 版。

主，而輔之以學，興到筆隨，苴抽其平日之腹笥，而縱橫曼衍，以極其所至，不必沾沾獺祭也。爲之箋與疏者，必語語核其指歸，而意象乃明；必字字還其根據，而證佐乃確。才不必言，夫必有什倍於作者之卷軸，而後可以從事焉。"[1]

可惜的是，古籍譯注之作如今在一些學術部門中不算學術成果，於是一些專家教授因其是件吃力不討好的事而不屑爲，而一些"學無根底"的人也不把它當作學術研究來從事，只是以混稿費的態度去搞古籍譯注，結果也就産生出品質低劣的古籍譯注本而爲衆人所指責。對此，高嚴先生曾指出"今譯十弊"："出版無統籌，一書有數譯，一弊；版本不求善，率爾而操觚，二弊；考校不用功，將錯而譯錯，三弊；學問不到家，譯錯不知錯，四弊；主編不統稿，前後相矛盾，五弊；選譯無標準，避難而趨易，六弊；文字素養差，生澀又費解，七弊；翻譯不到位，半白夾半文，八弊；風格不統一，忠實原著難，九弊；不求信達雅，外行充內行，十弊。"[2] 這種種弊端，敗壞了古籍譯注的聲譽，使古籍譯注名聲掃地，從而玷污了其中的佳作。這是一件很可悲的事。

另一件可悲的事，則是人們所說的：現在已進入了讀圖時代，青少年喜歡看的是配圖的"文化快餐"。如果真是這樣，則長此以往，中國古代豐富的文化寶藏將被埋没而無人問津，或只能任憑那些學術騙子信口開河，嘩衆取寵。這種學風實在令人擔憂，但願將來會有所改觀。

出於信念與愛好，我並没有因爲學界對古籍譯注的輕視以及青少年學風的轉向而有所動搖，而仍然潛心於我所鍾愛的古籍彙校注疏工作。

張之洞說："讀書不知要領，勞而無功；知某書宜讀而不得精校精注本，事倍功半。"[3] 綜觀當今流行之典籍，精校之本不多。即如陳奇猷的《韓非子集釋》[4] 與《韓非子新校注》[5]，朱師轍的《商君書解詁》[6]，高亨

① 杭世駿：《道古堂文集》卷八《李太白集輯注序》，上海古籍出版社 2002 年版《續修四庫全書》1426 册，第 278 頁。

② 高嚴：《今譯十弊》，載《光明日報》1992 年 4 月 26 日第 3 版。

③ 張之洞：《書目答問・略例》，中華書局 1963 年版《書目答問補正》，第 3 頁。

④ 該書於 1958 年由中華書局上海編輯所出版。

⑤ 該書於 2000 年由上海古籍出版社出版。

⑥ 該書於 1921 年由上海廣益書局刊行。後來作者重加增訂，改名爲《商君書解詁定本》，在 1948 年納入《國立中山大學叢書》由中山大學出版組出版，1956 年古籍出版社又據廣州本重排出版。

的《商君書注譯》①，周生春的《吴越春秋輯校彙考》②，均利用第二手乃至第三手材料編著而成，以致貽誤讀者。有鑒於此，我立志重振古籍譯注之學術風範，注重學術考校，寫出帶有學術研究味道的、嚴謹而又具有較高質量的古籍彙校注疏本。我想，做到了這一點，就一定能獲得廣大讀者的普遍認可，從而使自己的著作流傳不衰。因此，我決定傾注更大的精力與財力，將以往的著作，特別是古籍譯注之作，作一次全面詳盡的考校修訂，在以往譯注的基礎上進一步彙校善本，以便使拙著成爲兼具資料性、權威性、學術性、通俗性的經典，並彙編爲《述作集》逐漸推出，供認可拙著的讀者使用。

我出版《述作集》的總體目標是：弘揚求真務實的漢學傳統，力求内容形式的博雅完美，打造一絲不苟的文化經典和傳世精品，以便使拙著成爲今後研究《韓非子》《商君書》《吴越春秋》《潛夫論》《老子》《論語》《孟子》《荀子》《搜神記》等傳統經典及其他相關領域（如語言文字學、文學等）時不可不讀的權威典籍而經久不衰。《周易·繫辭下》曰："《易》，窮則變，變則通，通則久。"③ 我在單位常不遇可謂之"窮"，轉而致力於著述可謂之"變"，研究時涉獵多個領域可謂之"通"，著述歷經三十年而流傳之勢不減可謂之"久"，正可謂窮則思變變而通，通則久傳有何窮？拙著既合《易》道，亦當如《易》而久傳，這是我的心願，也是令我頗感欣慰的地方。我堅信，撰寫出版這些彙校注疏之作，對於弘揚中華文化與便利廣大讀者來説，會像《十三經注疏》那樣具有永久性的學術價值。當然，學術乃天下之公器，真正的學術成果要經得起歷史的考驗，真正的學術評判也要經得起歷史的檢驗。拙著的優劣，我學術水平的高下，最終還得由廣大讀者乃至後代子孫説了算④。

從 2011 年 2 月 22 日我在江宜玲女士的鼎力支持下與知識産權出版社簽訂《韓非子校疏析論》出版合同起，出版《張覺述作集》的夙願開始成爲現實，這當然是值得慶幸的。在此，我首先要向此前慷慨解囊而購置拙著的讀者們致以衷心的謝意，並希望繼續得到更多讀者的青睞與支持。

當然，我也永遠不會忘記我祖父張瑞良（1902 年 2 月 28 日—1972 年

---

① 該書於 1974 年由中華書局出版。
② 該書於 1997 年由上海古籍出版社出版。
③ 《周易·繫辭下》，中華書局 1980 年影印本《十三經注疏》，第 86 頁。
④ 張覺：《學術評判標準隨感録》，載《中國社會科學報》2014 年 5 月 7 日第 A05 版。

6月14日)、祖母俞秀英（1909年3月19日—1989年2月9日）、父親張永泉（1930年9月12日—2023年1月2日）、母親林月娥（1929年10月4日—2023年7月1日）、叔父張永奎（1939年3月15日—2022年6月22日）的養育啓蒙之恩與程千帆（1913—2000）、周斌武（1924—2014）等教授的精心栽培之德，如果沒有他們的培養，就沒有我的才學與成果。同樣，我也不會忘記章培恒、嚴佐之等教授對我古籍整理工作的熱情支持，不會忘記梅季坤（岳麓書社）、李立樸（貴州人民出版社）、倪臘松（貴州人民出版社）、李大鈞（中國旅遊出版社）、金良年（上海古籍出版社）、褚贛生（東方出版中心）、宋啓發（黃山書社）、徐文堪（漢語大詞典出版社）、呂健（上海古籍出版社）、曾德明（岳麓書社）、鄭明寶（上海古籍出版社）、江宜玲（知識産權出版社）、馬美著（岳麓書社）、劉文（岳麓書社）、陳文韜（岳麓書社）、陳麗娟（上海古籍出版社）、李亭（南京大學出版社）、周陽（長江文藝出版社）、李豔麗（崇文書局）等出版界朋友先後傾注的厚愛之情以及吳格、劉一萍、郭立暄、龔潔榮、羊凱江、李文濤等先生在圖書資料方面的相助之力，如果沒有他們的熱情幫助，我也不可能有這麼多逐步積累而内容豐富的著作問世。還有，我也不會忘記我校科研處陳正良、干春暉、劉月波、靳玉英、趙赫等老師先後在科研資助和項目申報方面的鼎力支持，不會忘記教育部教育考試院陳睿、邢博特和我校姚玲珍、朱君萍等領導在工作方面的分外照顧以及朋友姜漢椿先生的熱情幫助。

此外，我的同事龔敏，博士研究生黃吉輝，碩士研究生肖家邦、馬静、尤婷婷、呂佳、歐冬梅、楊晶、付雲鵬、張曉暉等也曾參與過部分工作，特此説明。

總之，我謹將這《述作集》奉獻給一切愛我的讀者、親人、師長、朋友、領導、學生，並借此機會向他們致以由衷的感謝與誠摯的祝福。

但願拙著因品質之有益於讀者而流傳久遠，從而使我的感謝與祝福也與日俱增，使後人能永遠銘記愛我者的恩德，這便是我最大的幸福了。

在十年的《述作集》出版過程中，我漸漸認識到，過去熔考校注譯於一爐的編著原則實不利於《述作集》的流布。因爲一般讀者只需瞭解古代典籍的大致内容，篇幅甚大的彙校與學術考辨只適合研究者而不適合爲數衆多的一般讀者，所以過去銷售量較大的拙著主要還是古籍譯注之作，而注重考校的古籍校注之作這種以往的常銷書在當今已成爲所謂"有學術價值而無出版價值"的冷門書，因而連一些專門出版古籍的出版社也往往不願意出版。爲了使《述作集》擁有更多的讀者以利出版，我必須調整編著原則與出版書目，在注重學術性的前提下，將有助於學術研究的彙校考辨之作與有助於典籍普及的譯注之作分別出版。如將《韓非子校疏析論》分爲繁體字本《韓非子彙校集解》（將由上海古籍出版社出版）與簡體字本《韓非子譯注評》，將《商君書校疏》分爲繁體字本《商君書彙校集解》（將由上海古籍出版社出版）與簡體字本《商君書譯注》（將由上海古籍出版社出版），將《吳越春秋校證注疏》分爲繁體字本《吳越春秋校注輯證》與簡體字本《吳越春秋全譯》，如此等等。這樣，既能滿足學術研究者和一般讀者的不同需要，又能用譯注之作的收益來支撐彙校考辨之作的出版。同時，爲了加快《述作集》的出版速度，我必須改變過去由一家出版社出版的思路，應該爭取與多家出版社合作。幸天不喪斯文，在知識産權出版社的出版告一段落之後，我又得到了岳麓書社、南京大學出版社和崇文書局的熱情支持。我想，進入二十一世紀二十年代後，《述作集》的出版應該能別開生面而進入一個新的發展階段，但願我編著原則的調整和出版思路的改變能爲《述作集》的擴展產生成效。

書稿殺青，流行的做法是請名家作序，以此來提升其品位，但我從來不這樣做。這並不是因爲我與當代的名家沒有來往，而是因爲有這樣的想法：請名家寫序，無非是要他們爲自己説好話。如果自己的著作的確好，則必“下自成蹊”，再去打擾忙得不可開交的名家，實爲不仁；如果自己的著作不好，卻硬要名家説你好，實爲不義。雖然別人請名家作序並非都是不仁不義之舉，但我則不忍爲此行。《韓非子·解老》云：“夫君子取情而去貌，好質而惡飾。夫恃貌而論情者，其情惡也；須飾而論質者，其質衰也。”我將永遠以此爲座右銘，故僅作此自序以明吾志。

如果説，我三十年前下崗待業後賣文爲生是“文化搭臺，經濟唱戲”的話，那麼現在專心著述便可以説是“經濟搭臺，文化唱戲”了。前者的目標是經濟，是利用文化以獲取經濟利益；後者的目標則是文化，是利用已有的經濟基礎打造文化精品。目標不同，結果也往往會不一樣。當時我爲了生計而欲求賣文不已，所以也曾盡力製作精品以便招徠讀者而不斷獲取稿酬，但畢竟沒有像現在這樣衣食無憂，以至於不求稿酬而只求拙著傳世，乃至不惜工本地投入大量的精力、物力而從容著述。在當時，爲了維持經濟生活而寫書雖然也在情理之中，但現在看來，財富等物質的東西與文化相比是多麼地微不足道，只有打造經典纔能使自己具有不朽的生命力。然學無止境，每一個時代對某一事物的認識與解釋總是有局限的而不可能是窮盡的，故書中不當之處恐難避免。在此，我懇切地希望海內外有識之士不吝賜教，以使拙著不斷完善而成爲學習與研究中國文化者所必備的要籍。

最後，附自題二首①，以與同道者共勉。

早年心慕高校潔，岂料身陷浄土黑。
自古聖賢盡貧賤，何況我輩孤且直。

貧而無諂常落寞，窮且發憤勤述作。
笑看有司皆走肉，傾心拙著寄寥廓。

是爲序。

張　覺

1998 年 5 月 29 日初稿於滬上五角場寓所
2008 年 6 月 23 日再稿於滬上四平路金軒
2011 年 9 月 21 日三稿於南翔芳林路院邸
2020 年 9 月 25 日四稿於密雲區溪翁山莊
2022 年 1 月 13 日五稿於太倉茜涇村寒舍
2023 年 9 月 25 日修改於南翔芳林路院邸

---

①　我在臺灣古籍出版社 1996 年出版的《韓非子》之後記中說："憶及魯迅有《自嘲》詩云：'運交華蓋欲何求，未敢翻身已碰頭。破帽遮顏過鬧市，漏船載酒泛中流。橫眉冷對千夫指，俯首甘爲孺子牛。躲進小樓成一統，管它冬夏與春秋。'甚似爲僕爲之。"但仔細一想，並不十分貼切，故於 2012 年 1 月 15 日另作此二首，詩成於松江泖港鎮黃橋村浦江源溫泉農莊。該詩最初發表於知識產權出版社 2012 年 8 月出版的《商君書校疏》。此後我即使退休了，每年也都有著作出版，而《張覺述作集》的出版品種也在不斷增加。2022年，在崇文書局的熱情支持下，《張覺述作集》又出版兩種，在頗感欣慰之際，又覺得退休後人生雖然步入初冬時節，但只要老當益壯，繼續努力，仍然會有秋收之穫，而蘇軾的《贈劉景文》甚似爲僕爲之，今不妨附於此以明吾景況。其詩云："荷盡已無擎雨蓋，菊殘猶有傲霜枝。一年好景君須記，最是橙黃橘綠時。"（見中華書局 1982 年版《蘇軾詩集》第 1713 頁）

前　言

一、寫作緣起

《論語》在我國傳統典籍中的重要地位已毋庸置疑，自古至今的校註譯評之作也已汗牛充棟。我爲什麼還要再寫這樣一部書呢？

我在《韓非子校疏》的前言中説：我一向認爲，要使中國古代燦爛輝煌的文化典籍能"真正活着"流傳下去，使它成爲當今乃至將來中華文化建設的豐富資源，首先應該做好其"存古喻今"的工作，或者説，應該做好這些典籍的校釋評論工作。若無"存古"，則會造成新書出而古籍亡的嚴重後果；若無"喻今"，則古代的典籍祇能死躺於書櫃之中。祇有這一艱巨而又偉大的基礎工程完成了，我國的古籍纔能流布日廣而大放異彩，中華民族的優秀傳統文化纔能傳承不絶而焕發出新的活力。[①]

張之洞説："讀書不知要領，勞而無功；知某書宜讀而不得精校精注本，事倍功半。"[②] 我所説的存古，與張之洞所説的"精校"相類，是指在印行古籍時要完好地保存古代的珍本文字。其主要的工作就是逐一將每部典籍的現存古本進行一次科學的梳理，辨明其源流，將其中最有價值的善本來一次彙校，然後覈定原文，寫成定本，複製出版以廣其傳。同時，將彙校所得的善本異同寫入校勘記隨書印行，以便利更多的研究者取資。顯然，我所説的存古，祇是一個相對的概念。要做到絶對意義上的存古，那就祇能搞《中華再造善本》之類的大工程了，但那樣做，顯然不適合大部分讀者而難廣其傳，而且，讀者也難以從中一下子瞭解衆多版本之異同。

我所説的喻今，與張之洞所説的"精注"與"知要領"相類，也就是要幫助今人明白古代典籍的内容。其主要的工作就是在校定原籍文本的基礎上，廣泛吸取古今學者的研究成果，做好實事求是而又準確通俗的注疏工作，使人們正確地理解其原文。同時，還應該對其内容進行概括扼要而又深入精到的剖析與融會貫通且聯繫實際的評論，使人們深刻地領會其内涵，把握其要領，瞭解其精華與糟粕，借鑒其中具有普遍意義與實用價值的人類智慧結晶。

然而，這種既具精校精注之功力又具提綱挈領之功能的宜讀之書實不

---

① 張覺：《韓非子校疏》，上海古籍出版社 2010 年版，《前言》第 38 頁。

② 張之洞：《書目答問·略例》，見范希曾編《書目答問補正》，中華書局 1963 年版，第 3 頁。

多見。即使是我國古代最基本的要籍，也很少能見到這種既存古又喻今的著作出現。《論語》一書也是這樣。

　　對於其善本校勘，現在最通行而爲人宗奉的《論語》善本是中華書局1980年影印的阮元校刻《十三經注疏》本《論語注疏解經》二十卷（何晏集解，邢昺疏）。但是，校勘繁難，故該本難免失誤。如《論語·泰伯》之原文："周之德，其可謂至德也已矣。"商務印書館1929年影印的日本帝國圖書館藏宋刊本《論語註疏》、北京圖書館出版社2006年影印的北京市文物局藏元刻明修本《十三經註疏》、北京圖書館出版社2003年影印的中國國家圖書館藏宋刻本朱熹《論語集注》、北京圖書館出版社2003年影印的中國國家圖書館藏宋刻本蔡節《論語集説》、北京圖書館出版社2005年影印的北京大學圖書館藏宋刻本《監本纂圖重言重意互註論語》、上海古書流通處辛酉（1921）影印的《知不足齋叢書》本皇侃《論語集解義疏》皆有"其"字，但該本卻無"其"字（見中華書局影印本第2487頁），其校勘記也未涉及，顯爲誤脱。至於阮元校刻本之避諱改字（如商務印書館影印之宋刊本《論語·堯曰》之"曆數"，中華書局影印本第2535頁作"厤數"），則其餘事也。即使其注疏，也有誤、脱處，如《論語·憲問》"不逆詐"章之疏，中華書局影印本第2512頁作："此章戒人不可逆料人之詐，不可億度人之不信也。抑，語辭也。言先覺人者，是□□□□□□□□所以非賢者，以詐僞不信之人爲之億度□□□□□人，故先覺者非爲賢也。"再看商務印書館影印的宋刊本《論語註疏》的疏："此章戒人不可逆知人之詐，不可億度人之不信也。抑，語辭也。言先覺人者，是寧能爲賢乎？言非賢也。所以非賢者，以詐僞不信之人爲人億度逆知，反怨恨人，故先覺者非爲賢也。"互相對照，其是非優劣可見一斑，特別是其中的"言非賢也"，對我們正確理解原文具有極大的參考價值，中華書局影印本脱之，實爲一大缺憾。又如《論語·陽貨》："古之狂也肆，今之狂也蕩；古之矜也廉，今之矜也忿戾。"中華書局影印本第2525頁之疏作："今之狂也蕩者，謂忿怒而多咈戾，惡理多怒。"其中顯然有脱文。該書第2527頁所載阮元校勘記曰："'蕩者'下毛本有'謂無所依據，太放浪也。古之矜也廉者，謂有廉隅，自檢束也。今之矜也忿戾者'三十字。"我們再看商務印書館影印的宋刊本《論語註疏》的疏："今之狂也蕩者，謂曠蕩無所依據。古之矜也廉者，謂有廉隅。今之矜也忿戾者，謂忿怒而多咈戾，惡理多怒。"由此可見，毛本之疏乃出於臆補，不足據。再如《論語·子張》"孟莊子之孝也"，中華書局影印本第 2532 頁之注作："馬曰：孟莊子，魯大夫仲孫連也。"其疏作："此章論魯大夫仲孫連之孝行也。"該書第 2534 頁所載阮元校勘記曰："閩本、北監本、毛本同。案'連'當作'速'。"其實，《春秋·襄公二十三年》"仲孫速卒"杜預注："孟莊子也。"完全可據以訂正其誤。當然，阮元不輕易改動原版之文的認真態度尚可嘉許，但他未見善本而無從是正也不免令人遺憾。此注疏之兩"連"字，商務印書館影印的宋刊本《論語註疏》皆作"速"，由此也可見善本之足可利用。類似之誤如《論語·子張》"陳子禽謂子貢曰"之疏，中華書局影印本第 2533 頁作"此子禽必作陳亢"，第 2534 頁所載阮元校勘記曰："各本'必'作'不'。"商務印書館影印的宋刊本《論語註疏》作"此子禽必非陳亢"（其說與皇侃同），可見阮元所見各本皆不足據，其未用善本之弊由此可見一斑。又如《論語·堯曰》"敢用玄牡"之注，中華書局影印本第 2535 頁作"殷豕尚白"，第 2536 頁所載阮元校勘記曰："皇本'豕'作'家'是也。"其實，商務印書館影印的宋刊本《論語註疏》作"殷家尚白"，根本用不着據皇本勘正，由此也可見善本之珍貴。值得指出的是，如今《論語》的諸多善本雖然有了影印本，但一般讀者卻也不易見到，即使是《論語》研究者，至今也未全面地利用這些珍貴的資料。有鑒於此，我決定利用這些資料進行彙校集注，爲讀者提供一部能反映《論語》早期文本面貌的善本，使這些善本能爲更多的讀者利用。

　　關於《論語》的注譯，古往今來的著作多達數千種，似乎不必再重複工作了。但平心而論，古今著作雖不勝枚舉，卻也良莠不齊。即以當今之《論語》譯注本而言，最久負盛名者恐非楊伯峻《論語譯注》（中華書局版）莫屬，但我卻以爲其譯文離文從字順尚有距離，甚至還有不少疏誤，其注釋雖多據前人爲說（只是未一一注明而已，這可謂是過去著述的習慣做法），也未盡確當。以此觀之，則其他的譯注之作是否失之膚淺恐怕也不容樂觀視之。爲此，我曾發表過一篇《〈論語〉第一章意蘊發微》（載《孔孟月刊》2011 年 10 月第 50 卷第 1、2 期），但也不過是杯水車薪而無濟於大局。因此，我決定擇取何晏集解及皇侃、邢昺、朱熹、劉寶楠等經典注家的合理解釋對《論語》全本重新進行譯注。當然，這些經典著作不但與現代注譯之作一樣有疏漏失誤之處（這可謂是注釋之作難以避免的通病），而且還有不少冗贅之詞。雖然披沙揀金需要花費不少功夫，但爲了給讀者提供一部言之有據、繁而不雜的注釋之作，使它具有較高的學術參考價值，我還是按照預定的設想，花了大量的時間和精力，選取其善説，補充其不解處，對其中影響較大的誤説則辨正之或立新説取代之，最終完成了這項煩雜的工作。

於對古籍的評析，如今也應該加以重視，但現代的古籍普及讀本，大都是譯注之作。譯注工作當然重要，因爲它能幫助人們方便地理解古籍原文的意思，但無論從"小學是經學的附庸"這一傳統觀念來看，還是從古爲今用或揚棄創新的現代觀念來看，古籍譯注不過是一種基礎工作，它只能使一般讀者大致瞭解經典的内容，而難以達到學以致用的目的。如果古籍普及工作僅僅停留在這一層面，顯然是不夠的。理想的古籍普及工作，應該在譯注的基礎上對其思想内容或文學成就進行深入精到的剖析與融會貫通且聯繫實際的評論，使讀者得到更多的啓發而從古書中獲益，從而更有效地提高自己的思想水平和文化素養。對於讀者來説，這比僅僅通過譯注去瞭解一下古書的内容，顯然更有意義。當然，過去也有零星的古籍評注著作問世，但有些著作的評論流於經院式而現實意義不大，有些著作的評論又故弄玄虛而令人不知所云，有些著作的評論則缺乏深刻的思想洞察力或敏鋭的藝術感悟力而失之膚淺，有些著作甚至流於附會影射或亂加發揮而違背了經典的原意，此皆無益於讀者甚至會貽誤後學。至於既實事求是地詮釋原典而不憑空比附，又能深入地挖掘其内涵而闡發其當代價值和現實意義的古籍評注之作實不多見。爲此，我在 2004 年申請了國家社會科學基金項目"《韓非子》微觀研究"，對《韓非子》作了全面詳細的評析，既揭示其中洞察社會政治、道破人情世故、指示立身行事、研討學術文化的金玉良言供讀者參考，又對其中的缺陷和不足作了剖析。2011 年知識産權出版社出版的該項目的最終成果《韓非子校疏析論》是我出版的第一部全本古籍的校注譯評之作（2022 年崇文書局出版的《韓非子譯注評》是在該書基礎上編寫的普及本）。2021 年南京大學出版社出版的《老子古本探賾正解》是我出版的第二部全本古籍的校注譯評之作，但因爲是舊稿，故其體例尚未正規。本書是我撰寫的第三部全本古籍的校注譯評之作，今將它正式命名爲校注譯評，以期更明確地揭示其内容。

我總想爲讀者提供更多的雅俗共賞的古籍校注譯評本，即既能體現善本面貌與經典注家精闢見解，又便於當今讀者深刻理解其内涵的存古喻今之作。我相信，這樣的著作，不但對研究者有較大的參考價值，而且可使一般讀者開卷有益，必將成爲傳世之作。

　　凡事開頭難，以上三部以法、道、儒三家第一流經典爲基礎的校注譯評之作的問世無疑開了個好頭。我衷心希望我的校注譯評之作能一而再、再而三、三而多地編寫出版下去，爲古代典籍善本的傳承和中華優秀傳統文化的弘揚作出更大的貢獻。

　　二、關於《論語》

　　《論語》，是孔子弟子及其再傳弟子根據各自的記載編集而成的。書中主要記載了孔子及其弟子的言行。它是一部儒家學派的經典著作，是研究孔子和儒家學説的重要資料。其内容包括政治主張、倫理道德、哲學觀念、文學思想、教育原則等各個方面。語言質樸精煉，含蓄有致，富有哲理，耐人尋味，爲語録體散文的典範。其中很多言論成了後代的格言和成語，對後代的文化思想與文學語言都有很大的影響。

　　據《論語註疏》所載《論語序》，可知《論語》在漢代有三種傳本，即《魯論語》二十篇，《齊論語》二十二篇（比《魯論語》多《問王》《知道》二篇，其二十篇之章句亦頗多於《魯論語》），《古文論語》二十一篇（用六國古文書寫，將《堯曰》第二章"子張問"以下另編爲一篇，所以有兩篇《子張》，共二十一篇）。漢末，鄭玄參考《齊論語》《古文論語》而爲《魯論語》作注，於是《魯論語》便傳於後世。

　　流傳至今的最早注本是魏何晏集漢儒以來各家之説的《論語集解》二十篇，其篇名是後人摘取每篇第一章中開頭的幾個字組成的。至唐文宗時，《論語》被列入經書。宋代朱熹又把它與《大學》《中庸》（《禮記》中的兩篇）以及《孟子》合爲《四書》。由於後來科舉考試以《四書》來命題，所以《四書》成爲應試者的必讀書，於是《論語》的影響就更大了。

　　關於"論語"二字的意義，陸德明説："論，如字，綸也，輪也，理也，次也，撰也。荅述（覺按：當作"答述"）曰語。撰次孔子荅弟子及時人之語也。鄭玄云：'仲弓、子游、子夏等撰。'"由此可見，前人對"論"字有多種解釋。我認爲"論"既然讀 lún，則應該通"倫"。"論語"即倫理之語，也就是有關人倫道德之理的論述。這書名旨在揭示該書的宗旨——其言論主要圍繞人與人相處的各種道德準則而發。

　　三、關於孔子

　　《論語》主要記載的是孔子的言行，所以有必要對孔子作一簡介。現存記載孔子事跡的除了《論語》，比較完整而系統的早期資料爲《史記·孔子世家》，但司馬遷的編著也不完全可靠，其中所述年代甚至有與《史記·十二諸侯年表》不合的。下面我們姑且據其記載及其他典籍對孔子事跡略作介紹。

孔子，其祖先爲商湯後裔宋國宗族，其六世祖孔父嘉之高祖弗父何爲宋湣公嫡長子。宋殤公九年（公元前 711 年）冬，孔父嘉之妻外出，因貌美而被華父督看中。次年春，華父督便攻殺了孔父嘉而取其妻。孔子曾祖爲華氏（華父督後代）所逼而出奔魯國爲防大夫，故稱孔防叔，其後代即爲魯國人。孔子之父叔梁紇（名紇，字叔梁，爲魯國郰邑大夫）先娶魯國的施氏而生了九個女兒，其妾所生長子孟皮之腳又有殘疾，於是又娶了顏徵在。年輕的顏徵在擔心丈夫年齡大了不能及時得子而私下到尼丘山禱告求子，結果於魯襄公二十二年（公元前 551 年）在魯國昌平鄉郰（zōu）邑（在今山東省曲阜市東南）生下孔子，所以給他取名丘，字仲尼（因爲排行老二，故加"仲"）。由於孔子是我國古代著名的思想家和教育家，是儒家學派的創始人，所以人們以"子"尊之而稱孔子。

魯昭公二十四年（公元前 518 年），孔子三十四歲，魯國大夫孟釐子臨終前告誡其嗣子懿子："孔丘是聖人商湯的後裔，年少好禮，應該會顯達。我死後，你一定要拜他爲師。"於是孟懿子與南宮敬叔後來從孔丘學禮。孔子成年後，曾爲季氏主管倉庫而出納準確，又主管牧場而牲畜繁殖興旺，所以後來會出任主管營建的司空。他還與南宮敬叔一起到周王朝學習周禮，曾請教過老子。從周王朝返回魯國後，門下弟子開始多起來。

魯昭公二十五年（公元前 517 年），孔子三十五歲，季平子與孟氏、叔孫氏共攻昭公，昭公出奔齊國。後來魯國內亂，孔子約在公元前 516 年到齊國，做了高昭子的家臣，聽到了《韶》樂，三月不知肉味（參見7.13），被齊國人傳爲佳話。齊景公問政，孔子説："君君，臣臣，父父，子子。"（參見 12.11）後來景公又問政，孔子説："政治的關鍵在節約財物。"景公聽了很高興，準備把尼谿的田分封給孔子。晏嬰勸阻説："孔子搞繁文縟節的禮制，幾輩子也學不完，根本不是治國的辦法。"於是景公不再向孔子問禮。孔子受到冷待，就想離開齊國，景公挽留他，説："奉子以季氏，吾不能。以季、孟之間待之。"但後來齊國大夫想害孔子，景公卻説："吾老矣，弗能用也。"於是孔子返回魯國。這應該是魯定公元年（公元前 509 年）以後的事了（參見 18.3）。

魯定公五年（公元前 505 年），孔子四十七歲，季平子卒，季桓子嗣立。桓子做事超越名分，與國君分庭抗禮，陪臣陽虎執國政（參見 16.2），所以魯國自大夫以下都背離正道，於是孔子不去做官，退居在家整理《詩》《書》《禮》《樂》，此後弟子更多了，甚至有從遠方而來向他求學的。

魯定公八年（公元前 502 年），孔子五十歲。公山不狃以費邑爲據點背叛季桓子，使人召孔子。孔子長期形成的政治主張無處可用，故躍躍欲試，説："周文王、周武王以小小的豐、鎬建立王業，現在費邑雖小，恐怕也差不多吧！"結果因子路勸阻而未成行（參見 17.4）。

其後，定公讓孔子做了中都邑（在今山東省汶上縣）的長官，因其治理有方，故一年後四方都來效法，於是升任司空，兼任司寇（掌管刑獄的最高長官，參見 10.1 注〔6〕）。

魯定公十年（公元前 500 年），孔子幫助魯定公在夾谷（在今山東省濟南市萊蕪區）會見齊景公，使齊國歸還了所侵魯國的土地。

魯定公十三年（公元前 497 年），孔子派仲由去做季氏的家臣，以拆除季氏、叔孫氏、孟孫氏三家封邑的城牆，結果孟氏之邑未拆成。

魯定公十四年（公元前 496 年），孔子五十六歲，以司寇之職位代理行使相國的職權（此事有異議，參見 10.2 注〔1〕），誅大夫少正卯。他參與國政三個月，魯國大治，道不拾遺。齊國人聽説後害怕威脅到自己，就挑選了美麗的舞女八十人去送給魯國國君，季桓子受之，三日不聽政，又在祭祀後不按照禮制把祭肉分發給大夫，孔子就離職走了（孔子離開魯國的時間應該在魯定公十三年春，《孔子世家》的記載有誤，參見 18.4 注〔2〕）。他先到了衛國，住在子路妻兄顏濁鄒家，衛靈公按照孔子在魯國的俸禄標準給他六萬斗粟。不久有人在衛靈公面前説了孔子的壞話，所以孔子住了十個月就離開了衛國。

魯定公十五年（公元前 495 年），孔子離開衛國去陳國途中經過匡（春秋時衛邑，在今河南省長垣市西南），匡人以爲是陽虎，而陽虎曾經殘害過匡人，所以匡簡子將孔子包圍了五天（參見 11.21、9.5）。孔子脱險後到了匡邑北面的蒲鄉，過了一個多月又回到衛國，住在蘧伯玉家，拗不過衛靈公夫人南子的邀請而去拜見了南子（參見 6.28）。一個多月後，衛靈公與夫人同車出遊，讓宦官雍渠陪乘在右，讓孔子坐第二輛車跟着，招搖過市。孔子説："吾未見好德如好色者也。"（參見 9.18、15.13）孔子以此爲恥，就離開衛國到了曹國。這一年，魯定公卒。孔子離開曹國後到了宋國，宋國司馬桓魋想殺他。弟子催他快走，孔子説："天生德於予，桓魋其如予何！"（參見 7.22）於是孔子到了鄭國，鄭國人説他走投無路猶如

"喪家之狗"。接着孔子到了陳國，住在司城貞子家。

孔子在陳國住到第三年，於魯哀公二年（公元前493年）又到了衛國。衛靈公老了，不任用孔子。孔子感慨地説："苟有用我者，期月而已，三年有成。"（參見13.10）孔子無奈之中，只能擊磬解悶（參見14.39）。接着又打算去見趙簡子，結果走到黃河邊聽説趙簡子殺了幫他成功從政的賢大夫竇鳴犢、舜華，於是返回衛國，住在蘧伯玉家。衛靈公詢問軍隊列陣之法，孔子推説不知（參見15.1），於是衛靈公冷待他，他就離開衛國，又到了陳國。

魯哀公三年（公元前492年），孔子六十歲，季桓子病重時囑咐其嗣子季康子説："我死後，你一定會在魯國執政，到時候一定要召見仲尼任用他。"季桓子死後，季康子想召仲尼，因其臣勸阻而改召冉求。冉求走之日，孔子也有"歸與"之歎（參見5.22）。子貢知道孔子思歸，送冉求時讓他想法使魯國來招孔子。

公元前491年，孔子離開陳國到了蔡國。（《史記·管蔡世家》載孔子到蔡國的時間爲蔡昭侯二十六年，即公元前493年）

公元前490年，佛肸以中牟畔，召孔子，孔子想去（參見17.6注〔1〕），結果也没有去成。這一年孔子又到了楚國葉邑（在今河南省葉縣西南）。葉公問政，孔子説："政在來遠附邇。"（參見13.16）有一天葉公又向子路詢問孔子的爲人，子路不答。孔子知道後説："爾何不曰：'其爲人也，學道不倦，誨人不厭，發憤忘食，樂以忘憂，不知老之將至云爾。'"（參見7.18）孔子離開葉邑後，又返回蔡國，與子路一起碰到長沮、桀溺（參見18.6），又遇見荷蓧丈人（參見18.7）。

魯哀公六年（公元前489年），孔子六十三歲，到了蔡國已三年。吳國征伐陳國。楚國來救陳國，駐扎在城父（楚國北面的邊邑，在今河南省寶豐縣東），聽説孔子在陳國、蔡國之間，就派人聘請孔子。陳國、蔡國的大夫認爲這會威脅到自己，就派手下人把孔子圍困在荒野上。孔子走不了，斷了糧，隨行弟子都病倒了。孔子還是照樣講學、誦讀、彈琴、唱歌。子路説："君子亦有窮乎?"孔子説："君子固窮，小人窮斯濫矣。"（參見15.2）子貢的臉色也變了。孔子説："賜，爾以予爲多學而識之者與?"子貢説："然。非與?"孔子説："非也。予一以貫之。"（參見15.3）結果楚昭王出動軍隊來迎接孔子，孔子纔没遭殃。楚昭王想拿七百個街坊分封給孔子，被令尹子西勸阻。當時楚狂接輿唱着歌經過孔子之門，勸他別從政（18.5），於是孔子從楚國返回衛國。

魯哀公七年（公元前 488 年），吳國與魯國在鄫（在今山東省棗莊市嶧城區）會盟，命魯國以百牢（宴饗用的牲畜，古以十二牢爲最高禮遇）款待。季康子派子貢去應對，纔免除了此無禮之舉。孔子説："魯、衛之政，兄弟也。"（參見 13.7）這時候，衛出公輒的父親蒯聵不能即位，流亡在外，諸侯多指責衛出公，而孔子弟子也多在衛國做官，衛出公想讓孔子來理政。子路問孔子："衛君待子而爲政，子將奚先?"孔子説："必也正名乎!"（參見 13.3）

魯哀公十一年（公元前 484 年），孔子六十八歲。冉有爲季氏帶領軍隊與齊國作戰而獲勝。季康子問他怎麼會打仗的，冉有説從孔子那裏學的。於是季康子以禮迎接孔子，孔子就回到了魯國。季康子患盜，孔子説："苟子之不欲，雖賞之不竊。"（參見 12.18）

魯國最終沒任用孔子，孔子也不求做官，而是根據以前的文獻，編寫了《書》傳、《禮記》，正《樂》删《詩》。孔子在晚年喜歡《易》，經常讀《易》，使編竹簡的皮繩都斷了三次，爲《易》撰寫了《序》《彖》《繫》《象》《説卦》《文言》。

孔子以《詩》《書》《禮》《樂》教弟子，弟子大概有三千個，身通六藝的有七十二人。

魯哀公十四年（公元前 481 年）春，叔孫氏車夫獵獲一隻少見的野獸，覺得不吉利。孔子見後説："這是麒麟啊。"自歎道："河不出圖，雒不出書，吾已矣夫!"（參見 9.9）這時顏淵死了，孔子説："天喪予!"（參見 11.9）等見到獵獲的麒麟後又歎息説："莫知我夫! 知我者，其天乎!'"（參見 14.35）孔子有感於"君子病没世而名不稱焉"（參見 15.20），於是將魯國的史記修訂成《春秋》。

魯哀公十五年（公元前 480 年），子路死於衛。

魯哀公十六年（公元前 479 年）四月，孔子卒，享年七十三歲。孔子有一兒子孔鯉，字伯魚，比孔子先死三年，享年五十歲。孔鯉生孔伋，字子思，享年六十二歲，作有《中庸》。

總而言之，孔子在政治上不很得志。他周遊多國，宣傳自己的政治主張，但並没有得到賞識和重用。不過，他廣收弟子，從事講學和著述，整理"六經"，從而形成了影響極大的儒家學派，無疑對保存和傳播中國古代文化有重要的貢獻。他的言行，主要記載在《論語》中。他信而好古，崇尚堯、舜之道，主張恢復周禮。其思想體系的核心是"仁"。這個"仁"主要體現在孝、悌、忠、信的道德禮教以及"君君、臣臣、父父、子子"的等級秩序上。他的學說被後世的封建統治者改造利用，成爲我國封建社會的統治思想。他的言論雖有缺陷，但頗多精到之處值得借鑒。當然，我們也不能過分誇大其學說的社會價值和政治功能。過去常有人説："半部《論語》治天下。"其實，靠《論語》是治不了天下的。我們至多只能説："《論語》中至多只有一半與治天下有關。"僅此而已。

凡 例

一、爲了體現現存《論語》早期文本的情況，本書用下列善本進行彙校。在校勘記中所使用的簡稱及其詳情如下：

① 邢本——《論語註疏》，〔三國·魏〕何晏集解，〔宋〕邢昺疏，上海中華學藝社輯，商務印書館 1929 年影印日本帝國圖書館藏宋刊本。〔凡此宋刻本有壞缺處，再參校北京圖書館出版社 2006 年據北京市文物局藏元刻明修本《十三經註疏》所影印的《論語註疏解經》，在校勘記中簡稱"元刻本"。〕

② 皇本——《論語集解義疏》，〔三國·魏〕何晏集解，〔梁〕皇侃義疏，上海古書流通處辛酉（1921）影印《知不足齋叢書》本。

③ 朱本——《論語集注》，〔宋〕朱熹集注，北京圖書館出版社 2003 年影印中國國家圖書館藏宋嘉定十年（1217）當塗郡齋刻、嘉熙四年（1240）淳祐八年（1248）十二年（1252）遞修本。〔凡此宋刻本有缺頁處，再參校北京圖書館出版社 2006 年據山東省博物館藏元至正壬寅（1362）武林沈氏尚德堂刻本《四書集註》所影印的《論語集註》，在校勘記中簡稱"元刻本"。〕

④ 蔡本——《論語集說》，〔宋〕蔡節編，北京圖書館出版社 2003 年影印中國國家圖書館藏宋淳祐六年（1246）湖頖刻本。

⑤ 監本——《監本纂圖重言重意互註論語》，〔三國·魏〕何晏集解，北京圖書館出版社 2005 年影印北京大學圖書館藏宋劉氏天香書院刻本。

二、本書彙校後，把能反映現存《論語》早期文本情況的上述五種善本的文字差異全部寫入校勘記，至於其相同的文字以及只有點畫之差而無音義之別的俗字（如"南""善"）、避諱缺筆字（如"栢""恒"）則不出校記。此外，舊刊本"己""已""巳"混同，今大致根據皇本釐定之，爲節約篇幅，也不出校記。

三、本書原文，不專主一本，擇善而從。校勘記中所謂"同"者，爲本書所認可而取資的版本；其後所列異文，爲本書所不取者。所有原文文字，均以上述善本爲依據。除移正一處錯簡（參見 16.12 校勘記）之外，對於可能有誤而無善本爲根據的地方，一律不加改動，而僅在注釋中說明前人或自己的研究成果，以免妄改古書之弊。

四、上述善本之分卷及注者題名不盡相同。邢本分十卷，除卷五首末、卷六末、卷八末題"論語註疏卷之×",其他各卷首末均題"論語註疏卷第×",且僅在第一卷首頁題"何晏集解　邢昺疏"。皇本分十卷,每卷首末題"論語集解義疏卷第×",每卷之首題"魏何晏集解　梁皇侃義疏"。朱本分十卷,每卷首末題"論語卷第×",每卷之首題"朱熹集注"。蔡本分十卷,每卷首末題"論語集說卷第×",每卷之首題"永嘉蔡節編"。監本分二卷,上卷首末分題"監本纂圖重言重意互註論語卷上""監本纂圖重言重意互註點校論語卷上",下卷首末分題"監本纂圖重言重意互註點校論語卷下""監本纂圖重言重意互註論語卷下",僅在卷上之首題"集解"二字。本書參照上述各本分爲十卷,於每卷首題"論語善本彙校集注譯評卷第×",但不再題作者名,而上述各本之卷題及注者題名的差異也不再一一寫入校勘記。

五、篇題"學而第一",邢本、朱本、蔡本、監本皆同,皇本另冠"論語"二字而作"論語學而第一"。其他篇題也與此相類,此差異也不一一寫入校勘記。

六、上述各本每篇之分章不盡相同。本書各篇之分章基本依照上述各本,但也有不同處。由於分章對《論語》之閱讀並無重大意義,所以其差異不寫入校勘記。同時,爲便於使用參見法以節約篇幅,所以在每一章之前加了篇章號。

七、本書原文以及卷第、篇題,今仿照宋刻本用楷體,以與本書其他文字相區別。上述善本,除了監本有句讀,其他無句讀。今依我的理解加上標點符號。

八、篇前提要概述本篇內容,以便讀者瞭解該篇要領,掌握儒家學說,所以一般不細分孔子或各弟子之言。如果要對孔子或其弟子的思想作專門研究,應該另行閱讀原文進行歸納。由於《論語》的篇名是後人摘取每篇第一章中開頭幾個字而成,並不是對篇中內容的概括,所以提要不對篇名進行解釋。

九、古往今來,解釋《論語》者不可勝數,衆說紛紜而莫衷一是。本書注釋注重資料性與學術性,且力求通俗可懂。爲了節約篇幅,故不廣徵博引,一般也不羅列歧解異說,而僅選錄何晏集解及皇侃、邢昺、朱熹、劉寶楠等經典注家中的合理解釋。對原文中的疑難之處,則採取以本書互證、以經史諸子會考、以其他研究成果作佐證的方法加以考釋,力求補正前人之疏誤。爲了便於讀者查考,所引文獻均列於本書附錄二。

　　十、本書譯文力求準確、明白、通俗，故不限於直譯而會根據文意酌情加入一些詞句以充分揭示原文的意蘊，但儘量緊扣字面進行翻譯，以期文從字順而爲讀者貢獻一部別開生面的《論語》譯作。

　　十一、本書之評析進行畫龍點睛式的評論剖析或結合實際的闡發，旨在具體深入地發掘原文之意蘊特別是具有普遍意義與實用價值的人類智慧結晶以供讀者借鑒，同時也揭示其中的缺陷與不足供讀者參考。與一般的宏觀研究論著相比，其短處在散，但也追求融會貫通；其長處在全，但限於篇幅，一般不作過多的展開。

論語善本彙校集注譯評卷第一

學而第一

【提要】

孔子最大的貢獻在教學。他整理古代文獻，並傳授給學生，使學生"可得而聞"（5.13）。在教學中，他又身先弟子，"學而不厭"（7.2）。因此，編者將"學而時習之"云云編於全書之首是頗有深意的，其目的就在強調讀書。"儒生"之所以成爲讀書人的代名詞，就是因爲孔子開創的儒家是以讀書爲要務的學派。

當然，作爲全書第一篇，該篇涉及的很多觀念在儒家思想體系中都具有重要的意義。在從政方面，孔子及其弟子主張以仁爲本，慎終追遠，以禮義孝悌治國，以和爲貴，謹慎守信，節用愛民，警惕"巧言令色"的僞君子。在爲人方面，主張親近仁者，注重自身修養，做到"溫、良、恭、儉、讓"，事君盡忠，在家孝悌，泛愛衆人，審慎交友，忠誠守信，嚴肅莊重，做事敏捷，說話謹慎，有錯必改，勤奮學習，觀往知來。

1.1

子曰[1]："學而時習之[2]，不亦説乎【1】[3]？有朋自遠方來[4]，不亦樂乎？人不知而不愠[5]，不亦君子乎[6]？"

【注釋】

〔1〕邢昺曰："書傳直言'子曰'者，皆指孔子，以其聖德著聞，師範來世，不須言其氏，人盡知之故也。若其他傳受師説，後人稱其先師之言，則以'子'冠氏上，所以明其爲師也，'子公羊子''子沈子'之類是也。若非己師，而稱他有德者，則不以'子'冠氏上，直言某子，若'高子''孟子'之類是也。"○覺按：據此可知，古代姓氏之上的"子"表示"老師"，姓氏之後的"子"是對男子的尊稱，相當於現在的"先生"（"子

沈子”即“老師沈先生”）。至於“子曰”的“子”都指孔子，應該是由於其文出自孔子弟子之手，爲了表示恭敬，所以不指名道姓而省去“孔”字。因此，如果嚴格地進行翻譯，“子曰”應該譯爲“先生説”，現爲了便於讀者閱讀，姑且譯爲“孔子説”。

〔2〕劉寶楠曰：“春秋時，廢選舉之務，故學校多廢，禮樂崩壞。職此之由，夫子十五志學，及後不仕，乃更删定諸經。《史記·孔子世家》言孔子當定公五年已修《詩》《書》《禮》《樂》，即謂此也。删定之後，學業復存。凡篇中所言爲學之事，皆指夫子所删定言之矣。”○覺按：劉説是。此“學”字指孔子學習研究古代文獻而删定諸經。《荀子·勸學篇》云：“學惡乎始？惡乎終？曰：其數則始乎誦經，終乎讀《禮》；其義則始乎爲士，終乎爲聖人。……《禮》之敬文也，《樂》之中和也；《詩》《書》之博也，《春秋》之微也，在天地之間者畢矣。”也可證此“學”字乃指學習研究儒家經典而言。　習：即1.4“傳不習乎”之“習”，指反復誦習。《史記·孔子世家》記載孔子“讀《易》，韋編三絶”，可明孔子之“習”。

〔3〕説（yuè）：後來寫作“悦”（“説”“悦”爲古今字）。　不亦説乎：反問句從邏輯語義上説是肯定句的加强式，“不亦説乎”相當於“説”，但其間在感情表達方面是有差異的。如果孔子説“學而時習之，説也”，纔表明他的内心是真正喜悦的，但説成“不亦説乎”，則至多表現了他自我安慰的排遣情緒，而並不能表明他真的很開心，或者説，這是在含蓄地表達他的不滿情緒。下文“不亦樂乎”與此同義。

〔4〕何晏引包曰：“同門曰朋。”○邢昺曰：“鄭玄注《大司徒》云：‘同師曰朋，同志曰友。’然則同門者，同在師門以授學者也。”○劉寶楠引宋翔鳳《樸學齋札記》曰：“《史記·世家》：‘定公五年，魯自大夫以下，皆僭離於正道，故孔子不仕，退而修《詩》《書》《禮》《樂》，弟子彌衆，至自遠方，莫不受業焉。’弟子至自遠方，即‘有朋自遠方來’也。‘朋’即指弟子。”○覺按：“朋”與“友”混言時意義相同，析言時“朋”指同一師門的學生（此文即指同至孔子門下學習的學生），“友”指志同道合的人。

〔5〕何晏曰：“愠，怒也。”○陸德明引鄭云：“愠，怨也。”○劉寶楠曰：“人不知者，謂當時君、卿、大夫不知己學有成舉用之也。”○覺按：人不知：别人不知道，指别人不瞭解自己而未能任用自己。　不愠（yùn）：字面意義是“不怨恨”，其實是在表達他周遊列國也未能遇到知

己、未能得到官職以實現政治理想後的不滿情緒。如果孔子毫無"慍"意，就應該説"樂"。他不正面説"人不知而樂"，而反過來説"人不知而不慍"，這實際上是一種含有"慍"意的無奈之辭。這正如現在有人説"別怨他了"，實際上已表明他有可"怨"之處，只是因爲怨他也没有用，所以只能無奈地説"別怨他了"。

〔6〕君子：有道德的人，有時也指有地位的人。

【譯文】

孔子説："學習整理文獻典籍，又時常研習它們，不也很愉悦嗎？有學生從遠方來，不也很快樂嗎？別人不瞭解我而不任用我，但我不生氣，不也是個道德高尚的君子嗎？"

【評析】

先秦時期由作者或其後學編定的書往往有這麽一個特點：編輯時非常注重第一章。《孝經》明題"開宗明義章第一"，對我們很有啓發作用。綜觀他家之書，其第一章或第一篇其實也往往擔負着開宗明義或揭示作者志趣的重大使命。如《孟子》第一章反復強調"何必曰利，亦有仁義而已矣"，"亦曰仁義而已矣，何必曰利"，無疑凸現了孟子學説的核心内容——仁義。《老子》的"道可道"或"上德不德"章，《莊子》的第一篇《逍遥遊》，無疑都是體現其學説宗旨的篇章。

推而言之，《論語》的第一章就值得認真研討了。可惜的是，當代學者往往不注意這一點，因而常常不能獲知《論語》第一章之真實含義與精深意藴。如國華所譯的《論語·學而》（載商務印書館和漢語國際推廣北京基地主辦的《漢語世界》雜誌 2006 年試刊號 "中文精華" 欄）即如此。其文云：

孔子説："學到了（知識）並且經常去復習，不也很高興嗎？有志同道合的人從遠方來，不也很快樂嗎？別人不瞭解自己，（自己）卻不抱怨，不也是個（有德的）君子嗎？"

The Master said, "To learn and in due course to apply what you have learnt, isn't that also a pleasure? To have a friend coming from far away, isn't that also a delight? Not to feel piqued when your merits are not recognized by others, isn't that also gentlemanly?"

當今《論語》譯文的品種多得令人目不暇接，該譯文無疑吸取了當今學術界的闡釋成果，具有代表性與典型性，但如此向中外學子傳輸《論語》中的精華，顯然失之膚淺乃至謬誤。

首先，孔子所説的"學"並非指學習一般的知識（見注釋〔2〕）。

其次，此文的"朋"並非指志同道合的朋友（friend），該譯文蓋誤從了楊伯峻《論語譯註》的誤譯。據《史記·孔子世家》記載，孔子並没有多少朋友，更没有什麼朋友從遠方來到孔子家作客。這充分説明此文之"朋"不應該理解爲志同道合的朋友。即使其學生，雖有志同道合者，也並非都是志同道合者，所以孔子纔會説"有教無類"（15.39），纔會對自己的學生多所譏刺，如説宰予是"朽木不可雕也"（5.10），説仲由"不得其死然"（11.13），説"師也過，商也不及"（11.16），説"柴也愚，參也魯，師也辟，由也喭"（11.18），説樊遲是"小人"（13.4），説冉求"非吾徒"（11.17）。

再次，把孔子所説的"人不知"解爲"別人不瞭解自己"，雖然不能算錯，卻不免膚淺（見注釋〔5〕）。

最後，把孔子所説的"不愠"解爲"不抱怨"，也不免膚淺。當然，這種説法早就有之，如劉寶楠即根據孔子所説的"不怨天，不尤人"（14.35）而將此"不愠"解爲"無所怨尤"。其實，這種解釋並不符合孔子原意（參見注釋〔5〕）。即從《論語》所載孔子之言來看，孔子是非常想在政治上露一手的（參見 14.4、13.10）。如此一個從政願望很强烈的人，怎麼會對"人不知"而不舉用自己的現實無動於衷呢？據《史記·孔子世家》記載，孔子雖然"貧且賤"，但他還是希望自己能從政而實施自己的政治方略，所以他到處奔走，周遊列國。只是他一直未遇到知己，因而"去魯，斥乎齊，逐乎宋、衞，困於陳、蔡之間"。結果在其不得志的情況下，他只得退出仕途而整理《詩》《書》《禮》《樂》，從事教育工作。對此，他深感遺憾，歎息道："吾道不行矣，吾何以自見於後世哉?"於是他根據魯國的史記而作《春秋》，曰："後世知丘者以《春秋》，而罪丘者亦以《春秋》。"試想，孔子如果不想從政，何必要周遊列國？既然他迫切地希望得到任用，那麼他對於"人不知"絶對不會毫不在乎。他説"不愠"，其實只是在表明他的態度而已，而並非真的"不抱怨"。實際上，他是有所不滿的。他呼喊上天而説"知我者，其天乎"（14.35），其實即含蓄地表現了他對現實社會的不滿情緒，所以此文的"不愠"根本不能簡單地理解爲"無所怨尤"。

　　另外，末句"不亦君子乎"，也只是一種自我慰藉之辭。這種自我慰藉之法，被後世很多失意文人所取用，在著名的"阿Q精神"中仍可見其影子，可見其影響之大。如阿Q分明挨了打，卻還用"被兒子打了"的想法來寬慰自己，甚至還因此而感到心滿意足（見魯迅《阿Q正傳》）。雖然阿Q那"精神上的勝利法"與孔子的自我慰藉法相比，其内涵要複雜得多，但其出於無奈而藉此使自己的精神獲得解脱則無疑具有相似之處。

　　總之，如果要把孔子這些話的意蕴全部揭示出來，那就應該這樣來解釋："學習整理古代文獻並時常研習它們，雖然不如從政合乎我的初衷，但不也值得高興嗎？有學生從遠方來接受我的教導，雖然不如從政的效果大，但不也值得快樂嗎？别人不瞭解我而没任用我，致使我不能在政治上一展身手，但我不採取怨恨的態度，我不還是個君子嗎？"當然，致力於教書育人雖然不如從政的效果大，但從"有朋自遠方來"來看，其社會影響還是不容小覷的。至於現在人們將"有朋自遠方來"作爲成語，把"朋"字理解爲朋友，與其原義已不同，但這是另一層面上的問題，是不能混爲一談的。

　　綜上所述，《論語》第一章包含着極其精深博大的含義，它實際上集中反映了孔子的人生志趣，即：在政治上不得志的情况下，他努力克制其不滿情緒，轉而熱衷於學習研究古代典籍，以教學爲樂事，對於無法做官持曠達態度。綜觀孔子一生，在政治上是不很得志的，其最有成就的無非是三件事：學而不厭整理文獻，誨人不倦教育弟子，提高修養爲人師表。該章的三段話無疑概括地揭示了孔子取得這三大成就的内因，是孔子一生最光輝的精神寫照。

　　由上述評析我們還可以獲得一點啓示：解釋《論語》時如果把古代的歷史記載與研究成果抛在一邊而不去參考，只憑自己的一點古漢語知識去譯注，就難免失之膚淺乃至謬誤。而在參考前人的注釋時，我們也不應該盲從，而應該認真思考，有所揚棄。孔子曰："學而不思則罔，思而不學則殆。"（2.15）這無疑應該成爲我們解釋《論語》時的座右銘。

1.2

　　有子曰[1]："其爲人也孝弟【2】[2]，而好犯上者[3]，鮮矣[4]；不好犯上，而好作亂者，未之有也。君子務本，本立而道生。孝弟也者，其爲仁之本與[5]！"

【注釋】

〔1〕何晏引孔曰："弟子有若。"○覺按："子"是尊稱。《史記·仲尼弟子列傳》："有若，少孔子十三歲。"《正義》："《家語》云：'魯人，字有，少孔子三十三歲。'不同。"

〔2〕弟（tì）：後來寫作"悌"。

〔3〕何晏曰："上，謂凡在己上者。"

〔4〕何晏曰："鮮，少也。"○覺按："鮮"讀 xiǎn。

〔5〕與：後來寫作"歟"。

【譯文】

有子説："那做人時孝順父母、敬愛兄長，卻愛好冒犯上司的，是很少的；不愛好冒犯上司，卻愛好造反作亂的，還從未有過這樣的人啊。君子致力于抓住根本，根本原則確立了，正確的政治措施就產生了。孝順父母、敬愛兄長這種道德規範，大概就是仁愛之道的根本原則吧！"

【評析】

人類社會是血緣社會，所以儒家把"孝弟"作爲他們推行仁政的根本。孝悌之人已經習慣於順從父母兄長，就很少會不順從上級領導的；既然會順從上級領導，就肯定不會造反作亂了。更何況古代刑法對造反者會株連親屬，孝悌之人不可能讓親屬遭殃，所以就不可能造反。這就是古代以孝治天下的原理。

"務本"，就是抓根本大事、抓主要矛盾，這種思想方法具有普遍意義。

1.3

子曰："巧言令色[1]，鮮矣仁[3]！"

【注釋】

〔1〕何晏引包曰："巧言，好其言語。令色，善其顏色。皆欲令人説之，少能有仁。"

【譯文】

孔子説："花言巧語，和顏悦色，其仁愛之心可少啦！"

【評析】

"巧言令色"大多是爲了討好人而裝出來的虚僞之舉，並非出於其仁愛之心，所以説"鮮矣仁"。如果真是出於仁愛之心，那就還是"仁"的。孔子既提醒人們別被"巧言令色"所迷惑，又用一個"鮮"字不把話説死，如此突出主旨又避免絕對化的思維方式與表達技巧值得借鑒。

1.4

曾子曰〔1〕："吾日三省吾身〔2〕：爲人謀而不忠乎？與朋友交而不信乎【4】？傳不習乎？"

【注釋】

〔1〕《史記·仲尼弟子列傳》："曾參（shēn），南武城（覺按：在今山東省費縣西南）人，字子輿。少孔子四十六歲。孔子以爲能通孝道，故授之業。作《孝經》。死於魯。"

〔2〕三：是虛數，表示多，參見汪中《述學·釋三九》。　省（xǐng）：省察，反省。

【譯文】

曾子説："我每天多次反省我自己：給別人謀劃時有不忠誠的地方嗎？和朋友交往時有不講誠信的地方嗎？老師傳授的東西有没複習的嗎？"

【評析】

儒家注重自身修養。曾子強調的忠信待人與尊師重學，是自身修養的

重要方面。

1.5

子曰："道千乘之國【5】〔1〕：敬事而信〔2〕，節用而愛人〔3〕，使民以時〔4〕。"

【注釋】

〔1〕何晏引包曰："道，治也。"○皇侃曰："千乘，大國也。天子萬乘，諸侯千乘。"○劉寶楠曰："趙岐《孟子·梁惠王篇》注：'千乘，兵車千乘，謂諸侯也。'"○覺按：乘（shèng）：量詞，指四匹馬所拉的一輛兵車，它包括一輛車、四匹馬、三個甲士、七十二個步兵。按照古代的禮制，天子擁有萬輛兵車，諸侯擁有千輛兵車，大夫擁有百輛兵車。

〔2〕劉寶楠曰："事，謂政事。"

〔3〕何晏引包曰："國以民爲本，故愛養之。"○劉寶楠曰："人，指民言。避下句'民'字，故言'人'耳。"

〔4〕何晏引包曰："作使民，必以其時，不妨奪農務。"

【譯文】

孔子説："治理擁有上千輛兵車的諸侯國，要謹慎從政而講究誠信，節約財政費用而愛護人民，役使民衆要根據時節而不妨礙農業生産。"

【評析】

千乘之國，在孔子之時其實已不是大國，但孔子還是主張認真對待。他提倡的這些政治措施，無疑具有普遍意義。"使民以時"，是爲了使農民不誤農事，這對於一個農業國來説，尤其重要。

1.6

子曰："弟子入則孝〔1〕，出則弟【6】〔2〕，謹而信，汎愛衆，而親仁。行有餘力，則以學文〔3〕。"

【注釋】

〔1〕劉寶楠曰："弟子者，對兄父之稱，謂人幼少爲弟爲子時也。"

〔2〕劉寶楠曰："《禮·内則》云：'異爲孺子室於宫中。'是父子異宫，則'入'謂由所居宫至父母所也。《内則》又云：'十年出就外傅，居宿於外。'《大戴禮·保傅》云：'古者年八歲而出就外舍，學小藝焉，履小節焉。束髮而就大學，學大藝焉，履大節焉。'是'出'謂就傅，居小學、大學時也。弟者，言事諸兄師長皆弟順也。"○覺按：當時的青少年讀書後與父母不住在一起，所以有"入"和"出"。

〔3〕何晏引馬曰："文者，古之遺文。"○邢昺曰："注言'古之遺文'者，則《詩》《書》《禮》《樂》《易》《春秋》六經是也。"

【譯文】

孔子説："青少年進了家門就要孝順父母，出門讀書就要敬愛學兄師長，做事要謹慎而説話要誠實，要普遍地喜愛衆人，又親近其中有仁愛之心的人。踐行這些道德規範後還有多餘的精力，就用來學習古代文獻典籍。"

【評析】

從教師的角度出發，如今強調以教書爲手段達到育人的目的。本章從學生的角度出發，則要求首先立足於爲人處世，其次纔是"學文"。這兩者角度不同，主旨是一致的，即：學習的目的是爲了做人，所以要以做人爲目標，以治學爲輔佐。

1.7

子夏曰〔1〕："賢賢易色〔2〕，事父母能竭其力，事君能致其身，與朋友交言而有信。雖曰未學，吾必謂之學矣。"

【注釋】

〔1〕邢昺曰："案《史記·仲尼弟子傳》云：'卜商，字子夏，衛人也。少孔子四十四歲。孔子既没，居西河教授，爲魏文侯師。'"

〔2〕皇侃曰："上'賢'字猶尊重也，下'賢'字謂賢人也。"○劉寶楠曰："《漢書·李尋傳》引此文，顏師古注：'易色，輕略於色，不貴之也。'"○覺按：上"賢"字爲意動用法。

【譯文】

子夏説："尊重有德才的人而看輕女色，侍奉父母能竭盡自己的力量，侍奉君主能獻出自己的生命，與朋友交往時説話有信用。這種人即使説還没有跟從老師學習，我也一定説他們學習過了。"

【評析】

儒家之學重在學爲人之道。能具備爲人之德，其實是善於學習的結果，所以即使未從師學習，也值得尊敬。此文所説的爲人之道，其實已成了中國傳統的道德觀。

1.8

子曰："君子不重則不威，學則不固〔1〕。主忠信〔2〕，無友不如己者〔3〕。過則勿憚改。"

【注釋】

〔1〕何晏引孔曰："固，蔽也。"

〔2〕何晏引鄭曰："主，親也。"○覺按：王引之《經義述聞·周官上》"主友"條："主、友，葢皆交遊之屬。主，謂適異國所主之人也。羈旅相依，有朋友之道，故與'友'竝言之。《大戴禮·曾子制言上篇》曰：'曾子門弟子或將之晉，曰："吾無知焉。"曾子曰："何必然，往矣！有知焉，謂之友；無知焉，謂之主。"'盧注曰：'且客之而已。'是其證。"《史記·孔子世家》："孔子遂適衛，主於子路妻兄顏濁鄒家。""孔子遂至陳，主於司城貞子家。""反乎衛，入主蘧伯玉家。"其"主"之用法也可證成王引之之説。本文"主"與下句"友"相對，與王引之所説類似，表示"以……爲主人"。

〔3〕朱熹曰："'無''毋'通，禁止辭也。"○覺按：《詩經·鄭風·羔裘》"羔裘如濡"孔穎達疏："如，似。"　　如己：像自己，指與自己志同

道合。

【譯文】

孔子説："有地位的君子不持重就不威嚴，學習了就不會固陋無知而被蒙蔽。要把忠誠守信的人作爲自己投靠的主人，別和不類似於自己的人交朋友。有了錯誤就不要怕改正。"

【評析】

孔子的爲人之道是一絲不苟的，除了自我修養，對交往的朋友就更加講究了。曾子要求自己待人忠信（見1.4），孔子要求與"忠信"同道之人交往，兩者可相互補充。如果只有自己對別人的忠信，而不管別人是否對自己忠信，那就會被人利用甚至遭殃。

1.9

曾子曰："慎終追遠[1]，民德歸厚矣。"

【注釋】

〔1〕何晏引孔曰："慎終者，喪盡其哀。追遠者，祭盡其敬。"〇邢昺曰："終，謂父母之喪也。"

【譯文】

曾子説："君主如果能慎重地對待喪事並追祭久遠的祖先，民衆的德行就會回歸於厚道了。"

【評析】

"慎終追遠"是儒家孝道的一個重要方面，另一個重要方面是父母在世時的贍養和尊敬（參見2.5、2.7）。

1.10

子禽問於子貢[1]，曰："夫子至於是邦也，必聞其政，求之與？抑與之與？”子貢曰：“夫子溫、良、恭、儉、讓以得之。夫子之求之也，其諸異乎人之求之與【7】〔2〕？”

【注釋】

〔1〕何晏引鄭曰：“子禽，弟子陳亢也。”○邢昺曰：“《家語·七十二弟子篇》云：‘陳亢，陳人，字子禽，少孔子四十歲。’”○覺按：《史記·仲尼弟子列傳》：“端木賜，衛人，字子貢，少孔子三十一歲。”

〔2〕朱熹曰：“其諸，語辭也。”

【譯文】

子禽詢問子貢，説：“老師到了這個國家，一定會知道該國的政事，是他求人而得知這些事的呢？還是國君把這些事告訴給他的呢？”子貢説：“老師因爲溫和、善良、恭敬、節制、謙讓而得知這些政事。老師求得這些事，應該不同於別人求得這些事吧？”

【評析】

以“溫、良、恭、儉、讓”待人，往往能獲得別人的好感而容易得到別人的幫助。

1.11

子曰：“父在，觀其志；父没，觀其行〔1〕；三年無改於父之道，可謂孝矣〔2〕。”

【注釋】

〔1〕何晏引孔曰：“父在，子不得自專，故觀其志而已。父没，乃觀其行。”

〔2〕皇侃曰：“子若在父喪三年之内不改父風政，此即是孝也。”○朱熹引尹氏曰：“如其道，雖終身無改可也。如其非道，何待三年？然則三年無改者，孝子之心有所不忍故也。”

【譯文】

孔子説："父親活着的時候,兒子不能自行其是,就觀察他的志向是否與父親相同;父親死了以後,兒子能自行其是,就觀察他的行爲是否背離了父親的正道;三年没有改變父親的正確原則,可以説是孝順的了。"

【評析】

古代提倡的孝道,往往是指完全秉承父親之道,所以將不秉承"父之道"的兒子稱爲"不肖之子",即不像父親的兒子(肖,像也)。孔子即繼承了這一觀念(參見 19.18)。當然,從孔子的一貫主張來看,孝子不改的"父之道"是指正道而不是指歪門邪道。至於"三年"不改,則與古代爲父母守喪三年之禮相合(參見 17.20)。這説明盡孝也有一定限度,三年之後對父道有所損益就無礙大義了。

1.12

有子曰:"禮之用,和爲貴。先王之道[1],斯爲美[2]。小大由之,有所不行;知和而和,不以禮節之,亦不可行也。"

【注釋】

[1] 皇侃曰:"先王,謂聖人爲天子者也。"
[2] 皇侃曰:"斯,此也。"

【譯文】

有子説:"禮制的施行,以達到和諧爲可貴。古代聖明帝王的治理原則,這個能造成和諧社會的禮制是最美好的。但是,如果大大小小的事情都遵循禮制去做而不以和諧爲宗旨,有的地方就不可行了;而只知道禮制的施行宗旨是和諧而只顧和諧,不再用禮制約束其行爲,也是不可行的。"

【評析】

禮儀制度,只是死的條文,其好壞得失,還取決於其實施。要達到理想的目的，實施時既不能死板地按照制度的規定，又不能抛棄規定，而應該根據目標有所變通。按照禮制辦事時以達到和諧的目的爲原則，就可以彌補禮制本身的某些不足。

1.13

有子曰："信近於義，言可復也[1]。恭近於禮，遠恥辱也【8】。因不失其親[2]，亦可宗敬也【9】[3]。"

【注釋】

[1] 何晏曰："以其言可反覆，故曰近義。"

[2] 何晏引孔曰："因，親也。"○覺按：此"因"字表示親近追隨。《説文·口部》："因，就也。"段玉裁注："《論語》'因不失其親'，謂所就者不失其親。"

[3] 劉寶楠曰："《説文》：'宗，尊祖廟也。''宗'有尊訓。……若所親不失其親，則此人之賢可知，故亦可宗敬也。"

【譯文】

有子説："説的話真實而接近於道義，這種話就可反復説。對人恭敬而接近於禮制，就能遠離恥辱。追隨人而不失去其間的親密關係，也可以獲得尊敬了。"

【評析】

不合乎道義的真話，往往是反映邪惡的，反復説會造成惡劣的影響，所以不可以反復宣揚。不合乎禮的恭敬，往往被看作諂媚而遭人蔑視，所以會受恥辱。和人在一起而能長期保持親密關係，説明其爲人處世非常得當，所以值得尊敬。

1.14

子曰："君子食無求飽，居無求安[1]，敏於事而慎於言，就有道而正焉，可謂好學也已【10】[2]。"

【注釋】

〔1〕邢昺曰：“言學者之志，樂道忘飢，故不暇求其安飽也。”

〔2〕已：通“矣”。

【譯文】

孔子説：“有道德的君子吃飯不追求吃飽，居住不追求安適，在工作上勤快而在説話時謹慎，接近有道德的人來端正自己，這可以説是愛好學習的了。”

【評析】

孔子提倡人們盡力於工作，盡心於端正自己的品德，因而顧不得去追求物質享受了。這種勤儉的道德觀，已成了中華民族的傳統美德。當然，時至今日，“食無求飽，居無求安”的觀念已經過時，因爲這種觀念不利於消費市場的健康發展，而人們對美好的物質生活的追求完全是合情合理的。至於“敏於事而慎於言，就有道而正焉”，則至今仍然應該成爲我們的座右銘。特別是剛剛入職的年輕人，社會經驗尚不豐富，來到單位後，只有勤勤懇懇多做事，小心謹慎少説話，虛心向單位裏的賢能之人學習，纔能贏得信任與讚譽，站穩腳跟，穩步發展。

應該指出的是，孔子所謂的“好學”，既指愛好學問（如5.15所説的“敏而好學，不恥下問”之“好學”，19.5子夏所説的“日知其所亡，月無忘其所能，可謂好學也已矣”之“好學”也是這個意思），而更重要的是指注重自我修養，此文及6.3、8.13對“好學”的論述即其明證。

1.15

子貢曰[11]：“貧而無諂[12]，富而無驕，何如？”子曰：“可也，未若貧而樂道、富而好禮者也[13]。”子貢曰：“《詩》云：‘如切如磋，如琢如磨[1]。’其斯之謂與[14]！”子曰：“賜也，始可與言《詩》已矣[2]！告諸往而知來者[15][3]。”

【注釋】

〔1〕皇侃曰："子貢聞孔子言貧樂、富禮，竝是宜自切磋之義，故引詩以證之也。《爾雅》云：'治骨曰切，治象曰磋，治玉曰琢，治石曰磨。'"○邢昺曰："此《衞風‧淇奧》之篇。"

〔2〕皇侃引江熙云："古者賦《詩》見志。子貢意見，故曰'可與言《詩》矣'。"○覺按：當時流行斷章取義地運用《詩經》來表達自己的意見（參見13.5、16.13評析）。子貢對孔子精益求精的道德要求心領神會，然後得心應手地引用相宜的《詩》句"如切如磋，如琢如磨"來喻說孔子精益求精的精神，與孔子學以致用的學《詩》要求相合（參見13.5），所以孔子稱讚説："賜也，始可與言《詩》已矣！"

〔3〕何晏引孔曰："諸，之也。子貢知引《詩》以成孔子義，善取類，故然之。往告之以貧而樂道，來荅以切磋琢磨。"○朱熹曰："往者，其所已言者。來者，其所未言者。"

【譯文】

子貢説："貧窮時不諂媚，富裕時不高傲，怎麽樣？"孔子説："可以，但還不如貧窮時愛好道德、富裕時愛好禮制的人啊。"子貢説："《詩》云：'就像削骨雕象牙，就像琢玉磨石器。'大概説的就是這種進一步提高的情況吧！"孔子説："端木賜啊，可以開始和你説説《詩》了，告訴你以往的東西就能知道將來的東西。"

【評析】

"貧而無諂"是雖然貧窮而仍有骨氣，"富而無驕"是雖然富裕而仍無傲氣，這已經是有操守的表現了。至於"貧而樂道，富而好禮"，則有了更高層次的精神追求，應該是對知識分子的要求。顏回就是孔子盛讚的貧而樂道的典型（參見6.11）。"告諸往而知來者"是學者的天才表現。學者應該像座水電站，上游的水流過來能發出電來；不應該成爲沙漠，大量吸收了流水卻連一棵草也長不出來。

1.16

子曰："不患人之不己知【16】，患不知人也【17】〔1〕。"

【注釋】

〔1〕劉寶楠曰："《説文》：'患，憂也。'人不己知，己無所失，無可患也。己不知人，則於人之賢者，不能親之用之，人之不賢者，不能遠之退之，所失甚巨，故當患。"

【譯文】

孔子説："我不擔憂別人不瞭解自己，而擔憂自己不瞭解別人啊。"

【評析】

"桃李不言，下自成蹊。"是金子總會發光，有了才能總會脱穎而出，所以"不患人之不己知"。不能辨識別人的忠姦善惡，就會上當受騙乃至遭殃，所以"患不知人"。常言道："知人知面不知心。"要真正辨識別人的善惡也實在不是一件容易的事。

【本篇校勘記】

【1】説：邢本、朱本、蔡本、監本同，皇本作"悦"。

【2】弟：邢本、朱本、蔡本同，皇本、監本作"悌"。下一"弟"字同此。

【3】仁：邢本、朱本、蔡本、監本同，皇本作"有仁"。

【4】交：邢本、朱本、蔡本、監本同，皇本作"交言"。

【5】道：邢本、朱本（宋刻本因脱頁而無此章，此據元刻本）、蔡本、監本同，皇本作"導"。

【6】弟：邢本、朱本、蔡本、監本同，皇本作"悌"。

【7】與：邢本、朱本、蔡本、監本同，皇本作"與也"。

【8】恥：皇本、蔡本、監本同，邢本、朱本作"耻"。

【9】宗敬：皇本同，邢本、朱本、蔡本、監本作"宗"。

【10】已：邢本、朱本、蔡本、監本同，皇本作"已矣"。

【11】曰：邢本、朱本、蔡本、監本同，皇本作"問曰"。

【12】詔：皇本同，邢本、朱本、蔡本、監本作"謟"。

【13】樂道：皇本同，邢本、朱本、蔡本、監本作"樂"。

【14】與：邢本、朱本、蔡本、監本同，皇本作"與也"。

【15】往：皇本、朱本、蔡本、監本同，邢本作"徃"。者：邢本、朱本、蔡本、監本同，皇本作"者也"。

【16】知：邢本、朱本、蔡本、監本同，皇本作"知也"。

【17】患：邢本、朱本、蔡本、監本同，皇本作"患己"。

爲政第二

【提要】

本篇的主要内容在論述君子之德和爲政、爲學之道。

孔子論述的爲政原則是：提倡德治、禮治，提拔正直善良的人，對臣民要嚴肅莊重，以孝慈之行來感化民衆。至於做臣子的，則應該慎言慎行。

對於君子之德，孔子除了回顧自己修身成德的人生道路，還提出了按照禮來贍養父母、送葬祭祀、減輕父母精神負擔、多給父母精神安慰的孝道主張，認爲君子不應該是只有單一用途的器皿，而應該先行後言，見義勇爲，周而不比，講究信用。

在學習方面，孔子認爲應該實事求是，不能不懂裝懂，學習時應該有所思考，有所闡發，應該學習"思無邪"的《詩》和周禮，而不應該學習異端邪説。同時，他還提出了"温故而知新"的教師入職標準，以人的所爲、所由、所安來評判人品的方法。

2.1

子曰："爲政以德，譬如北辰[1]，居其所而衆星共之[2]。"

【注釋】

〔1〕邢昺曰："《爾雅·釋天》云：'北極謂之北辰。'郭璞曰：'北極，天之中，以正四時。'然則極，中也；辰，時也。以其居天之中，故曰北

極；以正四時，故曰北辰。"○劉寶楠曰："陳氏懋齡云：'古人指星所在處，爲天所在處。其實北辰是無星處。'又云：'凡天之無星處曰辰。天有十二辰，自子畢亥，爲日月所聚會之次舍。'"○覺按：此文之"北辰"當指北極星，下句的"其所"指北極。

〔2〕陸德明曰："共，鄭作'拱'，俱勇反，拱手也。"○劉寶楠曰："《三蒼》云：'所，處也。'"○覺按："共"（gǒng）與"拱"爲古今字，表示拱手相對，引申指恭敬地環繞。

【譯文】

孔子說："用道德來理政可使臣民擁護自己，打個比方就像天空中的北極星一樣，靜靜地待在那個地方，而衆多的星星都恭敬地圍着它轉。"

【評析】

德治是依靠道德的力量使衆人同心同德、心悅誠服地擁護自己，所以會像北極星一樣，自然而然地使"衆星共之"。這一比喻，貼切而生動。

2.2

子曰："《詩》三百[1]，一言以蔽之[2]，曰：'思無邪[3]。'"

【注釋】

〔1〕《詩》：我國現存最早的一部詩歌總集，它收錄了西周初年至春秋中葉（公元前 11 世紀至公元前 6 世紀）約五百年間的詩歌，按樂曲的不同分爲風、雅、頌三個部分。風是帶有地方色彩的音樂，十五《國風》就是十五個地區的土風歌謠。雅是朝廷的正聲雅樂，分爲《大雅》和《小雅》。頌是宗廟祭祀的舞曲，分爲《周頌》（周王室的）、《魯頌》（魯國的）、《商頌》（商的後代宋國的）。漢代尊爲經典，故又稱《詩經》。　三百：《詩經》共三百十一篇，其中笙詩六篇有目無詩，故實存三百零五篇，古人舉其整數，故常稱"三百"。

〔2〕邢昺曰："古者謂一句爲一言。"○朱熹曰："蔽，猶蓋也。"

〔3〕邢昺曰："此《詩》之一言，《魯頌·駉篇》文也。"

【譯文】

孔子説："《詩》三百篇，用一句話來概括它們，可以説：'思想没有邪惡。'"

【評析】

一個人的寫作能力有兩個重要方面。一是取材鋪陳能力，能攝取各種材料把一句話（題目）擴展成很多話（一篇文章或一本書）；二是理解概括能力，能把很多話概括成一句話。孔子此言是體現理解概括能力的典範，所以"一言以蔽之"成爲後代的成語而爲人習用。韓愈《進學解》説"纂言者必鈎其玄"，意爲讀諸子文章要挖掘其中的深奧義理。孔子此語也可以説是鈎玄的代表作。

2.3

子曰："道之以政[1]〔1〕，齊之以刑[2]，民免而無恥[2]；道之以德，齊之以禮，有恥且格〔3〕。"

【注釋】

〔1〕陸德明曰："道，音'導'，下同。"○朱熹曰："政，謂法制禁令也。"
〔2〕何晏引馬曰："齊整之以刑罰。"
〔3〕何晏曰："格，正也。"

【譯文】

孔子説："用政令來引導他們，用刑罰來整治他們，民衆雖然能避免懲處，卻没有羞恥之心；用道德來引導他們，用禮制來規範他們，民衆不但有羞恥之心，而且能約束端正自己。"

【評析】

孔子並不否定法治的作用，只是認爲法治的作用是强制性的，所以老百姓只能在行動上不觸犯法律；只有道德教育，纔能深入地端正人心。這就是傳統的以德爲主、以刑爲輔的政治觀。

2.4

子曰：“吾十有五而志于學【3】〔1〕，三十而立〔2〕，四十而不惑，五十而知天命〔3〕，六十而耳順〔4〕，七十而從心所欲不踰矩〔5〕。”

【注釋】

〔1〕劉寶楠曰：“‘有’之言‘又’也。”

〔2〕立：站得住，指能立足於社會。即 20.3 “無以立”之“立”。

〔3〕皇侃曰：“天命，謂窮通之分也。”○覺按：“天命”指不以人的意志爲轉移、人力無法左右的天意和命運。《孟子・萬章上》：“莫之爲而爲者，天也。莫之致而至者，命也。”

〔4〕皇侃曰：“順，謂不逆也。”○劉寶楠引焦循《補疏》曰：“順者，不違也。舍己從人，故言入於耳，隱其惡，揚其善，無所違也。學者自是其學，聞他人之言，多違於耳。聖人之道，一以貫之，故耳順也。”○覺按：“耳”與《韓非子・外儲説左上》“耳而未之目”“耳而目之”之“耳”用法相同，活用爲動詞，表示耳聞、聽。

〔5〕朱熹曰：“從，隨也。”

【譯文】

孔子説：“我十五歲立志於學習，三十歲能獨立生存，四十歲不再疑惑，五十歲就懂得了上天和命運的安排，六十歲時無論聽到什麽都不覺得逆耳，七十歲時隨心所欲也不會越軌。”

【評析】

孔子並非是高不可攀的聖人，他的人生歷程在古代的賢士能人中是很有代表性的，所以“而立”“不惑”之類在後代便成了“三十歲”“四十歲”等的代名詞。

值得注意的是，“志于學”是一種自覺的理智的學習，孔子之所以在學習、教學、爲人等方面取得了輝煌的成就，其實都取決於此“志”。因此，如何使我們的孩子能“志于學”，是每個家長和教師都應該關注並努力去解決的問題，因爲這是使孩子成材的關鍵。

2.5

　　孟懿子問孝[1]。子曰：“無違。”樊遲御【4】[2]，子告之曰：“孟孫問孝於我[3]，我對曰‘無違’。”樊遲曰：“何謂也？”子曰：“生，事之以禮；死，葬之以禮，祭之以禮。”

【注釋】

　　[1] 何晏引孔曰：“魯大夫仲孫何忌。懿，謐也。”○覺按：孟懿子爲孟釐子（仲孫貜）之子，受孟釐子之命而向孔子學禮。《史記·孔子世家》：“魯大夫孟釐子病且死，誡其嗣懿子曰：‘孔丘，聖人之後……吾即沒，若必師之。’及釐子卒，懿子與魯人南宮敬叔往學禮焉。”
　　[2] 邢昺曰：“《史記·弟子傳》云：‘樊須字子遲，齊人，少孔子三十六歲。’”
　　[3] 朱熹曰：“孟孫，即仲孫也。”○覺按：孟孫：仲孫蔑之字。春秋時魯桓公之次子仲慶父生公孫敖（桓公之孫，故稱公孫），因仲慶父爲長庶子，所以公孫敖以孟爲氏，稱“孟氏”（見《左傳·文公十五年》）。公孫敖生文伯穀，文伯生獻子蔑。獻子爲孟氏（公孫敖）之孫，故以孟孫爲字，史稱“孟孫”（見《左傳·成公二年》）。其後遂以孟孫爲氏，爲魯國一大氏族。此文之“孟孫”指孟懿子。

【譯文】

　　孟懿子詢問孝道。孔子説：“別違背。”樊遲爲孔子駕車，孔子告訴他説：“孟孫向我詢問孝道，我回答説‘別違背’。”樊遲説：“您説的是什麽呢？”孔子説：“父母活着，按照禮制侍奉他們；父母死了，按照禮制埋葬他們，按照禮制祭奠他們。”

【評析】

　　周代的禮制是一種道德規範。孝道屬於道德範疇，所以要“以禮”而行。其實，如今的盡孝也無非如此，即按照當地的道德規範來盡自己的孝行。可見孔子此言的影響是極其深遠的。

2.6

孟武伯問孝[1]。子曰："父母唯其疾之憂【5】。"

【注釋】

[1] 何晏引馬曰："武伯，懿子之子仲孫彘。武，謚也。言孝子不妄爲非，唯疾病然後使父母憂。"○邢昺曰："《謚法》：'剛强直理曰武。'"○覺按：可能是因爲武伯尚武而易傷身，所以孔子告誡他保重自身以免除父母之憂。

【譯文】

孟武伯詢問孝道。孔子説："讓父母親只擔憂自己的疾病，就是孝。"

【評析】

讓父母親只擔心自己的疾病，是要子女在社會活動中不闖禍。如不因犯法而受刑，不因違反道德規範而遭受衆人的譴責，不因逞强鬥毆而傷身。這樣，除了難以抗拒的疾病，父母對子女就不再有其他的擔憂了。當然，子女如果能保重自己的身體而不患病，讓父母不爲此操心，就更好了（參見8.3評析）。總之，孔子提倡的孝道，不但包括贍養、尊敬父母（見2.7），爲父母送終守喪（見1.9），還應該盡量讓父母不爲自己操心，盡量減輕父母的精神負擔。

2.7

子游問孝[1]。子曰："今之孝者，是謂能養。至於犬馬，皆能有養；不敬，何以別乎[2]？"

【注釋】

[1] 邢昺曰："《史記·弟子傳》曰：'言偃，吳人，字子游，少孔子四十五歲。'"

〔2〕邢昺曰："案《孟子·盡心篇》:'孟子曰:"食而不愛,豕交之也。愛而不敬,獸畜之也。"'趙岐注云:'人之交接,但食之而不愛,若養豕也。愛而不敬,若人畜禽獸,但愛而不能敬也。'"

【譯文】

子游詢問孝道。孔子說:"現在所謂的孝道,是指能供養父母。但人對於狗、馬,都能進行餵養;如果對父母不尊敬,拿什麼來和養狗、馬區別呢?"

【評析】

孔子所謂孝,不但指物質上的供養,而且指精神上的恭敬順從。這的確抓住了孝的社會本質。

2.8

子夏問孝。子曰:"色難〔1〕。有事弟子服其勞〔2〕,有酒食先生饌〔3〕,曾是以爲孝乎〔4〕?"

【注釋】

〔1〕劉寶楠曰:"鄭注此云:'言和顏說色爲難也。'……《內則》云:'柔色以溫之。'《祭法(覺按:當作"祭義")》云:'孝子之有深愛者,必有和氣;有和氣者,必有愉色;有愉色者,必有婉容。'"

〔2〕劉寶楠曰:"《爾雅·釋詁》:'服,事也。'"○覺按:弟子:見1.6注〔1〕。

〔3〕何晏引馬曰:"先生,謂父兄。饌,飲食也。"

〔4〕陸德明曰:"曾,音增。馬云:'則。'"○覺按:《說文·八部》"曾"字段玉裁注:"按'曾'之言'乃'也。……《論語》'曾是以爲孝乎''曾謂泰山不如林放乎'……皆訓爲'乃'則合語氣。"

【譯文】

子夏詢問孝道。孔子說:"孝是用和顏悅色來侍奉父母親,這是很難的。至於有了事情青少年去從事辛勞的工作,有了酒食讓父兄吃,難道能把這個當作孝嗎?"

【評析】

　　有了事子女幹,有了酒食讓父母吃,其實也是一種孝行,但孔子認爲最重要的還是在精神方面。如果只是多幹事,多給父母吃,卻露出怨怒或不高興的臉色,讓父母看了不愉快,就不能算孝。只有和顏悅色,使父母見了心情舒暢,纔是出於真心的孝。

2.9

　　子曰:"吾與回言終日[1],不違[2],如愚。退而省其私,亦足以發,回也不愚【6】。"

【注釋】

　　[1] 邢昺曰:"《史記·弟子傳》云:'顏回者,魯人也,字子淵。少孔子三十歲。年二十九,髮盡白,蚤死。'"○覺按:參見6.3注[3]。
　　[2] 朱熹曰:"不違者,意不相背,有聽受而無問難也。"

【譯文】

　　孔子説:"我和顏回説了一整天,他沒有不同的意見,好像很愚蠢。他退下後我觀察他私下與同學的議論,也足够用來闡發我的講話,顏回並不愚蠢啊。"

【評析】

　　學生聽講後沒有不同意見,其實不一定是好事,所以説"如愚",但能加以闡發,説明其不但理解了,而且有心得體會,所以説"不愚"。總之,孔子要求學生聽講後能有所思考,或能闡發,或能發現問題而提出自己的意見(參見1.15、3.8)。這種肯動腦筋的學生纔是聰明的學生。

2.10

　　子曰:"視其所以[1],觀其所由[2],察其所安[3]。人焉廋哉[4]？人焉廋哉？"

【注釋】

〔1〕朱熹曰："以，爲也。爲善者爲君子，爲惡者爲小人。"

〔2〕何晏曰："由，經也。言觀其所經從。"○覺按：由：遵循。

〔3〕朱熹曰："安，所樂也。所由雖善，而心所樂者不在於是，則亦僞耳，豈能久而不變哉？"

〔4〕何晏引孔曰："廋，匿也。"○覺按：焉：哪里。"廋"音 sōu。

【譯文】

孔子説："看看他的所作所爲，觀察他所遵循的方法，審視他所喜歡的思想觀念。這個人哪裏還能隱瞞呢？這個人哪裏還能隱瞞呢？"

【評析】

這是考察人的基本方法，十分深刻。因爲一個人的思想及品德總要在他的行爲中表現出來，想掩飾也掩飾不了。《史記·魏世家》載李克的知人之法是："居，視其所親；富，視其所與；達，視其所舉；窮，視其所不爲；貧，視其所不取。"《史記·田叔列傳》載趙禹引《傳》曰："不知其君，視其所使；不知其子，視其所友。"這些方法其實都只是對孔子的知人原則的發揮。

2.11

子曰："溫故而知新[1]，可以爲師矣。"

【注釋】

〔1〕皇侃曰："故，謂所學已得之事也。所學已得者，則溫燖之不使忘失，此是月無忘其所能也。新，謂即時所學新得者也。知新，謂日知其所亡也。若學能日知所亡，月無忘所能，此乃可爲人師也。孫綽云：'滯故則不能明新，希新則存故不篤，常人情也。唯心平秉一者，守故彌溫，造新必通，斯可以爲師者也。'"○邢昺曰："溫，尋也。言舊所學得者，溫尋使不忘，是溫故也。素所未知者，學使知之，是知新也。既溫尋故者，

又知新者，則可以爲人師矣。"○覺按：溫：重溫，溫習。

【譯文】

孔子説："既能重溫過去學到的知識而不忘記，又能知道新的知識，就可以做老師了。"

【評析】

作爲教師，應該培養出時代需要的人才，所以只有與時俱進，瞭解新知，纔有可能做一個稱職的教師。如果知識老化，只會抄抄舊資料、念念老講義，就只是個泥古不化的"教書匠"，是不配做老師的。孔子提出的這一教師資格標準其實也不算低了。楊伯峻把"知新"譯爲"有新體會、新發現"，雖然把孔子所説的教師資格拔高了，但恐怕不合孔子原意，因爲此文並不作"溫故而有得"。此文的"溫故"應該相當於 19.5 的"月無忘其所能"，"知新"應該相當於 19.5 的"日知其所亡"。當然，教師能有新發現是最好不過的了，但僅僅靠"溫故"來取得新發現恐怕並非正途而不具有普遍意義，而一定要"有新體會、新發現"的纔可以做老師也無疑是苛求，所以楊伯峻的理解顯然不合理。

2.12

子曰："君子不器[7]〔1〕。"

【注釋】

〔1〕皇侃曰："器者，給用之物也。猶如舟可汎於海，不可登山；車可陸行，不可濟海。君子當才業周普，不得如器之守一也。"

【譯文】

孔子説："有道德的君子不是具有單一用途的器具。"

【評析】

君子是有道德的人，應該具備各種優秀的品德和才能（參見 14.12），不能只有專門的技能而成爲一種工具。如今的大學，專業分得很細，培養出來的專門人才其實大多是"器"。

2.13

子貢問君子。子曰:"先行其言,而後從之[1]。"

【注釋】

[1] 朱熹引周氏曰:"先行其言者,行之於未言之前;而後從之者,言之於既行之後。"

【譯文】

子貢詢問君子是怎樣的人。孔子説:"君子是這樣的:先把他所要説的話付諸行動,然後再隨其行動把他的話説出來。"

【評析】

子貢善於言語 (見 11.3),孔子此言實是因材施教之語,其内涵是告誡子貢:你想成爲君子,先把你要説的話付諸行動吧,只是能説會道是不行的。當然,反對只説不幹,提倡言傳身教,也是孔子一貫的思想。他不但説"先行其言,而後從之",而且也是這樣做的 (參見 11.11 評析)。

2.14

子曰:"君子周而不比[1],小人比而不周。"

【注釋】

[1] 何晏引孔曰:"忠信爲周,阿黨爲比。"○覺按:周:圓合,引申指緊密團結。 比:並列,引申指暫時在一起。

【譯文】

孔子説:"有道德的君子親密團結而不暫且勾結,没有道德的小人暫且勾結而不親密團結。"

【評析】

無論君子還是小人，都有結黨合作的問題，但其結黨合作的原則和性質是不同的。君子根據道義互相團結而不因暫時的共同利害關係互相勾結，所以能殺身成仁而幹成大事業；小人則因爲暫時的私利勾結在一起而不根據道義辦事，所以其結黨往往會因爲個人利益發生衝突而散伙，結果也就辦不成大事了。

2.15

子曰："學而不思則罔[1]，思而不學則殆[2]。"

【注釋】

〔1〕何晏引包曰："學不尋思其義，則罔然無所得。"○覺按："罔"通"惘"，迷惘，迷惑。

〔2〕王引之《經義述聞·通説上》"殆"字條："何休注襄四年《公羊傳》曰：'殆，疑也。'《論語·爲政篇》'學而不思則罔，思而不學則殆'，謂思而不學則事無徵驗，疑不能定也。又曰'多聞闕疑''多見闕殆'，'殆'猶疑也，謂所見之事若可疑，則闕而不敢行也。"

【譯文】

孔子説："只學習而不思考，就會迷惘而沒有收穫；只思索而不學習，就會疑惑。"

【評析】

《孟子·盡心下》説"盡信《書》，則不如無《書》"，也是在强調學習必須開動腦筋，不能人云亦云。但是，不學習而冥思苦想，就很可能只是胡思亂想而已，遠不如學習（參見15.31）。

2.16

子曰："攻乎異端[1]，斯害也已【8】[2]。"

【注釋】

〔1〕何晏曰："攻，治也。"○皇侃曰："古人謂學爲治。"○覺按：異：不同。《論語》中的"異"均此義，楊伯峻譯爲"不正確"，誤。　異端：指與孔子學説不同的學説，如老子的學説。

〔2〕斯：則，就。　也已：《論語》中的"也已"都相當於"也矣"，楊伯峻將其中的"已"解爲"止"，誤。

【譯文】

孔子説："攻讀不同學派的著作，就有害了。"

【評析】

此章的"異端"，有人認爲指"諸子百家之書"（見皇侃、邢昺疏），如楊、墨或佛家學説（見朱熹集注），此説固誤，因爲孔子之時尚未有這些學説，但有人因此否認當時已有異端（如老子之學説）則也不當。孔子曾問禮於老子（見《史記·老莊申韓列傳》），可見其時老子的學説已有相當影響。據《論語》即可知，孔子是主張以"德""仁""義""禮"來治國安民的，推崇"爲政以德"（2.1），認爲"道之以德，齊之以禮"，人民纔會"有恥且格"（2.3）；認爲"上好禮，則民莫敢不敬；上好義，則民莫敢不服"（13.4）；同時大力提倡"恭、寬、信、敏、惠"的仁德（17.5），宣揚"克己復禮爲仁。……非禮勿視，非禮勿聽，非禮勿言，非禮勿動"（12.1）。再看《老子》第三十八章："上德不德，是以有德。下德不失德，是以無德。……上禮爲之而莫之應，則攘臂而仍之。故失道而後德，失德而後仁，失仁而後義，失義而後禮。夫禮者，忠信之薄也，而亂之首也。……是以大丈夫處其厚而不處其薄，處其實而不處其華，故去彼取此。"老子認爲拘泥於當代的道德規範，提倡"德""仁""義""禮"，實是"無德"的表現，只能歸之於"下德"。而其中又以干涉別人的"禮"爲最下等，因爲"禮"是忠信衰微的表現，是社會禍亂的起因。只有不囿於當代的道德規範，一切因循自然的順"道"者，纔是真正"有德"的"上德"，所以"大丈夫"應該抛棄"禮"而歸於"道"。老子這些言論，顯然與孔子不同，這應該就是孔子所説的"異端"。孔子雖然"有教無類"（15.39），但其傳授的肯定是自己的學説，對不同於其主張的異端加以貶斥實在情理之中。13.4 記載孔子不主張學稼而貶斥想學稼的樊遲是小人，可爲此章之注腳。

2.17

子曰："由[1]！誨女知之乎【9】[2]？知之爲知之，不知爲不知【10】[3]，是知也。"

【注釋】

[1] 邢昺曰："《史記·弟子傳》云：'仲由，字子路，卞人也。少孔子九歲。子路性鄙，好勇力，志伉直，冠雄雞，佩豭豚，陵暴孔子。孔子設禮稍誘子路，子路後儒服委質，因門人請爲弟子。'"○覺按：子路（公元前 542—公元前 480 年）一字"季路"（見 5.26 注〔1〕），卞在今山東省泗水縣東南，其性粗野正直。

[2] 陸德明曰："女，音汝。"

[3] 皇侃曰："汝若心有所不知，則當云不知，不可妄云知之也。"○覺按：這兩句的"爲"通"謂"，曰也（參見《經傳釋詞》卷二"爲"字條）。《荀子·子道篇》載孔子謂子路曰："故君子知之曰知之，不知曰不知，言之要也。"可證本文之"爲"猶"曰"也。皇侃用"云"作解，義同。

【譯文】

孔子説："仲由！教你的東西你都知道了嗎？知道就説知道，不知道就説不知道，這纔是真正的知道。"

【評析】

學習來不得半點虛假，實事求是纔是聰明的態度。

2.18

子張學干祿[1]。子曰："多聞闕疑[2]，慎言其餘，則寡尤[3]；多見闕殆[4]，慎行其餘，則寡悔。言寡尤，行寡悔，禄在其中矣。"

【注釋】

〔1〕邢昺曰："《史記・弟子傳》云：'顓孫師，陳人，字子張。少孔子四十八歲。'"○何晏引鄭曰："干，求也。"

〔2〕闕：通"缺"，空着，保留。參見 13.3 注〔4〕。

〔3〕何晏引包曰："尤，過也。"○邢昺曰："寡，少也。"

〔4〕殆：見 2.15 注〔2〕。

【譯文】

子張請教求取官員俸禄的方法。孔子説："多聽聽，把有疑問的先留着，其餘没有疑問的再謹慎地説出來，那就很少失誤。多看看，把有疑問的先留着，其餘没有疑問的再謹慎地去做，那就很少會後悔。説話很少失誤，行動很少後悔，俸禄就在這些言行中了。"

【評析】

慎而又慎，不胡言妄爲，的確是少犯錯誤的法寶。

2.19

哀公問曰[1]："何爲則民服？"孔子對曰[2]："舉直錯諸枉[3]，則民服；舉枉錯諸直，則民不服。"

【注釋】

〔1〕哀公：魯國國君，姬姓，名蔣，魯定公之子，公元前 494—公元前 467 年在位。

〔2〕皇侃曰："凡稱'子曰'，則是弟子所記。若稱'孔子'，則當時人非弟子所記，後爲弟子所撰，仍舊不復改易，故依先呼'孔子'也。"○朱熹曰："凡君問，皆稱'孔子對曰'者，尊君也。"

〔3〕何晏引包曰："錯，置也。"○劉寶楠曰："《説文》云：'措，置也。'措，正字；錯，叚借字。"○覺按："諸"相當於"之（他們）於（在）"。

【譯文】

魯哀公問道："怎麼做纔能使民衆服帖?"孔子回答説:"提拔正直的人,將他們安置在不正直的人之上,那麼民衆就服帖;提拔不正直的人,將他們安置在正直的人之上,那麼民衆就不服帖。"

【評析】

君主要服人心,必須知人善任。

2.20

季康子問〔1〕:"使民敬、忠以勸〔2〕,如之何?"子曰:"臨之以莊【11】〔3〕,則敬【12】;孝慈,則忠;舉善而教不能,則勸【13】。"

【注釋】

〔1〕季康子:魯國執政的卿,名肥,公元前492—公元前468年在位。參見3.1注〔1〕。

〔2〕王引之曰:"以,猶'而'也。"(見《經傳釋詞》卷一)

〔3〕皇侃曰:"臨,謂以高視下也。"

【譯文】

季康子詢問:"要使民衆對自己尊敬、忠誠又得到勸勉,該怎麼辦?"孔子説:"您以莊嚴的儀表面對民衆,那麼民衆就尊敬您;您孝順父母,慈愛民衆,那麼民衆就對您忠誠;您提拔好人而教育無能的人,那麼民衆就得到勸勉。"

【評析】

孔子認爲,人民的態度取決於君長的爲人處事,所以政治上的成敗得失都取決於統治者本身。

2. 21

或謂孔子曰："子奚不爲政[1]？"子曰："《書》云：'孝乎惟孝[14]，友于兄弟，施於有政[2]。'是亦爲政[15]，奚其爲爲政？"

【注釋】

〔1〕何晏引包曰："或人以爲，居位乃是爲政。"○皇侃曰："奚，何也。"

〔2〕何晏引包曰："施，行也。"○皇侃曰："此語亦與《尚書》微異，而義可一也。"○邢昺曰："此《周書·君陳篇》文，引之以荅或人爲政之事。彼云：'王若曰："君陳，惟爾令德，孝恭惟孝，友于兄弟，克施有政。"'孔安國云：'言其有令德，善事父母，行己以恭。言善事父母者，必友于兄弟，能施有政令。'"○覺按：《書》：即《尚書》，是上古歷史文獻的彙編，其書按朝代分爲《虞書》《夏書》《商書》《周書》。漢代尊爲經典，故後代又稱爲《書經》。

【譯文】

有人對孔子説："您爲什麽不從政？"孔子説："《書》中説：'孝順啊孝順父母，又對兄弟友善，將這孝悌之道施行到執政方面。'這用孝悌之道影響政治也是從政，爲什麽那身居官位纔算從政呢？"

【評析】

在孔子看來，治國主要靠德化，所以搞道德教化也就是從政。如今"政教"仍連言，説明政治和教化實互爲表裏。至於引《尚書》來宣揚以孝悌之道治國，與1.2所説同旨，可參見。

2. 22

子曰："人而無信，不知其可也。大車無輗，小車無軏[1]，其何以行之哉？"

【注釋】

〔1〕何晏引包曰："大車，牛車。……小車，駟馬車。"〇皇侃曰："鄭玄曰：'軏，穿轅端著之。輗，因轅端著之。'"〇覺按：古代大車的車轅爲兩根直木，其前端與車衡（車前橫木）銜接處的銷子叫"輗"（ní）。古代小車的車轅稱爲"輈"，是一根後部方直（位於車底）、前部伸出車底後向上隆起再彎曲向下連接車衡的曲木。輈與車衡銜接處的銷子叫"軏"（yuè）。

【譯文】

孔子説："人如果没有信用，就不知道他可以幹什麽了。牛拉的大車如果車轅頭上没有固定横木的銷子，四匹馬拉的小車如果車轅頭上没有連接横木的銷子，那車子靠什麽使自己前行呢?"

【評析】

人的信用，好像車子横木上起關鍵作用的銷子。車子没有銷子就不能前行，人没有信用在社會上就寸步難行。如此貼切的比喻，可謂巧奪天工。

2. 23

子張問："十世可知也【16】〔1〕?"子曰："殷因於夏禮〔2〕，所損益可知也。周因於殷禮〔3〕，所損益可知也。其或繼周者〔4〕，雖百世可知也【17】。"

【注釋】

〔1〕朱熹曰："王者易姓受命爲一世。"
〔2〕殷：朝代名，即指商。商族的祖先契（xiè）原受封於商（在今河南省商邱市睢陽區南）；其十三代孫成湯滅夏桀而建立商朝，開始都於南亳（在今河南省商邱市睢陽區西南），後遷都西亳（在今河南省偃師市西）；其後代又遷都五次，均號"商"。至第十代第十九個君主盤庚之時，把首都從奄（今山東省曲阜市東）遷到殷，所以後來又把商朝稱作"殷"。

從盤庚遷殷到紂敗於周武王而亡國，共十二帝（見《史記·三代世表》），二百餘年，一般稱爲殷代，但整個商代，也常常被稱爲殷。商朝的時代約在公元前 16 世紀初至公元前 11 世紀。參見《史記·殷本紀》及三家注、《尚書·盤庚》孔安國傳及孔穎達疏、《詩經·商頌譜》孔穎達疏。至於盤庚所遷之殷都所在地，《尚書·盤庚上》"將治亳殷"孔穎達疏引《汲冢古文》云："盤庚自奄遷于殷，殷在鄴南三十里。"即在今河南省安陽市。今人大多認爲在今河南省安陽市殷都區小屯村，但有人認爲小屯村是殷之墓葬區，其都應在小屯村東南之平原上；古代也有人認爲即湯都西亳（見《史記·殷本紀》"湯始居亳"《正義》），那就在今河南省偃師市西。至於商紂王之都，則在朝歌（在今河南省淇縣），即《史記·衛康叔世家》所説的"河、淇間故商墟"，也就是周武王封紂子武庚治殷餘民之國。由於商紂王之都也稱"殷"，所以今安陽市之殷都，歷史上又稱爲"北殷"（因其地在朝歌之北），參見《史記·殷本紀》。　夏：是夏禹建立的王朝，以夏后爲號，都陽翟（在今河南省禹州市），後遷安邑（今山西省夏縣西北禹王城），傳到桀，爲商湯所滅。夏朝的時代約當公元前 21 世紀初至公元前 17 世紀末。

〔3〕周：朝代名。商紂王時，西伯姬昌（周文王）爲三公之一，已有很大的勢力，所謂三分天下有其二（參見 8.20 注〔5〕）。相傳他按占卜的預示出獵而在渭水邊訪得姜尚，便尊之爲師。約在公元前 11 世紀，其子周武王姬發即位後，在姜尚的輔佐下打敗了商紂王而建立了周王朝，建都鎬京（在今陝西省西安市長安區灃河以東），史稱西周。公元前 771 年申侯聯合犬戎攻殺周幽王。次年周平王將京都東遷至雒邑（在今河南省洛陽市王城公園一帶），史稱東周（其間又分爲春秋與戰國兩個時期）。東周時，諸侯勢力漸大，至戰國而有七雄，周天子實際上已經不能控制天下。公元前 314 年，周天子赧王即位後遷都於西周國（在今河南省洛陽市西）。公元前 256 年，西周君背離秦國，和其他諸侯國合縱攻秦，秦昭王怒，派兵擊敗西周，西周君（西周武公）奔秦，盡獻其邑三十六。周赧王也於此年卒，其後周無天子，周王朝至此告終。參見《史記》的《周本紀》《秦本紀》《六國年表》。

〔4〕劉寶楠曰："'或'之言'有'也。"

【譯文】

　　子張詢問："十個朝代的制度變化可以知道嗎？"孔子説："商朝承襲

了夏朝的禮制，其制度的減少和增加是可以知道的。周朝承襲了商朝的禮制，其制度的減少和增加是可以知道的。如果有繼承周朝的，因爲有歷史記載，所以即使上百代也可以知道啊。"

【評析】

每個朝代的典章制度，總是有所"因"，又有所"損益"，這其實是社會發展中的一條規律。我們可以借鑒孔子的經驗，利用這一規律去探究歷史，瞭解現在。

2.24

子曰："非其鬼而祭之，諂也【18】〔1〕。見義不爲〔2〕，無勇也。"

【注釋】

〔1〕何晏引鄭曰："人神曰鬼。非其祖考而祭之者，是諂求福。"○邢昺曰："《周禮》：'大宗伯之職，掌建邦之天神、人鬼、地示之禮。'"○覺按：人死後叫"鬼"或"人鬼"（即鄭玄所說的"人神"），與天神、地祇相對。

〔2〕何晏引孔曰："義，所宜爲。"

【譯文】

孔子說："不是他的祭祀對象而去祭它，是諂媚。看到合乎道義的事不做，是没有勇敢的品德。"

【評析】

"非其鬼而祭之"是非禮之舉，"見義不爲"是不義之行。孔子倡導禮義，所以貶斥之。如今所謂的見義勇爲往往指没有法定義務者爲了保護他人的利益而奮不顧身地與違法犯罪行爲或自然災害作鬥爭，與此文所說的見義應該勇爲有所不同。此文的涵義更爲廣泛，是指一切符合道義的事，都應該勇敢地去做。如果我們以今義去理解，就不得要領了。

【本篇校勘記】

【1】道：邢本、朱本、蔡本、監本同，皇本作"導"。下一"道"字同此。

【2】恥：皇本、蔡本、監本同，邢本、朱本作"耻"。下一"恥"字同此。

【3】于：邢本、朱本、蔡本、監本同，皇本作"於"。

【4】遲：皇本、朱本、蔡本、監本同，邢本作"遟"。下一"遟"字同此。

【5】唯：邢本、皇本、蔡本、監本同，朱本作"惟"。

【6】愚：邢本、朱本、蔡本、監本同，皇本作"愚也"。

【7】器：邢本、皇本、朱本、監本，蔡本作"噐"。

【8】已：邢本、朱本、蔡本、監本同，皇本作"已矣"。

【9】女：邢本、朱本、蔡本、監本同，皇本作"汝"。

【10】爲：邢本、朱本、蔡本、監本同，皇本作"之爲"。

【11】臨：邢本、朱本、蔡本、監本同，皇本作"臨民"。

【12】敬：邢本、朱本、蔡本、監本同，皇本作"民敬"。

【13】勸：邢本、朱本、蔡本、監本同，皇本作"民勸"。

【14】乎：邢本、朱本、蔡本、監本同，皇本作"于"。

【15】政：邢本、朱本、蔡本、監本同，皇本作"政也"。

【16】世：皇本同，邢本、朱本、蔡本、監本作"丗"。下一"世"字同此。

【17】可：邢本、朱本、蔡本、監本同，皇本作"亦可"。

【18】諂：邢本、皇本同，朱本、蔡本、監本作"謟"。

論語善本彙校集注譯評卷第二

八佾第三

【提要】

本篇主要論述禮、樂。

孔子認爲，禮、樂的推行得依靠仁德。人若無仁德，就不會重視禮、樂，甚至會破壞禮、樂。孔子嚴厲地批評了當時違反禮制的種種行爲，強調君臣都應依從周禮。同時，他闡明了奉行禮制的原則：奢侈不如儉約，喪禮講究排場不如盡其哀思，祭祀時要人到心到，君子謙讓不爭而不排除有禮的競爭。此外，孔子還形象地描述了當時奏樂的情形，評價了《關雎》《韶》《武》等詩樂的優點。

3.1

孔子謂季氏八佾舞於庭[1]："是可忍也[2]，孰不可忍也？"

【注釋】

〔1〕何晏引馬曰："佾，列也。天子八佾，諸侯六，卿大夫四，士二。八人爲列，八八六十四人。魯以周公，故受王者禮樂，有八佾之舞。季桓子僭於其家廟舞之，故孔子譏之。"○皇侃曰："謂者，評論之辭也。"○覺按：季氏：春秋時魯桓公少子季友的後裔，三桓之一。從季文子（名行父，季友之孫，所以從他開始又稱季孫氏，公元前 609—公元前 568 年在位）起，季武子（文子之子，名宿，公元前 568—公元前 535 年在位）、季平子（武子之孫，名意如，公元前 535—公元前 505 年在位）、季桓子（平子之子，名斯，公元前 505—公元前 492 年在位）、季康子（桓子庶子，名肥，公元前 492—公元前 468 年在位）等相繼執政，掌握魯國權力。馬融認爲此文的季氏指季桓子，乃據 18.4 之文而定。 佾（yì）：量詞，古代

舞蹈隊以八人爲一列，稱爲"一佾"。"八佾"即八列（六十四人），是天子所使用的舞蹈規格。季氏爲卿大夫，應該用四佾（三十二人），用八佾就僭越了禮制。《韓非子·内儲説下》"乃令黎且以女樂二八遺哀公"，"二八"即"二佾"。

〔2〕皇侃曰："是，猶此也。"

【譯文】

孔子評論季桓子用八列六十四人這種天子纔能使用的舞蹈規格在他家廟的大庭中舞蹈："對這種事可以容忍，還有什麼不可以容忍？"

【評析】

孔子對違禮之舉深惡痛絕，所以即使是魯國的執政者，他也直言指責。"是可忍，孰不可忍"已成爲後世習用的成語，説明孔子疾惡如仇、義憤填膺的態度得到了衆人的認可。

3.2

三家者以《雍》徹[1]。子曰："'相維辟公，天子穆穆【1】[2]。'奚取於三家之堂[3]？"

【注釋】

〔1〕何晏引馬曰："三家，謂仲孫、叔孫、季孫。《雍》，《周頌·臣工》篇名。天子祭於宗廟，歌之以徹祭。今三家亦作此樂。"○皇侃曰："三孫同是魯桓公之後。桓公嫡子莊公爲君，而庶子公子慶父、公子叔牙、公子季友也。仲孫是慶父之後，叔孫是叔牙之後，季孫是季友之後。後子孫皆以其先仲、叔、季爲氏，故有此三氏。並是桓公子孫，故俱稱'孫'也，亦曰三桓子孫也。仲孫氏後世改'仲'曰'孟'。孟者，庶長之稱也。言己家是庶，不敢與莊公爲伯仲叔季之次，故取庶長爲始而云'孟孫氏'也。"○劉寶楠曰："《釋文》云：'撤，本或作"徹"。'案'撤'是俗體。"○覺按：諸侯之封地稱"國"，卿大夫之封地稱"家"，所以"三桓"又稱"三家"。《雍》是《詩經·周頌》中的一篇，字又作"雝"，爲周成王祭祀周文王時撤去祭品時所唱的樂歌。

〔2〕何晏引包曰：“《雍》篇歌此者，有諸侯及二王之後來助祭故也。今三家但家臣而已，何取此義而作之於堂邪？”○皇侃曰：“相，助也。辟，猶諸侯也。公，二王之後也。穆穆，敬也。”○劉寶楠曰：“維者，語助辭。”○覺按：辟（bì）：君主，指諸侯。　公：王公，指周文王、周武王的後代。

〔3〕皇侃曰：“奚，何也。”

【譯文】

仲孫、叔孫、季孫三家在家廟用歌唱《雍》詩這種天子纔能使用的儀式來撤去祭品。孔子說：“《雍》詩唱道：‘助祭者是諸侯王公，天子儀容肅穆謙恭。’這種情形在三家的廟堂上哪能取得呢？”

【評析】

與 3.1 相比，此文以《詩》義譏之，語氣委婉而效果相同，可謂異曲同工。《詩》之妙用，此乃一例，其他可參見 13.5、16.13 評析。

3.3

子曰：“人而不仁，如禮何？人而不仁，如樂何[1]？”

【注釋】

〔1〕何晏引包曰：“言人而不仁，必不能行禮樂。”

【譯文】

孔子說：“人如果沒有仁德，會對禮制怎麼樣呢？人如果沒有仁德，會對音樂怎麼樣呢？”

【評析】

《老子》第三十八章云：“失仁而後義，失義而後禮。”《韓非子·解老》：“義者，仁之事也。事有禮而禮有文；禮者，義之文也。故曰：‘失道而後失德，失德而後失仁，失仁而後失義，失義而後失禮。’”義是仁愛之心的外化，禮是由義產生的制度，樂又是禮的一種表現方式。因此，人如果没有仁德，就一定不會把禮制音樂當回事。也就是説，禮制音樂靠仁德來支撐。一旦仁德喪失，也就會禮崩樂壞。

3.4

　　林放問禮之本[1]。子曰："大哉問！禮，與其奢也，寧儉；喪，與其易也，寧戚[2]。"

【注釋】

〔1〕何晏引鄭曰："林放，魯人。"

〔2〕何晏引包曰："易，和易也。"○皇侃曰："戚，哀過禮也。"○邢昺曰："奢與儉、易與戚等，俱不合禮，但禮不欲失於奢，寧失於儉；喪不欲失於易，寧失於戚。"○劉寶楠引其兄劉寶樹《經義説略》云："《爾雅》：'弛，易也。'展轉相訓，則'易'亦訓'弛'。言喪禮徒守儀文之節，而哀戚之心浸以懈弛，則禮之本失矣。……蓋易者哀不足，戚者哀有餘。《檀弓》：'子路曰："吾聞諸夫子：'喪禮，與其哀不足而禮有餘也，不若禮不足而哀有餘也。'"'義與此同。"○覺按："易"與"戚"相對，指心情平和而哀不足。陸德明引鄭注解爲"簡"，也通。其他的解釋與"戚"不相對，不當。

【譯文】

　　林放詢問禮制的基本點。孔子説："這個問題好重大啊！禮制的施行，與其奢侈，寧願節儉一些；但喪禮，與其心情平和，寧願悲哀一些。"

【評析】

　　在施行禮制時，孔子反對物質上的鋪張浪費而提倡節儉，但在喪禮方面，雖然其形式可以節儉，但其精神的付出和情感的投入則絲毫不能節儉而應該加強。由此可見，施行禮制時輕物質形式而重精神內涵，是孔子秉持的根本原則（參見 7.35、9.3 評析）。如今人們的禮俗，似乎排場越大就越隆重，實有違行禮之精神。

3.5

子曰："夷狄之有君，不如諸夏之亡也[1]。"

【注釋】

〔1〕何晏引包曰："諸夏，中國。亡，無也。"○覺按：我國古代華夏族建國於黃河流域一帶，以爲居天下之中，所以把中原一帶稱爲中國，而將其周圍地區文化較爲落後的少數民族稱爲東夷、南蠻、西戎、北狄。"亡"(wú)通"無"。

【譯文】

孔子説："東夷北狄等没有禮儀的部落即使有君主，也不如中原各禮儀之邦没有君主啊。"

【評析】

在孔子看來，社會是否優越，全在於文化，而不在政治。

3.6

季氏旅於泰山[2]。子謂冉有曰："女弗能救與[3][1]?"對曰："不能。"子曰："嗚呼！曾謂泰山不如林放乎[2]?"

【注釋】

〔1〕何晏引馬曰："旅，祭名也。禮，諸侯祭山川在其封内者。今陪臣祭泰山，非禮也。冉有，弟子冉求，時仕於季氏。救，猶止也。"○邢昺曰："《周禮·大宗伯職》云：'國有大故，則旅上帝及四望。'鄭注云：'故，謂凶裁。旅，陳也，陳其祭事以祈焉，禮不如祀之備也。'……《史記·弟子傳》云：'冉求字子有，少孔子二十九歲。'鄭玄曰：'魯人。'"○覺按：據《史記》的《魯周公世家》《孔子世家》，任用冉有的是魯哀公時的季康子，故此文之"季氏"指季康子。　泰山：在今山東省中部，古稱東嶽。《禮記·王制》："天子祭天下名山大川……諸侯祭名山大川之在

其地者。”《公羊傳·僖公三十一年》：“諸侯，山川有不在其封内者則不祭也。”泰山在魯國境内，只有天子或魯國國君纔有資格去祭祀。至於大夫，只能祭五祀（司命神、中霤神、門神、路神、厲鬼）。季氏位在卿大夫而去祭泰山，是一種超越了名分的非禮之行，所以孔子要冉有去勸阻。

〔2〕何晏引包曰：“神不享非禮。林放尚知問禮，泰山之神反不如林放邪？欲誣而祭之。”○邢昺曰：“言泰山之神必不享季氏之祭。若其享之，則是不如林放也。”○覺按：“曾”見2.8注〔4〕。

【譯文】

季康子到天子或魯國國君纔有資格祭祀的泰山去祭祀。孔子對冉有説：“你不能阻止嗎?”冉有回答説：“不能。”孔子説：“哎呀! 難道説泰山之神不如懂得禮制的林放嗎?”

【評析】

“曾謂泰山不如林放乎”的意思是：泰山之神怎麽會接受這種不合禮制的祭祀呢? 這是借用神的意志來指斥季氏諂媚神（2.24“非其鬼而祭之，諂也”）的非禮之舉，與3.2以《詩》義來指斥亂用《詩》樂的違禮行爲實異曲而同工。

3.7

子曰：“君子無所爭[4]，必也，射乎[1]! 揖讓而升，下而飲，其爭也君子!”

【注釋】

〔1〕邢昺曰：“君子雖於他事無争，其或有争，必也於射禮乎!”

【譯文】

孔子説：“道德高尚的君子没有什麽地方要争勝的，一定要争勝嘛，就在射箭的比賽中吧! 拱手作揖謙讓地登上大堂，再走下大堂飲酒，他們在射箭比賽時争勝啊完全是道德高尚的君子!”

【評析】

　　君子謙讓不争是當時禮的要求，而在射禮之中争勝也符合禮的要求。由此可見，争與不争，只要符合當時的道德規範就都是合宜的。在當代社會也是如此，該謙讓的應該謙讓，該争勝的還是應該争勝（如運動會）。如何處理好競争和謙讓的關係，至今仍是值得重視的問題。

3.8

　　子夏問曰："'巧笑倩兮【5】，美目盼兮【6】，素以爲絢兮〔1〕。'何謂也?"子曰："繪事後素〔2〕。"曰："禮後乎〔3〕?"子曰："起予者商也〔4〕！始可與言《詩》已矣。"

【注釋】

　　〔1〕何晏引馬曰："昐（覺按：當作"盼"），目動貌。絢，文貌。此上二句在《衛風·碩人》之二章，其下一句逸也。"○朱熹曰："倩，好口輔也。盼，目黑白分也。素，粉地，畫之質也。絢，采色，畫之飾也。"○覺按：素：未染色的絲綢，引申指樸素，不修飾。《釋名·釋采帛》："素，樸素也，已織則供用，不復加功飾也。又物不加飾皆目謂之素。"此文"絢"與"倩""盼"相應，指美貌；"素"與"巧笑""美目"相應，指未加打扮的自然美。

　　〔2〕朱熹曰："後素，後於素也。《考工記》曰：'繪畫之事後素功。'謂先以粉地爲質，而後施五采，猶人有美質，然後可加文飾。"○覺按：《說文·糸部》："繪，會五采繡也。《虞書》曰：'山龍華蟲作繪。'《論語》曰：'繪事後素。'"可見"繪"原指在沒有染色的白色絲綢上會合五種色彩的絲綫進行刺繡。"素"在前，"繪"在後，所以說"繪事後素"。

　　〔3〕朱熹曰："禮必以忠信爲質，猶繪事必以粉素爲先。"○覺按："禮"之有"文"（參見3.14）與"繪"之有"文"相類似，所以此文之"繪"實喻指"禮"，子夏得其喻意，所以從"繪事後素"中得出"禮後"的結論。

　　〔4〕何晏引包曰："予，我也。孔子言，子夏能發明我意，可與共言《詩》。"○皇侃曰："起，發也。"

【譯文】

　　子夏問道："'巧妙的笑容酒窩甜啊，美麗的眼睛眼珠轉啊，樸素的臉蛋成燦爛啊。'這說的是什麽呢？"孔子説："是説描繪化妝的事要放在不加修飾化妝的樸素狀態之後。"子夏説："那麽禮制要放在後面用嗎？"孔子説："發明我旨意的是卜商啊，可以開始和你説説《詩》了。"

【評析】

　　《老子》第三十八章云："失道而後德，失德而後仁，失仁而後義，失義而後禮。夫禮者，忠信之薄也，而亂之首也。"意思是："人們喪失了自然的大道以後纔輪得上稱説人類的道德，喪失了人類的道德以後纔輪得上稱説仁愛的德性，喪失了仁愛的德性以後纔能輪得上稱説合宜的道義，喪失了合宜的道義以後纔輪得上稱説當代的禮儀。禮儀，實際上反映了忠信的淡薄，又是禍亂的起因。"由此可見，禮要放在最後使用。孔子曾問禮於老子（見《史記·老莊申韓列傳》），他讚同子夏之説，其意或與老子所説同旨。

3.9

　　子曰："夏禮，吾能言，之杞，不足徵也；殷禮，吾能言，之宋，不足徵也[1]。文獻不足故也[2]。足，則吾能徵之矣。"

【注釋】

　　[1] 朱熹曰："杞，夏之後。宋，商之後。徵，證也。"○覺按：《禮記·禮運》："孔子曰：'我欲觀夏道，是故之杞，而不足徵也，吾得《夏時》焉。我欲觀殷道，是故之宋，而不足徵也，吾得《坤乾》焉。'"可與此文相互印證。　杞：商代方國，在今河南省杞縣，後絕。周武王滅殷後又封夏禹的後裔東樓公於此。後來杞成公遷緣陵（今山東省昌樂縣東南），杞文公遷淳于（今山東省安邱市東北）。公元前 445 年爲楚所滅。見《史記·陳杞世家》。　宋：周代諸侯國，子姓。開國君主是商紂王的庶兄微子啓。西周時周公旦攻滅武庚後，讓他統率殷民而封於宋，有今河南省

東部和山東、江蘇、安徽之間的地區，都商邱（在今河南省商邱市睢陽區南），作爲殷王室的後裔負責祭祀祖先。公元前 370 年，宋桓侯被大臣司城子罕（戴氏，名皇喜）所殺，政權爲戴氏所奪。公元前 286 年戴氏之宋爲齊所滅。參見《史記·宋微子世家》。

〔2〕朱熹曰："文，典籍也。獻，賢也。言二代之禮，我能言之，而二國不足取以爲證，以其文獻不足故也。"

【譯文】

孔子説："夏朝的禮制，我能説一説，但到了杞國，卻不能够取得證據；商朝的禮制，我能説一説，但到了宋國，卻不能够取得證據。這是因爲杞國、宋國的典籍和繼承夏朝、商朝禮制的賢人不够的緣故啊。如果他們的典籍和賢人足够，那麼我就能從那裏取得證據了。"

【評析】

孔子之時，夏朝、殷朝的禮制因爲"文獻不足"已難尋蹤跡，説明一個朝代的政治生命要靠其文化典籍及其文化傳承者來維持。如果没有做好文化傳承工作，便會導致人死而政亡的結局。這一點值得所有當政者重視。

3.10

子曰："禘自既灌而往者【7】，吾不欲觀之矣〔1〕。"

【注釋】

〔1〕何晏引孔曰："既灌之後，別尊卑，序昭穆。而魯逆祀，躋僖公，亂昭穆，故不欲觀之。"○皇侃曰："禘者，大祭名也。……灌者，獻也，酌鬱鬯酒獻尸灌地以求神也。"○邢昺曰："既灌地降神之後，始列木主，以尊卑陳列太祖前。"○覺按：禘（dì）：在始祖廟中對祖先的一種盛大祭祀。按照其禮儀，將鬱金草釀的酒灌地降神之後要根據所祭者的尊卑先後祭祀，由於魯僖公之子魯文公將繼承魯閔公之位的魯僖公排在魯閔公之前，顛倒了尊卑而不合禮制，所以孔子不想再看下去了。

【譯文】

孔子説："魯國舉行天子級別的禘祭，從完成灑酒澆地來降神以後，我不想再觀看其儀式了。"

【評析】

孔子的"不欲觀"，是不屑一顧而走了，這是一種表示反對的儒雅方式。這種方式既表明了自己的主張，又避免了不必要的衝突。如今在會議上，對某人的發言表示反對時，便離席而去以表示不屑一聽，其道理是一樣的。這説明孔子的反對方式具有合理性，故其影響極爲深遠。

3.11

或問禘之説。子曰："不知也[1]。知其説者之於天下也，其如示諸斯乎！"指其掌[2]。

【注釋】

[1] 邢昺曰："荅以'不知'者，爲魯諱。諱國惡，禮也。"○覺按：由於魯國的禘祭不合禮制，但按照禮制又不能直言指責國君之惡（參見7.30評析），所以孔子推説"不知"。

[2] 何晏引包曰："言知禘禮之説者於天下之事，如指示掌中之物，言其易了。"○皇侃曰："斯，此也。此，此孔子掌中也。"○覺按：此文表示知其説者就在我，而且我了如指掌。

【譯文】

有人詢問有關魯國舉行天子級別的禘祭方面的説法。孔子説："我不知道啊。知道魯國禘祭説法的人對於天下的事，那就像明示在這手掌中啊！"他邊説邊指着自己的手掌。

【評析】

推説"不知"，也是一種表示反對的儒雅方式。其道理與上一章相同。參見15.1評析。

3.12

祭如在[1]，祭神如神在。子曰："吾不與祭[2]，如不祭。"

【注釋】

〔1〕何晏引孔曰："言事死如事生。"
〔2〕陸德明曰："與，音預。"

【譯文】

孔子祭祀死者時就像這些死者在眼前，祭祀百神時就像百神在眼前。孔子説："我没有親自參與祭祀，就像没有祭祀一樣。"

【評析】

孔子主張"敬鬼神而遠之"(6.22)。此章强調祭祀時要做到人到、心到，便是對"敬鬼神"的具體詮釋。

3.13

王孫賈問曰："'與其媚於奥，寧媚於竈[1]。'何謂也?"子曰："不然，獲罪於天[2]，無所禱也。"

【注釋】

〔1〕何晏引孔曰："王孫賈，衛大夫。奥，内也，以喻近臣。竈，以喻執政。賈，執政者，欲使孔子求昵之，微以世俗之言感動之。"○皇侃曰："此世俗舊語也。……王孫賈者，周靈王之孫，名賈也，是時仕衞爲大夫也。"○邢昺曰："奥，内也，謂室内西南隅也，以其隱奥，故尊者居之。其處雖尊，而間（覺按："間"當作"閒"）静無事，以喻近臣雖尊，不執政柄，無益於人也。"
〔2〕何晏引孔曰："天，以喻君。"

【譯文】

衛國大夫王孫賈問道："'祭祀時與其討好内室西南角尊貴的奧神，寧願討好實惠的竈神。'這說的是什麼呢？"孔子說："並非如此。得罪了上天，就沒有什麼神可以祈禱了。"

【評析】

虛擬的神世界是現實社會的一種反映，所以現實社會中的等級觀念也同樣出現在神的世界中。得罪了一般官吏雖然也麻煩，但如果得罪了最高統治者，想求助於一般官吏，就無濟於事了。

3.14

子曰："周監於二代[1]，郁郁乎文哉[2]！吾從周。"

【注釋】

[1] 何晏引孔曰："監，視也。"〇皇侃曰："二代，夏、殷也。"
[2] 朱熹曰："郁郁，文盛貌。"

【譯文】

孔子說："周朝比照於夏朝、商朝二代，禮制文化的完備已盛況空前啊！我遵從周朝的禮制文化。"

【評析】

相比於夏、殷兩代的"文獻不足"(3.9)，周代的文化的確盛況空前，所以孔子之言充滿了自豪感。其實，流傳至今的周代典籍仍然是值得我們自豪的文化遺產。

3.15

子入大廟【8】[1]，每事問。或曰："孰謂鄹人之子知禮乎[2]？入大廟，每事問。"子聞之，曰："是禮也。"

【注釋】

〔1〕皇侃曰："大廟，周公廟也。孔子仕魯助祭，故得入周公廟也。"○覺按："大"同"太"。

〔2〕皇侃曰："孰，誰也。鄹，孔子父叔梁紇所治邑也，故謂孔子爲鄹人子也。"○覺按：鄹（zōu）：在今山東省曲阜市東南。

【譯文】

孔子進入魯國的太廟——周公廟，每件事都要詢問。有人説："誰説鄹大夫叔梁紇的兒子知道禮制呢？他進入太廟，每件事都要詢問。"孔子聽説了這些話，説："這是禮節啊。"

【評析】

所謂"知禮"，並不只是指瞭解禮制的内容，關鍵是按照禮制來行事。知道了禮制的内容而目中無人，便是無禮之舉。知道了禮制的内容而仍然虛心發問，纔是合禮之行。

3.16

子曰："'射不主皮'，爲力不同科[1]，古之道也。"

【注釋】

〔1〕朱熹曰："爲，去聲。射不主皮，《鄉射禮》文。爲力不同科，孔子解禮之意如此也。皮，革也，布侯而棲革於其中以爲的，所謂鵠也。科，等也。古者射以觀德，但主於中，而不主於貫革，蓋以人之力有强弱，不同等也。"○覺按：《儀禮·鄉射禮》"射不主皮"鄭玄注："不主皮者，貴其容體比於禮，其節比於樂，不待中爲備也。"

【譯文】

孔子説："'舉行射禮時射箭不求射穿皮靶子'，因爲各人的氣力不同等，這是古代的規範啊。"

【評析】

7.20 說 "子不語怪、力、亂、神"，可見孔子是不崇尚勇力的。舉行射禮時，主要看命中率，而不是看射穿力，即比技巧而不是比力量。這一 "古之道" 合乎孔子主張，所以他稱引之。14.33 說："驥，不稱其力，稱其德也。" 與此章同旨。

3.17

子貢欲去告朔之餼羊[1]。子曰："賜也，爾愛其羊【9】，我愛其禮[2]。"

【注釋】

[1] 皇侃曰："告朔者，人君每月旦於廟告此月朔之至也。"○朱熹曰："告朔之禮：古者天子常以季冬頒來歲十二月之朔于諸侯，諸侯受而藏之祖廟。月朔，則以特羊告廟，請而行之。餼，生牲也。魯自文公始不視朔，而有司猶供此羊，故子貢欲去之。"○覺按：告（gù）朔：天子或諸侯每月朔日（初一）到祖廟殺牲祭祖後佈告朔日的禮儀。 餼（xì）：供祭祀用的牲畜。告朔時 "天子用牛，諸侯用羊"（皇侃說）。

[2] 何晏引包曰："羊存，猶以識其禮；羊亡，禮遂廢。"○朱熹曰："愛，猶惜也。"

【譯文】

子貢因爲當時已沒有每月初一佈告朔日的祭祀而想廢掉用於佈告朔日祭祀所用的祭品羊。孔子說："端木賜啊，你愛惜那祭祀所用的羊，我愛惜這祭祀的禮儀。"

【評析】

禮俗的存在既依靠內容，又依靠儀式。祭祀取消了，祭品當然也可以不用，所以子貢的想法實在情理之中。不過，孔子認爲再取消祭品，則告朔之禮就蕩然無存了，所以要保留 "餼羊"。古代的禮俗之所以能流傳下來，除了文獻的記載，就是靠了孔子這種愛禮之人不遺餘力的傳承。

3.18

子曰："事君盡禮，人以爲諂也【10】〔1〕。"

【注釋】

〔1〕何晏引孔曰："時事君者多無禮，故以有禮者爲諂（覺按："諂"當作"諂"）。"

【譯文】

孔子説："侍奉國君時完全按照禮制，人們卻認爲是諂媚。"

【評析】

"事君盡禮"，即孔子所説的"君君臣臣"（見 12.11），就是按照臣道爲君主盡忠效勞。由於這種行爲與奴才侍奉主子有類似之處，所以人們會把它當作諂媚。當然，人們將"事君盡禮"視爲諂媚，也可以看出周禮在當時人們的心目中已經式微，成了人們吐棄的東西，這可謂是禮崩樂壞的一則生動寫照。

3.19

定公問〔1〕："君使臣，臣事君，如之何?"孔子對曰："君使臣以禮，臣事君以忠。"

【注釋】

〔1〕定公：指魯定公，名宋，魯襄公之子，魯昭公之弟，公元前 509—公元前 495 年在位。

【譯文】

魯定公問孔子："國君使用臣子，臣子事奉國君，對這種事該怎麽辦?"孔子回答説："國君要根據禮制來使用臣子，臣子要用忠誠來事奉國君。"

【評析】

"君使臣以禮，臣事君以忠"是對"君君臣臣"（見 12.11）的具體詮釋，即："使臣以禮"爲君道，"事君以忠"爲臣道。這種君臣之道影響極爲深遠，成了中華傳統文化中的重要内容。特別是"臣事君以忠"，常常爲歷代統治者所强調。當然，從一般的政治學角度來看，用人者要求被任用者忠於自己恐怕也是一條政治通則，是所有政治家無法違背的。誰違背了這一條政治通則，就不可能成爲出色的政治家，因爲没有忠於他的人擁戴他、爲他效勞，他就會被别人甚至自己任用的人早早趕下政治舞臺。至於"忠"的涵義，在孔子看來，一是要"以道事君"（11.22）；二是"敬"（5.16）；三是"勿欺也，而犯之"（14.22）；四是"敬其事"（15.38）；五是"能致其身"（1.7）。這些德行，與後世"君要臣死，臣不得不死"的愚忠顯然不同，它們無疑是"事君以忠"的合理内涵。

3.20

子曰："《關雎》【11】〔1〕，樂而不淫【12】，哀而不傷。"

【注釋】

〔1〕邢昺曰："《關雎》者，《詩·國風·周南》首篇名，興后妃之德也。"

【譯文】

孔子説："《關雎》抒發的情感，歡樂而不淫蕩，悲哀而不感傷。"

【評析】

詩人在《關雎》中首先唱道："窈窕淑女，君子好逑。"接着便説他"寤寐求之"，而"求之不得，寤寐思服。悠哉悠哉，輾轉反側"，但結果不過是"琴瑟友之"，"鍾鼓樂之"。詩人雖然直白地説這窈窕淑女是我的好配偶，以致不管醒來還是睡着都在追求她，追求不到後則常常思念，以致翻來覆去睡不着，但最終只是以奏樂來表達自己的愛情而要使她快樂。由此可見，詩人追求心愛的女子時雖然極其熱烈，但並不放縱，更没有任何淫蕩之心；雖然求偶不得而悲哀，但沒有一蹶不振，更沒有傷害之心。孔子用“樂而不淫，哀而不傷”來評論，可謂恰到好處。只圖自己痛快而以佔有爲目的的愛情觀是自私的，不顧自己而一心要讓對方幸福快樂的愛情觀是崇高的。《關雎》表達的，顯然是後者。

3. 21

哀公問社於宰我[1]。宰我對曰：“夏后氏以松；殷人以柏【13】；周人以栗，曰使民戰栗【14】[2]。”子聞之，曰：“成事不説，遂事不諫，既往不咎【15】[3]。”

【注釋】

〔1〕皇侃曰：“宰我，孔子弟子，姓宰，名予，字子我也。”○覺按：社：土地神神像。《韓非子‧外儲説右上》：“君亦見夫爲社者乎？樹木而塗之。”可見塑造土地神神像時，先把木頭豎起來，然後用爛泥塗在它上面進行塑造，所以要用木。

〔2〕何晏引孔曰：“凡建邦立社，各以其土所宜之木。宰我不本其意，妄爲之説，因周用栗，便云‘使民戰栗’。”○覺按：“戰栗”通“顫慄”，瑟瑟發抖而恐懼的樣子。

〔3〕何晏引包曰：“孔子非宰我，故歷言此三者，欲使慎其後。”

【譯文】

魯哀公向宰我詢問有關土地神神像的事。宰我回答説：“夏朝人用松木；商朝人用柏木；周朝人用栗木，意思是要使民衆恐懼而戰戰慄慄。”孔子聽到了此事，説：“做成了的事就不要去談論了，做完了的事就不要去勸説了，已經過去的事就不要去責怪了。”

【評析】

孔子之言，是對“周人以栗，曰使民戰栗”的委婉否定。

“既往不咎”成了後世的成語，也成爲中國人處事的準則。過去的就讓它過去吧，糾纏於過去並無多大效益，關鍵在於謹慎地對待今後的一切。

3. 22

子曰："管仲之器小哉【16】〔1〕！"或曰："管仲儉乎〔2〕？"曰："管氏有三歸〔3〕，官事不攝〔4〕，焉得儉【17】？""然則管仲知禮乎？"曰："邦君樹塞門〔5〕，管氏亦樹塞門；邦君爲兩君之好，有反坫〔6〕，管氏亦有反坫。管氏而知禮，孰不知禮【18】？"

【注釋】

〔1〕何晏曰："言其器量小也。"○覺按：管仲：姓管，名夷吾，字仲，春秋初期具有法家思想的政治家。齊襄公十二年（公元前 686 年），齊將亂，爲了避難，管仲、召忽奉公子糾出奔魯國，鮑叔牙奉公子小白出奔莒國（在今山東省莒縣）。這一年，齊襄公被殺後，小白於次年先入齊國立爲桓公，大敗魯軍，魯國被迫按桓公的要求殺了公子糾，把管仲囚禁了交還齊國。管仲回齊後，由鮑叔牙推薦，被齊桓公任命爲相。他在齊國進行政治改革，推行富國强兵的政策，使齊國國力大振，齊桓公因此而成就了霸業。桓公尊他爲"仲父"（"父"通"甫"，是古代對男子的美稱），賜謚號"敬"，所以又稱管敬仲。其事蹟可參見《史記》的《齊太公世家》與《管晏列傳》。 器：度量，胸懷。

〔2〕朱熹曰："或人蓋疑器小之爲儉。"○覺按：孔子所謂"器小"是指其度量小，有人卻理解爲其胃口小，所以問"管仲儉乎"。

〔3〕何晏引包曰："三歸，娶三姓女。婦人謂嫁曰歸。"○覺按：對於"三歸"，衆說紛紜，包咸解爲娶三姓之女，朱熹據《説苑》解爲臺名，梁玉繩《瞥記》卷二解爲地名（管仲的采邑），武億《羣經義證·論語》解爲藏泉幣的府庫，俞正燮《癸巳類稿》卷三《管氏三歸義》條解爲一妻二妾之制，俞樾《羣經平議》卷三十解爲三處家庭，都不如郭嵩燾解爲"市租"來得確當。郭説云："此蓋《管子》'九府輕重'之法，當就《管子》書求之。《山至數篇》曰：'則民之三有歸於上矣。''三歸'之名實本於此。……《輕重乙篇》曰：'與民量其重，計其贏，民得其十，君得其三。'盡此而已矣。……其書所載計民之利而歸之公，有十倍百倍侈大言之者，而以三爲率，《輕重》諸篇屢見焉。是所謂'三歸'者，市租之常

例之歸之公者也。”（見郭嵩燾《養知書屋文集》卷一《釋三歸》）就是説，“三歸”是指與國民收入的三成相當的歸於國君的商税。《韓非子·外儲説左下》：“管仲相齊，曰：‘臣貴矣，然而臣貧。’桓公曰：‘使子有三歸之家。’曰：‘臣富矣，然而臣卑。’桓公使立於高、國之上。曰：‘臣尊矣，然而臣踈。’乃立爲‘仲父’。孔子聞而非之曰：‘泰侈偪上。’”“三歸之家”即俸禄與國民收入的三成相當的食邑，管仲説自己因此“富矣”，孔子説他“泰侈”，與此文所説的“焉得儉”同義。

〔4〕何晏引包曰：“攝，猶兼也。禮，國君事大，官各有人；大夫兼并。今管仲家臣備職，非爲儉。”

〔5〕皇侃曰：“邦君，謂諸侯也。樹塞門，謂立屏以障隔門，別内外。禮，天子、諸侯並有之也。……卿大夫以簾，士以帷，又並不得施之於門，政當在庭階之處耳。”

〔6〕皇侃曰：“坫者，築土爲之，形如土堆，在於兩楹之間。飲酒行獻酬之禮，更酌，酌畢則各反其酒爵於坫上，故謂此坫爲‘反坫’。大夫無此禮。”

【譯文】

孔子説：“管仲的器量很小啊！”有人就説：“那麽管仲節儉麽？”孔子説：“管仲擁有與國民收入的三成相當的歸於國君的租税收入，其家臣的官職不兼任而像國君之臣那樣各個官職都配備人，他哪能算節儉？”那人説：“這樣的話，那麽管仲知道禮制嗎？”孔子説：“國君大門内築有照壁以遮蔽大門，管仲也在大門内築有照壁以遮蔽大門；國君爲了兩個國君之間的友好會見而造了放回酒器的土臺，管仲也造了這種放回酒器的土臺。管仲如果知道禮制，那還有誰不知道禮制？”

【評析】

人生在世，往往有功有過。孔子既在 14.16、14.17 中高度評價了管仲的仁德與政績，又在此批評了他的非禮之舉，這是一種實事求是的態度，值得借鑒。一般人往往將好人説得毫無缺點，將壞人説得一無是處，這其實是一種片面的思想方法。子貢説：“紂之不善，不如是之甚也。”（19.20），其思想方法與孔子類似，可謂深得孔子之神髓。

3.23

子語魯大師樂【19】〔1〕，曰："樂其可知也【20】。始作〔2〕，翕如也〔3〕；從之，純如也〔4〕；皦如也；繹如也〔5〕；以成〔6〕。"

【注釋】

〔1〕陸德明曰："大，音泰。"○邢昺曰："大師，樂官名，猶《周禮》之大司樂也。"○覺按："大"同"太"。《周禮·春官》"大司樂"（樂官之長）之下屬有太師，是樂工之長，掌六律、六呂、五聲使相協調，並以樂器播爲八音。凡演奏歌詩鼓樂，皆聽從太師指揮。

〔2〕劉寶楠引鄭注云："始作，謂金奏時。"○覺按：《周禮·春官》"鍾師掌金奏"賈公彥疏："凡作樂，先擊鍾，故鄭云：'金奏，擊金以爲奏樂之節。'"

〔3〕何晏曰："翕如，盛。"○朱熹曰："翕，合也。"○覺按：如：猶"然"，……的樣子。

〔4〕何晏曰："從，讀曰'縱'，言五音既發，放縱盡其音聲。純純（覺按：當作"純如"），和諧也。"

〔5〕邢昺曰："'皦如也'者，皦（覺按：以上二字據元刻本），明也，言其音節分明也。'繹如也'者，言其音落繹然相續不絕也。"○劉寶楠引宋翔鳳《發微》云："繼以笙入。笙者有聲無辭，然其聲清別，可辨其聲而知其義，故曰'皦如'。繼以閒歌，謂人聲笙奏閒代而作，相尋續而不斷絕，故曰'繹如'。"

〔6〕朱熹曰："成，樂之一終也。"

【譯文】

孔子和魯國主管音樂的長官談論音樂，說："音樂大致可以知道了。開始時鐘聲響起，各種樂器合奏而氣勢很盛的樣子；接著人放聲高歌，純正和諧的樣子；接著笙齊奏，清脆明朗的樣子；接著人歌唱和笙奏曲交相起伏，絡繹不絕的樣子；以此完成一曲。"

【評析】

聲音響後即逝，古代没有錄音設備，所以我們無法具體感受當時的音樂。此文雖然語焉不詳，但無疑是我國音樂史上值得利用的寶貴材料。

3.24

儀封人請見[1]，曰："君子之至於斯也【21】，吾未嘗不得見也【22】。"從者見之。出曰："二三子何患於喪乎[2]？天下之無道也久矣，天將以夫子爲木鐸[3]。"

【注釋】

〔1〕何晏引鄭曰："儀，蓋衛邑。"○皇侃曰："封人，守衛邑之堺吏也。周人謂守封疆之人爲封人也。"○劉寶楠曰："案《明一統志》，儀城在蘭陽西北二十里，即封人請見處。"○覺按：據其説，則儀邑爲衛國西南邊城，在今河南省蘭考縣西北。

〔2〕喪：即9.5"天之將喪斯文也"之"喪"，指喪失文教。朱熹、楊伯峻解爲"失掉官位"，誤。

〔3〕皇侃曰："鐸，用銅鐵爲之。若行武教，則用銅鐵爲舌；若行文教，則用木爲舌，謂之木鐸。將行號令，則執鐸振奮之使鳴，而言所教之事也。"○覺按：此"木鐸"喻指道德文教的宣講者。

【譯文】

儀邑的邊疆守衛官求見孔子，説："有道德的君子到了這裏，我從來没有見不到的。"跟隨孔子的弟子讓他進見了孔子。他出來後説："你們幾個弟子爲什麽要擔心孔子傳承的文教會喪失呢？天下没有道德的時間已經很久了，上天將讓孔子成爲傳播道德文教的木舌銅鈴。"

【評析】

物極必反，所以天下無道久了，就會有人出來傳道。此文説上天讓孔子來傳道，這是古人常用的神化手段，以體現其人其事的神聖性。

3. 25

子謂《韶》盡美矣，又盡善也[1]；謂《武》盡美矣，未盡善也[2]。

【注釋】

[1] 何晏引孔曰："《韶》，舜樂名，謂以聖德受禪，故盡善。"○覺按：韶：美好。《尚書·益稷》："《蕭韶》九成，鳳皇來儀。"孔穎達疏："此論《韶》樂，必在即政後耳。"按照古代的說法，鳳凰只出現在聖明君主大治天下的盛世，所以《韶》樂應該是歌頌舜大治天下的樂曲，而並不是受禪之時的樂曲。

[2] 何晏引孔曰："《武》，武王樂也。"○邢昺曰："言《武》樂音曲及舞容則盡美矣，然以征伐取天下，不若揖讓而得，故其德未盡善也。"

【譯文】

孔子說舜的樂曲《韶》極其美妙動聽了，又極其和善；說周武王的樂曲《武》極其美妙動聽了，但還沒有達到極其和善的地步。

【評析】

《韶》樂究竟如何已不得而知。求之於政績，則知舜無爲而治（參見15.5）。《韓非子·外儲說左上》載有若之言曰："昔者舜鼓五絃、歌《南風》之詩而天下治。"《韶》也應該是歌頌舜大治天下時的樂曲，所以孔子說它"盡美矣，又盡善也"。至於"武"，顧名思義，應該是周武王使用武力去征伐商紂王時的軍樂，武王伐紂雖然是正義之舉，但孔子崇尚德化而不崇尚武力（參見3.16評析），所以說它"盡美矣，未盡善也"。

3. 26

子曰："居上不寬【23】，爲禮不敬，臨喪不哀，吾何以觀之哉？"

【譯文】

孔子說："在上面做官卻不寬宏大量，遵行禮制不恭敬，面臨別人的喪事不悲哀，我還能憑什麼去觀察他呢？"

【評析】

"居上不寬"則氣量狹窄而無愛下之意，"爲禮不敬"則沒有規矩而多任意妄爲之舉，"臨喪不哀"則鐵石心腸而無同情憐憫之心，這種人毫無仁德，根本不配做官，所以孔子不屑一顧。

【本篇校勘記】

【1】穆穆：邢本、朱本、蔡本、監本同，皇本作"穆穆矣"。

【2】泰：皇本、朱本、蔡本、監本同，邢本作"太"。

【3】女弗：邢本、朱本、蔡本、監本同，皇本作"汝不"。

【4】爭：邢本、朱本同，皇本、蔡本、監本作"爭"。下一"爭"字同此。

【5】笑：皇本同，邢本、朱本、蔡本、監本作"笑"。

【6】盼：皇本、朱本、蔡本同，邢本、監本作"盻"。

【7】往：皇本、朱本、蔡本、監本同，邢本作"徃"。

【8】大：皇本、朱本、蔡本、監本同，邢本作"太"。下一"大"字同此。

【9】爾：邢本、朱本、蔡本、監本同，皇本作"汝"。

【10】諂：皇本同，邢本、朱本、蔡本、監本作"謟"。

【11】睢：皇本、監本同，邢本、朱本、蔡本作"睢"。

【12】淫：皇本、朱本、蔡本、監本同，邢本作"滛"。

【13】栢：邢本、朱本、蔡本、監本同，皇本作"柏"。

【14】栗：邢本、朱本、蔡本、監本同，皇本作"栗也"。

【15】往：皇本、朱本、蔡本、監本同，邢本作"徃"。

【16】器：邢本、皇本、朱本、監本同，蔡本作"噐"。

【17】儉：邢本、朱本、蔡本、監本同，皇本作"儉乎"。

【18】禮：邢本、朱本、蔡本、監本同，皇本作"禮也"。

【19】大：皇本、朱本、蔡本、監本同，邢本作"太"。

【20】也：邢本、朱本、蔡本、監本同，皇本作“也已”。

【21】也：邢本、朱本、蔡本、監本同，皇本作“者”。

【22】嘗：邢本、皇本、蔡本、監本同，朱本作“甞”。

【23】寬：皇本、朱本、蔡本、監本同，邢本作“寬”。

里仁第四

【提要】

本篇主要論述仁義道德。

孔子認爲，明智的人應該選擇仁德的環境來養成自己的仁德。有仁德的君子能明辨善惡而不會作惡，無時無刻不違背仁德，不會以不正當的手段去求得富貴。可惜的是，當時的人没有愛好仁德的，或表面上有志於道而實際上卻追求吃得好、穿得好。孔子貶斥安土重遷、追求財利的小人，認爲君子應該追求道義禮法，以禮讓治國，見賢思齊，嚴格約束自己，説話謹慎而做事敏捷，説到做到，事君交友不可操之過急。對父母要盡孝，父母有了過錯，也只能委婉地進行勸阻，如果父母不聽從，也還是要恭敬從命而毫無怨言。父母活着的時候不遠遊以便照顧，父親死了不改變父親之道。此外，本篇還通過曾子之口道出了孔子學説的基本思想——忠恕，這對於把握孔子思想之要義無疑具有重要的價值。

4.1

子曰：“里仁爲美[1]。擇不處仁，焉得知【1】[2]？”

【注釋】

〔1〕皇侃曰：“周家去王城百里謂之遠郊，遠郊内有六鄉，六鄉中五家爲比，五比爲閭，五（覺按：當作“四”）閭爲族，五族爲黨，五黨爲州，五州爲鄉。百里外至二百里爲之六遂，遂中五家爲鄰，五鄰爲里，四里爲酇，五酇爲鄙，五鄙爲縣，五縣爲遂。”○覺按：皇侃説見《周禮·

《地官》之"大司徒"與"遂人"之職。

〔2〕陸德明曰："知，音'智'。"

【譯文】

孔子説："居住的里巷有仁德纔好。挑選住處時不去住在有仁德的地方，哪能算明智?"

【評析】

孔子認爲"性相近"而"習相遠"（17.2），所以非常注重後天的習染，而生活環境是最能影響人習性的因素，所以孔子在此特别强調：選擇"處仁"，纔是明智之舉。孟母三遷，便是孔子此言的具體實踐。

4.2

子曰："不仁者不可以久處約[1]，不可以長處樂[2]。仁者安仁[3]，知者利仁【2】[4]。"

【注釋】

〔1〕何晏引孔曰："久困則爲非。"○皇侃曰："約，猶貧困也。"

〔2〕何晏引孔曰："必驕佚。"

〔3〕安：即2.10"察其所安"之"安"。《淮南子·氾論訓》"而百姓安之"高誘注："安，樂也。"即其義。

〔4〕知：通"智"。

【譯文】

孔子説："没有仁德的人不可以長久地處於窮困的境地，也不可以長久地處於安樂的境地。有仁德的人喜歡仁德，明智的人認爲仁德對自己有利而奉行仁德。"

【評析】

"不仁者""久處約"就會狗急跳墙而無所不爲，"長處樂"就會忘乎所以而爲所欲爲，所以既不可以"久處約"，也不可以"長處樂"。

"仁者安仁，知者利仁"類似於《老子》第三十八章的"上仁爲之而無以爲也，上義爲之而有以爲也"（最仁慈的人努力地施行仁愛之道而不是爲了達到什麽目的纔這樣做的，最講求道義的人奉行道義則是帶有一定的目的纔這樣做的），由此也可見儒家思想與道家思想之有異又有同。

4.3

　　子曰："唯仁者能好人【3】，能惡人〔1〕。"

【注釋】

〔1〕皇侃曰："夫仁人不佞，故能言人之好惡，是'能好人，能惡人'也。'雍也，仁而不佞'是也。"

【譯文】

孔子説："只有有仁德的人纔能喜愛好人，纔能憎惡壞人。"

【評析】

孔子雖然説"仁"就是"愛人"（12.22），但他所謂的"愛人"是指愛良民，而不是指愛所有的人。正如《韓非子·難二》所説："夫惜草茅者耗禾穗，惠盜賊者傷良民。"愛壞人就會傷害好人。"能好人，能惡人"無疑是對"仁者"之"仁"的完整解釋。

4.4

　　子曰："苟志於仁矣，無惡也。"

【譯文】

孔子説："如果立志於踐行仁德了，是不會作惡的。"

【評析】

立志於仁，就會愛好人而保護它們，恨壞人而不同流合污（參見4.3），所以"無惡"。

4.5

子曰："富與貴，是人之所欲也，不以其道得之，不處也；貧與賤，是人之所惡也，不以其道得之，不去也〔1〕。君子去仁，惡乎成名〔2〕？君子無終食之間違仁【4】，造次必於是〔3〕，顛沛必於是〔4〕。"

【注釋】

〔1〕何晏曰："時有否泰，故君子履道而反貧賤，此則不以其道而得之，雖是人之所惡，不可違而去之。"○朱熹曰："不以其道得之，謂不當得而得之。然於富貴則不處，於貧賤則不去，君子之審富貴而安貧賤也如此。"○覺按：所謂不以其道而得貧與賤卻不去，指君子行仁後不應該貧賤卻貧賤了（如果是懶惰作惡而得貧賤，便是"以其道而得貧與賤"），但君子安貧樂道，所以不去。

〔2〕皇侃曰："惡乎，猶'於何'也。"

〔3〕何晏引馬曰："造次，急遽。"○陸德明引鄭云："蒼卒也。"

〔4〕顛沛：跌倒漂流，引申指不得志而到處漂蕩。

【譯文】

孔子説："富裕和高貴，這是人人想要的，但如果不是通過那合適的途徑得到了它們，有仁德的人是不會佔有的；貧窮和卑賤，是人人所厭惡的，但即使不是因爲那應該得到的途徑而得到了它們，有仁德的人是不會逃避的。有道德的君子如果拋棄仁德，怎麼能成就君子的名聲？君子在吃完一頓飯的時間裏也不違背仁德，匆忙倉促時也一定固守於這仁德，顛沛流離時也一定固守於這仁德。"

【評析】

喜愛富貴而厭惡貧賤是人之常情，也就是孔子所説的"性相近"(17.2)，但如何去取得富貴與擺脱貧賤就有不同的辦法了。孔子主張以道義爲原則去對待，與14.12"見利思義"、16.10"見得思義"同旨。富貴之利不是不能追求，關鍵在於要符合道義。只有時時處處奉行仁義道德的人，纔是君子。

4.6

子曰：“我未見好仁者、惡不仁者。好仁者，無以尚之[1]；惡不仁者，其爲仁矣，不使不仁者加乎其身。有能一日用其力於仁矣乎[5]？我未見力不足者[6]。蓋有之矣[7]，我未之見也[2]。”

【注釋】

〔1〕邢昺曰：“尚，上也。”

〔2〕邢昺曰：“此孔子謙，不欲盡誣時人言不能爲仁，故曰蓋有能爲之者矣，但我未之見也。”

【譯文】

孔子説：“我還没有看到過愛好仁德的人和厭惡不仁的人。愛好仁德的人，没有什麽人的境界能够超過他們；厭惡不仁的人，他們致力於仁德了，不讓不仁的人將不合乎仁德的東西强加到自己身上。有人能在某一天將他的力量用在修養仁德上了嗎？我還没有看到過修養仁德時力量不够的啊。應該有這種致力於修養仁德的人了吧，但我還没有見到過這樣的人啊。”

【評析】

孔子“未見好仁者，惡不仁者”，甚至未見到“能一日用其力於仁”的人，這不禁使我們想到《韓非子・五蠹》所説的情況：“仲尼，天下聖人也，脩行明道以游海内，海内説其仁、美其義而爲服役者七十人。蓋貴仁者寡，能義者難也，故以天下之大，而爲服役者七十人，而爲仁義者一人。”韓非説真正能奉行仁義的只有孔子一個人，與孔子所説的一致，説明當時已禮崩樂壞，道德淪喪，人們不再去奉行仁德。孔子在這樣的環境下仍然堅持奉行仁義道德，實屬難能可貴，所以被視爲聖人也就不足爲怪了。

4.7

子曰："人之過也〔8〕，各於其黨〔1〕。觀過，斯知仁矣。"

【注釋】

〔1〕朱熹曰："黨，類也。程子曰：'人之過也，各於其類。君子常失於厚，小人常失於薄；君子過於愛，小人過於忍。'"○覺按：什麽樣的人犯什麽樣的錯誤。君子不會犯小人所犯的錯誤，小人不會犯君子所犯的錯誤，所以說"人之過也，各於其黨"。

【譯文】

孔子說："人們所犯的各種各樣的錯誤，各自與其同類的人一樣。只要觀察其錯誤，就知道他是否有仁德了。"

【評析】

人所犯的錯誤，是由其道德品質決定的，所以"觀過，斯知仁矣"。

4.8

子曰："朝聞道，夕死可矣〔1〕。"

【注釋】

〔1〕何晏曰："言將至死不聞世之有道。"

【譯文】

孔子說："早晨聽到了正確的政治原則，即使傍晚死了也可以。"

【評析】

孔子此語其實未必說自己聞道後可以去死。其真正的涵義是：可惜如今天下無道，到死也聽不到正確的政治原則啊。

4.9

子曰："士志於道，而恥惡衣惡食者，未足與議也。"

【譯文】

孔子説："有知識的人立志於奉行道義，但又把穿破衣、吃粗糧當作恥辱，那就不值得同他議論道義了。"

【評析】

孔子認爲樂道固窮，追求物質享受與奉行道義是格格不入的，這似乎不近情理，但在貧窮的古代中國，這其實也是不難理解的。更何況一個人的追求總有一個主要方向，一心撲在事業上的人，往往顧不得吃和穿；而一心講求吃、穿的人，也的確很難説他是真正專心於"道"了。

4.10

子曰："君子之於天下也，無適也，無莫也[1]，義之與比【9】[2]。"

【注釋】

[1]朱熹引謝氏曰："適，可也。莫，不可也。"
[2]皇侃引范甯曰："比，親也。"

【譯文】

孔子説："有道德的君子對於天下的人，既不一味認可，也不一味否定，認爲他合乎道義的就和他親近。"

【評析】

君子以道義爲與人合作的原則，即4.16的"君子喻於義"與13.23的"君子和而不同"，可參見。

4.11

子曰："君子懷德[1]，小人懷土；君子懷刑[2]，小人懷惠。"

【注釋】

〔1〕朱熹曰："懷，思念也。"
〔2〕皇侃曰："刑，法也。"

【譯文】

孔子説："君子惦念道德，小人惦念鄉土；君子關心法度，小人關心恩惠。"

【評析】

君子考慮的是大事，小人只顧眼前利益。追求的目標不同，人格也就不同了。

4.12

子曰："放於利而行[1]，多怨。"

【注釋】

〔1〕何晏引孔曰："放，依也。每事依利而行。"○陸德明曰："放，方徃反，依也。"○覺按：據此，則"放"讀 fǎng，通"仿"（fǎng）。

【譯文】

孔子説："只根據自己能獲得的物質利益去行動，會招致很多怨恨。"

【評析】

孔子主張以道義來指導自己的行動，不能只考慮物質利益。只考慮物質利益而招致怨恨，是得不償失的。

4.13

子曰："能以禮讓爲國乎[1]，何有[2]？不能以禮讓爲國，如禮何[3]？"

【注釋】

[1] 皇侃曰："爲，猶治也。"

[2] 何晏曰："'何有'者，言不難也。"○覺按：何有：有什麼，即没有什麼，也就是没有任何問題或困難。

[3] 何晏引包曰："'如禮何'者，言不能用禮。"○覺按：如禮何：對禮怎麼樣，即不把禮當回事。

【譯文】

孔子説："能够用禮制謙讓來治國麼，還有什麼困難呢？不能用禮制謙讓來治國，對禮制又能怎麼樣呢？"

【評析】

孔子推崇堯、舜禪讓之德，所以主張以禮讓治國。其實，這種主張在當時以强力争勝的社會條件下是行不通的，所以孔子周遊列國也没有人任用他。

4.14

子曰："不患無位，患所以立[1]；不患莫己知[10]，求爲可知也。"

【注釋】

[1] 劉寶楠曰："立者，立乎其位也。患所以立，猶言患無所以立。"

【譯文】

孔子説："不必擔憂没有職位，應該擔憂自己是否具有用來立足於職位的本領；不必擔憂没有人瞭解自己，應該去追求可讓人瞭解自己的成就。”

【評析】

“桃李不言，下自成蹊。”有了實能、實績，職位、名譽會自然而至。由此可見，孔子是重視實幹而不提倡吹牛拍馬的。

4.15

子曰：“參乎，吾道一以貫之【11】。”曾子曰：“唯。”子出，門人問曰[1]：“何謂也?”曾子曰：“夫子之道，忠恕而已矣[2]。”

【注釋】

[1] 劉寶楠曰：“門人者，謂受學於夫子之門之人也。下篇‘子路使門人爲臣’‘門人欲厚葬之’‘門人不敬子路’，又孟子言‘門人治任將歸’，皆是夫子弟子。惟曾子謂門弟子，則曾子門人。子夏之門人問交於子張，則子夏弟子也。”

[2] 皇侃曰：“忠，謂盡中心也。恕，謂忖我以度於人也。”○朱熹曰：“盡己之謂忠，推己之謂恕。……或曰：‘中心爲忠，如心爲恕。’於義亦通。”

【譯文】

孔子説：“曾參啊，我的學説可以用一句話來貫穿它。”曾子説：“是的。”孔子出去後，同學問道：“老師説的是什麼呢?”曾子説：“老師的學説，不過是忠誠待人、將心比心罷了。”

【評析】

15.24説“己所不欲，勿施於人”的“恕”是“一言而可以終身行之者”，此文則加了一個“忠”。概括而言，“忠”與“恕”都是一切爲別人着想之道，由此足見孔子思想學説之高尚。

4.16

子曰："君子喻於義[1]，小人喻於利。"

【注釋】

〔1〕何晏引孔曰："喻，猶曉也。"○覺按：此文之君子、小人應該是從職位方面着眼而不是從道德層面來説的，因爲"喻於利"者未必是道德卑劣者。20.2"因民之所利而利之"也可證此"小人"指"民"而言。

【譯文】

孔子説："君子通曉道義，小人只知道財利。"

【評析】

中國傳統文化中有"義""利"之爭，孔子重義而輕利。所謂"君子喻於義"，並不是不要利，而是不要只看到眼前的蠅頭小利（13.17"無見小利"），要"見利思義"（14.12）。所謂"小人喻於利"，就是"放於利而行"（4.12）。如果根據此文把"義""利"絕對對立起來，顯然是不可取的，因爲君子也要生活，也受物質利益的制約，不可能不要利。從倫理道德上講，作爲人的一種精神追求，重義而輕利的主張是永遠值得提倡的。如果提倡輕義而重利，人人都唯利是圖，社會風氣便會每況愈下。

4.17

子曰："見賢思齊焉[1]，見不賢而内自省也[2]。"

【注釋】

〔1〕何晏引包曰："思與賢者等。"○覺按：焉：於之，和他們。
〔2〕劉寶楠引鄭注云："省，察也。察己得無然也。"○覺按：内：内心。自省（xǐng）：自我檢查。

【譯文】

孔子説："看到賢能的人就想和他們一樣賢能，看到没有德才的人就在内心反省自己是否也是這樣。"

【評析】

按孔子的這種人生態度，那麼任何人都會成爲促使自己進步的楷模或前車之鑒，其作用不亞於良師的訓導。參見 7.21。

4.18

子曰："事父母幾諫[1]，見志不從，又敬不違【12】，勞而不怨[2]。"

【注釋】

〔1〕何晏引包曰："幾者，微也。當微諫，納善言於父母。"○劉寶楠曰："微諫爲和順之義，《内則》所云'父母有過，下氣怡色，柔聲以諫'是也。"

〔2〕王引之《經義述聞·禮記下》"勞而不怨"條："勞，憂也。……《論語》'勞而不怨'承上'見志不從'而言，亦謂憂而不怨也。《曲禮》曰：'三諫而不聽，則號泣而隨之。'可謂憂矣。"

【譯文】

孔子説："侍奉父母，要委婉柔和地用好話勸諫，觀察父母臉色後發現父母心裏不聽從自己的話，就又恭敬地不違背父母的心意而不再勸諫，心裏爲父母擔憂但並不怨恨。"

【評析】

談到孝道時，人們常説要孝順父母。此文就在詮釋孝道中的"順"。當然，"順"並不是不能勸説父母，而是勸説時要從敬愛父母的態度入手，"見志不從，又敬不違，勞而不怨"。

4.19

子曰："父母在，不遠遊【13】。遊，必有方[1]。"

【注釋】

〔1〕朱熹曰："遊必有方，如已告云之東，即不敢更適西，欲親必知己之所在而無憂，召己則必至而無失也。"

【譯文】

孔子説："父母活着，就不到遠處交遊。即使到近處交游，也一定有個方位以便聯繫。"

【評析】

"遠遊"有風險，會讓父母擔心。"不遠遊，遊必有方"，可以做到有呼必應，減輕父母的精神負擔。這是孝道的一個重要方面（參見 2.6 評析）。當然，如今子女"遠遊"已司空見慣，"父母在，不遠遊"的古訓已經過時，但"遊必有方"而保持聯繫則仍應是子女盡孝的一個重要方面，應該繼承下去。

4. 20

子曰："三年無改於父之道〔1〕，可謂孝矣。"

【注釋】

〔1〕何晏引鄭曰："孝子在喪，哀戚思慕，無所改於父之道，非心所忍爲。"

【譯文】

孔子説："三年沒有無改變父親的正確原則，可以説是孝順的了。"

【評析】

此文已見 1.11，此重複出現，似乎毫無意義，但其實具有文獻學價值，是本書成於衆人之手的佐證。孔子弟子平時各有所記，最後匯集成書時忘記删削，所以會有此重複。

4.21

子曰："父母之年不可不知也，一則以喜，一則以懼[1]。"

【注釋】

〔1〕何晏引孔曰："見其壽考則喜，見其衰老則懼。"

【譯文】

孔子説："父母的年齡不可以不知道啊，一方面因爲其長壽而感到高興，一方面又因爲其衰老而感到恐懼。"

【評析】

記住父母的年齡，無論是爲父母長壽而喜，還是爲父母衰老而懼，都是把父母的健康時刻放在心上的表現，是孝道的一個重要方面，至今仍然值得提倡。

4.22

子曰："古者言之不妄出[14]，恥躬之不逮也[15][1]。"

【注釋】

〔1〕皇侃曰："躬，身也。逮，及也。"

【譯文】

孔子説："古代人們有話不隨意説出來，是因爲怕自己做不到而感到恥辱。"

【評析】

古人注重身體力行而鄙視夸夸其談的傳統，值得發揚光大。

4.23

子曰："以約失之者，鮮矣[1]。"

【注釋】

[1] 皇侃曰："鮮，少也。"

【譯文】

孔子説："因爲約束自己而做事失誤的，是很少的啊。"

【評析】

人在社會中不可能是絶對自由的，所以必須用法律、道德來約束自己。否則，就容易犯錯誤。

4.24

子曰："君子欲訥於言，而敏於行[1]。"

【注釋】

[1] 何晏引包曰："訥，遲鈍也。言欲遲而行欲疾。"

【譯文】

孔子説："有道德的君子總想在説話方面遲鈍些，而在做事方面敏捷些。"

【評析】

此文一個"欲"字，説明其意實與1.14"敏於事而慎於言"相同，即所謂的"訥於言"並不是因爲生理的原因而説話遲鈍，而是出於道德的考慮小心謹慎少説話。此言無疑應該成爲我們的座右銘。參見1.14評析。

4. 25

子曰：“德不孤，必有鄰[1]。”

【注釋】

〔1〕朱熹曰：“有德者，必有其類從之，如居之有鄰也。”

【譯文】

孔子説：“有道德的人不會孤單，一定有陪伴的人。”

【評析】

德高則望重，所以自會有志同道合的人來作伴。

4. 26

子游曰：“事君數[1]，斯辱矣，朋友數，斯疏矣。”

【注釋】

〔1〕何晏曰：“數，謂速數之數。”○邢昺曰：“此章明爲臣結交，當以禮漸進也。”○覺按：何説是，這“數”（sù）字通“速”。楊伯峻及《辭源》讀爲 shuò 而解爲屢次、多次，不當，因爲交往多會更加親密（參見《韓非子·説難》）。楊伯峻譯爲“煩瑣”，更誤，因爲“數”無此義。

【譯文】

子游説：“侍奉君主時急於求成，就會招致恥辱了；結交朋友時急於求成，就會被疏遠了。”

【評析】

做什麼事都不能急於求成。侍奉君主或上級太急促，還沒有取得信任就推心置腹地説實話，結果反容易冒犯君主或上級而遭罪。結交朋友太急促，生怕結交不成，反顯出自己的輕浮，降低了自己的身價，使朋友看不起自己而疏遠自己。13.17 説"欲速，則不達"，也是這個意思。

【本篇校勘記】

【1】知：邢本、朱本、蔡本、監本同，皇本作"智"。

【2】知：邢本、朱本、蔡本、監本同，皇本作"智"。

【3】唯：邢本、皇本、蔡本、監本同，朱本作"惟"。

【4】間：邢本、朱本、蔡本、監本同，皇本作"閒"。

【5】仁：邢本、朱本、蔡本、監本同，皇本作"仁者"。

【6】者：邢本、朱本、蔡本、監本同，皇本作"者也"。

【7】矣：邢本、朱本、蔡本、監本同，皇本作"乎"。

【8】人：邢本、朱本、蔡本、監本同，皇本作"民"。

【9】比：邢本、朱本、蔡本、監本同，皇本作"比也"。

【10】知：邢本、朱本、蔡本、監本同，皇本作"知也"。

【11】之：邢本、朱本、蔡本、監本同，皇本作"之哉"。

【12】不：邢本、朱本、蔡本、監本同，皇本作"而不"。

【13】不：邢本、朱本、蔡本、監本同，皇本作"子不"。

【14】古者言之不妄出：邢本、朱本、蔡本、監本作"古者言之不出"，皇本作"古之者言之不妄出也"，今以邢本爲基礎，再據皇本補"妄"字。

【15】恥：皇本、蔡本、監本同，邢本、朱本作"耻"。

論語善本彙校集注譯評卷第三

公冶長第五

【提要】

本篇主要評論人品。不但評論了公冶長等人，而且涉及孔子的自評。其文一方面有助於我們瞭解這些歷史人物的品性而具有史料價值，另一方面又體現了孔子的評判標準與價值觀而有助於我們研究孔子的思想。

在孔子看來，無罪過而被囚禁者，能適應政治環境而保全自身者，與君子爲伍而取法君子者，奉行仁德而無口才者，謙虛謹慎地對待職務者，能聞一知十或不恥下問者，不念舊惡者，都值得肯定與讚賞。至於蠻勇、不勤奮、有情欲、不果斷、不正直、無自知之明的人，孔子頗有微詞。對花言巧語、和顏悦色、恭敬十足、兩面三刀的僞君子，孔子更是深惡痛絕。對於從政者，孔子稱頌恭敬事君、給民實惠、用民合宜、恪盡職守、清白守節、平易近人的德行，而非議僭越禮制的行爲。最後，孔子説自己忠信好學，有志於關愛老人少年，誠信交友，這其實是給我們指出了君子的努力方向。

5.1

子謂公冶長〔1〕："可妻也〔2〕。雖在縲絏之中【1】，非其罪也。"以其子妻之。

【注釋】

〔1〕何晏引孔曰："冶長（覺按：當作"公冶長"），弟子，魯人也，姓公冶，名長。縲，黑索；絏，繫也，所以拘罪人。"○覺按：《史記·仲尼弟子列傳》："公冶長，齊人，字子長。"《索隱》："《家語》：'魯人，名萇。'范甯云：'字子芝。'"

〔2〕邢昺曰："納女於人曰妻。"

【譯文】

孔子評論公冶長，説："可以把女兒嫁給他。他雖然在囚禁之中，但不是他的罪過啊。"就把自己的孩子嫁給了他。

【評析】

嫁女找對象，關鍵看人品。"非其罪"而被囚禁，是政治黑暗所致，並非公冶長之人品有問題。孔子"以其子妻之"，是對他的最大肯定。

5.2

子謂南容[1]："邦有道，不廢；邦無道，免於刑戮。"以其兄之子妻之[2]。

【注釋】

[1] 何晏引王曰："南容，弟子南宫縚，魯人也，字子容。不廢，言見用。"○劉寶楠曰："南宫者，兩字氏，亦單舉一字，故曰'南'。《史記·仲尼弟子列傳》：'南宫括，字子容。''括'又作'适'（覺按：讀 kuò）。《史》以南宫括、南容爲一人，此注又以南容、南宫縚爲一人。《檀弓》：'南宫縚之妻之姑之喪，夫子誨之髽。'而《家語》又以三復白圭爲南宫韜之行。'韜'與'縚'同。《論語釋文》亦云'縚，本又作韜'（覺按：陸德明《釋文》作'韜，本又作縚'），則陸所見此注亦作'韜'。'韜'與'容''括'義皆相貫，作'縚'、作'适'皆通用字。鄭氏《檀弓》注云：'南宫縚，孟僖子之子南宫閲也，字子容，其妻孔子兄女。'疏云：'案《左氏傳》，孟僖子將卒，召其大夫云："屬説與何忌於夫子，以事仲尼。"以南宫爲氏，故《世本》云"仲孫貜生南宫縚"是也。'案仲孫貜即孟僖子，《世本》誤以南宫縚、南宫閲爲一人，而鄭君遂承其誤。'閲'與'説'通用字，《左傳》所云'屬説'，即南宫閲也，又名仲孫閲，又名南宫説，而其謚爲'敬'，其字爲'叔'，與南宫縚無涉。自鄭君誤依《世本》，而陸德明《釋文》、司馬貞《史記索隱》皆沿用之。然《漢書·古今人表》分列南宫敬叔、南容爲二人，則《世本》不可信。"○覺按：簡言之，南容，即南宫适（kuò），複姓南宫（單稱爲"南"），名适（又作

"括""紹""韜"，其義相通），字子容（單稱爲"容"），春秋時魯國人，孔子弟子。至於南宫閲（又作"説"，其音相通），即仲孫閲，謚敬，字叔，故又稱南宫敬叔，魯國大夫，孟僖子（仲孫玃）之子，孟懿子之弟，曾與孟懿子一起向孔子學過禮（參見本書前言及 2.5 注〔1〕），與南容非一人。

〔2〕劉寶楠曰："《史記索隱》引《家語》云：'梁紇娶魯之施氏，生九女。其妾生孟皮病足，乃求婚於顔氏徵在。'則孔子兄即孟皮也。孟皮此時已卒，故孔子爲兄子主婚。"

【譯文】

孔子評論南容，説："國家政治清明，他不會被罷免；國家政治黑暗，他能免遭刑罰。"就把自己兄長的孩子嫁給了他。

【評析】

"邦有道，不廢"，是因爲能堅守正道，即 14.3 所説的"危言危行"；"邦無道，免於刑戮"，是因爲能慎言慎行，即 14.3 所説的"危行言孫"。

5.3

子謂子賤[1]："君子哉若人！魯無君子者，斯焉取斯[2]？"

【注釋】

〔1〕邢昺曰："案《家語·弟子篇》云：'宓不齊，魯人，字子賤，少孔子四十九歲。爲單父宰，有才知，仁愛百姓，不忍欺之，故孔子大之也。'"

〔2〕與宓子賤相關的魯國君子，《史記·仲尼弟子列傳》云有五人，其言云："宓不齊，字子賤。……子賤爲單父宰，反命於孔子，曰：'此國有賢不齊者五人，教不齊所以治者。'"《説苑·政理》所述更詳，其言云："孔子謂宓子賤曰：'子治單父而衆説，語丘所以爲之者。'曰：'不齊父其父，子其子，恤諸孤而哀喪紀。'孔子曰：'善，小節也，小民附矣，猶未足也。'曰：'不齊也，所父事者三人，所兄事者五人，所友者十一人。'孔子曰：'父事三人，可以教孝矣；兄事五人，可以教弟矣；友十一人，

可以教學矣。中節也，中民附矣，猶未足也。'曰：'此地民有賢於不齊者五人，不齊事之，皆教不齊所以治之術。'孔子曰：'欲其大者，乃於此在矣。昔者堯、舜清微其身，以聽觀天下，務來賢人，夫舉賢者，百福之宗也，而神明之主也。惜乎！不齊之所治者小也。不齊所治者大，其與堯、舜繼矣。'"此宓子賤所説的"所父事者三人，所兄事者五人，所友者十一人"以及"此地民有賢於不齊者五人"應該都是宓子賤取資的賢人。

【譯文】

孔子評論宓子賤，説："像這種人，是君子啊！魯國如果没有君子，這個人哪能取得這種德行呢？"

【評析】

一個籬笆三個樁，一個好漢三個幫。《説苑・政理》："宓子賤治單父，彈鳴琴，身不下堂而單父治。巫馬期亦治單父，以星出，以星入，日夜不處，以身親之，而單父亦治。巫馬期問其故於宓子賤，宓子賤曰：'我之謂任人，子之謂任力；任力者固勞，任人者固佚。'人曰：'宓子賤則君子矣，佚四肢，全耳目，平心氣，而百官治，任其數而已矣。'"子賤之所以能把單父治理好而被稱爲君子，是因爲靠了魯國的賢人幫忙，所以孔子説："君子哉若人！魯無君子者，斯焉取斯？"

5.4

子貢問曰："賜也何如？"子曰："女器也[2]。"曰："何器也？"曰："瑚璉也[1]。"

【注釋】

〔1〕何晏引包曰："瑚璉，黍稷之器。夏曰瑚，殷曰璉，周曰簠簋，宗廟之器貴者。"○皇侃曰："或云：君子不器。器者，用必偏。瑚璉雖貴，而爲用不周，亦言汝乃是貴器，亦用偏也。故江熙云：'瑚璉置宗廟則爲貴器，然不周於民用也。汝言語之士，束脩廊廟則爲豪秀，然未必能幹煩務也。'"○劉寶楠曰："案《説文》：'槤，瑚槤也。'其字從木，當是以木爲之。《潛夫論・讚學》云：'胡簋之器，其始也，乃山野之木。'是

其證。"

【譯文】

子貢問道："我端木賜怎麼樣?"孔子説："你是個器物啊。"子貢説:"什麼器物呢?"孔子説："是高貴的祭器瑚璉啊。"

【評析】

從《論語》中的記述來看，子貢雖然是個聰明出衆的人才，但孔子卻頗有微詞（見 5.12、14.29），尤其是子貢詢問君子之道時，孔子告誡他説："你想成爲君子，先把你要説的話付諸行動吧。"（參見 2.13 及其評析）由此可見，子貢在孔子心目中還没有進入君子的境界。由於子貢才能傑出，所以孔子在此文將他比作高貴的祭器瑚璉，但瑚璉雖然高貴，卻仍然只是個"器"而已。孔子説"君子不器"（2.12），現在將他比作器而不像上文説宓子賤是君子（見 5.3），可見孔子評論人是極嚴肅認真而一絲不苟的。當今不少文人，互相吹捧而多溢美之詞，若對照孔子之論人態度，足可使其汗顔而無地自容矣。

5.5

或曰："雍也[1]，仁而不佞。"子曰："焉用佞[2]？禦人以口給[3]，屢憎於人，不知其仁[3]。焉用佞[4]？"

【注釋】

〔1〕劉寶楠曰："《史記·弟子列傳》:'冉雍，字仲弓。'鄭《目録》云:'魯人。'《論衡·自紀篇》以仲弓爲冉伯牛子。"
〔2〕邢昺曰："佞，口才也。"
〔3〕皇侃曰："禦，猶對也。給，捷也。"

【譯文】

有人説："冉雍啊，有仁德卻没有口才。"孔子説："他哪裏要用口才?如果拿伶牙俐齒去抵擋人，會屢次被人憎恨，使人不知道他的仁德。他哪裏還要用口才?"

【評析】

有仁德的人往往會謙讓而不施展口才與別人爭吵，所以看起來好像沒有口才似的，其實未必沒有口才，只是不用口才而已。相反，巧言善辯而與別人爭勝其實是没有仁德的表現。正因爲如此，所以説話遲鈍的"近仁"（見13.27），而能説會道的"鮮矣仁"（見1.3）。

5.6

子使漆彫開仕[5][1]，對曰："吾斯之未能信[2]。"子説[6][3]。

【注釋】

〔1〕何晏引孔曰："開，弟子，姓漆彫，名開。"〇劉寶楠曰："《史記·弟子列傳》：'漆雕開，字子開。'閻氏若璩《四書釋地》謂上'開'本'啓'字，漢人避諱所改，引《漢·藝文志》'孔子弟子漆雕啓'證之，其説是也。"〇覺按：漢代以後避漢景帝劉啓諱而改"漆彫啓"爲"漆彫開"，不少注本説他名"開"，誤。

〔2〕《荀子·哀公篇》"故明主任計不信怒"楊倞注："信，亦任也。"斯之未能信：即"未能任此"。

〔3〕陸德明曰："説，音悦。"

【譯文】

孔子讓漆雕啓做官，漆雕啓回答説："我還不能擔任這種任務。"孔子很高興。

【評析】

漆雕啓的謙虛已經成了中國人的傳統。我們常常會看到，面對工作任務，明知自己能勝任，中國人也會説："我來試試吧。"這其實只是一種謙虛，而不是説自己不能勝任。應該説，謙虛是一種美德，但時至今日，這種傳統説辭也應該有所揚棄了。因爲這種説法在中國傳統文化背景下是没有問題的，人們會像孔子一樣高興，認爲你很謙虛。但是，如果和不瞭解中國傳統文化的外國人説這樣的話，他就往往會認爲你没有能力幹此工作，所以也就不會放心地將工作任務交給你了。

5.7

　　子曰："道不行，乘桴浮于海[7][1]，從我者其由與[8]？"子路聞之喜。子曰："由也好勇過我，無所取材[2]。"

【注釋】

　　[1] 何晏引馬曰："桴，編竹木大者曰栰，小者曰桴。"○劉寶楠引王鎏《四書地理考》曰："浮海，指勃海。"

　　[2] 何晏引鄭曰："子路信夫子欲行，故言'好勇過我'。'無所取材'者，無所取於桴材。以子路不解微言，故戲之耳。"

【譯文】

　　孔子説："我的學説不能實行，如果乘個木筏漂浮到渤海之外去實行，跟從我的大概是仲由吧？"子路聽到這些話之後心裏喜滋滋的。孔子説："仲由愛好勇敢超過了我，但我沒有地方取得做木筏的材料啊。"

【評析】

　　孔子對子路所説的，與17.3對子游所説的一樣，不過是玩笑話，子路卻信以爲真。"子路聞之喜"，寥寥一語，便將子路之蠻勇揭示得淋漓盡致，與17.3詳載子游之言對照，可謂簡繁不一而奇妙相同。至於孔子之幽默，則兩章一以貫之。人們常説中國人缺少幽默，實有數典忘祖之弊。

5.8

　　孟武伯問："子路仁乎？"子曰："不知也。"又問，子曰："由也，千乘之國，可使治其賦也[1]，不知其仁也。""求也何如？"子曰："求也，千室之邑，百乘之家，可使爲之宰也[2]，不知其仁也。""赤也何如[3]？"子曰："赤也，束帶立於朝，可使與賓客言也[9]，不知其仁也。"

【注釋】

〔1〕何晏引孔曰："賦，兵賦。"

〔2〕何晏引孔曰："千室之邑，卿大夫之邑。卿大夫稱家。諸侯千乘，大夫百乘。宰，家臣。"

〔3〕《史記·仲尼弟子列傳》："公西赤，字子華。少孔子四十二歲。"《集解》："鄭玄曰：'魯人。'"

【譯文】

孟武伯問孔子："子路有仁德嗎?"孔子説："我不知道。"孟武伯又問了一次，孔子説："仲由麼，擁有千輛兵車的諸侯國，可以讓他料理軍用物資方面的賦稅了，但我不知道他有仁德啊。"孟武伯又問："冉求怎麼樣?"孔子説："冉求麼，擁有上千家的卿大夫之城邑，或擁有百輛兵車的大夫之封地，可以讓他做主管，但我不知道他有仁德啊。"孟武伯繼續問："公西赤怎麼樣?"孔子説："公西赤麼，束着腰帶立在朝廷上，可以讓他與外國賓客談話，但我不知道他有仁德啊。"

【評析】

在孔子心目中，具有仁德是一種極高的德行，遠高於政治才能。他的三個弟子雖然分別有理財、治邑、外交的能力，但具體的政治才能與仁德是不可同日而語的。

5.9

子謂子貢曰："女與回也孰愈【10】〔1〕?"對曰："賜也何敢望回! 回也聞一以知十，賜也聞一以知二。"子曰："弗如也，吾與女弗如也〔2〕!"

【注釋】

〔1〕何晏引孔曰："愈，猶勝也。"

〔2〕何晏引包曰："即然子貢不如，復云吾與女俱不如者，蓋欲以慰子貢也。"

【譯文】

孔子對子貢說："你與顏回哪個更行？"子貢回答說："我端木賜哪敢與顏回對照！顏回啊聽見了一就能知道十，我端木賜啊聽見了一只能知道二。"孔子說："你不如顏回啊，我與你都不如啊！"

【評析】

子貢有自知之明，難能可貴。孔子則不但有知人之明，而且有謙虛之德，不愧爲聖人。

5.10

宰予晝寢[1]。子曰："朽木不可彫也【11】[2]，糞土之牆不可杇也【12】[3]。於予與何誅[4]？"子曰："始吾於人也，聽其言而信其行；今吾於人也，聽其言而觀其行。於予與改是。"

【注釋】

〔1〕邢昺曰："《史記·弟子傳》云：'宰予，字子我。'鄭玄曰：'魯人也。'"

〔2〕何晏引包曰："朽，腐也。彫，彫琢刻畫。"

〔3〕劉寶楠曰："糞土，猶言穢土。"○覺按：杇（wū）：同"圬"，塗。

〔4〕何晏引孔曰："誅，責也。"○陸德明曰："與，語辭也。"

【譯文】

宰予白天睡覺。孔子說："腐爛的木頭不可以雕刻，污穢的泥牆不可以塗飾。對於宰予嘛，我還有什麽可責怪的？"孔子說："起初我對於人，聽了他的話就相信他的行動；現在我對於人，聽了他的話還要看他的行動。我改變這觀念是由於宰予吧。"

【評析】

"朽木不可彫也，糞土之牆不可杇也"，指本質壞了，就難以再裝飾打扮了，比喻人一變壞，只靠口頭批評是難以奏效的。至於"聽其言而觀其行"則提醒我們：世間的人是複雜的，憨厚純樸、言行一致的人是有的，但言行不一、兩面三刀的人也有的是，所以不能只聽他怎麼説，還得看他怎麼做。

5.11

子曰："吾未見剛者。"或對曰："申棖〔1〕。"子曰："棖也慾〔2〕，焉得剛〔3〕？"

【注釋】

〔1〕何晏引包曰："申棖，魯人。"○陸德明引鄭注云："蓋孔子弟子申續。《史記》云'申棠，字周'，《家語》云'申續，字周'也。"○覺按：今本《史記·仲尼弟子列傳》作"申黨，字周"。"棖"音 chéng。
〔2〕何晏引孔曰："慾，多情慾。"
〔3〕皇侃曰："多情慾者必求人，求人則不得是剛，故云'焉得剛'。"

【譯文】

孔子説："我還没有見過剛强的人。"有人回答説："申棖是剛强的人。"孔子説："申棖啊有情欲，哪能算剛强？"

【評析】

人有了慾望，就會被慾望牽着走而屈從於某種引誘，所以不可能剛强。只有戰勝了自己的慾望，纔有可能剛强。《老子》第三十三章："自勝者，彊也。"與此文之旨相似。

5.12

子貢曰："我不欲人之加諸我也，吾亦欲無加諸人。"

子曰：“賜也，非爾所及也[1]。”

【注釋】

〔1〕何晏引孔曰：“言不能止人使不加非義於己。”○皇侃曰：“爾，汝也。”

【譯文】

子貢説：“我不想讓別人加到我身上的東西，我也想不加到別人身上。”孔子説：“端木賜啊，這不是你能做得到的。”

【評析】

子貢所言，不過是傳承了孔子所説的“己所不欲，勿施於人”（見15.24）。孔子説子貢做不到這一點，是因爲“己所不欲，勿施於人”是一種仁德（參見12.2），而子貢還没有成爲具有仁德的君子（參見5.4評析）。

再説，一個人生活在社會中，想得到絶對的自由是不可能的，想得到絶對的平等也是不可能的。因此，“我不欲人之加諸我”其實只是一種空想之“欲”，由於各人的觀念有差異，別人偏偏將你所“不欲”加諸你也是不足爲奇的事。既然這前提已有問題，則“吾亦欲無加諸人”就無從談起了。

5.13

子貢曰：“夫子之文章[1]，可得而聞也；夫子之言性與天道[2]，不可得而聞也【13】。”

【注釋】

〔1〕劉寶楠曰：“據《世家》諸文，則夫子文章，謂《詩》《書》《禮》《樂》也。”

〔2〕劉寶楠曰：“孔子五十學《易》，惟子夏、商瞿晚年弟子得傳是學，然則子貢言性與天道不可得聞，《易》是也。”

【譯文】

子貢説："老師整理的《詩》《書》《禮》《樂》等文獻，可以得到並聽他講授；老師談論天性與自然之道的《周易》理論，不可以獲得並聽他講授啊。"

【評析】

從《論語》來看，對於"性"，孔子只説過"性相近"一句（見17.2），不但語焉不詳，而且説得很模糊，這"性"究竟什麼樣，的確讓人不得而知。至於"天道"，孔子根本未提及，與同時代的老子大談天道相比，可謂大異其趣。相比而言，老子纔是哲學家，孔子不過是倫理學家以及傳授"文章"的教育家而已。

5.14

子路有聞，未之能行，唯恐有聞[1]。

【注釋】

[1] 何晏引孔曰："前所聞未及行，故恐後有聞不得並行也。"

【譯文】

子路聽到了孔子講授的道理，還没有能將它付諸行動，只怕又聽到新的道理而一下子來不及付諸行動。

【評析】

此章將子路直率急躁之性格和盤托出，真是惟妙惟肖，與5.7所寫相映成趣。

5.15

子貢問曰："孔文子何以謂之'文'也[1]?"子曰："敏而好學，不恥下問【14】[2]，是以謂之'文'也。"

【注釋】

〔1〕何晏引孔曰："孔文子，衛大夫孔圉。文，謚也。"○邢昺曰："案《謚法》云：'勤學好問曰文。'"

〔2〕何晏引孔曰："下問，謂凡在己下者。"○劉寶楠引俞樾《平議》曰："下問者，非必以貴下賤之謂。凡以能問於不能，以多問於寡，皆是。"

【譯文】

子貢問道："對孔文子，爲什麼要稱他爲'文'呢？"孔子説："他才思敏捷而愛好學習，不把向不如自己的人請教當作恥辱，因此稱他爲'文'啊。"

【評析】

有了天資聰明，還得有謙虛好學的態度，纔能成爲真正的文人。

5.16

子謂子產有君子之道四焉〔1〕：其行己也恭，其事上也敬，其養民也惠，其使民也義〔2〕。

【注釋】

〔1〕子產：春秋時鄭國政治家，名僑，字子產，謚成子。鄭穆公之孫，子國之子。公子之子稱公孫，故又稱公孫僑、公孫成子。以父字爲氏，故又稱國僑。他於鄭簡公十二年（公元前 554 年）任鄭國的卿，二十三年（公元前 543 年）執政，實行改革，整頓田地疆界和溝洫，重新制定賦税政策，發展了農業生產。公元前 536 年，他把"刑書"鑄在鼎上公佈，推行法治，爲法家先驅。鄭定公八年（公元前 522 年）卒（此卒年據《左傳·昭公二十年》；《史記》的《鄭世家》與《十二諸侯年表》都載子產卒於鄭聲公五年，即公元前 496 年，歷相簡公、定公、獻公、聲公四朝，與《左傳》異，恐誤）。

〔2〕皇侃曰："義，宜也。使民不奪農務，各得所宜也。"

【譯文】

孔子説子産有君子的道德四種：他使自己的行動小心謹慎，他侍奉君主順從尊敬，他調養民衆講究實惠，他使用民衆適宜合理。"

【評析】

此章所説的四種君子之道，是政治家應具備的美德，也是政治家的立身之本。

5.17

　　子曰："晏平仲善與人交[1]，久而人敬之【15】。"

【注釋】

　　[1] 晏平仲：即晏子，名嬰，謚平，字仲，公元前 556 年其父晏弱死後，繼任齊卿，歷事齊國靈公、莊公、景公，以節儉力行重於齊。參見《史記·管晏列傳》。

【譯文】

孔子説："晏平仲善於與人交往，時間長了別人還敬重他。"

【評析】

"久而人敬之"可作爲"善與人交"的評判標準。

5.18

　　子曰："臧文仲居蔡[1]，山節藻梲[2]，何如其知也【16】[3]？"

【注釋】

　　[1] 何晏引包曰："臧文仲，魯大夫臧孫辰。文，謚也。蔡，國君之守龜，出蔡地，因以爲名焉，長尺有二寸。居蔡，僭也。"○邢昺曰："《世本》：'孝公生僖伯彄，彄生哀伯達，達生伯氏瓶，瓶生文仲辰。'"○覺

按：臧文仲（？—公元前 617 年）：名辰，字仲，春秋時魯國大夫，是魯孝公之子僖伯彄的曾孫。公子彄字子臧，其子達爲魯孝公之孫，以父字爲氏，故氏臧孫而爲臧孫達，其孫子辰爲臧孫辰。臧文仲歷魯莊公、閔公、僖公、文公四君，死後謚文，所以又稱臧文。其事蹟可參見《左傳》莊公十一年至文公十年。　居：即《老子》第七十七章"功成而不居"之"居"，指佔有。楊伯峻解爲"使之居住"，誤。

〔2〕陸德明曰："梲，梁上短柱也。"○邢昺曰："山節者，謂刻鏤柱頭爲斗栱形如山也。藻梲者，謂畫梁上短柱爲藻文也。此是天子廟飾，而文仲僭爲之。"○朱熹曰："節，柱頭斗拱也。"

〔3〕知：通"智"。

【譯文】

孔子説："臧文仲佔有了天子占卜時使用的長一尺二寸的大龜板，藏這龜板的廟中也像天子廟那樣把斗拱做成山形，梁上的短柱都刻上水藻形的花紋，他的智慧又怎樣呢？"

【評析】

在孔子看來，"敬鬼神而遠之"纔"可謂知"（見 6.22）。臧文仲之舉雖然可視爲"敬鬼神"，卻絕非"遠之"，還僭越了禮制，所以根本不能算"知"。

5.19

子張問曰："令尹子文三仕爲令尹[1]，無喜色；三已之[2]，無慍色。舊令尹之政，必以告新令尹。何如【17】？"子曰："忠矣。"曰："仁矣乎？"曰："未知，焉得仁？""崔子弑齊君[3]，陳文子有馬十乘[4]，棄而違之[5]。至於他邦，則曰：'猶吾大夫崔子也。'違之。之一邦【18】[6]，則又曰：'猶吾大夫崔子也。'違之。何如？"子曰："清矣。"曰："仁矣乎？"曰："未知，焉得仁[7]？"

【注釋】

〔1〕令尹：春秋戰國時楚國執掌軍政大權的最高官職，其地位相當於別國的相。子文：鬪氏，芈（mǐ）姓，名穀於菟（gòu wū tú），字子文，春秋時楚國大夫，楚成王時曾三次任楚國令尹，所以習稱令尹子文。他任令尹時生活十分節儉（見《國語·楚語下》《戰國策·楚策一》），爲政公開坦率，所以孔子稱讚他忠誠，其事蹟又可參見《左傳》莊公三十年至宣公四年。　三仕爲令尹：《國語·楚語下》也有此説。據《左傳》，魯莊公三十年（公元前 664 年）子文任令尹，魯僖公二十三年（公元前 637 年）讓位於子玉，其間的罷免與任命則没有記載。

〔2〕皇侃曰："已，謂黜止也。"

〔3〕皇侃曰："下殺上曰弑。"○覺按：崔子：指崔杼（zhù），春秋時齊國大夫。其妻美，齊莊公與她通姦。莊公六年（公元前 548 年），崔杼殺齊莊公而擁立景公，景公以崔杼爲右相。參見《左傳·襄公二十五年》《史記·齊太公世家》。　齊君：指齊莊公，齊靈公之子，姜姓，吕氏，名光，公元前 553 年—公元前 548 年在位。

〔4〕皇侃曰："陳文子，亦齊大夫也。……四馬共乘一車，故十乘有四十匹也。"○覺按：陳文子：名須無，故又稱陳須無（見《左傳·襄公二十七年》），謐文，陳完之曾孫，爲齊莊公之臣。陳完（田敬仲）出奔齊國後改爲田氏，所以陳文子又稱田文子，參見《史記·田敬仲完世家》。乘（shèng）：參見 1.5 注〔1〕。

〔5〕皇侃曰："違，去也。"

〔6〕皇侃曰："之，往也。"

〔7〕朱熹曰："今以它書考之，子文之相楚，所謀者無非僭王猾夏之事；文子之仕齊，既失正君討賊之義，又不數歲而復反於齊焉，則其不仁亦可見矣。"

【譯文】

子張問道："令尹子文三次做官任令尹，並没有喜悦的臉色；三次把他罷免，也没有怨恨的臉色。舊令尹的政事，他一定拿來告知新令尹。這個人怎麼樣？"孔子説："他够忠誠了。"子張説："他有仁德了嗎？"孔子説："我還没知道他其他的行爲，這哪能就算有仁德呢？"子張又説："崔杇殺了齊莊公，大夫陳文子雖然有四十匹馬，也拋棄了而離開了齊國。他到達其他國家後觀察其大臣，卻説：'還是像我國大夫崔杇啊。'就離開了這個國家。到了另一個國家，卻又説：'還是像我國大夫崔杇啊。'就離開了這個國家。這個人怎麼樣？"孔子説："他够清白了。"子張説："有仁德了嗎？"孔子説："我還没知道他其他的行爲，這哪能就算有仁德呢？"

【評析】

在孔子看來，具有仁德是一種極高的德行（參見5.8評析）。"忠"與"清"不過的仁德之一部分，所以不能等同於"仁"。

5.20

季文子三思而後行[1]。子聞之，曰："再[19][2]，斯可矣。"

【注釋】

〔1〕何晏引鄭曰："季文子，魯大夫季孫行父。文，謚也。"○覺按：參見3.1注〔1〕。

〔2〕再：兩次。

【譯文】

季文子碰到事情要思考三次以後纔行動。孔子聽説了這件事，説："考慮個兩次，就可以了。"

【評析】

凡事三思而行，往往利多弊少，但過於謹慎，猶豫不决，就缺乏了果斷，有時候還會當斷不斷，反受其亂。所以，做事不應該不加考慮，但也不必過於前怕狼後怕虎。

5.21

子曰："甯武子[20][1]，邦有道則知[21][2]，邦無道則愚。其知，可及也；其愚，不可及也〔3〕。"

【注釋】

〔1〕何晏引馬曰："衛大夫甯俞。武，謚也。"

〔2〕陸德明曰："知，音智。"

〔3〕何晏引孔曰："佯愚似實，故曰不可及也。"○朱熹曰："按《春秋傳》，武子仕衛，當文公、成公之時。文公有道，而武子無事可見，此其知之可及也。成公無道，至於失國，而武子周旋其間，盡心竭力，不避艱險。凡其所處，皆智巧之士所深避而不肯爲者，而能卒保其身以濟其君，此其愚之不可及也。"

【譯文】

孔子說："甯武子，在國家政治清明的時候就很明智，在國家政治黑暗的時候就變得很愚蠢。他的明智，別人可以達到；他的愚蠢，別人不可能達到啊。"

【評析】

一個人從糊塗變成明智很難，但只要勤奮學習，還是"可及"的。但是，在"邦無道"時表現出來的"愚"，絕非真正的愚蠢，而是有了明智之後的裝糊塗，它實際上是一種極高的政治智慧，所以一般人"不可及也"。

5.22

子在陳〔1〕，曰："歸與！歸與！吾黨之小子狂簡【22】〔2〕，斐然成章，不知所以裁之【23】。"

【注釋】

〔1〕陳：古國名，西周初封置，媯姓，侯爵，開國君主是胡公滿，都宛丘（今河南省周口市淮陽區），有今河南省東部和安徽省一部分，公元前479年爲楚所滅。 據《史記·孔子世家》載，魯哀公三年（公元前492年），季桓子病重時囑咐其嗣子季康子說："我死後，你在魯國執政，

一定要召回仲尼任用他。”季桓子死後，季康子想召仲尼，因公之魚之勸阻而改召冉求。冉求將行，孔子説了這些思歸的話。

〔2〕何晏引孔曰：“簡，大也。”○皇侃曰：“吾黨者，謂我鄉黨中也。”○覺按：黨：見4.1注〔1〕。此泛指家鄉，參見6.5注〔3〕。　狂：參見13.21。《孟子·盡心下》：“‘何以謂之狂也？’曰：‘其志嘐嘐然，曰古之人，古之人。夷考其行，而不掩焉者也。’”趙岐注：“嘐嘐，志大言大者也。”“吾黨之小子狂簡”以下説明“歸與”之原因，所以譯文加了“因爲”。

【譯文】

孔子在陳國，説：“回去吧！回去吧！因爲我家鄉的弟子狂放自大，雖然寫成的文章文采斐然，但不知道裁改文章的方法啊。”

【評析】

“不知所以裁之”是一種託辭。孔子周遊列國不得志而想回去，但又沒有臺階可下，所以就藉口弟子“不知所以裁之”，自己應該回去幫他們裁定，這樣，他回家鄉就顯得名正言順了。

5.23

子曰：“伯夷、叔齊不念舊惡〔1〕，怨是用希〔2〕。”

【注釋】

〔1〕劉寶楠曰：“伯、叔，少長之字。夷、齊，其名也。”○覺按：伯夷、叔齊：商朝末年孤竹國（在今河北省盧龍縣南）國君的兩個兒子。開始時，孤竹君讓小兒子叔齊做自己的繼承人。孤竹君死後，叔齊把王位讓給長兄伯夷，伯夷不接受。兩人互相讓位，都不肯當君主，就投奔周文王。後來周武王起兵討伐商紂，他們竭力反對，認爲武王這樣做是不孝不仁。武王滅商，他們認爲是奇恥大辱，於是就逃避到首陽山，堅決不吃周朝的糧食，采薇而食，結果餓死在首陽山下。古代都把他們説成是清高廉潔的典範。其事蹟詳見《史記·伯夷列傳》。

〔2〕皇侃曰：“希，少也。”○邢昺曰：“不念舊時之惡而欲報復，故希爲人所怨恨也。”

【譯文】

孔子説："伯夷、叔齊不把過去對別人的憎惡放在心上，別人對他們的怨恨也因此少了。"

【評析】

不把過去的恩怨記在心上，不再耿耿於懷而時時報復，就往往能走出冤冤相報何時了的困境。當然，人是複雜的，你"不念舊惡"，未必能使對方也"不念舊惡"，所以孔子没有把話説死而只是説"怨是用希"，不簡單地説"怨是用無"。這種避免絶對化的思維方式與表達技巧與 1.3 之文相同，值得借鑒。

5.24

子曰："孰謂微生高直[1]？或乞醯焉[2]，乞諸其鄰而與之[3]。"

【注釋】

〔1〕何晏引孔曰："微生，姓，名高，魯人也。"
〔2〕邢昺曰："醯，醋也。"○覺按："醯"讀 xī。
〔3〕邢昺曰："或有一人就微生高乞醯，時自無之，即可荅云'無'。高乃乞之其四鄰以應求者，用意委曲，非爲直人。"○覺按：諸：之於。

【譯文】

孔子説："誰説微生高直來直去？有人向他討醋，他從他的鄰居那裏討來了醋而給了這乞討者。"

【評析】

雖然微生高不怕麻煩、有求必應的熱情善舉並非一無是處，但不直説自己没有"醯"，顯然有違"直"之德行。由此可見，有些行爲有利也有弊，成全了一種德行，會損害另一種德行，這是我們採取某一行動時應該注意的問題。如《韓非子·外儲説右上》所載：子路任郈縣縣令時，拿自己俸祿中的糧食做了飯給魯國開河的民衆吃，這雖然是出於仁愛之道，卻違背了禮制。因爲根據當時的禮制，魯國的民衆只有國君纔有資格來愛他們，子路擅自去愛他們，就是在以私恩爭取民心而侵犯了君主，所以子路的行爲受到了孔子的斥責。由此可見，對於事關重大的行動，尤其要謹慎。

5.25

子曰："巧言、令色、足恭[1]，左丘明恥之【24】[2]，丘亦恥之。匿怨而友其人[3]，左丘明恥之，丘亦恥之。"

【注釋】

〔1〕劉寶楠引臧庸《拜經日記》曰："體柔爲足恭，面柔爲令色，口柔爲巧言。"

〔2〕左丘明：孔子同時代的人，曾任魯國的太史，著有《左傳》《國語》（見《漢書·藝文志·六藝略·春秋家》）。

〔3〕皇侃曰："匿，藏也。"

【譯文】

孔子説："花言巧語、和顔悦色、點頭哈腰而恭敬十足，左丘明認爲這種行爲可恥，我孔丘也認爲這種行爲可恥。隱瞞了怨恨而和那個被怨恨的人交朋友，左丘明認爲這種行爲可恥，我孔丘也認爲這種行爲可恥。"

【評析】

阿諛奉承、兩面三刀，應該是一切有道德的人都認爲可恥的醜惡行徑。

5.26

顔淵、季路侍[1]。子曰："盍各言爾志[2]？"子路曰："願車馬、衣輕裘[3]，與朋友共，敝之而無憾【25】[4]。"顔淵曰："願無伐善[5]，無施勞[6]。"子路曰："願聞子之志。"

子曰："老者安之[7]，朋友信之，少者懷之。"

【注釋】

〔1〕皇侃曰："季路，即子路也。次第是季。侍，侍孔子。卑在尊側曰侍也。"○覺按："季"即伯仲叔季之"季"，兄弟排行最小的稱"季"。

〔2〕皇侃曰："盍，何不也。"

〔3〕阮元《論語注疏校勘記》："石經初刻本無'輕'字。'車馬衣裘'見《管子·小匡》及《外傳》《齊語》，是子路本用成語，後人因《雍也篇》'衣輕裘'誤加'輕'字，甚誤。"

〔4〕何晏引孔曰："憾，恨也。"○朱熹曰："敝，壞也。"

〔5〕朱熹曰："伐，誇也。"

〔6〕劉寶楠曰："朱子《集注》云：'施者，張大之意。'案'施勞'與'伐善'對文……《淮南·詮言訓》：'功蓋天下，不施其美。'謂不誇大其美也。'善'言德，'勞'言功，《周官·司勳》'事功曰勞'是也。"

〔7〕皇侃曰："若老人安己，己必是孝敬故也；朋友信己，己必是不欺故也；少者懷己，己必有慈惠故也。欒肇曰：'敬長，故見安。善誘，故可懷也。'"○覺按："安"與《淮南子·氾論訓》"而百姓安之"之"安"意義相同，表示喜歡（參見 4.2 注〔3〕）。

【譯文】

顏淵、子路侍候在孔子身邊。孔子說："爲什麼不分別說說你們的志向？"子路說："我願意拿出車馬以及布衣皮衣和朋友一起使用，將它們用壞了也沒有怨恨。"顏淵說："我願意不誇耀自己的美德，不誇大自己的功勞。"子路說："請讓我聽聽您的志向。"孔子說："我要敬重老人，使他們喜歡我；不欺騙朋友，使他們信任我；教育少年，使他們懷念我。"

【評析】

子路在物質上與朋友有福同享，顏淵則秉持謙虛之德，均不如孔子志向之遠大。當然，要實現孔子的志向，就得孝敬老人，對朋友忠誠，關懷教育年輕人。

5.27

子曰："已矣乎[1]！吾未見能見其過而內自訟者也[2]。"

【注釋】

〔1〕皇侃曰："已，止也。"
〔2〕何晏引包曰："訟，猶責也。言人有過，莫能自責。"

【譯文】

孔子說："罷了罷了！我還沒有見到能認識自己的錯誤而在內心責備自己的人啊。"

【評析】

人貴有自知之明，但一般人都做不到這一點。指責別人容易，責備自己太難了。參見 15.21 評析。

5.28

子曰："十室之邑，必有忠信如丘者焉，不如丘之好學也。"

【譯文】

孔子說："有十戶人家的鄉鎮，在那裏一定有像我孔丘這樣忠誠老實的人，但不會像我孔丘這樣愛好學習啊。"

【評析】

孔子所謂的"好學"，既指愛好學問，又指注重自我修養（參見 1.14 評析）。"忠信"雖然也難能可貴，但像孔子那樣學而不厭、注重自我修養的"好學"之士在當時的確絕無僅有。經孔子整理而流傳下來的典籍之多是當時任何人都望塵莫及的，而其德行被後人奉為"萬世師表"，這些皆足證孔子此語絕非虛言。

【本篇校勘記】

【1】緤：皇本同，邢本、朱本、蔡本、監本作"緤"。

【2】女：邢本、朱本、蔡本、監本同，皇本作"汝"。器：邢本、皇本、朱本、監本同，蔡本作"噐"。下一"器"字同此。

【3】仁：邢本、朱本、蔡本、監本同，皇本作"仁也"。

【4】佞：邢本、朱本、蔡本、監本同，皇本作"佞也"。

【5】彫：邢本、皇本、監本同，朱本、蔡本作"雕"。

【6】説：邢本、朱本、蔡本、監本同，皇本作"悦"。

【7】于：邢本、朱本、蔡本、監本同，皇本作"於"。

【8】與：邢本、朱本、蔡本、監本同，皇本作"也與"。

【9】賓：皇本同，邢本、朱本、蔡本、監本作"賓"。

【10】女：邢本、朱本、蔡本、監本同，皇本作"汝"。下一"女"字同此。

【11】彫：皇本、監本同，邢本、朱本、蔡本作"雕"。

【12】圬：邢本、朱本、蔡本、監本同，皇本作"圬"。

【13】也：邢本、朱本、蔡本、監本同，皇本作"也已矣"。

【14】恥：皇本、朱本、監本同，邢本、蔡本作"耻"。

【15】人敬：皇本同，邢本、朱本、蔡本、監本作"敬"。

【16】知：邢本、朱本、蔡本、監本同，皇本作"智"。

【17】何如：邢本、朱本、蔡本、監本同，皇本作"何如也"。

【18】一：邢本、朱本、蔡本、監本同，皇本作"至他"。

【19】再：邢本、朱本、蔡本、監本同，皇本作"再思"。

【20】甯：皇本同，邢本、朱本、蔡本、監本作"寗"。

【21】知：邢本、朱本、蔡本、監本同，皇本作"智"。下一"知"字同此。

【22】簡：朱本、蔡本、監本同，邢本、皇本作"簡"。

【23】之：邢本、朱本、蔡本、監本同，皇本作"之也"。

【24】恥：邢本、皇本、朱本、監本同，蔡本作"耻"。下三"恥"字同此。

【25】敝：邢本、朱本、蔡本、監本同，皇本作"弊"。

雍也第六

【提要】

本篇評論了冉雍、顔回等人的德行，記述了閔子騫、原憲等人的言行，對崇尚口才巧辯、不遵循正道的言行進行了批評，提出了一系列有德之行，如好學，不遷怒，不貳過，周急不繼富，永遠不違背仁德，果斷行事，通達事理，多才多藝，安貧樂道，不故步自封，成爲君子儒，廉潔奉公而不搞私下交易，不自誇其功，做文質彬彬的君子，正直爲人，敬鬼神而遠之，先付出辛勞再獲取，保持清醒而不要被蒙蔽，用禮制約束自己，奉行中庸之道，實踐仁恕之德，"己欲立而立人，己欲達而達人"。

6.1

子曰："雍也，可使南面【1】〔1〕。"

【注釋】

〔1〕皇侃曰："南面，謂爲諸侯也。"○覺按：南面：面向南。古代以坐北朝南爲尊位，君主見羣臣時南面而坐，因而"南面"用來指做君主。

【譯文】

孔子説："冉雍麼，可以讓他朝南坐着當君主。"

【評析】

冉雍因爲有仁德（見5.5），所以孔子認爲他可以爲君。由此也可以説，在孔子看來，只有具備仁德的人，纔可以做君主。

6.2

仲弓問子桑伯子〔1〕，子曰："可也，簡【2】〔2〕。"仲弓曰：

"居敬而行簡，以臨其民，不亦可乎？居簡而行簡，無乃大簡乎【3】〔3〕？"子曰："雍之言然。"

【注釋】

〔1〕朱熹曰："子桑伯子，魯人，胡氏以爲疑即莊周所稱子桑户者，是也。"○劉寶楠曰："《莊子·山木篇》'孔子問子桑雽'云云……《釋文》：'雽音户，本又作雽，音于。李云：桑，姓；雽，其名；隱人也。'……下'子'字爲男子之美稱，上'子'字則弟子尊其師者之稱，如'子沈子''子公羊子'之例。……《説苑·修文篇》：'孔子曰："可也簡。"簡者，易野也，易野者，無禮文也。孔子見子桑伯子，子桑伯子不衣冠而處。弟子曰："夫子何爲見此人乎？"曰："其質美而無文，吾欲説而文之。"孔子去，子桑伯子門人不説，曰："何爲見孔子乎？"曰："其質美而文繁，吾欲説而去其文。"故曰：文質修者謂之君子，有質而無文謂之易野。子桑伯子易野，欲同人道於牛馬，仲弓曰"大簡"。'此即孔子所指爲簡之事，當時隱者多是如此。仲弓正之曰：'居敬而行簡，以臨其民。'居敬則有禮文，禮'毋不敬'也。居敬，即大舜之共己；行簡臨民，即大舜之無爲而治。此足見仲弓成己成物之學，與隱士有異。"○覺按：胡氏所説的"子桑户"，見《莊子·大宗師》，即子桑雽。劉寶楠所説"子沈子"之例見1.1注〔1〕，所説的舜之"共己"與"無爲而治"，見15.5。

〔2〕朱熹曰："可者，僅可而有所未盡之辭。簡者，不煩之謂。"

〔3〕陸德明曰："大，音泰。"○覺按：參見3.23注〔1〕。

【譯文】

仲弓問子桑伯子這個人怎麼樣，孔子説："這個人還可以，他比較簡約。"仲弓説："像舜那樣立足於恭敬而行爲簡約，以此來統治他的民衆，不也是可以的嗎？但像子桑伯子這樣立足於簡約而行爲簡約，不就太簡約了嗎？"孔子説："冉雍的話是對的。"

【評析】

孔子説的是爲人，冉雍説的是治國，從不同的角度來看，兩者都對。

6.3

　　哀公問【4】："弟子孰爲好學?"孔子對曰:"有顏回者好學，不遷怒[1]，不貳過[2]，不幸短命死矣[3]。今也則亡[4]，未聞好學者也。"

【注釋】

　　[1] 何晏曰："遷者，移也。"

　　[2] 皇侃曰:"《易》云'顏氏之子，其殆庶幾乎! 有不善未嘗不知，知之未嘗復行'是也。"

　　[3] 劉寶楠引李鍇《尚史》云："顏子卒於伯魚之後。按譜，孔子七十而伯魚卒，是顏子之卒，當在孔子七十一之年。顏子少孔子三十歲，是享年四十有一矣。"又引臧庸《拜經日記》曰:"《公羊傳・哀十四年》:'顏淵死，子曰:"噫! 天喪予!"子路死，子曰:"噫! 天祝予!"西狩獲麟，孔子曰:"吾道窮矣。"'……則顏子之死，必與獲麟、子路死、夫子卒相後先。孔子年七十一，獲麟;七十二，子路死;七十三，孔子卒。顏子少孔子三十歲，孔子七十，顏子已四十也。又《史記・世家》云:'伯魚年五十，先孔子卒。'以核《家語》孔子年二十而生伯魚之說，尚不甚遠，則伯魚卒時，孔子年六十九。據《論語》，顏子死在伯魚之後，則孔子年七十，顏子正四十也。魯哀、季康之問，皆在哀十一年孔子反魯之後。時顏子新卒，故聖人述之有餘痛焉。"○覺按:伯魚應該卒於孔子七十歲時（公元前482年），顏回應該卒於孔子七十一歲時（公元前481年），參見本書前言所述。

　　[4] 皇侃曰:"亡，無也。"

【譯文】

　　魯哀公問道:"你的學生中哪一個是愛好學習的?"孔子回答說:"有個叫顏回的愛好學習，他不把憤怒轉移到別人身上，不再犯同樣的錯誤，但不幸短命死了。現在就沒有這種人了，我還沒有聽說過有愛好學習的人啊。"

【評析】

孔子所謂的"好學"，主要指注重自我修養而言（參見 1.14 評析）。"好學"者"爲己"（見 14.24），有了問題則"求諸己"（見 15.21），所以能"不遷怒"；有了錯誤能從中吸取教訓，所以"不貳過"。

6.4

子華使於齊，冉子爲其母請粟[1]。子曰："與之釜[2]。"請益。曰："與之庾[3]。"冉子與之粟五秉[4]。子曰："赤之適齊也[5]，乘肥馬，衣輕裘。吾聞之也：'君子周急不繼富[6]。'"

【注釋】

〔1〕粟：穀子，去殼後稱小米。
〔2〕何晏引馬曰："六斗四升曰釜。"
〔3〕何晏引包曰："十六斗曰庾。"
〔4〕皇侃曰："《聘禮》云：'十斗曰斛，十六斗曰籔，十籔曰秉。'"
〔5〕邢昺曰："赤，子華名。適，往也。"
〔6〕何晏引鄭曰："非冉有與之大（覺按："大"同"太"）多。"○覺按：周：通"賙"，周濟。

【譯文】

子華出使去齊國，冉有爲子華的母親向孔子求取糧食。孔子説："給她六斗四升。"冉有請求增加一些。孔子説："給她十六斗。"冉有給了她八百斗糧食。孔子説："公西赤去齊國的時候，乘着肥馬拉的車，穿着輕軟的皮袍。我聽説過這樣的話：'君子救濟貧窮危急的人而不去追加給富裕的人。'"

【評析】

"周急不繼富"比俗話所説的"救急不救窮"的救濟面無疑要大一些而更加合理，因爲在財富足够的情況下，除了危急之人，貧窮之人也應該得到救助。此文更重要的意義在於給人指明了錢財的賜予原則：應該雪中送炭，而不應該錦上添花。

6.5

原思爲之宰[1]，與之粟九百[2]，辭。子曰："毋[5]！以與爾鄰里鄉黨乎[3]！"

【注釋】

〔1〕何晏引包曰："弟子原憲。思，字也。孔子爲魯司寇，以原憲爲家邑宰。"〇覺按：原憲（約公元前 515—?），春秋時魯國人，一説宋國人，字子思，也稱原思、仲憲，孔子的學生。孔子死後，他隱居於衛。傳説他住破草屋、穿粗布衣、吃蔬食而不減其樂。後代多用他的名字來泛指貧士。其事蹟見《莊子・讓王》、《史記》的《仲尼弟子列傳》《游俠列傳》和《新序・節士》。

〔2〕劉寶楠引胡紹勳《拾義》曰："案《世家》，孔子居魯，'奉粟六萬'。《索隱》云：'當是六萬斗。'……則九百當爲九百斛。"

〔3〕皇侃曰："鄰、里在百里之外，鄉、黨在百里之內也。"〇覺按：參見 4.1 注〔1〕。此鄰里鄉黨泛指家鄉，參見 5.22 注〔2〕。

【譯文】

原思做孔子的家臣，孔子給他糧食九百斛作爲俸禄，原思推辭不受。孔子説："別推辭！拿來給你家鄉的人吧！"

【評析】

原思生活節儉，所以辭禄不受。但俸禄是理所應得的工作報酬，所以孔子叫原思別推辭，如果有積餘，則可以施捨給鄰里鄉人。孔子之言，前者合乎義，後者合乎仁，可謂仁義合璧之金玉良言矣。

6.6

子謂仲弓曰："犁牛之子騂且角[1]，雖欲勿用，山川其舍諸[2]?"

【注釋】

〔1〕皇侃曰："犂，謂耕犂也。騂，赤色也，周家所貴也。角，角周正，長短尺寸合禮也。"○覺按：皇侃所謂"周家"即周朝。"角"用作動詞（與"君君臣臣"中第二個"君""臣"用法相同），表示"像個角"，所以引申指"角周正"。

〔2〕何晏曰："言父雖不善，不害於子之美。"

【譯文】

孔子評論仲弓說："就像耕牛的孩子長了紅色的毛及端正的角，合乎做祭品的標準，即使因其出身卑賤而想不用它，山川的神難道會捨棄它嗎？"

【評析】

11.3說仲弓是有德之人，6.1說他可以做君主。在孔子看來，人有了德才，就應該得到任用，所以此文說"雖欲勿用"，神也不會同意。孔子借用神的意志來譬喻說事，與6.1的直陳其意相比，在當時無疑更有說服力。這與當今借用權威的觀點來論述，實有異曲同工之妙。

6.7

子曰："回也，其心三月不違仁[1]。其餘則日月至焉而已矣。"

【注釋】

〔1〕朱熹曰："三月，言其久。"○覺按："三"爲虛數，參見1.4注〔2〕。

【譯文】

孔子說："顏回啊，他的思想即使過了好幾個月也不違背仁德。其餘的人，就只是某日某月能達到仁德的地步罷了。"

【評析】

偶然行仁並不難，難的是持之以恆地"不違仁"，顏回的德行難能可貴，所以孔子特意稱道之。現在人們常説："一個人做一件好事並不難，難的是一輩子做好事。"做好事即行仁，由此也可見中華優秀傳統文化源遠流長，傳承不絕，而隨着時代的發展又有了新的格言。

6.8

季康子問："仲由，可使從政也與?"子曰【6】："由也果，於從政乎何有〔1〕?"曰："賜也，可使從政也與?"曰："賜也達〔2〕，於從政乎何有?"曰："求也，可使從政也與?"曰："求也藝〔3〕，於從政乎何有?"

【注釋】

〔1〕何有：見4.13注〔2〕。
〔2〕朱熹曰："達，通事理。"
〔3〕何晏引孔曰："藝謂多才藝。"○劉寶楠曰："古以禮、樂、射、御、書、數爲六蓺。"○覺按：參見7.6注〔1〕。

【譯文】

季康子問道："仲由，可以讓他從政嗎?"孔子説："仲由果斷，對於從政麽，有什麽困難的呢?"季康子又問："端木賜，可以讓他從政嗎?"孔子説："端木賜通曉事理，對於從政麽，有什麽困難的呢?"季康子又問："冉求，可以讓他從政嗎?"孔子説："冉求精通禮制、音樂、射術、駕御、文字、數學等六藝，對於從政麽，有什麽困難的呢?"

【評析】

由此文可知，從政必須有如下幾種政治素質：一是具有果斷的決策能力，如果當斷不斷，就往往會反受其亂。二是必須通曉事理，如果不通人情，不懂治道，不瞭解社會實情，就往往會採取錯誤的決策。三是要博學多能，如果不瞭解當時的社會規範，沒有立足社會的才藝，沒有一定的文化知識，就不能利用制度去治國理政。

6.9

　　季氏使閔子騫爲費宰[1]。閔子騫曰："善爲我辭焉。如有復我者，則吾必在汶上矣[2]。"

【注釋】

　　[1] 何晏引孔曰："費，季氏邑。季氏不臣，而其邑宰數畔。閔子騫賢，故欲用之。"○劉寶楠曰："季氏當指康子。"○覺按：閔子騫（公元前536年—？）：名損，字子騫，春秋時魯國人，孔子的學生，少孔子十五歲，以孝行與清廉聞名。相傳他年少時，後母在冬天給兩個親生兒子穿棉衣，卻給他兄弟倆穿蘆花衣。他父親知道後要休掉後母，他説："母在一子單（衣服單薄），母去四子寒。"於是父親就作罷了，後母也轉變了。又傳説季氏讓他當縣長，他不食權臣之禄而推辭不幹。因此，11.3稱："德行：顏淵，閔子騫。"其事蹟可參見《史記·仲尼弟子列傳》《藝文類聚·人部·孝》。　費：在今山東省費縣西北。

　　[2] 何晏引孔曰："去之汶水上，欲北如齊。"○劉寶楠曰："《漢書·地理志》泰山郡萊蕪下曰：'《禹貢》汶水出西南入濟。'瑯邪郡朱虛下曰：'東泰山，汶水所出，東至安丘入濰。'是汶水有二，此水經由齊、魯界上。……閻氏若璩《釋地》引曾彦和曰：'出萊蕪縣原山入濟者，徐州之汶也。出朱虛縣泰山入濰者，青州之汶也。《論語》"在汶"，指徐州言，以魯事也。'"○覺按：此"汶"當即今山東省濟南市萊蕪區之牟汶河以及泰安市之大汶河，古代自今東平縣西南流入濟水，今主流改由東平縣西北流入東平湖。　上：古代稱水南爲"陰"，水北爲"陽"，水邊爲"上"。楊伯峻從桂馥"凡言某水上者，皆謂水北"之説而將"汶上"譯爲"汶水之北"，誤。《史記·楚世家》："晉救鄭，與楚戰。大敗晉師河上，遂至衡雍而歸。"楊伯峻《春秋左傳注·宣公十二年》"遂次于衡雍"注："河雍，即衡雍也，戰國時又曰垣雍，在河南省原武廢縣（今併入原陽縣）西北五里，黃河舊在其北二十二里。"《淮南子·人間訓》"昔者楚莊王既勝晉於河雍之間"高誘注："莊王敗晉荀林父之師於邲。邲，河雍地也。"邲邑在今河南省滎陽市東北，位於黃河之南。《史記·司馬穰苴列傳》"而燕侵河

上"《正義》："河上，黄河南岸地，即滄、德二州北界。"既然"河上"可以指黄河之南，則"凡言某水上者，皆謂水北"之説就不可信從了。

【譯文】

季康子讓閔子騫做費邑的長官。閔子騫對季康子的使者説："好好地爲我辭掉這個官職。如果有人再來找我，那麽我一定在汶水邊上將離開魯國了。"

【評析】

閔子騫不願任職，先讓人以善言推辭，如果不成，再用毫不客氣的行動來抗争。這與成語"先禮後兵"之法相似。在反對某種决策時，這種有禮有節又堅决抗争的方式方法無疑值得借鑒。

6.10

伯牛有疾[1]，子問之，自牖執其手[2]，曰："亡之[3]，命矣夫！斯人也而有斯疾也[4]！斯人也而有斯疾也！"

【注釋】

〔1〕皇侃曰："伯牛，弟子冉耕字也，魯人。"○邢昺曰："《淮南子》云：'伯牛癩。'"○覺按：《淮南子·精神訓》作"冉伯牛爲厲"。"厲"（lài）通"癩"，是一種惡瘡，又稱爲麻風，患者皮膚麻木變厚，表面形成結節，毛髮脱落，手指足趾變形。《韓非子·姦劫弒臣》説"厲"的症狀是"癰腫疕瘍"，會造成患者"心之憂懼，形之苦痛"。其所謂"癰腫"，指皮膚和皮下組織發炎化膿，非常疼痛。所謂"疕"，指癩瘡造成的毛髮脱落。所謂"瘍"，指癩瘡的潰瘍腐爛。

〔2〕皇侃曰："牖，南窗也。君子有疾，寐於北壁下，東首。今師來，故遷出南窗下，亦東首，令師從户入於牀北，得面南也。孔子恐其惡疾不欲見人，故不入户，但於窗上而執其手也。"

〔3〕何晏引孔曰："亡，喪也。"

〔4〕皇侃曰："斯，此也。"

【譯文】

伯牛得了病，孔子去慰問他，從窗户中握住他的手，説："失去你，是命中注定了吧！這個人啊卻得了這種疾病！這個人啊卻得了這種疾病！"

【評析】

孔子之言，不過是 12.6 "死生有命" 的稀釋，是無可奈何時自求解脱寬慰的託辭。如今得了絕症或死亡，人們也往往歸因於 "命"，由此文可見，這種傳統實由來已久。

6.11

子曰："賢哉，回也！一簞食[1]，一瓢飲，在陋巷[2]，人不堪其憂，回也不改其樂[3]。賢哉，回也！"

【注釋】

[1] 邢昺曰："簞，竹器。食，飯也。" ○覺按：簞是用細篾編成的盛米飯的圓形竹器。我年輕時在老家（在江蘇省太倉市瀏家港）所用的 "飯汰" 可能即其遺制，其口大於底，直徑 26 釐米左右，深 7 釐米左右（見圖一）。比它大的盛米飯的圓形竹器是 "飯笪箕"，直徑 42 釐米左右，深 10 釐米左右，有蓋和提手（見圖二）。爲求通俗，今姑且把 "簞" 譯爲笪箕。

圖一　飯汰　　　　　　　圖二　飯笪箕

[2] 劉寶楠曰："顏子陋巷，即《儒行》所云'一畝之宫，環堵之室'。

解者以爲街巷之‘巷’，非也。此王氏念孫説，見《經義述聞》。《寰宇記》：‘陋巷在曲阜縣西南二里，孔子廟北二百步。’”

〔3〕何晏引孔曰：“顔淵樂道，雖簞食瓢飲在陋巷，不改其所樂。”

【譯文】

孔子説：“顔回啊，有德才啊！一簞箕飯，一瓢勺水，住在簡陋的房屋内，別人不能忍受這種令人憂愁的貧苦生活，顔回卻没改變他學習古代文獻的快樂。顔回啊，有德才啊！”

【評析】

此文所寫顔回之“賢”，實是1.15“貧而樂道”四字的形象化描繪。其不同且高妙之處在“人不堪其憂”一句，它以强烈的對比一下子使顔回鶴立雞羣的崇高形象凸顯於讀者面前，可謂神來之筆，值得借鑒。

6.12

冉求曰：“非不説子之道【7】〔1〕，力不足也。”子曰：“力不足者，中道而廢。今女畫【8】〔2〕。”

【注釋】

〔1〕陸德明曰：“説，音悦。”
〔2〕何晏引孔曰：“畫，止也。”○朱熹曰：“謂之畫者，如畫地以自限也。”

【譯文】

冉求説：“我並不是不喜愛您的學説，是我能力不够啊。”孔子説：“能力不够的，走到半路不行了纔放棄。現在你是固步自封而不肯走。”

【評析】

冉求是一個很會找藉口的人（參見16.1），他所謂的“力不足”，其實是不想學“子之道”的藉口。因此，“非不説子之道”也就只是“此地無銀三百兩”之類的自欺欺人之説。孔子先以不容置疑的常理“力不足者，中道而廢"作爲論據使冉求無言以對，然後一針見血地指出其實質在"今女畫"，這就一下子揭穿了冉有之言的虛僞性。時至今日，冉求式的推諉之詞仍然司空見慣，如何像孔子那樣有針對性地抓住其要害進行致命一擊而拆穿其鬼把戲，實值得我們仔細琢磨推敲。

6.13

　　子謂子夏曰："女爲君子儒【9】，無爲小人儒〔1〕。"

【注釋】

　　〔1〕何晏引孔曰："君子爲儒，將以明道。小人爲儒，則矜其名。"○覺按：4.16 說："君子喻于義，小人喻於利。"則與"明道"之君子相對的"小人儒"應該指只圖個人名利的儒生。

【譯文】

　　孔子對子夏說："你要做弘揚道義的君子般的儒生，不要做只圖個人名利的小人般的儒生。"

【評析】

　　此"君子"指有德者而言。《論語》中以有德之"君子"與"小人"對舉的，見於 2.14、4.11、4.16、7.36、12.16、13.23、13.25、13.26、14.6、14.23、15.2、15.21、15.34、16.8，其中最爲關鍵的是 4.16 所說的"君子喻於義，小人喻於利"，我們可以據此來解釋此文的"君子儒"與"小人儒"，但也可以根據其他各章來理解此文的内涵。

6.14

　　子游爲武城宰〔1〕，子曰："女得人焉耳乎【10】？"曰："有澹臺滅明者〔2〕，行不由徑，非公事，未嘗至於偃之室也【11】〔3〕。"

【注釋】

〔1〕武城：又作南武城，在今山東省費縣西南。

〔2〕邢昺曰："《史記‧弟子傳》云：'澹臺滅明，武城人，字子羽，少孔子三十九歲，狀貌甚惡。欲事孔子，孔子以爲材薄。既已受業，退而修行，名施乎諸侯。孔子聞之，曰："吾以貌取人，失之子羽。"'"○覺按："澹臺"爲複姓，音 Tántái。

〔3〕何晏引包曰："言其公且方。"

【譯文】

　　子游做武城的長官，孔子説："你在那裏得到賢人了嗎？"子游説："有個叫澹臺滅明的人，行走時不沿着邪道小路而走大道，不是公事的話，他從來沒有到過我言偃的家啊。"

【評析】

　　選用走正道而不搞歪門邪道、公事公辦而不結黨營私的人，子游的這一用人標準值得發揚光大。

6.15

　　子曰："孟之反不伐[1]。奔而殿，將入門，策其馬，曰：'非敢後也，馬不進也[2]。'"

【注釋】

〔1〕何晏引孔曰："魯大夫孟之側，與齊戰，軍大敗。"○皇侃曰："余見鄭注本，姓孟，名之側，字之反也。"○邢昺曰："誇功曰伐。"

〔2〕何晏引馬曰："殿，在軍後。前曰奔（覺按：邢本作"前曰啓"），後曰殿，孟之反賢而有勇，軍大奔，獨在後爲殿。人迎，功之。不欲獨有其名，曰：'我非敢在後拒敵，馬不能前進。'"○皇侃曰："門，魯國門也。……六籍唯用馬乘車，無騎馬之文。唯《曲禮》云'前有車騎'，是騎馬耳。今云'策其馬'，不知爲騎馬、爲乘車也。"○邢昺曰："哀十一年《左傳》説此事云：齊師伐我，及清。孟孺子洩帥右師，冉求帥左師。

師及齊師戰于郊。右師奔，齊人從之。孟之側後入以爲殿，抽矢策其馬，曰：‘馬不進也。’”○覺按：《左傳》所述較詳，邢昺乃概括言之。古代竹製的鞭子叫“箠”或“策”，其端有錣（針），用來鞭策馬；皮革製的叫“鞭”，用來鞭打人（參見《説文·革部》“鞭”字段玉裁注）。“策”用作動詞，指用竹鞭頭上的針去刺，所以《韓非子·外儲説右下》説“馬欲進則鉤飾禁之，欲退則錯錣貫之”。據《韓非子》，則此文之“馬”應是在孟之反前面拉車的馬，即皇侃所説的“乘車”（駕車）之馬，也就是6.4“乘肥馬”之“馬”。據《左傳》，此文之“策”是指用箭去刺。

【譯文】

孔子説：“孟之反不誇耀自己的功勞。在軍隊戰敗奔逃時他在最後掩護，在即將進入國都城門時，用箭去刺自己的馬讓它們奔跑，説：‘我不敢落後啊，是馬不向前跑啊。’”

【評析】

孟之反立功而不求獎賞，所以做僞證，説謊話。這其實是不求名利的仁德之行、善意之言，所以孔子將此事傳授給弟子，以便使這種甘願做無名英雄的品德能進一步發揚光大。

6.16

子曰：“不有祝鮀之佞而有宋朝之美[1]，難乎免於今之世矣【12】。”

【注釋】

〔1〕何晏引孔曰：“佞，口才也。祝鮀，衛大夫子魚也，時世貴之。宋朝，宋之美人而善淫。言當如祝鮀之佞，而反如宋朝之美，難乎免於今之世害也。”○邢昺曰：“定十四年《左傳》曰：‘衛侯爲夫人南子召宋朝。’杜注云：‘南子，宋女也。朝，宋公子，舊通子（覺按：“子”當作“于”，元刻本作“於”）南子，在宋呼之。’是朝爲宋之美人而善淫也。”○覺按：《左傳·定公四年》“其使祝佗從”杜預注：“祝佗，大祝子魚。”可見祝鮀爲衛靈公之太祝（掌祭祀祈禱之官，爲祝官之長），字子魚。

【譯文】

孔子説："没有祝鮀的口才而只有宋朝的俊美，就難以避免當今社會的傷害了。"

【評析】

一個人有了仁德就用不着口才（參見5.5）。同樣，如果生活在一個注重仁德的社會中就不用依靠口才來避禍。此文説如果没有祝鮀那樣的好口才就"難乎免於今之世"，則"今之世"之污濁而不注重仁德就不言而喻了。此文對現實社會的批判其實也是很深刻的，只是其語言形式比較婉轉，所以如果我們不進行剖析，一般人就不知其所云了，連不少研究《論語》的專家也不能明其意。

6.17

子曰："誰能出不由户【13】〔1〕？何莫由斯道也〔2〕？"

【注釋】

〔1〕劉寶楠曰："出，謂出室也。……《一切經音義》十四引字書云：'一扇曰户，兩扇曰門。'"

〔2〕何晏引孔曰："言人立身成功當由道，譬猶出入要當從户。"○皇侃曰："斯，此也。"

【譯文】

孔子説："誰能從房間出來而不經過房門？爲什麽没有人遵循這正確的原則呢？"

【評析】

人不可能"出不由户"，這是衆所周知的常識，用來喻説立身處世、治國理政不能不遵循"道"，這看上去很有説服力，其實卻有待探討。如果這"道"是指符合社會規律的正確原則，則孔子的論説就無可非議了。這裏的問題是，孔子所謂的"道"，是指他宣揚的學説，即仁智禮樂之道

(參見 14.28、17.3)。這樣的"道",在孔子看來當然是正確而應該奉行的,但在別人看來是根本行不通的,所以孔子被人視爲"知其不可而爲之者"(見 14.38),連其弟子子路也説:"道之不行,已知之矣。"(見 18.7)《韓非子·五蠹》説:"齊將攻魯,魯使子貢説之。齊人曰:'子言非不辯也,吾所欲者土地也,非斯言所謂也。'遂舉兵伐魯,去門十里以爲界。故偃王仁義而徐亡,子貢辯智而魯削。以是言之,夫仁義辯智,非所以持國也。"由此可見,在孔子時代,已經禮崩樂壞,以往的道德準則完全爲赤裸裸的唯利是圖的强權政治所替代。在這樣的社會條件下,雖然孔子未必"知其不可"(但他可能已感覺到了,所以 5.7 説"道不行",14.36 説"道之將廢也與"),因而發出"何莫由斯道也"的責問,但"莫由斯道"其實是不以孔子的意志爲轉移的歷史洪流所決定的。孔子雖然想不通,但硬要"爲之"卻是行不通的,所以他周遊列國也未能得到任何當權者的支持,至多只能發出"何莫由斯道也"的哀歎。

6.18

子曰:"質勝文則野[1],文勝質則史[2]。文質彬彬[3],然後君子。"

【注釋】

[1]何晏引包曰:"野,如野人,言鄙略也。"○皇侃曰:"質,實也。……言若實多而文飾少,則如野人。"○覺按:質:實質,指實際内容。 文:文采,指表達的形式。

[2]皇侃曰:"言人若爲事多飾少實,則如書史也。"○覺按:韓愈《進學解》云:"《左氏》浮誇。"

[3]何晏引包曰:"彬彬,文質相半之貌。"○朱熹曰:"彬彬,猶班班,物相雜而適均之貌。"

【譯文】

孔子説:"實質勝過了文采就會像田野之人一樣粗俗,文采勝過了實質就會像史官一樣浮誇。文采和實質各佔一半而搭配得當,然後纔是君子。"

【評析】

孔子主張中庸之道，反對走極端。因此，淳樸厚道的品質與良好的文化素養和諧地薈聚於一身後纔成爲君子，有所偏頗就失之於粗野或虛飾而非君子了。

6. 19

子曰："人之生也直【14】，罔之生也幸而免〔1〕。"

【注釋】

〔1〕皇侃曰："罔，謂爲邪曲誣罔者也。"○劉寶楠曰："《玉篇》：'罔，誣也。''罔'與'誷'同。"○覺按：罔：通"誷"，欺騙，此指不正直而騙人的人。

【譯文】

孔子説："人活着啊靠的是正直，騙子活着啊是靠僥幸纔避免了災難。"

【評析】

正直是一種美德，但魯迅卻説"人間直道窮"（《哀范君三章》），可見正直的人未必不碰壁，未必能壽終正寢，在政治黑暗時期尤其是這樣（參見 14.3）。但是，不正直的人只能靠僥幸而免於遭殃，恐怕是一條公理。

6. 20

子曰："知之者不如好之者，好之者不如樂之者〔1〕。"

【注釋】

〔1〕何晏引包曰："學問，知之者不如好之者篤，好之者不如樂之者深。"○覺按：此文"之"所指代的"學"，應該是《荀子·勸學篇》之

"學"，泛指治學、修養和工作。

【譯文】

孔子說："知道學習、工作的，不如愛好學習、工作的；愛好學習、工作的，不如樂於學習、工作的。"

【評析】

特長來自愛好，要在某一方面有所造詣，首先得愛好它。但是，愛好還只是培養起來的感情，只有出自本性而打心裏喜歡、把它看作一種樂事的人，纔能有更强大的内驅力，從而達到精深的境地。

6. 21

子曰："中人以上，可以語上也[1]；中人以下，不可以語上也。"

【注釋】

〔1〕何晏引王曰："上，謂上知之所知也。"

【譯文】

孔子說："對中等才智以上的人，可以和他們談論高深的學問；對中等才智以下的人，不可以和他們談論高深的學問。"

【評析】

因材施教是教育學上的一個原則，孔子早就注意到了。

6. 22

樊遲問知【15】[1]。子曰："務民之義[2]，敬鬼神而遠之[3]，可謂知矣。"問仁。曰【16】："仁者先難而後獲，可謂仁矣[4]。"

【注釋】

〔1〕陸德明曰："知，音智。"

〔2〕朱熹曰："民，亦人也。"○劉寶楠曰："務，猶事也。民之義者，《禮運》曰：'何謂人義？父慈、子孝、兄良、弟弟、夫義、婦聽、長惠、幼順、君仁、臣忠，十者謂之人義。'"

〔3〕何晏引包曰："敬鬼神而不黷。"○覺按：遠：疏遠，即不去親近巴結，指不去從事非禮的祭祀（參見 3.6）。

〔4〕皇侃曰："獲，得也。言臣必先歷爲難事，而後乃可得禄受報。"

【譯文】

樊遲詢問什麽是智慧。孔子説："奉行做人的道義，敬重鬼神而遠離他們，這可以説是有智慧了。"樊遲又問什麽是仁德。孔子説："有仁德的人先艱苦努力，然後獲得俸禄，這可以説是有仁德了。"

【評析】

孔子重人事而不重鬼神，對人事則重道義，對鬼神則不説不信而敬而遠之，這都是其智慧之處。因爲人事是現實生活中首先要處理好的問題（參見 11.12），道義是處理人事的重要手段之一。至於鬼神，從此文之"遠之"及其避而不談（參見 7.20）中可以隱約看出孔子不怎麽相信，但也不能斷言他不相信，因爲他對鬼神還是非常敬重的（除了此文説"敬"，3.12 之文也説明他在行動上也是極其恭敬的）。這看上去似乎與他的重人事矛盾，其實不然，因爲鬼神雖然未必存在，但至少也是大多數人認可的社會現象，如果明言不信乃至褻瀆之，也就褻瀆了多數人的共識，這反而和他"重人事"的理念不合了。至於"仁者先難而後獲"，可與 12.21 的"先事後得，非崇德與"相互發明。

6.23

子曰："知者樂水【17】〔1〕，仁者樂山〔2〕；知者動〔3〕，仁者静〔4〕；知者樂〔5〕，仁者壽〔6〕。"

【注釋】

〔1〕皇侃曰："智者樂運其智化物，如流水之不息，故樂水也。"○邢昺曰："樂，謂愛好。"

〔2〕朱熹曰："仁者安於義理而厚重不遷，有似於山，故樂山。"

〔3〕何晏引包曰："日進，故動。"

〔4〕何晏引孔曰："無欲，故靜。"

〔5〕何晏引鄭曰："知者自役得其志，故樂。"

〔6〕何晏引包曰："性靜者多壽考。"

【譯文】

孔子説："有智慧的人喜歡水，有仁德的人喜歡山；有智慧的人像水一樣不斷行動，有仁德的人像山一樣靜止不動；有智慧的人因爲行動有所成就而快樂，有仁德的人因爲安靜淡泊而長壽。"

【評析】

流水"不舍晝夜"（9.17）是動，嘩嘩作響似樂，有智慧的人肯動腦筋而樂其成功如水，所以喜歡水。山巋然不動是靜，歷時久遠是壽，有仁德的人"安仁"（4.2）是靜，"不憂"（9.29）則壽，所以喜歡山。

6.24

子曰："齊一變〔1〕，至於魯〔2〕；魯一變，至於道〔3〕。"

【注釋】

〔1〕齊：周代諸侯國，姜姓，呂氏。西周初，周武王把齊國封給姜太公呂尚，以後爲呂尚後代世襲，地處今山東省北部、東部和河北省東南部，建都營邱，後稱臨淄（在今山東省淄博市臨淄區東北齊都）。春秋初齊桓公曾爲霸主。春秋末年君權漸爲大臣陳氏（即田氏）所奪。齊簡公四年（公元前 481 年），田常殺死了齊簡公呂壬而擁立齊平公，自己任相國，於是齊國的政權完全爲田氏控制。齊康公十四年（公元前 391 年），田常的曾孫田和將齊康公呂貸遷往海邊，呂氏從此斷絕了君位繼承權，呂氏之

齊就此滅亡。參見《史記·齊太公世家》。

〔2〕魯：周代諸侯國，姬姓，公爵，始封之君是周文王之子、武王之弟叔旦，即周公旦，因他留佐武王、成王，故使其子伯禽至魯爲國君（參見《史記·魯周公世家》），其地在今山東省西南部和河南、江蘇省部分地區，國都在今山東省曲阜市，公元前249年爲楚所滅（見《史記·六國年表》）。

〔3〕朱熹曰："孔子之時，齊俗急功利，喜夸詐，乃霸政之餘習。魯則重禮教，崇信義，猶有先王之遺風焉，但人亡政息，不能無廢墜爾。道，則先王之道也。言二國之政俗有美惡，故其變而之道有難易。"○劉寶楠曰："《漢書·地理志》：'初，太公治齊，修道術，尊賢智，賞有功，故至今其士多好經術，矜功名，舒緩闊達而足智。其失夸奢朋黨，言與行繆，虛詐不情，急之則離散，緩之則放縱。'又云：'周興，目少昊之虛曲阜封周公子伯禽爲魯侯，目爲周公主其民，有聖人之教化，故孔子曰"齊一變至於魯，魯一變至於道"，言近正也。'"○覺按：道：指大道，正道，是孔子心目中一種理想的政治境界。《禮記·禮運》載孔子之言曰："大道之行也，天下爲公，選賢與能，講信脩睦。故人不獨親其親，不獨子其子。使老有所終，壯有所用，幼有所長，矜寡孤獨廢疾者，皆有所養。男有分，女有歸，貨惡其弃於地也，不必藏於己，力惡其不出於身也，不必爲己。是故謀閉而不興，盜竊亂賊而不作。故外戶而不閉，是謂大同。"

【譯文】

孔子說："齊國尊賢賞功的政治措施變動一下，就能達到魯國重仁講禮的地步；魯國的政治措施變動一下，就能達到實行正道的大同社會境界。"

【評析】

孔子此言，是希望放棄齊桓公、管仲之法治與霸道，而採取禮治與王道，然後實行他理想中的仁政。

6.25

子曰："觚不觚〔1〕，觚哉！觚哉〔2〕！"

【注釋】

〔1〕觚（gū）：古代一種酒器，形體呈長圓形，口部與底部呈喇叭狀，容積爲當時的二升，盛行於商代和周初。

〔2〕何晏曰："觚哉！觚哉！言非觚也，以喻爲政不得其道則不成。"

【譯文】

孔子説："觚做得不像個觚，這個觚啊！這個觚啊！"

【評析】

孔子慨歎"觚不觚"，實是在借觚來慨歎"君不君，臣不臣，父不父，子不子"（12.11）的社會反常現象。

6. 26

宰我問曰："仁者，雖告之曰〔1〕：'井有仁者焉【18】。'其從之也【19】〔2〕！"子曰："何爲其然也〔3〕？君子可逝也〔4〕，不可陷也【20】〔5〕；可欺也，不可罔也〔6〕。"

【注釋】

〔1〕劉淇曰："雖告之曰，猶云'若告之曰'，亦假令之辭也。"（見《助字辨略》卷一）

〔2〕朱熹曰："從，謂隨之於井而救之也。"

〔3〕皇侃曰："言仁者雖復救濟，若審有人墮井，當爲方計出之，豈容自投從之？"

〔4〕何晏引包曰："逝，往也。言君子可使往視之耳。"

〔5〕朱熹曰："陷，謂陷之於井。"○覺按："陷"爲"陷"之俗字。

〔6〕朱熹曰："蓋身在井上，乃可以救井中之人；若從之於井，則不復能救之矣。此理甚明，人所易曉，仁者雖切於救人而不私其身，然不應如此之愚也。"○覺按：罔：蒙蔽。

【譯文】

宰我問道："有仁德的人，如果告訴他說：'井裏有個有仁德的人在那裏要淹死了。'他會跟着跳下去救人吧！"孔子說："爲什麼他會這樣呢？有道德的君子，你可以使他去看一下，但不可能使他跳下去；可以欺騙他，但不可能蒙蔽他。"

【評析】

孔子是效果論者，而不是動機論者，所以他貶斥"暴虎馮河，死而無悔者"，讚譽"臨事而懼、好謀而成者"(7.10)。因此，雖然仁者"愛人"(12.22)，有仁者落井會去救他，但不可能魯莽地跳入井中作無謂的犧牲。

6.27

子曰："君子博學於文，約之以禮，亦可以弗畔矣夫[1]！"

【注釋】

[1] 何晏引鄭曰："弗畔，不違道。"○劉寶楠曰："畔，即'叛'字。……《説文》：'叛，反也。畔，田界也。'義異。經典多叚'畔'爲'叛'。"

【譯文】

孔子説："有地位的君子廣博地學習古代文獻，用禮制約束自己，也就可以不違背道義了吧！"

【評析】

知書達理、能以社會規範自律的人不會任意妄爲，所以"可以弗畔"。

6.28

子見南子[1]，子路不説【21】[2]。夫子矢之曰【22】[3]："予所否者^{〔4〕}，天厭之！天厭之！"

【注釋】

〔1〕皇侃曰："南子，衛靈公夫人也，淫亂，而孔子入衛，欲與之相見也。所以欲相見者，靈公唯婦言是用，孔子欲因南子説靈公，使行正道也。"〇覺按：南子淫亂之事，見 6.16 注〔1〕。《史記•孔子世家》載，魯定公十五年（公元前 495 年），孔子離開衛國一個多月後又回到衛國。"靈公夫人有南子者，使人謂孔子曰：'四方之君子不辱，欲與寡君爲兄弟者，必見寡小君。寡小君願見。'孔子辭謝，不得已而見之。夫人在絺帷中。孔子入門，北面稽首。夫人自帷中再拜，環珮玉聲璆然。孔子曰：'吾鄉爲弗見，見之，禮答焉。'子路不説。孔子矢之曰：'予所不者，天厭之！天厭之！'居衛月餘，靈公與夫人同車，宦者雍渠參乘，出，使孔子爲次乘，招搖市過之。孔子曰：'吾未見好德如好色者也。'於是醜之，去衛"。

〔2〕皇侃曰："子路于時隨夫子在衛，見夫子與淫亂婦人相見，故不悦也。"〇陸德明曰："説，音悦。"

〔3〕何晏引孔曰："矢，誓也。"

〔4〕劉寶楠引毛奇齡《稽求篇》曰："所，若也。"

【譯文】

孔子去見了衛靈公夫人南子，子路不高興。孔子對他發誓説："我如果做得不對，上天會厭惡我！上天會厭惡我！"

【評析】

古人認爲天神無所不察（參見 9.12），無所不能，人間的一切都取決於天神的意志。因此，孔子的誓詞以天神的意志爲擔保來表示自己没做錯事，具有極大的説服力。後世人們往往指天爲誓，其實這種傳統由來已久。

6.29

子曰："中庸之爲德也^{〔1〕}，其至矣乎^{〔2〕}，民鮮久矣^{〔3〕}。"

【注釋】

〔1〕何晏曰："庸，常也。"○朱熹曰："中者，無過無不及之名。"

〔2〕朱熹曰："至，極也。"

〔3〕皇侃曰："鮮，少也。"

【譯文】

孔子説："居中適當而永恆可用的中庸之道作爲一種道德準則，應該是登峰造極了吧，但民衆很少能遵行它已經很久了。"

【評析】

中庸之道要求人做事不偏不倚，無過無不及，這的確是一種最高的道德準則。但是，正如人邁步前行時身體總會左右搖擺而不可能始終保持垂直不變一樣，要做到不偏不倚、無過無不及實在太難了，所以民衆不能奉行也就不足爲怪了。

6.30

子貢曰："如有博施於民而能濟衆【23】，何如？可謂仁乎？"子曰："何事於仁〔1〕？必也，聖乎！堯、舜其猶病諸〔2〕！夫仁者，己欲立而立人，己欲達而達人。能近取譬，可謂仁之方也已〔3〕。"

【注釋】

〔1〕劉寶楠曰："事，猶爲也。"

〔2〕皇侃曰："病，猶患也。"○劉寶楠曰："《廣雅•釋詁》：'病，難也。'"○覺按：堯：傳説中的聖君，是上古陶唐氏一朝的帝王，姓伊祁（也作"伊"或"祁"），名放勳，其在位時代約在公元前23世紀。他初居於陶丘（在今山東省菏澤市定陶區西南），封於唐（在今河北省唐縣東北），所以又稱"陶唐氏"（見《漢書•高帝紀•贊》"陶唐氏既衰"顏師古注），歷史上習稱唐堯。至於其國都，鄭玄《詩經•唐譜》云："唐者，帝堯舊都之地，今曰太原晉陽是。堯始居此，後乃遷河東平陽。"孔穎達

疏："皇甫謐云：'堯始封於唐，今中山唐縣是也。後徙晉陽。及爲天子，都平陽。'"《漢書・地理志下》"中山國・唐"顏師古注："應劭曰：'故堯國也。唐水在西。'張晏曰：'堯爲唐侯，國於此。堯山在唐東北望都界。'"可見，堯最初的封國在唐，地在今河北省唐縣東北。後來其封國遷至晉陽，在今山西省太原市西南古晉水之北的古晉陽城，仍稱唐國，其地在周初被周成王封給了叔虞（參見《漢書・地理志上》"太原郡・晉陽"）。至於堯稱帝之後，則建都平陽，在今山西省臨汾市西南。《漢書・地理志上》"河東郡・平陽"顏師古注："應劭曰：'堯都也，在平河之陽。'"《史記・五帝本紀》將他列爲五帝（黃帝、顓頊、帝嚳、堯、舜）之一。傳說他後來將帝位禪讓給舜；但一說他到晚年因德衰而被舜囚禁，帝位也被舜所篡奪。其事蹟可參見《尚書・堯典》及孔安國傳和孔穎達疏、《韓非子・說疑》、《史記・五帝本紀》及三家注、《潛夫論・五德志》、《初學記》卷九、劉知幾《史通・外篇・疑古》。　舜：傳說中的聖君，是上古有虞氏一朝的帝王，姚姓，名重華，字都君，因其初居於虞之嬀汭（在今山西省永濟市西蒲州鎮），故稱帝後以有虞氏爲號，居虞城（在今山西省平陸縣北），史稱虞舜。傳說他受堯的禪讓繼位，在位五十年，其在位時代約在公元前 22 世紀。傳說他曾命禹治水，並把帝位禪讓給禹，後來南巡而死於蒼梧之野，葬於九疑。一說他被禹放逐，死於蒼梧。參見《尚書・堯典》《韓非子・說疑》《史記・五帝本紀》《漢書・律曆志下》《潛夫論・五德志》及《初學記》卷九。

〔3〕何晏引孔曰："方，道也。但能近取譬於己，皆如己所欲而施之於人。"

【譯文】

子貢說："如果有人廣泛地給予民衆恩惠並能救濟民衆，怎麼樣？可以說有仁德了嗎？"孔子說："對於有仁德的人來說，哪能幹成這些事呢？一定要做到這樣，應該是聖人了吧！就是堯、舜，大概還會對此感到爲難吧！那有仁德的人，自己想在社會上站住腳，就使別人也能在社會上站住腳；自己想通達得志，就使別人也能通達得志。能夠就近從自己身上取得類比的東西而推廣到別人，這可以說是成就仁德的途徑了吧。"

【評析】

將"博施於民而能濟衆"作爲衡量仁德的標準顯然太高了，如果沒有足够的權力和財力是不可能做到的。用"能近取譬"的方法，奉行"己欲立而立人，己欲達而達人"的原則來成就仁德，就有了人人能成就仁德的可行性。通俗地説，自己有飯吃而要讓別人也有飯吃的人就是仁人，自己有飯吃而要讓廣大民衆都有飯吃的人是聖人。如果進一步推闡，則自己有飯吃而不管別人是否有飯吃的人就只是庸人，自己有飯吃而要讓別人没飯吃的人是小人。

【本篇校勘記】

【1】面：皇本、監本同，邢本、朱本、蔡本作"靣"。

【2】簡：邢本、朱本、蔡本、監本同，皇本作"簡"。下四"簡"字同此。

【3】大：皇本、朱本、蔡本、監本同，邢本作"太"。

【4】問：邢本、朱本、蔡本、監本同，皇本作"問曰"。

【5】毋：皇本、朱本、監本同，邢本、蔡本作"母"。

【6】子曰：皇本、朱本、蔡本、監本同，邢本作"曰"。

【7】説：邢本、朱本、蔡本、監本同，皇本作"悦"。

【8】女：邢本、朱本、蔡本、監本同，皇本作"汝"。

【9】女：邢本、朱本、蔡本、監本同，皇本作"汝"。

【10】女：邢本、朱本、蔡本、監本同，皇本作"汝"。耳：邢本、皇本、蔡本、監本同，朱本作"爾"。

【11】嘗：皇本、朱本、蔡本、監本同，邢本作"甞"。

【12】世：皇本同，邢本、朱本、蔡本、監本作"丗"。

【13】户：邢本、朱本、蔡本、監本同，皇本作"户者"。

【14】人之：邢本、朱本、蔡本、監本同，皇本作"人"。

【15】遲：皇本、朱本、蔡本、監本同，邢本作"遟"。知：邢本、朱本、蔡本、監本同，皇本作"智"。下一"知"字同此。

【16】曰：邢本、朱本、蔡本、監本同，皇本作"子曰"。

【17】知：邢本、朱本、蔡本、監本同，皇本作"智"。下二"知"字同此。

【18】仁者：皇本同，邢本、朱本、蔡本、監本作"仁"。

【19】也：邢本、朱本、蔡本、監本同，皇本作"與"。

【20】陷：皇本同，邢本、朱本、蔡本、監本作"陷"。

【21】説：邢本、朱本、蔡本、監本同，皇本作"悦"。

【22】曰：皇本、朱本、蔡本、監本同，邢本壞作"口"（元刻本作"曰"）。

【23】有：邢本、朱本、蔡本、監本同，皇本作"能"。濟衆：邢本、朱本、蔡本、監本同，皇本作"濟衆者"。

論語善本彙校集注譯評卷第四

述而第七

【提要】

本篇主要記述孔子的爲人之道。

在治學教育方面，孔子説自己"非生而知之者"，也不是"不知而作之者"，而是"敏以求之"，多見多聞，擇其善者，"黙而識之"者。他"述而不作，信而好古"，"發憤忘食，樂以忘憂，不知老之將至"，一心專研《易》《詩》《書》，力求身兼六藝。他"學而不厭，誨人不倦"，用啓發引導、反復練習的教學方法，竭其所有，對弟子進行"文、行、忠、信"方面的教學。

在道德修養方面，孔子注重儀表，"温而厲，威而不猛，恭而安"。他追求仁義道德，擇人之善而從之，勇於改正缺點，嚴格按照禮制進行齋戒，參與喪事，提倡節儉，反對奢侈，安貧樂道，推崇《韶》樂，"不語怪力亂神"，又自信得天之德而臨危不懼。孔子閒居時注意身心放鬆，並謹慎對待疾病。

在政治軍事方面，孔子見機行事，"用之則行，舍之則藏"，以功效爲旨歸，即"臨事而懼，好謀而成"。爲了達到自己的目的，即使卑賤的職事他也會去幹。但是，他對於弄虛作假的政治行爲則持批判態度。對於不義之君（如衛出公），即使高官厚禄，他也不屑一顧，這也就是他説的"不義而富且貴，於我如浮雲"。

7.1

子曰："述而不作[1]，信而好古，竊比於我老彭[2]。"

【注釋】

[1] 朱熹曰："述，傳舊而已。作，則創始也。"

〔2〕何晏引包曰："老彭，殷賢大夫，好述古事。"○邢昺曰："老彭即《莊子》所謂彭祖也。李云：'名鏗，堯臣，封於彭城。歷虞、夏至商，年七百歲，故以久壽見聞。'《世本》云：'姓籛，名鏗，在商爲守藏史，在周爲柱下史，年八百歲。'籛音翦。一云即老子也。崔云：'堯臣，仕殷世。其人甫壽七（覺按："七"字據元刻本）百年。'"○覺按：彭祖原爲人名，傳說是顓頊的玄孫陸終的第三個兒子，名籛（一作"翦"，二字古同音；又作"籛鏗"），堯、舜時人，因被堯封在大彭（即後世的彭城，在今江蘇省徐州市），爲彭姓的始祖，所以習稱彭祖。其後代便以此爲氏族之名，稱大彭或彭祖氏，商朝時曾爲侯伯，商朝末年被滅。見《大戴禮記・帝繫》及其《解詁》、《史記》之《五帝本紀》"而禹、皋陶、契、后稷、伯夷、夔、龍、倕、益、彭祖自堯時而皆舉用"《索隱》《正義》及《楚世家》"三曰彭祖"三家注、《國語・鄭語》及韋昭注、《楚辭・天問》。由於彭祖氏族綿延唐、虞、夏、商數代而均稱"彭祖"，於是後世神仙家便穿鑿附會，以彭祖爲一長壽之人，說他從堯至商末活了七八百歲。此說從戰國以後十分盛行（見《莊子・逍遙遊》及成玄英疏、《荀子・修身篇》及楊倞注、《列仙傳》卷上、《神仙傳》卷一、《搜神記》卷一），其實不合史實。此文之"老彭"爲殷賢大夫，是籛鏗的後代。　竊比於我老彭：即"於我竊比老彭"。"我"在《論語》中都作主語或賓語，只有"吾"可以用於領位表示"我的"，此文之"我"是賓語。楊伯峻譯爲"我私自和我那老彭相比"，不當。

【譯文】

孔子說："我傳述而不創作，相信並愛好古代的東西，把自己偷偷地比作商朝的老彭。"

【評析】

孔子所說的"述而不作，信而好古"實包括兩個方面的內容：一是指傳述堯、舜、禹、湯、文、武等先王之道（參見 3.25、8.18、8.19、8.20、8.21、12.22、15.5、20.1），也就是《漢書・藝文志・諸子略》論儒家時所說的"祖述堯、舜，憲章文、武"；二是指整理古代典籍，即朱熹《集注》所說的"孔子刪《詩》《書》，定《禮》《樂》，贊《周易》，修《春秋》"。諸如此類，都是相信、愛好而傳述古代的東西，而非疑古並另行創新之"作"，所以他説自己"述而不作，信而好古"。不過，孔子之"述"，特別是整理古代典籍，對於中國文化的傳承來説，其功至偉，比起那種學無根底之"作"，無疑更有價值。由此可見，"述"之功績絶不容小覷。爲了使中華傳統文化傳承不絶並發揚光大，當今應該進一步推動古籍整理事業的發展。

7.2

子曰："默而識之[1]，學而不厭，誨人不倦，何有於我哉[2]?"

【注釋】

[1] 朱熹曰："識，記也。"○覺按："識"讀 zhì。
[2] 何有：見 4.13 注〔2〕。　何有於我哉：參見 7.33。

【譯文】

孔子説："默默地記住文獻上的知識，不斷學習而永不滿足，教育別人不知疲倦，這些對我來説又有什麽困難呢?"

【評析】

"學而不厭，誨人不倦"，孔子覺得不難。如果大家都像這樣，中國的文化就不會落後了。

7.3

子曰："德之不脩[1][1]，學之不講，聞義不能徙，不善不能改，是吾憂也。"

【注釋】

[1] 脩：通"修"。

【譯文】

孔子説：“道德不培養，學問不講究，聽到了合理的原則不能遷就順從，不良的作風不能改掉，這些都是我擔憂的事啊。”

【評析】

孔子之所以偉大，就在於他能時時嚴格要求自己。

7.4

子之燕居[1]，申申如也，夭夭如也[2]。

【注釋】

〔1〕皇侃曰：“燕居者，退朝而居也。”○陸德明曰：“燕，鄭本作‘宴’。”○劉寶楠曰：“《説文》：‘宴，安也。’宴，本字。燕，鳥名，蓋叚借也。”

〔2〕何晏引馬曰：“申申、夭夭，和舒之貌。”○覺按：《廣雅·釋詁四》：“申，伸也。”《戰國策·楚策四》“蹄申膝折”鮑彪注：“申，猶展。”《戰國策·魏策四》“衣焦不申”吳師道注：“申，舒展也。”此文“申申”應該通“伸伸”，是伸展、舒展的意思，指舒展身體，所以是“和舒之貌”。《説文·夭部》：“夭，屈也。”《廣雅·釋詁一》：“夭，折也。”此文之“夭夭”應該是屈體的意思，指彎彎腰、腿、胳膊等，所以是“和舒之貌”。 如：見3.23注〔3〕。

【譯文】

孔子退朝後住在家裏，自在地伸展伸展身體啊，彎彎腰、腿、胳膊啊。

【評析】

《禮記·雜記下》：“子貢觀於蜡。孔子曰：‘賜也，樂乎？’對曰：‘一國之人皆若狂，賜未知其樂也。’子曰：‘百日之蜡，一日之澤，非爾所知也。張而不弛，文、武弗能也；弛而不張，文、武弗爲也。一張一弛，文武之道也。'"由此可見，孔子主張張弛有度，勞逸結合，所以民衆辛勤勞作一段時間後應該放鬆樂一下。此文所記孔子之行，也無非如此。緊張工作之後回到家中，就放鬆一下。這無疑有利於健康，值得我們借鑒。

7.5

子曰："甚矣吾衰也！久矣吾不復夢見周公[2][1]。"

【注釋】

〔1〕周公：姬姓，名旦，周武王姬發之弟，因其采邑在周（位於今陝西省岐山縣東北），故稱周公。他輔助武王滅商，有功而受封於曲阜稱魯，但他未到封地而留佐武王。武王死後，成王年幼，他攝政，其弟管叔、蔡叔等不服，聯合武庚與東方夷族反叛，他出師平叛。成王七年，已年長，周公便還政於成王，所以成爲歷史上有名的賢臣。其事蹟可參見《史記》的《周本紀》與《魯周公世家》。

【譯文】

孔子說："我衰老得很厲害啊！我不再夢見周公也很久啦。"

【評析】

常言道："日有所思，夜有所夢。"做夢往往會與自己的思念有關。《漢書·五行志中》："昔周公制禮樂，成周道。"孔子欲行禮樂之治（參見12.1、13.3），所以會夢見周公。但是，孔子到了晚年，隨着身體的衰老，感到自己的政治理想已難實現（5.7說"道不行"，14.36說"道之將廢也與"，可以看出他對其"道"之不行已有所感），也就不再思考政治之事，而一心從事典籍的整理，所以會很長時間不再夢見周公。由此可見，孔子表面上以"久矣吾不復夢見周公"來慨歎自己的衰老，實際上是委婉地慨歎其"道"之衰微，"甚矣吾衰也"實是一語雙關之妙歎。

7.6

子曰："志於道，據於德，依於仁，遊於藝[3][1]。"

【注釋】

〔1〕何晏曰："藝，六藝也。"○邢昺曰："《周禮·保氏》云：'掌養國子，教之六藝，一曰五禮，二曰六樂，三曰五射，四曰五御，五曰六書，六曰九數。'注云：'五禮，吉、凶、賓、軍、嘉也。六樂，《雲門》《大咸》《大韶》《大夏》《大濩》《大武》也。五射，白矢、參連、剡注、襄尺、井儀也。五御，鳴和鸞、逐水曲、過君表、舞交衢、逐禽左也。六書，象形、會意、轉注、處事、假借、諧聲也。九數，方田、粟米、差分、少廣、商功、均輸、方程、贏不足、旁要也。'"

【譯文】

孔子説："立志於遵行大道，言行根據道德規範，辦事依從仁愛之心，遊學則涉獵禮制、音樂、射術、駕車、文字、數學等六藝。"

【評析】

《老子》第三十八章："失道而後德，失德而後仁，失仁而後義，失義而後禮。"孔子此文要求弟子遵行道、德、仁，並學習禮制及其他技能，其次序一如《老子》，足見老子思想對孔子的影響。參見 3.8 評析。

7.7

子曰："自行束脩以上[1]，吾未嘗無誨焉。"

【注釋】

〔1〕邢昺曰："古者持束脩以爲禮。然此是禮之薄者，其厚則有玉帛之屬，故云'以上'以包之也。"○劉寶楠曰："《少儀》疏云：'束脩，十脡脯也。'以非一脡，故須束之"○覺按：自：從。 行：送。《漢書·高帝紀下》"且法以有功勞行田宅"顏師古注引蘇林曰："行，音行酒之行，猶付與也。" 脩：肉乾。"十脡脯"即十條肉乾，將其扎成一束，所以稱"束脩"。

【譯文】

孔子説："只要是送給我一扎肉乾以上作爲拜見老師禮儀的學生，我從來沒有不教誨的。"

【評析】

"行束脩"，並不是一種財物上的酬報，而是一種禮儀之舉。其禮雖輕，其情已至，孔子重禮不重財，所以"未嘗無誨焉"。如今不少教育者，非常看重錢財，以高價授課，實有違孔子倡導而力行的師德。

7.8

子曰："不憤不啓[1]，不悱不發[2]。舉一隅而示之【4】[3]，不以三隅反[4]，則不復也【5】。"

【注釋】

[1] 皇侃曰："憤，謂學者之心思義未得而憤憤然也。啓，開也。"○覺按：憤：憋悶，鬱積，指想要搞懂但還沒有懂而憋得慌。

[2] 皇侃曰："悱，謂學者之口欲有所諮而未能宣，悱悱然也。"○覺按：悱（fěi）：憂愁，指想説而不能恰當地説出來而發愁。

[3] 皇侃曰："隅，角也。"

[4] 朱熹曰："物之有四隅者，舉一可知其三。反者，還以相證之義。"○覺按：反：還，指類推後反饋。 不以三隅反：不能拿另外三個角來反饋，即不能類推出另外三個角。

【譯文】

孔子説："學生還沒有到想搞懂卻搞不懂而心裏憋得慌的地步，我就不去開導他；還沒有到想説卻説不出來而心中發愁的地步，我就不去啓發他。舉出方形的一個角給他看，他不能類推出另外三個角，我就不再反復地教他了。"

【評析】

等學生遇到了困難而有求知的欲望時再去啓發他，教學效果肯定好得多。這是孔子對教學法的一大貢獻。但是，對於不能舉一反三的學生棄而不教，則不可取。

7.9

子食於有喪者之側，未嘗飽也[1]。子於是日哭[2]，則不歌。

【注釋】

[1] 何晏曰：“喪者哀戚，飽食於其側，是無惻隱之心。”
[2] 皇侃曰：“謂孔子弔喪之日也。”○覺按：是：這。

【譯文】

孔子在有喪事的人身邊吃飯，從來沒有吃飽的。孔子在這一天去弔喪哭了，就不再唱歌。

【評析】

行爲是内心的外化，所以心情悲哀，則吃不下飯，也不可能歡歌笑語。孔子的行爲洋溢着一種與喪者同悲的仁愛之心，如此崇高的德行值得學習。如今有些人毫無同情心，甚至幸災樂禍，這其實只能表明其德行之卑劣而遭人唾棄。

7.10

子謂顏淵曰：“用之則行，舍之則藏[1]，唯我與爾有是夫[6]！”

子路曰：“子行三軍[2]，則誰與[3]？”子曰：“暴虎馮河[7][4]，死而無悔者，吾不與也[5]。必也，臨事而懼、好謀而成者也[6]。”

【注釋】

[1] 陸德明曰：“舍，音赦，止也。一音捨，放也。”○覺按：此“舍”字當通“捨”，讀 shě，表示捨棄。

〔2〕皇侃曰：“天子六軍，大國三軍，小國一軍。軍，一萬二千五百人也。”○覺按：此文“三軍”當爲軍隊的統稱。《荀子·議兵篇》“何行而可”楊倞注：“行，動用也。”“行三軍”即動用軍隊，指率領指揮軍隊。

〔3〕何晏引孔曰：“子路見孔子獨美顏淵，以爲己勇，至於夫子爲三軍將，亦當唯（覺按：監本“唯”作“誰”，據皇本改）與己同，故發此問。”

〔4〕皇侃曰：“空手搏虎爲暴虎，無舟渡河爲憑河。”○劉寶楠曰：“《説文》：‘淜，無舟渡河也。’《玉篇》：‘徒涉曰淜。’今經典作‘馮’，皆‘淜’之叚借。馮，《説文》訓‘馬行疾’，別一義。”○覺按：此文“馮”與“淜”皆讀 píng。“馮河”即赤腳涉水過河。

〔5〕邢昺曰：“子路之勇若此，故孔子抑之也。”

〔6〕事：指戰事。《左傳·成公十三年》：“國之大事，在祀與戎。”

【譯文】

孔子對顏淵説：“如果任用我就出來做官，如果抛棄我就隱居在家，只有我和你有這種德行吧！”

子路説：“您如果統率軍隊，那麽會和誰共事？”孔子説：“赤手空拳打老虎，不用船隻把河渡，這樣死了也不後悔的人，我不會和他共事。一定要找個人共事麽，那必須是面臨戰役便戒懼警惕、善於出謀劃策來取得成功的人啊。”

【評析】

做官或不做官，一切順勢而爲，隨遇而安，其實也就是 18.8 所説的“無可無不可”。凡事不可强求，勉强求之反會自取其辱（參見 4.26），所以“用之則行，舍之則藏”實是一種明智的立身處世之道。

暴虎馮河而不怕死，只是魯莽蠻勇，並不是真正的勇敢。戰争的目的並不是爲了死，而是爲了勝利。從這一目的出發，那麽老謀深算無疑比草莽之勇要高明得多。參見 6.26 評析。

7.11

子曰：“富而可求也[1]，雖執鞭之士[2]，吾亦爲之；如不可求[8]，從吾所好[3]。”

【注釋】

〔1〕劉寶楠曰："'而'與'如'義通也。"

〔2〕皇侃曰："《周禮》有條狼氏，職掌執鞭以趨避，王出入，則八人夾道。公則六人，侯伯四人，子男二人。鄭言：'趨而避行人，若今卒避車之爲也。'"

〔3〕何晏引孔曰："所好者，古人之道。"

【譯文】

孔子説："依靠俸禄使自己富裕，如果是時勢合宜而可以去求得，那麼即使是拿着鞭子爲人開路之類的微賤差事，我也會去做它；如果按照道義不可以去求得，那就根據我的愛好去做事。"

【評析】

從 4.5、7.15、8.13 之文來看，孔子所謂的 "富而可求"，是指國家政治清明，根據道義可以去求取財富；所謂 "不可求"，是指國家政治黑暗，根據道義不可以去求取財富。"富而可求"，則卑賤之事也照樣去做；"如不可求"，就去做自己心儀的事。這種重義輕富的高尚情操當然無可非議。但是，問題的複雜性在於：國家政治狀況的好壞雖然好像是客觀的外部條件，卻也離不開求富者根據其政治觀念與道德標準所作出的評判。至於是否合乎道義，就更取決於求富者的道義觀了。由於各人的政治觀念、道德觀念不同，所以無論哪一個時代，總有一部分人認爲可以去求富，而又有一部分人認爲不可以去求富。如何來臧否這些求富者，又會隨着臧否者觀念的不同而有不同的評價。由此看來，孔子之言乍一看來毫無疑義，但若細加推敲，就會發現其倡導的原則之中還大有文章可做。

7.12

子之所慎：齊[1]，戰，疾。

【注釋】

〔1〕陸德明曰："齊，側皆反，本或作'齋'，同。"○覺按：古人在祭

祀前或舉行典禮前整潔身心（沐浴更衣，不喝酒，不吃葷，不與妻妾同寢等）以示虔誠莊敬稱爲齋或齋戒。

【譯文】

孔子謹慎對待的事是：齋戒，作戰，疾病。

【評析】

孔子“敬鬼神”（見 6.22），所以慎於齋戒；力求戰勝（參見 7.10），所以慎於“戰”；爲了盡孝道而讓父母不爲自己操心（參見 2.6），所以慎於“疾”。

7.13

子在齊聞《韶》[9][1]，三月不知肉味，曰：“不圖爲樂之至於斯也[2]！”

【注釋】

〔1〕韶：見 3.25 注〔1〕。《史記·孔子世家》：“孔子適齊，爲高昭子家臣，欲以通乎景公。與齊太師語樂，聞《韶》音，學之，三月不知肉味，齊人稱之。”此事約發生在公元前 516 年（參見《前言》）。
〔2〕何晏引王曰：“爲，作也。”○皇侃曰：“圖，猶謀慮也。”

【譯文】

孔子在齊國聽了樂曲《韶》，三個月內吃肉都感覺不到肉的味道，説：“没想到舜時創作的樂曲會達到這種地步啊！”

【評析】

此章實爲 3.25“子謂《韶》盡美矣，又盡善也”的形象化表述，逼真地揭示了美妙的音樂沁人肺腑的强大感染力。

7.14

冉有曰："夫子爲衛君乎[1]?"子貢曰:"諾。吾將問
之。"入曰:"伯夷、叔齊何人也[2]?"曰:"古之賢人也。"
曰:"怨乎?"曰:"求仁而得仁,又何怨[3]?"出曰:"夫
子不爲也[4]。"

【注釋】

〔1〕何晏引鄭曰:"爲,猶助也。衛君者,謂輒也。衛靈公逐太子蒯
聵,公薨而立孫輒。後晉趙鞅納蒯聵于戚城,衛石曼姑帥師圍之,故問其
意助輒不乎。"○覺按:衛君:指衛出公,春秋末衛國君主,衛靈公之孫,
衛莊公蒯聵之子,名輒,公元前493年靈公死後被立爲君。公元前481年
莊公蒯聵入衛立爲君,他出奔魯,公元前477年他返國復爲君。衛出公復
元七年(公元前470年)夏,衛國大夫褚師比等作亂,他出奔宋。公元前
469年,越、宋、魯率兵送衛出公回國,越軍大敗衛軍。衛出公不敢回國,
至越,於次年死於越。其事跡參見《史記·衛康叔世家》及《左傳》哀公
二年至二十六年。公元前493年出公立爲衛君後,晉趙鞅送蒯聵回衛,衛
發兵拒之,這其實是輒與其父爭奪君位之舉,而孔子當時在衛(參見本書
前言),時人或疑孔子助輒,所以冉有想問個明白。

〔2〕皇侃曰:"所以不問助輒不,而問夷、齊者,不欲斥言衛君事,故
以微理求之也。伯夷、叔齊兄弟讓國,而輒父子爭位,其事已反,故問
夷、齊何人。若孔子苔以夷、齊爲非,則知助輒;苔以夷、齊爲是,則知
不助輒也。"

〔3〕何晏引孔曰:"夷、齊讓國遠去,終於餓死,故問怨邪。以讓爲
仁,豈有怨乎?"

〔4〕孔子肯定伯夷、叔齊之讓國,必定反對父子爭奪國家政權,故知
夫子不爲衛君。

【譯文】

冉有説:"老師會支持衛國國君輒嗎?"子貢説:"行。我將去問問這
個問題。"就進去對孔子説:"伯夷、叔齊是怎樣的人呢?"孔子説:"是古

代的賢人啊。"子貢說:"他們有怨恨嗎?"孔子說:"他們追求仁德而得到了仁德,又有什麼怨恨的呢?"子貢出門對冉有說:"老師不會支持衛君輒的。"

【評析】

子貢爲冉有去問孔子是否會支持衛君,但並沒有直接問"夫子爲衛君乎",而問"伯夷、叔齊何人也"。這種拐彎抹角的做法,既可避免了"直而無禮"(8.2)之弊,又能探知孔子對衛君的態度,而且還得到了孔子對伯夷、叔齊的評價,真是一舉多得。這種方法顯然值得借鑒利用,但要得心應手地使用此法,沒有子貢那樣的學問和智慧是辦不到的,這就需要我們努力學習,不斷增進自己的學養。

7.15

子曰:"飯疏食[10][1],飲水,曲肱而枕之[2],樂亦在其中矣。不義而富且貴,於我如浮雲。"

【注釋】

[1] 皇侃曰:"飯,猶食也。"○朱熹曰:"疏食,麤飯也。"
[2] 皇侃曰:"肘前曰臂,肘後曰肱,通亦曰臂。"○覺按:"肱"是臂膀由肘到肩的部分("股肱"之"肱"即此義),此泛指手臂。

【譯文】

孔子說:"吃粗糧,喝冷水,彎曲臂膀把它當作枕頭,我追求道義的快樂也就在這貧賤之中了。用不合乎道義的手段使自己富裕又尊貴,對我來說,就像飄過的雲一樣微不足道啊。"

【評析】

此文前一句是1.15"貧而樂道"四字的形象化描繪,與6.11之文相似。後一句是4.5"富與貴,是人之所欲也,不以其道得之,不處也"的形象化表述。由此可見,孔子使用的語言豐富多彩,既有概括性、哲理性較強的警句,又有文學性、藝術化較強的美文。《左傳·襄公二十五年》

載孔子之言曰："《志》有之：'言以足志，文以足言。'不言，誰知其志？言之無文，行而不遠。"就《論語》來看，孔子之言既"足志"，又有"文"，故行之久遠也就在情理之中了。説話或寫文章時使用多種風格的語言，有助於增進文采，故值得借鑒。

7.16

子曰："加我數年，五十以學《易》[1]，可以無大過矣[2]。"

【注釋】

〔1〕《易》：古代占卦之書，有《連山》《歸藏》《周易》三種，今僅存《周易》，是儒家的重要經典。"易"是變易的意思。其内容主要是通過象徵天、地、風、雷、水、火、山、澤八種自然現象的八卦來推測自然和人事的變化。相傳伏羲作八卦，周文王被商紂王囚禁於羑（yǒu）里邑（一作牖里，在今河南省湯陰縣北）時以兩卦相疊而將八卦演爲六十四卦，以象徵自然現象和社會現象的發展變化，遂成《周易》。

〔2〕朱熹曰："學《易》，則明乎吉凶消長之理、進退存亡之道，故可以無大過。"

【譯文】

孔子説："老天多給我幾年，我以五十歲的年齡來學習《周易》，就可以没有大的過錯了。"

【評析】

《易》理玄妙，學了以後能指導自己的行動而"無大過"，實屬不易，故一般人難以企及。不過，孔子此言既表明了他對《易》理的感悟，又指明了學《易》的功用在使人"無大過"，因而有誘人學《易》的作用，這對《易》學的傳播無疑有促進作用。當然，學《易》"可以無大過"，如果從另外一個方面來理解，也可以説是給人們指明了學《易》的方向和目的——應該學以致用，爲了避免"大過"去學。

7.17

子所雅言〔1〕：《詩》《書》，執禮〔2〕，皆雅言也。

【注釋】

〔1〕皇侃曰："雅，正也。"

〔2〕劉寶楠曰："執，猶掌也。執禮，謂詔相禮事。《文王世子》曰：'秋學禮，執禮者詔之。'……崔氏灝《考異》云：'古者學禮、行禮，皆有詔贊者爲之宣唱校呼，使無失錯，若今之贊禮官。'"○覺按：執禮：掌禮，即所謂贊禮，指祭祀或舉行婚喪典禮時，在旁依次宣讀行禮項目，以便行禮者按照儀式正常進行。

【譯文】

孔子用正規的語言來說話的場合是：誦讀《詩》《尚書》，主持禮儀，都用正規的語言來說。

【評析】

此文的普遍意義在於：正規的事要用正規的方式去做。這一原則已經成爲我們這個禮儀之邦的優秀傳統。

7.18

葉公問孔子於子路〔1〕，子路不對。子曰："女奚不曰【11】〔2〕：'其爲人也，發憤忘食〔3〕，樂以忘憂，不知老之將至云爾【12】。'"

【注釋】

〔1〕葉（舊讀 shè）公：楚國大夫，楚莊王之玄孫，沈尹戌之子，姓沈，名諸梁，字子高，食邑於葉（即今河南省平頂山市葉縣西南之舊縣鎮）。楚國國君僭稱"王"，其大夫僭稱"公"，故稱"葉公諸梁"（見《左傳·定公五年》）或"葉公子高"（見《韓非子·難三》）。其事蹟見於

《左傳》之定公五年（公元前 505 年）至哀公十九年（公元前 476 年）。又可參見《荀子・非相篇》"葉公子高"楊倞注，《莊子・人間世》"葉公子高將使於齊"陸德明《釋文》、成玄英疏，《潛夫論・志氏姓》。 《史記・孔子世家》："魯哀公三年，而孔子年六十矣。……明年，孔子自陳遷于蔡。……明年，孔子自蔡如葉。葉公問政，孔子曰：'政在來遠附邇。'他日，葉公問孔子於子路，子路不對。孔子聞之，曰：'由，爾何不對曰："其爲人也，學道不倦，誨人不厭，發憤忘食，樂以忘憂，不知老之將至云爾。"'"由此可見，此事發生在魯哀公五年（公元前 490 年）孔子六十二歲時，故孔子稱"老之將至"（《禮記・曲禮上》及《説文・老部》"老"字條都説"七十曰老"）。

〔2〕皇侃曰："奚，何也。"

〔3〕發憤：發洩憤懣，引申指因爲憤激而勤奮努力。

【譯文】

葉公向子路詢問孔子的爲人，子路没回答。孔子對子路説："你爲什麼不説：'他的爲人啊，發憤治學而忘記了吃飯，快樂地沉浸在古代的道義之中而忘記了貧困的憂慮，不斷進取而不知道老年將要到來，如此而已。'"

【評析】

勤奮的人永遠朝氣蓬勃。孔子這種老當益壯、永葆青春的人生觀是值得學習的。當然，孔子的"不知老之將至"只是其發憤工作的精神寫照，而不是一種理性的認知。從理智上來説，聖人君子都會知道自己"老之將至"。正因爲知道自己"老之將至"，纔會分秒必爭，將自己有限的生命投入到無限的工作中去，以便爲人類作出更大的貢獻。

7.19

子曰："我非生而知之者，好古、敏以求之者也【13】。"

【譯文】

孔子説："我不是生來就知道這麼多知識的，是愛好古代的文獻、勤奮敏捷地求得這些知識的啊。”

【評析】

列夫·托爾斯泰說：“天才的十分之一是靈感，十分之九是血汗。”愛迪生說：“發明是百分之一的靈感加上百分之九十九的血汗。”（以上均引自人民日報出版社 1989 年出版的張昌華等所編的《警句格言分類大辭典》“天才”類）孔子實在是個知識淵博的天才，但他連百分之一的靈感都不承認，而說自己是靠了百分之百的勤奮，這樣就更能勉勵並非天才的廣大後學了。

7.20

子不語怪、力、亂、神。

【譯文】

孔子不談論怪異、勇力、作亂、神仙。

【評析】

孔子着眼於日常之事，所以不談論“怪”；注重道德修養，所以不談論“力”（參見 14.33 評析）；主張以正道治國（見 12.17），所以不談論“亂”；關心人事（見 11.12），所以不談論“神”。

7.21

子曰：“三人行【14】〔1〕，必有我師焉【15】〔2〕。擇其善者而從之，其不善者而改之。”

【注釋】

〔1〕劉寶楠曰：“三人者，衆詞也。”○覺按：參見 1.4 注〔2〕。
〔2〕焉：於之，在他們之中。

【譯文】

孔子説："幾個人一起出行，其中一定有我的老師。我選擇他們的優良行爲去遵行它，對照他們的不良行爲去改掉自己的缺點。"

【評析】

只要自己留心，到處都是你的老師。孔子善於以衆人爲師，所以子貢説："夫子焉不學？而亦何常師之有?"（19.22）沒有固定的老師，卻又無人不是老師，這便是無師自通的訣竅。《老子》第二十七章説："善人者，善人之師；不善人者，善人之資。"其道理是相同的。參見 4.17。

7.22

子曰："天生德於予，桓魋其如予何[1]?"

【注釋】

[1] 何晏引包曰："桓魋，宋司馬。天生德者，謂授我以聖性，德合天地，吉無不利，故曰'其如予何'。"○覺按：桓魋（huántuí）：姓向，名魋，因爲他是宋桓公的後代，所以又叫桓魋。他曾任宋國司馬（主管軍事的官），所以又稱桓司馬。他開始一直受到宋景公（公元前 516—公元前 469 年在位）的寵愛，後來因爲不肯給景公美珠而得罪，公元前 481 年他發動叛亂失敗而逃到衛國、齊國等地，死於魯國。其事蹟見《左傳》定公十年及哀公十一年、十四年，《孟子·萬章上》等。《史記·孔子世家》："是歲，魯定公卒。孔子去曹適宋，與弟子習禮大樹下。宋司馬桓魋欲殺孔子，拔其樹。孔子去。弟子曰：'可以速矣。'孔子曰：'天生德於予，桓魋其如予何?'"據此，則此事發生在魯定公十五年（公元前 495 年），但《史記·十二諸侯年表》則將此事記於宋景公二十五年（即魯哀公三年，公元前 492 年），其文云："孔子過宋，桓魋惡之。"

【譯文】

孔子説："上天使聖明的德性生在我身上，桓魋又能拿我怎麽樣?"

【評析】

　　古人認爲人間的一切都取決於天神的意志。孔子既秉承了這種思想觀念，又將自己之“德”視爲“天”之所賜，他所做的一切是替天行道，這就增强了其行動的自信心，足以使他具有大無畏的勇氣去面對一切危難，所以説“桓魋其如予何”。這種把自己的理想信仰等與天意合一的做法，在古今中外的歷史上不勝枚舉，可謂是哲人智者的普遍思想方法了。9.5之言與此文類似，可參見。

7.23

　　子曰：“二三子！以我爲隱乎【16】？吾無隱乎爾〔1〕！吾無行而不與二三子者【17】〔2〕，是丘也。”

【注釋】

　　〔1〕何晏引包曰：“二三子謂諸弟子。聖人知廣道深，弟子學之不能及，以爲有所隱匿，故解之。”○劉寶楠引趙佑《温古録》曰：“乎爾，與《詩》之‘俟我于著乎而’，《孟子》‘然而無有乎爾，則亦無有乎爾’，俱齊魯閒語辭。”

　　〔2〕皇侃曰：“行，猶爲也。”○朱熹曰：“與，猶示也。”

【譯文】

　　孔子説：“弟子們！以爲我有所隱瞞嗎？我没有隱瞞啊！我没有什麽行爲不給你們看的，這就是我孔丘啊。”

【評析】

　　孔子“無行而不與二三子者”，給所有的老師作了個好榜樣。爲人師表之要義是以身作則，率先垂範，而不是只口授一些知識。

7.24

　　子以四教：文，行，忠，信〔1〕。

【注釋】

〔1〕皇侃引李充曰："其典籍辭義謂之文，孝悌恭睦謂之行，爲人臣則忠，與朋友交則信。"○邢昺曰："行謂德行，在心爲德，施之爲行。"

【譯文】

孔子拿四樣東西教人：文獻，德行，忠誠，守信。

【評析】

由此文可見，孔子的教育以學文入手，而重點則在培養學生之人品。

7.25

子曰："聖人〔1〕，吾不得而見之矣；得見君子者，斯可矣。"子曰："善人，吾不得而見之矣；得見有恒者〔2〕，斯可矣。亡而爲有〔3〕，虛而爲盈，約而爲泰〔4〕，難乎有恒矣。"

【注釋】

〔1〕邢昺曰："聖人謂上聖之人，若堯、舜、禹、湯也。"
〔2〕朱熹曰："恒，常久之意。"○覺按：據下文，"有恒"指實事求是而持之以恆。
〔3〕皇侃曰："亡，無也。"
〔4〕皇侃曰："家貧約而外詐奢泰。"

【譯文】

孔子説："無所不通的聖明君主，我不可能見到他們了；能够見到有道德的君主，就可以了。"孔子又説："善良的君主，我不可能見到他們了；能够見到有常操的君主，就可以了。國内没有卻説成有，國庫空空卻説成滿滿的，實際上很貧窮卻還裝作寬裕，就難以説他是有常操的君主了。"

【評析】

"亡而爲有，虛而爲盈，約而爲泰"，是無能的當政者爲了標榜自己的政績而採取的虛僞之舉。這種毫無道德操守的弄虛作假之行顯然應該抛棄，但卻難以絶跡，所以孔子之言至今讀來仍有歷久彌新之感。

7.26

子釣而不綱[1]，弋不射宿[2]。

【注釋】

[1] 邢昺曰："釣者，以緡繫一竿而釣取魚也。網（覺按："網"當作"綱"）者，爲大綱，羅屬著綱，以横絶流而取魚也。"○覺按："綱"即"綱舉目張"之"綱"，漁網的總繩，指代漁網，此用作動詞。

[2] 何晏引孔曰："弋，繳射也。"○劉寶楠曰："《説文》：'宿，止也。'言鳥棲止巢中也。"

【譯文】

孔子只用一根釣魚竿釣魚而不拉網綱繩用漁網捕魚，用帶有絲綫的箭射飛鳥而不射棲息在巢中的鳥。

【評析】

《吕氏春秋·異用》："湯見祝網者置四面，其祝曰：'從天墜者，從地出者，從四方來者，皆離（覺按："離"通"罹"）吾網。'湯曰：'嘻！盡之矣。非桀，其孰爲此也？'湯收其三面，置其一面。"孔子之行，與商湯網開三面雷同，可見他推崇先王之道，並不停留在口頭上，而是身體力行之。他雖然也去釣魚、射鳥，但並不爲了多得魚、鳥而採用過分的方式方法，這是他"依於仁"（7.6）的原則在實際行動中的體現。

7.27

子曰："蓋有不知而作之者，我無是也。多聞，擇其善者而從之；多見而識之〔1〕：知之次也〔2〕。"

【注釋】

〔1〕朱熹曰："識，記也。" ○覺按："識"讀 zhì。
〔2〕知：瞭解知識。知之次也：即 16.9 所説的"學而知之者，次也"。

【譯文】

孔子説："大概有不瞭解情況就寫書的人，我没有這種事。我是多聽聽，選擇其中好的材料而將它如實寫出來；多看看，選擇其中好的材料而將它記録下來：這與生下來就知道的相比，我對事物的瞭解是次一等的啊。"

【評析】

此章所言，即 7.1 所説的"述而不作，信而好古"以及 7.19 所説的"好古、敏以求之者"。孔子不做"不知而作之"的事，這應該成爲我們的優良傳統而發揚光大之。那種學無根底而憑空捏造、穿鑿附會、高談闊論的著述態度是應該堅决杜絶的。

7.28

互鄉難與言〔1〕，童子見，門人惑。子曰："與其進也〔2〕，不與其退也，唯何甚〔3〕！人潔己以進【18】，與其潔也，不保其往也【19】。"

【注釋】

〔1〕何晏引鄭曰："互鄉，鄉名也。其鄉人言語自專，不達時宜。" ○劉寶楠曰："《元和郡縣志》謂滕縣東二十三里有合鄉故城，即互鄉。" ○覺按：合鄉爲西漢所置之縣，治所在今山東省滕州市東北。
〔2〕朱熹曰："與，許也。"
〔3〕皇侃曰："唯，語助也。"

【譯文】

互鄉的人自以爲是而難以和他們説話，有個兒童來見孔子，弟子們對孔子接見這兒童感到疑惑。孔子説：“支持他進步，不支持他退步，這怎麽過分呢！人家去掉了自己的私心雜念而要求進步，要支持他清白無私啊，雖然不能確保他以後會怎麽樣啊。”

【評析】

此章即孔子“君子成人之美”（12.16）的主張在行動上的表現。除了其言行一致的作風值得學習，孔子以發展的眼光來看待人，以及珍惜別人的一點點進步而加以支持勉勵的仁愛之心也都是值得借鑒的。

7.29

子曰：“仁遠乎哉？我欲仁，斯仁至矣[1]。”

【注釋】

〔1〕何晏引包曰：“仁道不遠，行之即是。”

【譯文】

孔子説：“仁德遠嗎？我想要踐行仁德，那麽仁德就到來了。”

【評析】

天下無難事，只怕有心人。做事如此，更不用説道德修養了，有志者肯定會事竟成。當然，孔子之言似乎是説仁德易得，但這其實只是勸進之語。一個“遠”字，便將一般人對修行仁德的畏難情緒揭示殆盡。由此可見，“我欲仁，斯仁至矣”不過是針對一般人的畏難情緒而發的提升其信心的説辭而已。

7.30

陳司敗問：“昭公知禮乎[1]？”孔子對曰[20]：“知禮。”

孔子退，揖巫馬期而進之【21】，曰："吾聞君子不黨，君子亦黨乎？君取於吳爲同姓【22】，謂之吳孟子〔2〕。君而知禮，孰不知禮？"巫馬期以告。子曰："丘也幸，苟有過，人必知之〔3〕。"

【注釋】

〔1〕何晏引孔曰："司敗，官名，陳大夫。昭公，魯昭公。"○邢昺曰："文十一年（覺按：當作"文十年"）《左傳》云：'楚子西曰："臣歸死於司敗也。"'杜注云'陳、楚名司寇爲司敗'也。"○覺按：司寇是掌管刑獄的最高長官。　昭公：姬姓（參見 6.24 注〔2〕），名稠（一作裯），魯襄公之子，公元前 541—公元前 510 年在位。公元前 517 年，他攻打季平子，子家駒勸他同意讓季氏出逃，他不聽。結果叔孫氏、孟孫氏救季氏，三家聯合攻打昭公。昭公敗而逃到齊國。公元前 514 年他到晉國，公元前 510 年死於晉國乾侯邑（在今河北省成安縣東南）。事見《左傳》昭公二十五年至三十二年、《史記·魯周公世家》。

〔2〕何晏引孔曰："巫馬期，弟子，名施。相助匿非曰黨。魯、吳俱姬姓，禮同姓不昏，而君取之；當稱吳姬，諱曰孟子。"○邢昺曰："《史記·弟子傳》云：'巫馬施，字子旗（覺按："旗"字據元刻本），少孔子三十歲。'鄭玄云：'魯人也。'"○劉寶楠曰："旗，本字。凡作'期'，皆叚借也。"○覺按：吳：古代諸侯國名，約建立於公元前 12 世紀，始祖是周太王之子太伯，姬姓，都於梅里（在今江蘇省無錫市東南梅村），號"勾吳"。壽夢死後，其子諸樊南徙吳，諸樊之子公子光（闔閭）使伍子胥築城都之，在今蘇州。吳建國時範圍不大，後來闔閭、夫差時一度强盛，佔有今江蘇省、上海市大部和安徽省、浙江省的一部分。公元前 473 年爲越國所滅。參見《史記·吳太伯世家》《吳越春秋》。按照周代的禮制，"取妻不取同姓"（見《禮記·曲禮上》），所以貴族女子的姓特別重要，一般都要在稱號中標明，如孟姜（排行加自己的姓）、晉姬（出生之國名加自己的姓）、芮姜（丈夫受封之國名加自己的姓）、武姜（丈夫的謚號加自己的姓）。按此慣例，魯昭公娶吳國宗室的女子作夫人，應稱爲"孟姬"或"吳姬"，但這樣就將其違背"同姓不婚"之禮的非禮之舉明確地顯示了出來。爲了在名義上合乎當時的禮法，就只得不稱姓而稱爲"孟子"（見《春秋·哀公十二年》）或"吳孟子"（即昭公所稱）。《公羊傳·哀公

十二年》解釋説：“孟子者何？昭公之夫人也。其稱孟子何？諱娶同姓，蓋吳女也。”何休注：“昭公既娶，諱而謂之吳孟子。”不過，昭公雖然諱言而謂之“吳孟子”，但不可能改變其事實，所以陳司敗還是指責了魯昭公娶同姓的無禮之舉。　取：這一義項後來寫作“娶”。

〔3〕何晏引孔曰：“諱國惡，禮也。聖人道弘，故受以爲過。”○皇侃曰：“若使司敗無譏，則千載之後遂承信我言，用昭公所行爲知禮，則禮亂之事從我而始。今得司敗見非，而我受以爲過，則後人不謬，故我所以爲幸也。”○覺按：“人必知之”可避免貽誤他人，所以孔子説自己很幸運。

【譯文】

陳司敗問：“魯昭公懂得禮嗎？”孔子回答説：“懂得禮。”孔子退堂後，陳司敗向巫馬期打了個拱而走到他面前，説：“我聽説有道德的君子不袒護人，但君子也會袒護人嗎？魯昭公從吳國娶了個夫人是同姓，違背了同姓不婚的禮制，爲了掩飾其違禮之行而將本應稱爲吳姬的夫人改稱爲吳孟子。這個國君如果也算懂得禮，那還有誰不懂得禮？”巫馬期把這些話告訴了孔子。孔子説：“我孔丘啊很幸運，因爲我如果有了過錯，別人一定知道我的錯處。”

【評析】

《公羊傳·閔公元年》説“《春秋》爲尊者諱”，可見爲尊者諱是孔子修《春秋》時秉持的原則，當然也是他在現實中對待君主的原則。因此，孔子雖然知道昭公不知禮，也應該諱言之而説他“知禮”。不過，從語言本身來説，他的説法明顯錯了，所以孔子説自己“有過”，但此“過”既符合自己爲尊者諱的原則，又沒有讓人信以爲真，所以孔子説“幸”。由此看來，爲了某種需要，説一些顯而易見的錯話，不但沒有什麼害處，有時還會給人一種幽默感。

7.31

子與人歌而善[1]，必使反之[2]，而後和之[3]。

【注釋】

〔1〕劉寶楠曰：“與人歌，爲教弟子樂也。合《韶》《武》《雅》《頌》，則善矣。”

〔2〕朱熹曰：“反，復也。”○劉寶楠曰：“反之者，冀其善益嫻熟。”

〔3〕和（hè）：應和，和諧地跟着唱。

【譯文】

孔子和弟子唱歌唱得完美了，一定要讓弟子再重複唱這歌，然後他再與弟子應和。

【評析】

此章説孔子教弟子唱歌的方法。首先是孔子領唱而弟子應和，等到弟子唱得很好了，就讓弟子領唱而孔子應和，這樣弟子也就真正學會了。讓學生先模仿自己，等其大致掌握技能後就放手讓學生獨立操作來鞏固其技能，這種教學方法具有普適性。如今工人師傅帶學徒，駕校、舞蹈學校等老師帶學員，醫師、研究員等帶見習生，往往採用此法，都説明這種方法是行之有效而值得推廣使用的。

7.32

　　子曰：“文莫〔1〕，吾猶人也。躬行君子〔2〕，則吾未之有得【23】。”

【注釋】

〔1〕劉寶楠曰：“案《説文》：‘忞，強也。’‘慔，勉也。’文莫，即‘忞慔’，叚借字也。《廣雅》亦云：‘文，強也。’黽勉、密勿、蠠没、文莫，皆一聲之轉。”○覺按：《廣雅·釋詁三》作“文，勉也”，不作“文，強也”。王念孫《疏證》曰：“文，讀爲‘忞’。”

〔2〕邢昺曰：“躬，身也。”

【譯文】

孔子説：“勤奮努力，我就像別人一樣。親身踐行君子之德，那我還没有這樣的造詣。"

【評析】

説自己勤奮努力，雖然也是美德，但因爲意味着自己不聰慧，所以本來就不會引人反感，再加"猶人"二字，就更拉近了與別人的距離而不會再有什麼不良後果了。但是，如果説自己是"躬行君子"，那就有自詡之嫌而會遭人吐棄，所以孔子説"吾未之有得"。如今人們常説自己是"笨鳥先飛"而不宣揚自己的功績，也是這個道理。謙虚受人尊敬，自誇遭人鄙視，應該成爲我們的座右銘。

7.33

子曰："若聖與仁，則吾豈敢？抑爲之不厭[1]，誨人不倦，則可謂云爾已矣。"公西華曰："正唯弟子不能學也。"

【注釋】

[1] 皇侃曰："爲，猶學也。"○覺按：7.2作"學而不厭"。

【譯文】

孔子説："像聖明與仁德，我哪敢擔當？我不過是治學而不感到滿足，教育人而不知道疲倦，就可以説這些罷了。"公西華説："這正是學生不能學到的啊。"

【評析】

孔子只説自己有苦勞而不説自己有功勞，與7.32之言實異曲而同工，可參見該章評析。

7.34

子疾病[1]，子路請禱。子曰："有諸？"子路對曰："有之。《誄》曰[2]：'禱爾于上下神祇[3]。'"子曰："丘之禱久矣【24】〔4〕。"

【注釋】

〔1〕皇侃曰："疾甚曰病。"

〔2〕何晏引孔曰："《誄》，禱篇名。"

〔3〕皇侃曰："天曰神，地曰祇也。"

〔4〕孔子一直恭敬地對待天神地祇，所以説"丘之禱久矣"。但他還是生了重病，説明祈禱根本没用，所以其言外之意是説子路不必多此一舉。

【譯文】

孔子病得很重，子路請求爲孔子祈禱。孔子説："有這件事嗎?"子路回答説："有這件事。《誄》上説：'向天上地下的神祇爲你祈禱。'"孔子説："我孔丘的祈禱已經很久啦。"

【評析】

3.13 載孔子之言説："獲罪於天，無所禱也。"孔子長期奉行仁德，未得罪天神，所以也用不着祈禱。不説自己"積德久矣"而説"禱久矣"，不過是根據語境順勢而説罷了。總之，孔子之意在强調平時要積德，但對子路"平時不燒香，急來抱佛腳"的做法也未指斥，這是因爲孔子"敬鬼神"(6.22) 的緣故。如果斥責子路之"禱"，就是不信禱而得罪了神。

7.35

子曰："奢則不孫【25】，儉則固〔1〕。與其不孫也，寧固。"

【注釋】

〔1〕何晏引孔曰："俱失之。奢不如儉，奢則僭上，儉不及禮。固，陋也。"○皇侃曰："不遜者，僭濫不恭之謂也。"○劉寶楠曰："《説文》：'愻，順也。'引《書》'五品不愻'。今通作'遜'，或省作'孫'。"○覺按：孫：通"遜"，謙遜順從。此指順從禮制，根據名分來行禮。 固：鄙陋，寒磣。

【譯文】

孔子説："實施禮儀時奢侈了就會不謙遜而超過禮制的規定，節儉了就會簡陋而不符合禮制的要求。與其不謙遜，寧願簡陋。"

【評析】

"奢"會僭越禮制乃至膽大妄爲而破壞禮制，"儉"則雖然簡陋卻無大害甚至還可以補救，所以"與其不孫也，寧固"。這種寧可艱苦樸素而不奢侈的主張，已經成了中國傳統的道德觀。

7.36

子曰："君子坦蕩蕩[1]，小人長戚戚[2]。"

【注釋】

〔1〕朱熹曰："蕩蕩，寬廣貌。"○劉寶楠曰："《説文》：'坦，安也。'"
〔2〕何晏引鄭曰："長戚戚，多憂懼。"

【譯文】

孔子説："君子心裏舒坦寬廣而無所牽掛，小人心裏常常憂慮緊張。"

【評析】

君子做事光明正大，問心無愧，所以心地坦然；小人搞陰謀詭計，就只能提心吊膽了。

7.37

子温而厲[1]，威而不猛，恭而安。

【注釋】

〔1〕皇侃曰："厲，嚴也。"

【譯文】

孔子溫和而嚴厲，威風而不兇猛，恭敬而安泰。

【評析】

只有像孔子這樣，纔能使人感到可畏、可敬、可親、可愛。一般人往往很難做到這一點。

【本篇校勘記】

【1】此下四句邢本、朱本、蔡本、監本同，皇本在每一句末有"也"字。

【2】此句邢本、朱本、蔡本、監本同，皇本在句末有"也"字。

【3】遊：邢本、監本同，皇本、朱本、蔡本作"游"。

【4】一隅而示之：皇本同，邢本、朱本、蔡本、監本作"一隅"。

【5】不復：邢本、朱本、蔡本、監本同，皇本作"吾不復"。

【6】唯：邢本、皇本、蔡本、監本同，朱本作"惟"。

【7】馮：邢本、朱本、蔡本、監本同，皇本作"憑"。

【8】求：邢本、朱本、蔡本、監本同，皇本作"求者"。

【9】韶：邢本、朱本、蔡本、監本同，皇本作"韶樂"。

【10】疏：邢本、朱本、蔡本、監本同，皇本作"蔬"。

【11】女：邢本、朱本、蔡本、監本同，皇本作"汝"。

【12】至：邢本、朱本、蔡本、監本同，皇本作"至也"。

【13】以：邢本、朱本、蔡本、監本同，皇本作"而以"。

【14】三人：邢本、朱本、蔡本、監本同，皇本作"我三人"。

【15】有：朱本、蔡本、監本同，邢本、皇本作"得"。

【16】隱：邢本、朱本、蔡本、監本同，皇本作"隱子"。

【17】行：邢本、朱本、蔡本、監本同，皇本作"所行"。

【18】潔：皇本同，邢本、朱本、蔡本作"潔"，監本作"絜"。下一"潔"字同此。

【19】往：皇本、朱本、蔡本、監本同，邢本作"徃"。

【20】對曰：皇本同，邢本、朱本、蔡本、監本作"曰"。

【21】之：邢本、朱本、蔡本、監本同，皇本作"也"。

【22】取：邢本、朱本、蔡本、監本同，皇本作"娶"。

【23】得：邢本、朱本、蔡本、監本同，皇本作"得也"。

【24】禱：邢本、朱本、蔡本、監本同，皇本作"禱之"。

【25】孫：邢本、朱本、蔡本、監本同，皇本作"遜"。下一"孫"字同此。

泰伯第八

【提要】

本篇除首末稱頌泰伯三讓天下之德，以及舜的無爲而治，堯的大公無私，周文王的謙卑事殷，禹的孝神、隆禮、爲民，主要論述了君子之德。

作爲君子，應該恭敬、謹慎、勇敢、正直，但同時要依禮而行，仁厚待人，愛護自身，"危邦不入，亂邦不居"，天下有道就出仕，天下無道就隱居。做官時要神色端莊，說話嚴肅，謙虛好學，"守死善道"，"不在其位，不謀其政"，堅守大節，輔佐幼主，維持政權，爲實行仁政不斷奮鬥，"死而後已"。爲此，要從學《詩》開始，以禮制立身，以雅樂養性，既不能像虛僞的小人那樣"狂而不直，侗而不愿，悾悾而不信"，又不能像普通民衆那樣只會循規蹈矩而不知其所以然，更不能傲慢吝嗇、"好勇疾貧"而造反作亂。

8.1

子曰："泰伯[1]，其可謂至德也已矣！三以天下讓[2]，民無得而稱焉[3]。"

【注釋】

[1] 泰伯：一作"太伯"，"太"爲周武王追加的尊號，"伯"是排行。泰伯是周代吳國的始祖，周太王古公亶父的長子，姬姓。因太王想立少子季歷，所以他與弟仲雍逃避到江南，開發吳地，創建了吳國，都於梅里

（在今江蘇省無錫市東南梅村），號"勾吳"。其生活年代約在公元前 12 世紀。見《史記·吳太伯世家》《吳越春秋·吳太伯傳》。今梅村鎮中伯瀆河南岸有泰伯廟，鴻山西南坡有泰伯墓，均爲全國重點文物保護單位。

〔2〕皇侃曰："范甯曰有二釋。一云：泰伯少弟季歷生子文王昌，昌有聖德。泰伯知其必有天下，故欲令傳國於季歷以及文王。因太王病，託採藥於吳、越不反，太王薨而季歷立，一讓也；季歷薨而文王立，二讓也；文王薨而武王立，於此遂有天下，是爲三讓也。又一云：太王病而託採藥出，生不事之以禮，一讓也；太王薨而不反，使季歷主喪，死不葬之以禮，二讓也；斷髮文身，示不可用，使季歷主祭禮，不祭之以禮，三讓也。"○覺按：後一說較爲合理，但這"三"字也可能是約數，表示多次，而非確數。　天下：指統治天下的大權，此指國家的統治權。

〔3〕邢昺引鄭玄注云："泰伯，周大王之長子。次子仲雍，次子季歷。大王見季歷賢，又生文王，有聖人表，故欲立之而未有命。大王疾，大伯因適吳、越采藥，大王歿而不返，季歷爲喪主，一讓也。季歷赴之，不來奔喪，二讓也。免喪之後，遂斷髮文身，三讓也。三讓之美，皆隱蔽不著，故人無得而稱焉。"○朱熹曰："無得而稱，其遜隱微，無迹可見也。……夫以泰伯之德，當商周之際，固足以朝諸侯有天下矣，乃棄不取而又泯其迹焉。"○覺按："無得"指由於泰伯行踪隱蔽而人們無法找到他。

【譯文】

孔子説："泰伯，大概可以説達到了最高的道德境界啦！他三次把國家統治權讓給弟弟，民衆又無法找到他而推舉他啊。"

【評析】

泰伯德讓天下的事跡至今仍爲人頌揚。我爲了完成國家社科基金課題《吳越春秋校證注疏》，於 2014 年特地去吳泰伯故都江蘇省無錫市梅村及越王勾踐故都浙江省紹興市考察，兩地截然不同的民風使我頗有感慨而成二絶，詩曰："夫差惻隱失姑蘇，勾踐無情霸五湖。泰伯流風今剩幾？越王臺上笑勾吳。""吳風憨厚不虛名，越俗圖謀唯利營。天若有情天亦老，神州何處覓仁情？"我衷心希望泰伯的崇高品德和梅村人的淳樸厚道能得到弘揚而永駐人間。但是，謙讓之德雖然崇高，但在當今世界又有多少人能繼承並身體力行呢？在那些實行競選制度的國度裏，恐怕根本不知道謙讓爲何物。如今雖然也有不少人說"退一步海闊天空"，但說此話而退者往往是出於無奈纔退而不爭，而並非急流勇退。相比之下，泰伯之"讓"天下，的確可謂"至德"也已矣！

8.2

子曰："恭而無禮則勞，慎而無禮則葸[1]，勇而無禮則亂，直而無禮則絞[2]。君子篤於親[3]，則民興於仁[4]；故舊不遺，則民不偷[5]。"

【注釋】

〔1〕何晏曰："葸，畏懼之貌。"○覺按："葸"音 xǐ。
〔2〕皇侃曰："絞，刺也。直若有禮，則自行不邪曲；若不得禮，對面譏刺他人之非，必致怨恨也。"
〔3〕皇侃曰："君子，人君也。篤，厚也。"
〔4〕何晏引包曰："興，起也。"
〔5〕皇侃曰："故舊，謂朋友也。偷，薄也。"

【譯文】

孔子説："一味恭敬而没有禮制加以調節就會勞累不堪，一味謹慎而没有禮制加以調節就會膽小怕事，一味勇敢而没有禮制加以調節就會造反作亂，一味正直而没有禮制加以調節就會尖刻刺人。君主對待親屬厚道，那麼民衆就會行動起來奉行仁德；君主不遺棄從前的知交，那麼民衆就不會薄待人。"

【評析】

真理超越一步，就會成爲謬誤；好的東西過了頭，也會造成禍害。所以孔子認爲，即使是應該提倡的道德觀念，也不能走極端，而要用禮加以節制。孔子又强調了君主的表率作用，也是值得重視的。

8.3

曾子有疾，召門弟子曰：“啓予足[1]！啓予手！《詩》云：‘戰戰兢兢，如臨深淵，如履薄冰[2]。’而今而後，吾知免夫[3]！小子！”

【注釋】

〔1〕何晏引鄭曰：“啓，開也。曾子以爲受身體於父母，不敢毀傷，故使弟子開衾而視之。”○劉寶楠曰：“《説文》：‘晵，視也。’《廣雅·釋詁》同。王氏念孫《疏證》引此文，謂‘啓’與‘晵’同。此亦得備一解。”○覺按：王説是，鄭注非，因爲其手完好，視其手不必掀開被子。

〔2〕邢昺曰：“《小雅·小旻篇》文也。戰戰，恐懼。兢兢，戒慎。臨深，恐墜。履薄，恐陷。曾子言此詩者，喻己常戒慎，恐有所毀傷也。”

〔3〕曾子生於公元前505年，卒於公元前435年。此文説“而今而後，吾知免夫”，則此事應該發生在公元前435年。

【譯文】

曾子有了病，招呼門下的學生説：“看看我的腳！看看我的手！我對待自己的身體就像《詩》中所説的：‘要害怕啊要小心，要像面臨那深淵，要像腳踩那薄冰。’從今以後，我知道我的身體不會再受傷害了吧！孩子們！”

【評析】

《孝經·開宗明義章第一》載孔子謂曾子曰：“身體髮膚，受之父母，不敢毀傷，孝之始也；立身行道，揚名於後世，以顯父母，孝之終也。夫孝，始於事親，中於事君，終於立身。”身體受之於父母，所以保重自己的身體，就是在盡孝道。曾子以孝著稱，此文可見其孝行之一斑。參見2.6、7.12評析。

8.4

曾子有疾，孟敬子問之[1]。曾子言曰：“鳥之將死，其鳴也哀；人之將死，其言也善[2]。君子所貴乎道者三[3]：動容貌，斯遠暴慢矣；正顏色，斯近信矣；出辭氣，斯遠鄙倍矣[4]。籩豆之事[5]，則有司存[6]。”

【注釋】

〔1〕何晏引馬曰：“孟敬子，魯大夫仲孫捷。”○覺按：《禮記·檀弓下》：“悼公之喪，季昭子問於孟敬子。”鄭玄注：“悼公，魯哀公之子。昭子，康子之曾孫，名強。敬子，武伯之子，名捷。”魯悼公卒於公元前 432 年。孟敬子來慰問時，曾子説“人之將死”，則此事應該發生在公元前 435 年（參見 8.3 注〔3〕）。

〔2〕何晏引包曰：“欲戒敬子，言我將死，言善可用。”

〔3〕何晏引鄭曰：“此道謂禮也。”

〔4〕朱熹曰：“鄙，凡陋也。倍，與‘背’同，謂背理也。”

〔5〕何晏引包曰：“敬子忽大務小，故又戒之以此。籩豆，禮器。”○覺按：籩是盛棗栗之類的竹器，豆是盛肉類的木製高腳盤，都是盛食物的用具（《韓非子·外儲説左上》載咎犯説“籩豆，所以食也”可證），也作爲祭祀的禮器。此文指禮器。

〔6〕劉寶楠曰：“《爾雅·釋詁》：‘在，存也。’《釋訓》：‘存存，在也。’”

【譯文】

曾子有了病，孟敬子去問候他。曾子對他説：“鳥將要死的時候，它的鳴聲是哀傷的；人將要死的時候，他的話是善意的。君子所注重的禮儀有三個方面：調整自己的儀容，就可以遠離別人的粗暴怠慢了；端正自己的臉色，就能接近別人的誠信而不被欺騙了；説話注意言辭語氣，就可以遠離別人的粗野蠻橫了。至於使用籩豆等禮器之類的小事，則有專職官吏在而不必去操心。”

【評析】

人們交往時，先看見容貌，其次注意到臉色，然後是言談，這三者都注意到了，就成了文質彬彬的君子。

8.5

曾子曰："以能問於不能，以多問於寡，有若無，實若虛，犯而不校[1]，昔者吾友嘗從事於斯矣[2]。"

【注釋】

[1] 何晏引包曰："校，報也。言見侵犯不報。"
[2] 何晏引馬曰："友，謂顏淵。"

【譯文】

曾子説："自己有才能而去詢問無能的人，自己博學多識而去詢問孤陋寡聞的人，自己有知識卻好像沒有知識，自己很充實卻虛懷若谷，即使被侵犯也不報復，從前我的朋友顏淵曾經做過這樣的事啦。"

【評析】

謙虛而不恥下問，稍有修養的人不難做到，但"犯而不校"，一般人往往難以做到。人們常把"忍"説成"心字頭上一把刀"，可見忍讓往往會使自己的心靈備遭折磨，沒有很高的道德修養是做不到的。

8.6

曾子曰："可以託六尺之孤[1]，可以寄百里之命[2]，臨大節而不可奪也[3]。君子人與? 君子人也[4]。"

【注釋】

[1] 皇侃曰："六尺之孤，謂童子無父而爲國君者也。"○劉寶楠曰："六尺之孤，以古六寸爲尺計之，當今三尺六寸。六尺是幼少。……稱孤

者，無父之辭。”○覺按：據吳承洛的考定，周尺的長度合 19.91 公分。

〔2〕皇侃曰：“百里，謂國也。……命者，謂國之教令也。幼君既未能行政，故寄冢宰攝之也。如周公攝政也。”○劉寶楠曰：“百里者，《白虎通·封公侯篇》：‘諸侯封，不過百里，象雷震百里，所潤雲雨同也。’”

〔3〕何晏曰：“大節，安國家，定社稷。”○覺按：大節：即 19.11 的“大德”，指事關大局的道德操守。　　奪：即 9.26 “不可奪志”之“奪”，指改變其節操意志。

〔4〕朱熹曰：“其才可以輔幼君、攝國政，其節至於死生之際而不可奪，可謂君子矣。”○劉寶楠曰：“君子者，卿大夫之稱。曾子言此人才德能稱其位。”

【譯文】

曾子說：“可以把身高纔繞六尺而繼位的幼小國君託付給他，可以把方圓百里大小的諸侯國政令委託他代理，面臨關係國家存亡的關鍵能把握住而不可能改變他安國定邦的節操意志。這是君子一類的人嗎？是君子一類的人啊。”

【評析】

在一般儒生看來，所謂的“君子”是指 1.1 所說的有道德之人。至於能成爲國家棟樑而安邦定國之人，是否也是君子呢？曾子特地作了肯定的回答。這實是把 14.42 “脩己以安人”與“脩己以安百姓”的政治内涵更具體地揭示給了儒生，以便儒生努力將自己造就成爲君子中的政治人才。

8.7

曾子曰：“士不可以不弘毅[1]，任重而道遠。仁以爲己任，不亦重乎？死而後已[2]，不亦遠乎？”

【注釋】

〔1〕何晏引包曰：“弘，大也。毅，強而能斷也。”○朱熹曰：“洪（覺按：當作“弘”），寬廣。”

〔2〕皇侃曰：“已，止也。”

【譯文】

曾子説："有志之士不可以不心胸寬廣而堅强剛毅，因爲他任務重而路程遠。把推行仁德作爲自己的任務，不也是很重的嗎？死了以後纔停止奮鬥，不也是很遠的嗎？"

【評析】

志士仁人爲了實現其大同社會的遠大理想而奮鬥到死，這種精神是可嘉的。"任重而道遠"這句成語，自古以來曾經鼓舞了許許多多的民族英雄和愛國鬥士。

8.8

子曰："興於《詩》[1]，立於《禮》[2]，成於《樂》[3]。"

【注釋】

[1] 何晏引包曰："興，起也。言修身當先學《詩》。"

[2] 何晏引包曰："《禮》者，所以立身。"○覺按：《禮》：《禮經》，六經（《詩》《書》《禮》《樂》《易》《春秋》）之一，是春秋、戰國時代一部分禮制的彙編。西晉以後稱爲《儀禮》。今傳十七篇，通行的有《十三經注疏》本。

[3] 何晏引包曰："《樂》，所以成性。"○覺按：《樂》：《樂經》，六經之一，據説它是附於《詩經》的一種樂譜，亡於秦。

【譯文】

孔子説："人的修養從學《詩》開始，從學《禮》中獲得立身之道，從學《樂》中養成自己的性情。"

【評析】

學《詩》可以端正思想（參見2.2），所以説"興於《詩》"。用禮約束自己，就能安分守己，按照道義行事（參見12.15），所以説"立於《禮》"。音樂能陶冶情操而使其成人（參見7.13、14.12），所以説"成於《樂》。"

8.9

子曰："民可使由之，不可使知之[1]。"

【注釋】

〔1〕劉寶楠曰："凌氏鳴喈《論語解義》以此章承上章《詩》《禮》《樂》言，謂《詩》《禮》《樂》可使民由之，不可使知之。其説是也。……由，從也。言王者設教，務使人從之。"○覺按："之"應該泛指經典及政令。

【譯文】

孔子説："民衆可以使他們遵行經典與政令，不可能使他們懂得其中的一切。"

【評析】

《商君書·更法》："語固曰：'愚者暗於成事，智者見於未萌。民不可與慮始，而可與樂成。'"此文與《商君書》所引俗語同旨，與 17.2 所説的"唯上知與下愚不移"的意思也相通。這種認識與後代的英雄史觀有相通之處，它一方面反映了先哲輕視人民的偏見，另一方面也反映了當時普通民衆思想水平的低下。普通民衆由於其地位與生活環境的局限，往往不能站在應有的歷史高度來觀察問題，所以只能讓他們循規蹈矩，而不可能使他們知其所以然而與"上知"一起制定政策或創立學説。

8.10

子曰："好勇疾貧，亂也。人而不仁，疾之已甚，亂也[1]。"

【注釋】

〔1〕何晏引包曰："疾惡大（覺按："大"同"太"）甚，亦使其爲亂。"○覺按："之"指代不仁之人。

【譯文】

孔子説："愛好勇敢而痛恨自己貧窮，就會造反作亂。人如果没有仁愛之德，你恨他恨得太厲害，他也會作亂。"

【評析】

歷代揭竿而起的農民起義，已經不斷地論證了"好勇疾貧，亂也"這一論斷的正確性。孔子這一論斷的意義在於：它告誡統治者既應該對民衆加強教育而使他們不逞强鬥勇，更應該關心民生，使他們不至於貧窮得鋌而走險。《老子》第三章云："聖人之治也，虚其心，實其腹，弱其志，彊其骨。恒使民無知無欲，使夫知者不敢爲，則無不治矣。"與此文對照，可以看出儒、道兩家之政治學説的相通之處。

"人而不仁"在揭示其作亂的内因，"疾之已甚"在揭示其作亂的外因。《韓非子·八經》云："藏怒持罪而不發曰'增亂'，其患微幸妄舉之人起。"（其意爲：君主隱藏自己的憤怒、掌握了臣下的罪行而不進行懲處叫'增加禍亂'，它的禍患是使那些心懷僥幸而輕舉妄動的被恨之人起來作亂。）兩相對照，可以看出儒、法兩家之政治學説的相通之處。

8.11

子曰："如有周公之才之美，使驕且吝[1]，其餘不足觀也已[2]。"

【譯文】

孔子説："如果他有了周公旦那種政治才能方面的美德，假使對人傲慢而且吝嗇，他的其他才能就不值得一看了。"

【評析】

"驕"則自大而會欺凌人，"吝"則自私而無益於人。因此，才能固然重要，但如果無德，就不足掛齒了。才猶如體力，德猶如靈魂。没有正確的思想觀念而只有强大的體力，不但不能有所成就，還會害人壞事。

8.12

子曰："三年學[1]，不至於穀【3】[2]，不易得也【4】[3]。"

【注釋】

[1] 三：見 1.4 注[2]。

[2] 皇侃引孫綽曰："穀，禄也。"○覺按：《吕氏春秋·當染》"理奚由至"高誘注："至，猶得也。"即此文"至"字之義，注[3]所引《潛夫論》之文也可佐證此文之義。楊伯峻認爲此"至"和 6.7 "其心三月不違仁。其餘則日月至焉而已矣"的"至"用法相同，指"意念之所至"，所以把"不至於穀"譯爲"不存做官的念頭"，誤。此句無主語"心"，以 6.7 之文比附，顯屬增字解經。

[3]《潛夫論·相列》："或王公孫子，仕宦終老，不至於穀。"可見禄之難得，故此文説"不易得也"。

【譯文】

孔子説："學習多年，還不能得到俸禄，是因爲俸禄不容易得到啊。"

【評析】

學習雖然不易，但要學有所成而得到職位與薪俸更難。同樣，得到職位與薪俸不易，但要有所成就而建立功業更難。

8.13

子曰："篤信好學[1]，守死善道。危邦不入，亂邦不居。天下有道則見[2]，無道則隱。邦有道，貧且賤焉，恥也；邦無道，富且貴焉，恥也。"

【注釋】

[1] "篤信好學"探下省賓語"善道"，意爲"篤信善道而好學善道"。此句也可與下句連讀爲"篤信、好學、守死善道"。

〔2〕皇侃曰："見，謂出仕也。"○覺按：見（xiàn）：同"現"，指出仕。

【譯文】

孔子説："堅定地相信並愛好學習正確的思想學説，堅守這正確的思想學説乃至爲它獻身。不進入危險的國家，不住在混亂的國家。天下政治清明就出來做官，政治黑暗就隱居在家。國家政治清明，仍然貧窮而且卑賤，是一種恥辱；國家政治黑暗，卻富裕而且高貴，也是一種恥辱。"

【評析】

從此文也可以看出，孔子所謂"好學"，主要指注重自我修養而言（參見1.14評析）。而且，孔子的道德觀含有豐富的政治內容。政治清明，給各人提供了良好的施展才能的機會，如果還是貧窮卑賤，那就是一種無能，值得慚愧。政治黑暗，只有同流合污者纔會得到高官厚祿，所以孔子引以爲恥。當然，"危邦不入，亂邦不居"，"無道則隱"之類不過是一種潔身自好的消極態度，積極的態度應該是投身於改變"危""亂""無道"的事業中去。

8.14

子曰："不在其位，不謀其政【5】〔1〕。"

【注釋】

〔1〕何晏引孔曰："欲各專一於其職。"

【譯文】

孔子説："不在那個職位上，就不去謀劃議論那個職位上的政務。"

【評析】

保持職、權、利一致，纔能使政治機構的工作秩序井然。因此，孔子主張各人專心於本職工作，不去插手他人的政務。這樣做，既可以避免互相干擾，又可以避免濫用權力去爭功的事發生，所以這並不是一條消極的政治原則。

8.15

子曰："師摯之始【6】〔1〕，《關雎》之亂【7】〔2〕，洋洋乎〔3〕，盈耳哉！"

【注釋】

〔1〕皇侃曰："師，魯太師也。摯，太師名也。"○覺按："太師"見3.23注〔1〕。"始"即3.23的"始作"，指奏開始曲。

〔2〕朱熹曰："亂，樂之卒章也。"○劉寶楠引《論語駢枝》曰："凡樂之大節，有歌有笙，有閒有合，是爲一成。始於升歌，終於合樂。是故升歌謂之始，合樂謂之亂。"

〔3〕朱熹曰："洋洋，美盛意。"

【譯文】

孔子說："從太師摯奏開始曲，到《關雎》的尾曲合奏，聲音美妙悠揚啊，灌滿了耳朵！"

【評析】

本章述說具體樂曲的演奏效果，與3.23對樂曲演奏的概述相輔相成，同樣具有珍貴的史料價值。

8.16

子曰："狂而不直〔1〕，侗而不愿〔2〕，悾悾而不信〔3〕，吾不知之矣〔4〕。"

【注釋】

〔1〕何晏引孔曰："狂者進取，宜直。"
〔2〕何晏引孔曰："侗，未成器之人，宜謹愿。"
〔3〕何晏引包曰："悾悾，愨也，宜可信。"

〔4〕何晏引孔曰："言皆與常度反，我不知之。"

【譯文】

孔子説："狂放的人卻不直率，幼小的人卻不誠實，老實的人卻不講真話，我實在不能理解他們了。"

【評析】

狂放的人應該直言不諱卻"不直"，幼小的人應該天真誠實卻"不愿"，老實的人應該不會騙人卻"不信"，這些人的行爲與其本性相互牴牾，所以孔子覺得不可理解。其實，這樣的人，其人格已經受到惡濁世風的侵蝕而異化了。孔子以君子之心度小人之腹，當然就"不知之矣"。

8.17

子曰："學如不及，猶恐失之〔1〕。"

【注釋】

〔1〕皇侃引繆協稱中正曰："如不及者，已及也；猶恐失者，未失也。言能恐失之，則不失；如不及，則能及也。"○劉寶楠曰："如不及，故日知所亡；恐失，故月無忘其所能。"○覺按：參見 19.5。

【譯文】

孔子説："學到了好像並沒有達到目的，還生怕把它丟了。"

【評析】

學無止境，所以治學應該永遠有一種不進則退的危機感和失落感。只有這樣，纔能使自己鞏固已有的知識而不斷積累，又能不斷學到新的東西而有所進步。

8.18

子曰："巍巍乎〔1〕，舜、禹之有天下也而不與焉〔2〕！"

卷第四　泰伯第八

【注釋】

〔1〕何晏曰："巍巍，高大之稱。"

〔2〕陸德明曰："與，音預。"○覺按：禹：傳說中夏朝的帝王，姒姓，也稱夏禹、大禹、伯禹、戎禹，名文命，鯀之子。傳說他奉舜的命令治理洪水，採取疏通河道的辦法，開掘了濟水、漯（tà）水、汝水、漢水、淮河、泗水等，導其水流入江、海而獲得成功，因此被舜選爲繼承人。舜死後他稱帝天下，建立了夏王朝，以夏后爲號，都陽翟（在今河南省禹州市），其在位時代約在公元前 21 世紀初。一說他奪了帝位，把舜流放到蒼梧。後來他東巡死於會稽。從他開始，實際上結束了帝位禪讓制，實行了傳子不傳賢的世襲制。其事蹟可參見《史記·夏本紀》。　與（yù）：參與。　不與：不參與，指任用賢能之人，無爲而治。舜任用賢能、無爲而治的事跡可參見 12.22、15.5。至於禹，《史記·夏本紀》云："帝禹立而舉臯陶，薦之，且授政焉，而臯陶卒。……而后舉益，任之政。"

【譯文】

孔子説："多麼高大啊，舜、禹掌握了統治天下的大權卻不參與到具體政務的處理中！"

【評析】

以《論語》所載而言，舜知人善任（參見 8.20、12.22），無爲而治（見 15.5），所以孔子説他"有天下也而不與焉"。禹不顧自己的物質生活而盡心孝敬鬼神，盡力造福百姓（見 8.21），不圍着政權轉，所以説他"有天下也而不與焉"。

8.19

子曰："大哉，堯之爲君也〔1〕！巍巍乎，唯天爲大，唯堯則之〔2〕！蕩蕩乎，民無能名焉〔3〕！巍巍乎，其有成功也！煥乎，其有文章〔4〕！"

【注釋】

〔1〕皇侃曰："爲禪讓之始，故孔子歎其爲君之德大也。"

〔2〕何晏引孔曰："則，法也。"○皇侃曰："所以有則天之德者，夫天道無私，唯德是與，而堯有天位禪舜，亦唯德是與。"

〔3〕朱熹曰："其德之廣遠，亦如天之不可以言語形容也。"

〔4〕何晏曰："焕，明也。其立文垂制又著明。"

【譯文】

孔子説："多麽偉大啊，堯當君主！多麽高大啊，只有上天是最高大的，而只有堯能效法它！多麽廣大啊，民衆已不能用言語來稱説他的恩德！多麽高大啊，他所取得的豐功偉績！多麽燦爛啊，他所建立的文化制度！"

【評析】

"天"無爲（參見 17.18）而堯"則之"，所以民衆無能名其德。至於堯建立的功業與文化制度，則光輝燦爛而得到了後人的高度讚揚。由此可見，政治家要永垂不朽，必須在功德文化方面有足够的建樹，而並不是依靠將自己的權力傳給子孫。《左傳·襄公二十四年》載叔孫豹之言曰："豹聞之：'大上有立德，其次有立功，其次有立言。'雖久不廢，此之謂不朽。若夫保姓受氏，以守宗祊，世不絶祀，無國無之，禄之大者，不可謂不朽。"可謂深得政治家之所以不朽之理。

8. 20

舜有臣五人而天下治[1]。武王曰[2]："予有亂臣十人[3]。"孔子曰："才難，不其然乎？唐、虞之際，於斯爲盛，有婦人焉，九人而已[4]。三分天下有其二【8】，以服事殷。周之德【9】，其可謂至德也已矣[5]。"

【注釋】

〔1〕何晏引孔曰："禹、稷、契、皋陶、伯益。"

〔2〕武王：指周武王，姬姓，名發，商朝末年周族的領袖。他繼承其父周文王的遺志，聯合庸、蜀、羌等部族，打敗了商紂王，建立了西周王朝。

〔3〕何晏引馬曰："亂，治也。治官者十人，謂周公旦、召公奭、大公望、畢公、榮公、大顛、閎夭、散宜生、南宮适，其一人謂文母。"○朱熹曰："劉侍讀以爲子無臣母之義，蓋邑姜也。九人治外，邑姜治内。或曰：'亂本作乿，古治字也。'"○覺按：文母指太姒（sì），有莘氏之女，姒姓，周文王之妻，武王母。邑姜爲周武王的王后，齊太公姜尚之女。

〔4〕何晏引孔曰："唐者，堯號。虞者，舜號。際者，堯、舜交會之間。斯，此也。言堯、舜交會之間，比於周，周最盛，多賢才，然尚有一婦人，其餘九人而已。大才難得，豈不然乎？"

〔5〕何晏引包曰："殷紂淫亂，文王爲西伯而有聖德，天下歸周者三分有二，而猶以服事殷，故謂之至德。"○邢昺曰："雍、梁、荆、豫、徐、楊歸文王，其餘冀、青、兖屬紂，九州而有其六，是爲三分有其二也。"

【譯文】

舜有賢臣五人而天下就治理好了。周武王說："我有治理天下的臣子十人。"孔子說："政治人才難得，不是這樣嗎？相比於唐堯、虞舜之際，在這周朝賢人是最多的，而其中還有一個女人，所以不過是九個人罷了。把天下分成三份而周文王得到了其中兩份人的擁護，他以此來事奉商紂王。周文王的德行，大概可以說達到了最高的道德境界啦。"

【評析】

治國之人才難得，自古而然，所以應加珍惜。

周文王"三分天下有其二"，擁有這樣的實力仍然"服事殷"，如此忍讓，沒有很高的道德修養是做不到的，所以謂之"至德"。

8.21

子曰："禹，吾無間然矣【10】〔1〕。菲飲食，而致孝乎鬼神〔2〕；惡衣服，而致美乎黻冕〔3〕；卑宮室，而盡力乎溝洫〔4〕。禹，吾無間然矣。"

【注釋】

〔1〕朱熹曰："間，罅隙也，謂指其罅隙而非議之也。"○劉寶楠曰："《後漢·殤帝紀》引此文，李賢注：'間，非也。'……王氏引之《經傳釋詞》：'然，猶焉也。'"○覺按："間"音 jiàn。

〔2〕何晏引馬曰："菲，薄也。致孝鬼神，祭祀豐絜。"

〔3〕何晏引孔曰："損其常服，以盛祭服。"○邢昺曰："鄭玄注此云：'黻，是祭服之衣。冕，其冠也。……黻，蔽膝也。'"○劉寶楠引宋翔鳳《發微》云："此假'黻'爲'韍'，當訓爲蔽膝。"○覺按："黻"（fú）通"韍"（fú），古代祭服前面的蔽膝，用熟皮製成。此指代祭服。

〔4〕何晏引包曰："方里爲井，井間有溝，溝廣深四尺。十里爲成，成間有洫，洫廣深八尺。"○邢昺曰："溝洫，田間通水之道也。"

【譯文】

孔子說："禹，我無法插嘴非議他了。他自己的飲食簡單粗劣，而以豐盛的祭品向鬼神獻上自己的孝心；他自己穿難看的衣服，而把祭祀的衣帽做得極美；他把朝堂造得低低的，而竭盡力量開挖溝渠河道。禹，我無法插嘴非議他了。"

【評析】

此文從常人最關心的吃、穿、住三個方面入手，通過鮮明的對比與反復讚歎，將禹盡心孝敬鬼神、盡力造福百姓的功德揭示得淋漓盡致。這種對比加排比、前後重複以呼應的寫法無疑值得借鑒。

【本篇校勘記】

【1】使：邢本、朱本、蔡本、監本同，皇本作"設使"。

【2】已：邢本、朱本、蔡本、監本同，皇本作"已矣"。

【3】穀：皇本同，邢本、朱本、蔡本、監本作"穀"。

【4】也：邢本、朱本、蔡本、監本同，皇本作"也已"。

【5】政：邢本、朱本、蔡本、監本同，皇本作"政也"。

【6】摯：邢本、皇本、蔡本、監本同，朱本作"贄"。

【7】睢：監本同，邢本、皇本、朱本、蔡本作"睢"。

【8】三：邢本、朱本、蔡本、監本同，皇本作"參"。

【9】周之德：邢本、朱本、蔡本、監本同，皇本作"周德"。

【10】間：朱本、蔡本、監本同，邢本、皇本作"閒"。下一"間"字同此。

論語善本彙校集注譯評卷第五

子罕第九

【提要】

本篇主要記述孔子的德行。

孔子雖然"博學"，但很少談論"利""命""仁"，而且沒有臆測、固執等毛病。對於禮俗，他不盲目從眾，而是根據儉約、恭敬等禮制原則進行取捨。他對服喪的、當官的、盲人，都極其恭敬。他年少時卑賤，所以學會了很多技能。他自信掌握了周文王以來的文獻，將得到上天的保佑而能將它們傳下去。他想從政，自信能侍奉公卿，但又感慨生不逢時而不能實現自己的理想，以致時光蹉跎如流水一去不返，因而恨不得住到九夷去。

他感歎當時沒有好德者，所以整理《雅》《頌》等樂曲，傾心教育事業，循循善誘，把文獻、禮樂傳授給弟子。他雖然認爲"後生可畏"，但也提醒年輕人：如果到了四五十歲還沒有什麼名堂，也就"不足畏"了。所以，他要求年輕人抓緊時間學習，不斷進取，以成爲仁者、智者、勇者，且能通權達變。他與弟子感情深厚，以至於寧願死於弟子之手。他稱道顏回好學上進，又可惜其"秀而不實"。他稱道子路不因貧賤而自卑，又告誡他別自鳴得意。他讚揚"匹夫不可奪志"的崇高精神，用"歲寒，然後知松栢之後凋"來勉勵身處逆境者與命運抗爭。

9.1

子罕言利與命與仁[1]。

【注釋】

[1] 何晏曰："罕者，希也。"○邢昺曰："與，及也。"○朱熹引程子曰："計利則害義，命之理微，仁之道大，皆夫子所罕言也。"○劉寶楠

曰：“利、命、仁三者，皆子所罕言，而言仁稍多，言命次之，言利最少。”○覺按：“罕言”不是不言，所以有“稍多”“最少”之別。

【譯文】

孔子極少談論物質利益和天命及仁德。

【評析】

因爲當時的人不知合宜的“義”與有益於人的“利”是統一的而只追求利（參見4.16），天命則玄乎莫測而可畏（參見16.8），仁德又至高難及（參見5.8、5.19、7.33、14.1），所以孔子極少談到。對於“利”，孔子是輕而遠之；對於“命”，孔子是敬而遠之；對於“仁”，孔子是仰而遠之。

9.2

達巷黨人曰[1]：“大哉孔子！博學而無所成名[2]。”子聞之，謂門弟子曰：“吾何執？執御乎？執射乎？吾執御矣[3]。”

【注釋】

[1] 何晏引鄭曰：“達巷者，黨名也。五百家爲黨，此黨之人，美孔子博學道藝，不成一名而已。”○劉寶楠曰：“《一統志》：‘達巷，在滋陽縣西北五里，相傳即達巷黨人所居。’滋陽，今屬兗州府。此出方志附會，未敢信也。”○覺按：據此，則達巷在今山東省濟寧市兗州區西北，在魯國昌平鄉郰邑（在今山東省曲阜市東南，孔子家鄉）與中都邑（在今山東省汶上縣，孔子曾爲中都宰）之間，《一統志》所載也可能是事實。

[2] 皇侃曰：“孔子廣學，道藝周徧，不可一一而稱，故云‘無所成名’也。”

[3] 何晏引鄭曰：“吾執御者，欲名六藝之卑。”○覺按：六藝之御可參見7.6注[1]。

【譯文】

達巷鄉的人說：“偉大啊孔子！廣博地學習而不在某一方面成就自己

的名聲。"孔子聽見了這些話，對門下弟子説："我掌握了什麽呢？掌握了駕車嗎？掌握了射箭嗎？我掌握了微不足道的駕車啦。"

【評析】

一般人不是求利（參見 4.16），就是求名。達巷黨人認爲孔子既不爲利，又不爲名，所以稱讚説："大哉孔子！博學而無所成名。"其實，孔子是看重名聲的（參見 15.20），所以孔子聽説後索性對弟子説了些没有人會相信的話。針對達巷黨人的話，孔子用完全不符合事實的玩笑話來接續回應，其實是在委婉地告訴弟子：達巷黨人的話也只能視爲笑話而已。孔子此言之幽默甚於 7.30 所説的"丘也幸"云云，由於其語意曲折，所以一般人均不能得其意，誤以爲是孔子的謙虛之辭。

9.3

子曰："麻冕[1]，禮也。今也純[2]，儉，吾從衆。拜下[3]，禮也。今拜乎上，泰也[4]，雖違衆，吾從下。"

【注釋】

[1] 皇侃曰："《周禮》有六冕，以平板爲主，而用三十升麻布衣板，上玄下纁，故云'麻冕，禮也'。"〇朱熹曰："升八十縷，則其經二千四百縷矣。細密難成，不如用絲之省約。"

[2] 陸德明曰："純，順倫反，絲也。鄭作側基反，黑繒也。"〇劉寶楠曰："'側其'之音爲'緇'，其實鄭依古字作'紂'。'紂'篆與'純'相似，故致誤。"〇覺按："純"爲"紂"之訛，"紂"即"緇"之古字。《説文·糸部》："緇，帛黑色也。"

[3] 皇侃曰："下，謂堂下也。"

[4] 朱熹曰："泰，驕慢也。"

【譯文】

孔子説："戴麻布禮帽進行祭祀，是禮制的規定。現在衆人改用黑色的帛製禮帽，比較節儉，所以我依從衆人的。拜見君主時先在堂下，是禮制的規定。現在衆人直接在堂上拜見君主，比較傲慢，所以雖然會違背衆人的做法，我還是依從先在堂下拜見君主的禮制。"

【評析】

在孔子看來，禮儀雖然會隨着時間的推移而發生變化，但其重精神內涵而輕物質形式的原則是必須堅持的（參見 3.4 評析）。"儉"符合輕物質形式的原則，所以可從。"泰"不符合謙退的禮制精神，所以不可從。

9.4

子絕四[1]：毋意【1】[2]，毋必[3]，毋固[4]，毋我[5]。

【注釋】

〔1〕皇侃曰："絕者，無也。"
〔2〕何晏曰："以道爲度，故不任意。"
〔3〕何晏曰："用之則行，舍之則藏，故無專必。"
〔4〕何晏曰："無可無不可，故毋固行。"
〔5〕何晏曰："述古而不自作，處羣萃而不自異，唯道是從，故不有其身。"

【譯文】

孔子没有四種行爲：不主觀臆測，不一定幹到底，不固執，不自我標榜。

【評析】

一切以道義爲行動的準則，就不會有"意""必""固""我"這四種毛病了。

9.5

子畏於匡[1]，曰："文王既没[2]，文不在兹乎[3]？天之將喪斯文也，後死者不得與於斯文也[4]。天之未喪斯文也，匡人其如予何[5]？"

论語善本彙校集注譯評

【注釋】

〔1〕匡：春秋時衛邑，在今河南省長垣市西南。據《史記·孔子世家》，魯定公十五年（公元前 495 年），孔子離開衛國，"將適陳，過匡……匡人聞之，以爲魯之陽虎。陽虎嘗暴匡人，匡人於是遂止孔子。孔子狀類陽虎，拘焉五日，顏淵後，子曰：'吾以汝爲死矣。'顏淵曰：'子在，回何敢死！'匡人拘孔子益急，弟子懼。孔子曰：'文王既没，文不在兹乎？天之將喪斯文也，後死者不得與于斯文也。天之未喪斯文也，匡人其如予何！'孔子使從者爲甯武子臣於衛，然後得去"。《史記》所謂"拘"，是指圍困。孔子被圍困後，不但"弟子懼"，而且孔子也有點害怕，所以説了下面的話來自慰，同時也用來安慰弟子。此文之"畏"，即指孔子之擔心害怕。楊伯峻把這"畏"譯解爲"拘禁""拘囚"，誤。

〔2〕文王：指周文王，姬姓，名昌，約生活在公元前 12 世紀末，商紂時爲西伯（西方各部落的首領），又爲三公之一，因爲對商紂王殺害翼侯、鬼侯不滿而被囚禁於羑（yǒu）里邑（一作牖里，在今河南省湯陰縣北）的石窟中，於是以兩卦相疊而將八卦演爲六十四卦，以象徵自然現象和社會現象的發展變化，遂成《周易》。其事蹟可參見《史記·周本紀》。没：通"殁"。

〔3〕何晏引孔曰："兹，此也。……此，自謂其身。"

〔4〕與（yù）：參與，指瞭解掌握。

〔5〕何晏引馬曰："天之未喪此文，則我當傳之。匡人欲奈我何，言其不能違天以害己。"

【譯文】

孔子在匡被包圍後有所畏懼，説："周文王已經死了，他的文化不就在我這裏嗎？上天將要遺棄這些文化，我這後死的人就不可能瞭解掌握這些文化了。現在上天還没有遺棄這些文化，匡地的人又能拿我怎麽樣？"

【評析】

此文與 7.22 所言類似，可參見 7.22 評析。

· 184 ·

9.6

　　大宰問於子貢[1]，曰：“夫子聖者與？何其多能也[2]？”子貢曰：“固天縱之將聖[3]，又多能也。”子聞之，曰：“大宰知我乎[2]？吾少也賤，故多能鄙事[4]。君子多乎哉？不多也。”

【注釋】

　　[1] 陸德明曰：“大宰，上音‘太’。鄭云：‘是吳太宰嚭。’”○皇侃曰：“此應是吳臣，何以知之？魯哀公七年，公會吳于鄫，吳人徵百牢，使子貢辭於大宰嚭。十二年，公會吳師于橐皋，吳子使大宰嚭請尋盟，公不欲，使子貢對。將恐此時大宰嚭問子貢也。”○覺按：“大”（tài）乃“太”之古字。大宰：又作“太宰”，是一些諸侯國設置的官職。《韓非子》有宋太宰、商太宰（即宋太宰）、吳太宰嚭、鄭太宰欣。宋國、吳國的太宰權位甚重，相當於後世的宰相，是輔佐君主治理國家的高官。鄭國的太宰也相當於“相”。楚國的太宰（如《國語·楚語上》有“太宰啓疆”）則在令尹（相當於宰相）之下而只相當於卿。太宰嚭（pǐ）即伯嚭，又作帛喜、白喜，字子餘，春秋時楚國大夫伯州犁之孫，出亡奔吳，以功任爲太宰。他善於逢迎，深得吳王夫差寵信。吳國破越，他受越國賄賂，許越媾和，並屢進讒言，譖殺伍子胥。公元前473年，吳國滅亡，他被越王所殺，一說他降越爲臣。其事蹟可參見《左傳》定公四年至哀公二十四年、《史記》的《吳太伯世家》與《伍子胥列傳》、《吳越春秋》。據皇侃之說，太宰嚭問子貢應在魯哀公七年（公元前488年）或十二年（公元前483年）。

　　[2] 皇侃曰：“大宰聞孔子聖，又聞孔子多能，而其心疑聖人務大，不應細碎多能，故問子貢言：孔子既聖，其那復多能乎？”

　　[3] 皇侃曰：“將，大也。”

　　[4] 大宰認爲聖人不可能多能，所以對孔聖人的多能產生了疑問，殊不知孔子年輕時地位卑賤，與那些地位高貴的君子不同，所以多能鄙事，但孔子認爲能幹粗活也並非壞事。

【譯文】

吳國太宰嚭詢問子貢，說："孔夫子是聖人嗎？爲什麼他有多種技能呢?"子貢說："本來就是上天把聖明的德行放任地給了這個大聖人，所以他又有多種技能啊。"孔子聽見了這件事，說："太宰嚭瞭解我嗎？我年輕時卑賤，所以能幹很多粗活。有地位的君子會有多種技能嗎？他們不會有多種技能的啊。"

【評析】

"固天縱之將聖"與 7.22 孔子所説的"天生德於予"相合，所以孔子未加否定。但是，其"多能"並非天之所賜，而是現實生活環境所致，所以孔子特作説明。由此可見，凡可以認知的社會活動導致的事物，孔子是不同意將其歸因於"天"的。

9.7

牢曰："子云：'吾不試，故藝[1]。'"

【注釋】

[1] 何晏引鄭曰："牢，弟子子牢也。試，用也。"○邢昺曰："《家語·弟子篇》云：'琴牢，衛人也，字子開，一字張。'"○王引之《經義述聞·春秋左傳下》"琴張字子開名牢"條："'琴張聞宗魯死，將往弔之。'杜注曰：'琴張，孔子弟子，字子開，名牢。'《正義》曰：'《家語》云"孔子弟子琴張與宗魯友"，《七十子篇》云"琴牢，衛人，字子開，一字張"，則以字配姓爲琴張，即"牢曰子云"是也。賈逵、鄭眾皆以爲子張即顓孫師。服虔云："案《七十子傳》云子張少孔子四十餘歲，孔子是時四十，知未有子張。"'引之謹案：鄭、賈二家之説，固無明徵。王肅《家語》亦不足信。《家語序》曰：'《語》云："牢曰：子云吾不試，故藝。"談者不知爲誰，多妄爲之説。《孔子家語》弟子有琴張，一名牢，字子開，亦字張，衛人也。'是琴張名牢，乃王肅之臆説，僞託於《家語》者。杜氏不察而用之，疏矣。此及《孟子·盡心篇》作琴張，《莊子·大宗師篇》作子琴張，無作琴牢者。《論語·子罕篇》'牢曰'，鄭注以牢爲

子牢，蓋據《莊子・則陽篇》‘長梧封人問子牢’之文，然亦不以爲琴張，牢與琴張不得合而爲一也。《漢書・古今人表》有琴牢，亦當作琴張，後人據《家語》改之也。”○劉寶楠曰：“《莊子・則陽篇》‘長梧封人問子牢’，子牢名僅見此。……而子牢非琴張，則鄭此注最當。《莊子・則陽》《釋文》引司馬彪云：‘即琴牢，孔子弟子。’與杜預同誤。《史記・仲尼弟子列傳》無牢名，當是偶闕。”

【譯文】

　　子牢説：“孔子説：‘我不被任用，所以會多種技藝。’”

【評析】

　　“吾不試，故藝”與9.6所説的“吾少也賤，故多能鄙事”用詞不同而意義相同，應該是孔子在不同時間、不同場合所言。如此不嫌重複地説同一件事，説明孔子對年輕時這一段卑賤經歷耿耿於懷。念念不忘自己的困苦經歷其實並非壞事。與歷代不少出身卑賤的成功者一樣，孔子的卑賤經歷應該是他發憤努力而成爲聖人的動因之一。困苦或逆境雖然常常吞沒了愚昧者和意志薄弱者，卻也常常使聰明人和意志堅强者窮而發憤，使其生命煥發出燦爛奪目的智慧之光。孔子的一生爲我們闡明了生命的真正涵義，值得我們仔細品味而付諸實踐。

9.8

　　子曰：“吾有知乎哉？無知也。有鄙夫問於我[3]，空空如也[1]，我叩其兩端而竭焉[2]。”

【注釋】

　　〔1〕皇侃曰：“空空，無識也。”○覺按：如：見3.23注〔3〕。
　　〔2〕皇侃曰：“兩端，事之終始也。”○覺按：叩：敲打（參見14.43），引申指打聽。　竭焉：盡於是，指從鄙夫處完全瞭解其所知的一切。《論語注疏》將“竭焉”解爲孔子竭盡自己所知來教人。邢昺曰：“孔子言，我有意之所知，不盡以教人乎哉？無知也。……設有鄙賤之夫來問於我，其意空空然，我則發事之終始兩端以告語之，竭盡所知，不爲有

愛。言我教鄙夫尚竭盡所知，況知禮義之弟子乎？"若依其說，則本章應該譯爲："我還有知道的東西沒告訴你們嗎？我沒有知道的了。即使有個學識淺薄的人來問我，他腦子裏一片空白，我也會向他打聽那事情的本末而把我知道的全部告訴他。"但從本章文字本身來看，似無教人之意，而只是在說明自己之"無知"及其求知之法，故作新解。

【譯文】

孔子說："我有知識嗎？我沒有知識啊。有個學識淺薄的人來問我，我對他的問題一無所知，我就向他打聽那事情的本末而從他那裏知道了事情的全部。"

【評析】

孔子說："我非生而知之者，好古、敏以求之者也。"（7.19）此章所說，即孔子"敏以求之"之一例，是他從"無知"變成"有知"的途徑之一。孔子這種獲得知識的方法顯然值得我們借鑒。

如果按照《論語注疏》的解說，此章所反映出來的孔子之德也值得讚賞。孔子對"鄙夫"所問都能竭盡所知，傾其所有而告之。如此師德，與後世師傅教徒弟時留一手的心計相比，其高下之別不言而喻。

9.9

子曰："鳳鳥不至，河不出圖[1]，吾已矣夫[2]！"

【注釋】

[1] 何晏引孔曰："聖人受命則鳳鳥至，河出圖。……河圖，八卦是也。"○朱熹曰："鳳，靈鳥，舜時來儀，文王時鳴於岐山。河圖，河中龍馬負圖，伏羲時出，皆聖王之瑞也。"○覺按：《尚書·顧命》"河圖在東序"孔安國傳："伏犧王天下，龍馬出河，遂則其文以畫八卦，謂之河圖。"

[2] 皇侃曰："已，止也。"○覺按：《史記·孔子世家》："魯哀公十四年春，狩大野。叔孫氏車子鉏商獲獸，以爲不祥。仲尼視之，曰：'麟也。'取之。曰：'河不出圖，雒不出書，吾已矣夫！'顏淵死，孔子曰：

'天喪予!'及西狩見麟，曰：'吾道窮矣!'喟然歎曰：'莫知我夫!'子貢曰：'何爲莫知子?'子曰：'不怨天，不尤人，下學而上達，知我者其天乎!'"可見這是魯哀公十四年（公元前 481 年）後孔子説的話。

【譯文】

孔子説："聖潔的鳳凰也不來了，黄河中也不再出現能推演出八卦的瑞祥圖像了，我完蛋了吧!"

【評析】

鳳凰至，河出圖，是聖明帝王出現時的祥瑞。今無此祥瑞，則無聖明帝王降臨，孔子要推行仁政也就不可能了，所以歎息説："吾已矣夫!"孔子將自己的理想不能實現歸因於無聖明帝王的支持，雖然是對當時君主的全面否定，但他不直接指斥，而用當時人們熟知的鳳凰、河圖來表述，就顯得文雅而委婉有致了。孔子這種"守死善道"（8.13）而不肯混跡於惡濁社會的思想觀念在中國文人中是普遍存在的，所以會有"生不遇時""懷才不遇"等成語産生。

9.10

子見齊衰者、冕衣裳者與瞽者[1]：見之，雖少必作[4]；過之，必趨[2]。

【注釋】

〔1〕何晏引包曰："冕者，冠也，大夫之服。瞽，盲也。"○朱熹曰："衣，上服。裳，下服。冕而衣裳，貴者之盛服也。"○覺按：齊衰（zīcuī）：也作"齊縗"，一種喪服，以粗麻布製成，因其緣邊部分縫齊，故名"齊衰"。它僅次於最重的斬衰（緣邊部分不縫的粗麻布喪服）。

〔2〕何晏引包曰："作，起也；趨，疾行也。此夫子哀有喪，尊在位，恤不成人。"○覺按：作：站起來，表示恭敬。　趨：小步快走，是一種禮貌的走法。

【譯文】

孔子見到披麻戴孝的人、穿大夫官服的人和盲人時的行爲：遇見他們，即使其年紀輕輕也一定恭敬地站起來；經過他們身邊，一定禮貌地小步快走。

【評析】

哀憐服喪的，尊敬做官的，同情殘疾的，已經成爲中華傳統的道德觀了，但如何表達其情，則歷代有所不同。

9.11

顏淵喟然歎曰[5]："仰之彌高，鑽之彌堅；瞻之在前，忽焉在後。夫子循循然善誘人，博我以文，約我以禮，欲罷不能。既竭吾才，如有所立卓爾，雖欲從之，末由也已[1]。"

【注釋】

〔1〕皇侃曰："末，無也。"

【譯文】

顏淵感慨地歎息説："仰望老師的學問越看越感到高不可攀，鑽研它越來越覺得嚴謹堅實；向前看它它在前面，但忽然又在後面而不可捉摸。老師一步步地善於引導人，先用文獻使我學問廣博，又用禮制來約束我，使我想停止不幹也不能够。已經竭盡了我的才能，好像又有卓越不凡的標準樹立在那兒，我雖然想趕上它，也没有辦法達到啊。"

【評析】

孔子的學問高深而扎實，博大而不可窮盡。其教育循循善誘，以教書入手，以道德育人爲本，並不斷有所推進。孔子説自己"爲之不厭，誨人不倦"(7.33)，顏淵的話無疑可以使我們更爲形象、更爲深入地瞭解了孔子之言的具體內涵。至於"瞻之在前，忽焉在後"似乎難以理解。其實，所謂"瞻之在前"，猶如 15.3 子貢所看到的孔子是"多學而識之者"；而"忽焉在後"，猶如 15.3 子貢所没有看到"一以貫之"(參見 15.3 評析)。

9.12

子疾病[1]，子路使門人爲臣。病間【6】[2]，曰："久矣哉，由之行詐也！無臣而爲有臣[3]，吾誰欺？欺天乎？且予與其死於臣之手也，無寧死於二三子之手乎[4]？且予縱不得大葬[5]，予死於道路乎？"

【注釋】

〔1〕何晏引包曰："疾甚曰病。"

〔2〕何晏引孔曰："少差曰間。"○皇侃曰："謂少差爲間者，若病不差，則病病相續無間斷也。若少差，則病勢斷絕有間隙也。當孔子病困時，不覺子路爲立臣，至於少差，乃覺而欺子路行詐也。"○覺按：病癒叫"差"，後寫作"瘥"。

〔3〕朱熹曰："夫子時已去位，無家臣。子路欲以家臣治其喪，其意實尊聖人，而未知所以尊也。"○劉寶楠曰："爲，即是'僞'。"

〔4〕何晏引馬曰："無寧，寧也；二三子，門人也。"

〔5〕大葬：隆重的葬禮，指按照禮制舉行的葬禮。孔子曾任魯國司寇，爲大夫（參見 10.1 注〔6〕），但此時已非大夫（參見 11.8、14.21），所以享受不到大夫的葬禮。

【譯文】

孔子病重，子路讓同學用做臣子的禮節侍奉孔子。孔子病情稍有好轉，説："仲由作假行騙已經很久啦！我現在沒有臣子而假裝有臣子，我能騙得了誰？能騙得了上天嗎？再説，我與其死在臣子的手中，還不如死在弟子們的手中啊！況且我即使享受不到大夫一樣的隆重葬禮，我會死在路上沒有弟子收尸嗎？"

【評析】

在孔子看來，師生之情遠勝於君臣之情。即使做了官"得大葬"，還不如由弟子來送終。這種師生情感觀由學生來表述，便是"一日爲師，終身爲父"。當然，孔子堅信弟子會爲他送葬，是以孔子愛生如子的付出爲感情基礎的（參見 11.18 評析）。尊師重教與愛生如子相輔相成，兩者都是中華民族的傳統美德。

9.13

子貢曰："有美玉於斯，韞匵而藏諸[7]，求善賈而沽諸[1]？"子曰："沽之哉！沽之哉！我待賈者也。"

【注釋】

[1] 何晏引馬曰："韞，藏也。匵，匱也。謂藏諸匱中。沽，賣也。"○皇侃曰："韞，裹之也。"○劉寶楠曰："善賈，喻賢君也。……物茂卿《論語徵》云：'善賈者，賈人之善者也。賈，音古。'"○覺按：諸：之乎。 賈（gǔ）：商人。

【譯文】

子貢説："有塊美玉在這裏，是封在匣子裏把它藏起來呢，還是找一個好的商人把它賣掉呢？"孔子説："把它賣掉吧！把它賣掉吧！我就在等待那個商人啊。"

【評析】

對子貢之喻，孔子一聽就明白了，不但激動地連連説"沽之哉"，而且明説"我待賈者也"，其迫切用世之情較 17.1、17.4、17.6 所述可謂有過之而無不及。俗話説："股票要炒人要跑。"股票"求善賈"纔能實現其價值，人才只有在流動中找到好單位纔最能實現其價值。人有了才能而不去找一個理想的地方發揮，就徒有其才了。

9.14

子欲居九夷[1]。或曰："陋，如之何？"子曰："君子居之，何陋之有[2]？"

【注釋】

〔1〕何晏引馬曰："九夷，東方之夷，有九種。"○皇侃曰："孔子聖道不行於中國，故託欲東往居於九夷也，亦如欲乘桴浮海也。……東有九夷，一玄菟，二樂浪，三高麗，四滿飾，五鳧更，六索家，七東屠，八倭人，九天鄙。"○邢昺曰："案《東夷傳》云：'夷有九種，曰畎（覺按："畎"字據元刻本）夷，于夷，方夷，黃夷，白夷，赤夷，玄夷，風夷，陽夷。'"○覺按：皇侃所說"乘桴浮海"見5.7。邢說見《後漢書·東夷列傳》。孫詒讓《墨子閒詁·非攻中》"九夷之國莫不賓服"注則曰："《韓非子·說林上篇》云'周公旦攻九夷而商蓋服'，'商蓋'即'商奄'，則'九夷'亦即淮夷。……九夷實在淮、泗之間，北與齊、魯接壤，故《論語》：'子欲居九夷。'"據孫說，則"九"乃虛數，泛指淮夷部族之多。"夷"是我國古代對東部各民族的統稱。

〔2〕何晏引馬曰："君子所居則化。"

【譯文】

孔子想住到東方夷族部落中去。有人說："那裏鄙陋粗野，對此該怎麼辦?"孔子說："君子住到那裏，還有什麼鄙陋粗野?"

【評析】

讀此文，我們馬上會想到劉禹錫的《陋室銘》："山不在高，有仙則名。水不在深，有龍則靈。……孔子云：何陋之有?"九夷雖陋，但有德之君子居之，就能移風易俗而不會再"陋"下去了。孔子之言，不但像17.6所說的"堅乎，磨而不磷"那樣表現了對自己道德操守的自信，而且含有推行教化之意，意涵更爲豐富。

9.15

子曰："吾自衛反魯【8】，然後樂正〔1〕，《雅》《頌》各得其所〔2〕。"

【注釋】

〔1〕衛：姬姓諸侯國，侯爵，始封之君爲周武王之弟康叔，名封。公元前 11 世紀周公旦平定武庚後，把原來商都（今河南省淇縣）周圍地區和殷民七族分封給康叔，成爲當時的大國，建都朝歌（今河南省淇縣）。公元前 660 年被翟擊敗，衛之遺民渡河者僅七百三十人，靠了齊、宋的援助，得以立戴公於曹邑（又作漕邑，在今河南省滑縣舊縣城東），連別邑之民，共五千人，從此成爲小國。後又遷到楚丘（今河南省滑縣東）、帝丘（今河南省濮陽縣西南），一直依附于魏國。衛懷君三十一年（公元前 253 年），背離魏國而和秦國連橫，被魏國擊敗。懷君朝魏，被魏所殺。魏立衛嗣君之弟衛元君，從此衛便成了魏國的附庸，實際上已滅亡了。公元前 241 年，秦攻取朝歌後又把衛元君遷到野王（在今河南省沁陽市），作爲秦國的附庸。公元前 209 年爲秦所廢。參見《左傳·閔公二年》及《史記》的《衛康叔世家》《六國年表》。　孔子在魯定公十四年（公元前 496 年）離開魯國到衛國，後周遊曹、宋、鄭、陳、蔡、楚等國後又到了衛國，於魯哀公十一年（公元前 484 年）回到魯國，其居衛在衛靈公與衛出公時期。參見本書前言所述。

〔2〕《雅》《頌》：指與《詩經》之《雅》《頌》相配的樂曲。　其：指意之所屬，即合乎理想的。

【譯文】

孔子説："我從衛國回到魯國，然後樂曲得到釐正，《雅》樂、《頌》樂各自得到了它們理想的歸屬。"

【評析】

從 3.23 之文可以看出，孔子精通音樂，所以他能整理樂曲，使《雅》《頌》各得其所。孔子此舉對古代文化的傳承貢獻極大，所以司馬遷將此文採入了《史記·孔子世家》。

9.16

子曰："出則事公卿，入則事父兄，喪事不敢不勉，不爲酒困〔1〕，何有於我哉〔2〕？”

【注釋】

〔1〕何晏引馬曰：“困，亂也。”
〔2〕何有：見4.13注〔2〕。

【譯文】

孔子説：“出去做官就忠誠地事奉公卿，回到家中就孝順地侍奉父兄，對喪事不敢不努力地根據喪禮去操辦，不被酒困擾得昏亂糊塗，這些對於我來説又有什麼不能做到的呢？”

【評析】

無論出外工作或在家，都能盡到自己的責任，這就是有擔當的表現。“不爲酒困”，其實也是怕自己糊塗了耽誤正事。人如果没有責任心而整天沉湎於酒色之中，就會成爲行尸走肉而不足掛齒了。

9.17

子在川上曰〔1〕：“逝者如斯夫〔2〕！不舍晝夜〔3〕。”

【注釋】

〔1〕上：見6.9注〔2〕。
〔2〕何晏引包曰：“逝，往也。言凡往者如川之流。”○皇侃曰：“斯，此也。夫，語助也。”
〔3〕陸德明曰：“舍，音捨。”○覺按：舍（shě）：通“捨”，捨棄。

【譯文】

孔子在河邊説：“消逝的一切就像這流水吧，日夜不停地過去了。”

【評析】

孔子只感歎不斷流逝之水，而不感慨上游不斷湧來之水。其意明顯是在痛惜光陰易逝，時不再來，以告誡後人要珍惜時光，分秒必争，不要少壯不努力，老大徒傷悲。蘇軾《前赤壁賦》云："客亦知夫水與月乎？逝者如斯，而未嘗往也；盈虛者如彼，而卒莫消長也。蓋將自其變者而觀之，則天地曾不能以一瞬；自其不變者而觀之，則物與我皆無盡也，而又何羨乎！"蘇軾既從"變"的角度看到了"逝者如斯"，又從"不變"的角度看到了眼前流水未嘗消逝。其對哲理的思考，可謂取資於孔子又勝於孔子了。

9.18

　　子曰："吾未見好德如好色者也[1]。"

【注釋】

　　[1] 據《史記·孔子世家》，這是公元前 495 年孔子説的話（參見 6.28 注 [1]）。

【譯文】

　　孔子説："我還没有見到像愛好美女那樣來愛好道德的人啊。"

【評析】

　　此言雖是孔子針對當時的道德淪喪發出的哀歎，但從另一方面來看，"好色"出自先天的本能，"好德"來源於後天的教育，孔子的話無疑又是以極形象的對比深刻地道明了後天教育的艱巨性。

9.19

　　子曰："譬如爲山，未成一簣，止，吾止也[1]；譬如平地，雖覆一簣，進，吾往也[2]。"

【注釋】

　　[1] 何晏引包曰："簣，土籠也。此勸人進於道德。爲山者，其功雖已多，未成一籠而中道止者，我不以其前功多而善之，見其志不遂，故不與也。"

〔2〕何晏引馬曰："平地者將進加功，雖始覆一簣，我不以其功少而薄之，據其欲進而與之。"

【譯文】

孔子説："做事如果拿堆土成山作比方，在還没有堆成山而缺少一筐土的時候卻中止不幹了，是自己中止的啊；如果拿平整土地作譬喻，即使只倒了一筐土而要進一步倒土，是自己前往的啊。"

【評析】

包咸説："此勸人進於道德。"朱熹説："蓋學者自彊不息，則積少成多；中道而止，則前功盡棄。其止其往，皆在我而不在人也。"其實，本章可喻指做任何事情，所以包咸以爲勸人進德而朱熹以爲勸人治學，此見仁見智之説正可説明本章喻意之廣博。而其要義，則在"吾止""吾往"，事情之成敗得失，均取決於自己。功虧一簣，功雖多而不足稱道；毅然邁出第一步，功雖少而值得勉勵。

9. 20

子曰："語之而不惰者〔1〕，其回也與!"

【注釋】

〔1〕朱熹曰："惰，懈怠也。"

【譯文】

孔子説："告訴他以後能毫不懈怠去幹的，大概只有顔回吧!"

【評析】

得到老師的忠告後作不懈的努力，應該是尊師重教最重要的内涵。

9. 21

子謂顔淵【9】，曰："惜乎! 吾見其進也，未見其止也〔1〕。"

【注釋】

〔1〕皇侃曰："顏淵死後，孔子有此歎也。"

【譯文】

孔子論及顏淵，説："可惜啊！我看見他不斷進取，還没有看見他停止不前啊。"

【評析】

奮發進取而永不停步，這就是孔子稱道的"好學"（參見 11.7）。

9.22

子曰："苗而不秀者有矣夫！秀而不實者有矣夫！"

【譯文】

孔子痛惜顏回短命，説："長出禾苗而没抽穗的有了吧！吐穗而没結成果實的有了吧！"

【評析】

好苗而"不秀""不實"實在可惜，賢才未有成就而夭折更爲可憫。由此可見，健康最可貴。不過，有人將健康的價值過分誇大也不可取。如説：健康是"1"，事業、家庭、地位、錢財等都是"1"後面的"0"，没有了"1"，一切都歸"0"。其實，健康的確重要，但如果對社會有所貢獻，其成就就不是"0"了。孔子死了，他的"1"没了，但他的貢獻並没有歸零，其成就不但使他流芳百世，而且使後人受益無窮。

9.23

子曰："後生可畏【10】，焉知來者之不如今也？四十、五十而無聞焉，斯亦不足畏也已【11】。"

【譯文】

孔子説："後來出生的年輕人值得害怕，哪能預知後來的人不如今天的人呢？如果他到了四十、五十歲還没有名堂，也就不值得害怕啦。"

【評析】

常言道："年輕有爲，來日方長。"年輕人年富力强，很有潛力，如果努力的話，就能創造出超越前人的業績。人們雖説"老當益壯"，但客觀地説，人到了五六十歲，精力便漸漸開始衰退，所以即使努力，也往往因基礎不好而無法取得非凡的成就了。孔子這話實際上是在勸勉後生趁年輕時努力學習，别"少壯不努力，老大徒傷悲"。

9. 24

子曰："法語之言[1]，能無從乎？改之爲貴。巽與之言[2]，能無説乎【12】[3]？繹之爲貴[4]。説而不繹，從而不改，吾末如之何也已矣。"

【注釋】

[1] 邢昺曰："謂人有過，以禮法正道之言告語之。"○劉寶楠曰："《釋文》：'語，於據反。'謂告語之也。"

[2] 皇侃曰："巽，恭遜也。"○覺按：巽（xùn）：通"遜"。

[3] 説：通"悦"。

[4] 繹：抽絲，引申指理出頭緒，推究事物的原因。

【譯文】

孔子説："按照法度説的話，能不聽從嗎？但聽從後改正錯誤纔可貴。恭敬順從的話，聽了能不高興嗎？但高興後弄清其頭緒纔可貴。高興了卻不去弄清其頭緒，聽從了卻不改正錯誤，我就不能拿他怎麼樣了。"

【評析】

好話要聽從，但要緊的是行動，陽奉陰違的僞君子實在是不可救藥的。順耳恭維之言得加分析，因爲它可能是正直之言，但很多卻是阿諛奉承、順水推舟而縱己之惡的諂媚之言。"良藥苦口利於病，忠言逆耳利於行"，聽到恭維順耳之言時更不能忘了這兩句格言。

9.25

子曰："主忠信[1]，毋友不如己者【13】。過則勿憚改。"

【注釋】

〔1〕此文見 1.8 注〔2〕〔3〕。

【譯文】

孔子説："要把忠誠守信的人作爲自己投靠的主人，別和不類似於自己的人交朋友。有了錯誤就不要怕改正。"

【評析】

此章與 1.8 重複，參見該章評析。

9.26

子曰："三軍可奪帥也[1]，匹夫不可奪志也[2]。"

【注釋】

〔1〕三軍：見 7.10 注〔2〕。
〔2〕何晏引孔曰："三軍雖衆，人心不一，則其將帥可奪而取之。匹夫雖微，苟守其志，不可得而奪也。"○邢昺曰："士大夫已上有妾媵，庶人賤，但夫婦相匹配而已，故云匹夫。"

【譯文】

孔子説："三軍可以奪取它的主帥，而一個平民卻不可能強行改變他的志向。"

【評析】

"三軍"與"一人"，其力量之懸殊顯而易見，但一"可奪"，一"不可奪"。這種鮮明的對比與反襯，更顯示出在意識形態領域中思想工作的艱巨性，它比依靠武力的戰爭要艱難得多。

9.27

子曰："衣敝縕袍【14】〔1〕，與衣狐貉者立而不恥者，其由也與？'不忮不求，何用不臧〔2〕？'"子路終身誦之。子曰："是道也，何足以臧？"

【注釋】

〔1〕何晏引孔曰："縕，枲著。"○皇侃曰："以碎麻著裘也。碎麻曰縕。"○朱熹曰："敝，壞也。"○覺按："縕"音 yùn。所謂"枲著"，就是用麻類植物的纖維附着其中。

〔2〕何晏引馬曰："忮，害也。臧，善也。"○邢昺曰："此《詩·邶風·雄雉》之篇，疾貪惡忮害之詩也。孔子言之，以善子路也。"○覺按："忮"音 zhì。

【譯文】

孔子說："穿着亂麻充填的破袍子，與穿着狐狸皮袍的人站在一起而不覺得羞恥的，大概只有仲由吧？正如《詩·邶風·雄雉》所云：'不想害人不貪求，憑啥說他不優秀？'"子路於是一輩子吟誦這兩句詩。孔子說："就這德行，怎麼够得上優秀？"

【評析】

子路不恥貧而不求富，與孔子安貧的觀念相同（參見 4.5、15.32），所以孔子讚揚他，但子路以此爲滿足，就與孔子的"樂道"觀念不合了（參見 1.15），所以孔子批評他。人有一些優點並不難，難的是不躺在已有的功勞簿上而不斷有所進取。

9.28

子曰："歲寒，然後知松栢之後凋也【15】〔1〕。"

【注釋】

〔1〕何晏曰："喻凡人處治世亦能自修整，與君子同；在濁世，然後知君子之正不苟容。"○朱熹引謝氏曰："士窮見節義，世亂識忠臣。"

【譯文】

孔子説："一年到了最寒冷的時候，然後纔知道松樹柏樹是最後凋謝的。"

【評析】

俗話説："疾風知勁草，路遥知馬力。"也是這個意思。天氣未冷，各種樹木都不凋零，只有到隆冬臘月，纔顯示出松柏的强大生命力。同樣，在順利的環境中，人人都可以表現不錯，但在逆境之中，就只有堅强的鬥士纔能顯出英雄本色。這一比喻十分貼切，所以"歲寒松柏"常被後人用來喻指在逆境困難中能保持節操的人。如唐代劉禹錫《將赴汝州途出浚下留辭李相公》詩："後來富貴已零落，歲寒松柏猶依然。"（《全唐詩》卷三百五十六）

9.29

子曰："知者不惑【16】〔1〕，仁者不憂，勇者不懼。"

【注釋】

〔1〕陸德明曰："知，音智。"

【譯文】

孔子説："聰明的人不會迷惑，仁愛的人不會擔憂，勇敢的人不會畏懼。"

【評析】

智者能明辨真假是非，所以"不惑"。仁者樂天知命（參見 2.4、7.22、9.5、14.36、12.5），安貧樂道（參見 1.15、7.15），内省不疚（見 12.4），所以"不憂"。勇者見義勇爲（參見 2.24），見危授命（14.12），所以"不懼"。此三者是君子之道（見 14.28）。從 4.2、14.28 之文來看，應該先言"仁者"，後言"知者"。6.23 之文雖然先言"知者"，其實重點還是在"仁者"，不宜以彼律此。總之，孔子之言，弟子各有所記，彙編成書又出於衆手，所以行文有所不同也不足爲怪，其中究竟哪一種記録最合乎原話，宜加甄别，但已難作定論了。

9.30

子曰："可與共學，未可與適道[1]；可與適道，未可與立；可與立，未可與權[2]。"

【注釋】

[1] 何晏曰："適，之也。雖學，或得異端，未必能之道。"○覺按：適：至。

[2] 皇侃曰："權者，反常而合於道者也。自非通變達理，則所不能。"

【譯文】

孔子説："可以和他一起學習，但未必能和他一起歸於正道；能和他歸於正道，但未必能和他立足於社會；能和他立足於社會，但未必能和他權宜行事。"

【評析】

不學則無知，所以起始於學習；學習有可能得到"異端"（見 2.16），所以未必能得到正道；得到正道，只是立身處世之基礎，還必須付諸實踐，所以未必能立足於社會；社會的事情是複雜的，必須根據具體情況靈活處理，所以能立足於社會，未必能權宜行事。此文所説的學習、得道、立身、通權達變，是人生道路上從幼稚到成熟的四個里程碑。2.4 所説的

"十有五而志于學"，便是此文"學"而"適道"的階段；"三十而立"相當於此文之"立"；"四十而不惑，五十而知天命，六十而耳順，七十而從心所欲，不踰矩"即逐步進入了此文"權"的境界。通權達變，既要有知識，又要有社會經驗，所以是人成熟的標誌。如20.3説"不知禮，無以立"，但知禮僅獲得了立身之道（參見8.8），如果死板地"小大由之"而不顧"和爲貴"是不行的（參見1.12），所以還應該以"權"用禮。6.2仲弓説"居簡而行簡"是不行的，"居敬而行簡"纔可以，這也是"權"，所以得到了孔子的肯定。

9.31

"唐棣之華，偏其反而[1]。豈不爾思？室是遠而。"子曰："未之思也，夫何遠之有【17】？"

【注釋】

〔1〕何晏曰："逸詩也。唐棣，栘也，華反而後合。"○皇侃曰："華，花也。夫樹木之花，皆先合而後開。唐棣之花，則先開而後合。"○邢昺曰："郭璞曰：'似白楊，江東呼夫栘。'"○朱熹曰："而，語助也。"

【譯文】

《詩》云："唐棣之花不一般，先開後合偏相反。難道是我不想你？你的房間實太遠。"孔子説："是還没有想她呀，她有什麼遥不可及的呢？"

【評析】

事在人爲，而心想則事成。如果真想做某事，即使没有條件，也會盡力創造條件而把事辦成。因此，"豈不爾思？室是遠而"不過是藉口而已。孔子揭出其要害在主觀上的"未之思"，而不在客觀上的"遠"，可謂一針見血。

【本篇校勘記】

【1】毋：皇本、朱本、蔡本、監本同，邢本作"母"。
【2】我：邢本、朱本、蔡本、監本同，皇本作"我者"。

【3】問：邢本、朱本、蔡本、監本同，皇本作"來問"。

【4】少：邢本、朱本、蔡本、監本同，皇本作"少者"。

【5】歎：邢本、皇本、監本同，朱本、蔡本作"嘆"。

【6】間：邢本、朱本、蔡本、監本同，皇本作"閒"。

【7】匭：邢本、皇本、朱本、監本同，蔡本作"匱"。

【8】衛反：朱本、蔡本、監本同，邢本作"衞反"，皇本作"衛反於"。

【9】監本自"子謂顏淵"至"毋友"因脫頁而缺。

【10】可畏：邢本、朱本、蔡本同，皇本作"可畏也"。

【11】已：邢本、朱本、蔡本同，皇本作"已矣"。

【12】説：邢本、朱本、蔡本同，皇本作"悦"。下一"説"字同此。

【13】毋：朱本同，邢本作"母"，皇本、蔡本作"無"。

【14】敝：邢本、朱本、蔡本、監本同，皇本作"弊"。

【15】栢：邢本、朱本、蔡本同，皇本、監本作"柏"。凋：邢本、皇本同，朱本、蔡本、監本作"彫"。

【16】知：邢本、朱本、蔡本、監本同，皇本作"智"。

【17】有：邢本、朱本、蔡本、監本同，皇本作"有哉"。

鄉黨第十

【提要】

　　本篇主要記載孔子的言行，對瞭解孔子及當時的禮儀文化具有重要的史料價值。其中有些內容在後代尚有一定的借鑒意義，如在家鄉説話應該溫和恭敬，在朝廷説話應該明白謹慎，和同級的官員説話可以侃侃而談，和上級官員説話應該一本正經，在君主面前應該恭敬而從容不迫，接待賓客應該彬彬有禮。食物變質後不吃，吃肉不過量，喝酒不喝醉，不吃得太飽，"食不語，寢不言"。馬棚失火後對人的關心，聽到君命立即執行，爲沒人收屍的朋友辦喪事，注意乘車時的自身安全。

10.1

孔子於鄉黨[1]，恂恂如也[2]，似不能言者。其在宗廟朝廷[3]，便便言，唯謹爾[4]。朝[5]，與下大夫言[6]，侃侃如也[7]；與上大夫言，誾誾如也[8]。君在，踧踖如也，與與如也[9]。

【注釋】

〔1〕鄉黨：見 6.5 注〔3〕。

〔2〕何晏引王曰：“恂恂，温恭貌。”〇覺按：“恂”音 xún。 如：見 3.23 注〔3〕。

〔3〕劉寶楠引金鶚《禮説》云：“凡言庭者，皆廟寢堂下也。若治朝、外朝，皆無堂，則亦無庭，而名之曰廷，所謂朝廷也。庭與廷字有別。《説文》云：‘庭，宮中也。廷，朝中也。’庭有堂，故其文從广；廷無堂，而但爲平地，故其文從廴。”

〔4〕何晏引鄭曰：“便便，辯也。雖辯而謹敬。”〇覺按：“便”音 biàn。 爾：耳，罷了。

〔5〕朱熹曰：“此君未視朝時也。”

〔6〕劉寶楠曰：“夫子仕魯爲小司空、小司寇，是下大夫。而《孔子世家》及趙岐《孟子》注皆謂孔子爲大司寇。案司寇爲司空兼官，孟孫居之。其小司寇，則臧孫世爲此官。定公時，臧氏不見經傳，意其時臧氏式微，司寇職虛，故孔子得爲之。傳者虛張聖功，以爲孔子實爲大司寇矣。上大夫職尊，孔子所事。下大夫則與孔子同列者也。”

〔7〕何晏引孔曰：“侃侃，和樂貌。”〇劉寶楠曰：“《爾雅·釋詁》：‘衎，樂也。’《説文》：‘衎，喜貌。’‘侃’‘衎’古通，故注訓‘侃’爲‘和樂’，謂‘侃’爲‘衎’之叚借也。……《説文》‘侃’訓剛直，於此義不相應。”〇覺按：“侃侃”與“衎衎”相通，當兼具剛直和樂之意，表示理直氣壯又從容不迫，用來形容直抒己見。

〔8〕何晏引孔曰：“誾誾，中正之貌。”〇覺按：“誾”音 yín。

〔9〕何晏引馬曰：“君在，視朝也。踧踖，恭敬之貌。與與，威儀中適之貌。”〇皇侃曰：“雖須踧踖，又不得急速，所以形容舉動每須與與如

也。與與，猶徐徐也，所以恭而安也。”○覺按：踧踖（cùjí）：雙腳侷促不安，指舉動謹慎。

【譯文】

孔子在家鄉的時候，一副溫順恭敬的樣子，好像不能說話似的。他在宗廟中和朝廷上，能言善辯地說話，只是很謹慎罷了。他上朝時，與同級的下大夫說話，一副從容不迫的樣子；與上大夫說話，一副端端正正的樣子。國君在面前的時候，孔子一副恭敬不安的樣子，一副不慌不忙的樣子。

【評析】

此章記述孔子的言行舉止，其要義在得體。即言行舉止應該符合場景的要求。

10.2

君召使擯【1】〔1〕，色勃如也〔2〕，足躩如也〔3〕。揖所與立，左右其手【2】，衣前後襜如也〔4〕。趨進，翼如也。賓退【3】，必復命曰：“賓不顧矣〔5〕。”

【注釋】

〔1〕皇侃曰：“擯者，爲君接賓也。”○劉寶楠引江永《羣經補義》云：“《史記》謂孔子爲魯司寇，攝行相事，非相國事也。當時魯政，專自季桓子，孔子安得攝之？所謂攝行相事者，攝相禮之事，若‘夾谷之會，孔子相’是也。君召使擯，亦是有賓客來，重孔子知禮，特使爲擯而兼相。”

〔2〕劉寶楠曰：“《北堂書鈔》禮儀部七引鄭此注云：‘勃，矜莊貌也。’”

〔3〕何晏引包曰：“足躩，盤辟貌。”○皇侃引江熙云：“躩，速貌也。”

〔4〕何晏引鄭曰：“揖左人，左其手；揖右人，右其手；一俛一仰，衣前後襜如也。”○朱熹曰：“襜，整貌。”

〔5〕劉寶楠曰：“《說文》：‘顧，還視也。’”

【譯文】

國君召喚孔子讓他迎接賓客，他的臉色是一本正經的樣子，雙腳是快步周旋的樣子。他對站在身邊的人作揖，向左或向右拱他的手，衣服向前向後整齊地擺動着。他小步快走前進的時候，雙臂像鳥的翅膀一樣不前後擺動。賓客退去後，他一定向國君回報説："賓客不回頭了。"

【評析】

當時的迎賓之禮由此文可見一斑，其要義在不卑不亢。

10.3

入公門〔1〕，鞠躬如也〔2〕，如不容。立不中門，行不履閾〔3〕。過位〔4〕，色勃如也，足躩如也，其言似不足者。攝齊升堂〔5〕，鞠躬如也，屏氣似不息者。出，降一等〔6〕，逞顏色怡怡如也。沒階【4】〔7〕，趨進【5】，翼如也。復其位，踧踖如也。

【注釋】

〔1〕皇侃曰："公，君也。"
〔2〕皇侃曰："鞠，曲斂也。躬，身也。"
〔3〕何晏引孔曰："閾，門限。"○皇侃曰："履，踐也。"○覺按："閾"音 yù。
〔4〕何晏引包曰："過君之空位。"
〔5〕何晏引孔曰："衣下曰齊。"
〔6〕朱熹曰："等，堦之級也。"
〔7〕何晏引孔曰："沒，盡也。下盡階。"

【譯文】

孔子進入國君朝廷之門，一副彎着腰像鞠躬的樣子，好像門口不能容納自己似的。站立的時候不站在大門中間，行走的時候不踩門檻。經過國君座位時，臉色是一本正經的樣子，雙腳是快步周旋的樣子，他的話似乎不能充分表達一樣。他撩起衣服的下襬登上廳堂，一副彎着腰像鞠躬的樣子，屏住氣似乎没有呼吸一樣。走出廳堂，走下一級臺階，露出的臉色是和悦的樣子。走完臺階，小步快走前進，雙臂像鳥的翅膀一樣不前後擺動。回到他原來的位子上，一副恭敬不安的樣子。

【評析】

由此文可見當時的見君之禮，其要義是卑躬屈膝，誠惶誠恐。

10.4

執圭[1]，鞠躬如也，如不勝[2]，上如揖，下如授[3]，勃如戰色[4]，足蹜蹜如有循[5]。享禮[6]，有容色。私覿[7]，愉愉如也。

【注釋】

〔1〕何晏引包曰：“爲君使，聘問鄰國，執持君之圭。”○劉寶楠曰：“《説文》：‘圭，瑞玉也。上圜下方。’”

〔2〕朱熹曰：“如不勝，執主器，執輕如不克，敬謹之至也。”○覺按：“執主器，執輕如不克”爲《禮記·曲禮下》之文，鄭玄注：“主，君也。克，勝也。”

〔3〕朱熹曰：“謂執圭平衡，手與心齊，高不過揖，卑不過授也。”○覺按：《禮記·曲禮下》：“凡奉者當心，提者當帶。”孔穎達疏：“奉之者，謂仰手當心，奉持其物。提之者，謂屈臂當帶，而提挈其物。帶有二處：朝服之屬，其帶則高於心；深衣之類，其帶則下於脇。……今云‘提者當帶’，謂深衣之帶。”《禮記·曲禮下》又云：“執天子之器則上衡，國君則平衡，大夫則綏之，士則提之。”鄭玄注“上衡”曰：“謂高於心，彌敬也。此衡謂與心平。”孔穎達疏：“執，持也。上，猶高也。衡，平也。平謂人之拱手正當心平，故謂心爲衡。天子至尊，器不宜下，故臣爲擎奉皆高於心，彌敬也。……國君，諸侯也。降於天子，故其臣爲奉持器與心齊平也。”此文“上如揖，下如授”猶《禮記》之“奉者當心，提者當帶”。“上”“下”指執圭時的高、低。“如揖”猶《禮記》之“當心”與“平衡”，指像拱手一樣與心部的高度一致。“如授”猶《禮記》之“當帶”，

指像授人物品時那樣與肋骨下部的腰帶一樣高。

〔4〕戰：通"顫"，因恐懼而發抖的樣子，形容其小心謹慎。

〔5〕何晏引鄭曰："足蹜蹜如有循，舉前曳踵行。"○邢昺曰："按《玉藻》云：'執龜玉，舉前曳踵，蹜蹜如也。'踵謂足之後跟也。謂將行之時，初舉足前，後曳足跟，行不離地。蹜蹜如也，言舉足狹數。"○劉寶楠曰："《説文》：'循，順行也。'兩足不能分步，則趾踵相接，順遞而行，故舉前足，則曳後踵隨之。《曲禮》云：'執主器，操圭璧，則尚左手。行不舉足，車輪曳踵。'注云：'行不舉足，重慎也。車輪，謂行不絕地也。'疏云：'踵，腳後也。若執器行時，則不得舉足，但起前拽後，使踵如車輪曳地而行，故云"車輪曳踵"。'"○覺按：蹜（sù）：與"縮"同源，基本義爲收斂，具體義爲行走時縮小腳步，指只抬起腳尖而拖着腳跟前行。　有循：有所遵循，指沿着規定的路綫。

〔6〕何晏引鄭曰："享，獻也。"○皇侃曰："享者，聘後之禮也。夫諸侯朝天子，及五等更相朝聘禮，初至皆先單執玉行禮，禮王謂之爲朝，使臣禮主國之君謂之爲聘。聘，問也，政言久不相見，使臣來問於安否也，既是初至，其禮質敬，故無他物，唯有瑞玉，表至誠而已。行朝聘既竟，次行享禮。享者，獻物也。亦各有玉，玉不與聘玉同也。又皆有物將之，或用皮馬，或用錦繡，又獻土地所生，羅列滿庭，謂之庭實。"

〔7〕何晏引鄭曰："覿，見也。"○覺按："覿"音 dí。

【譯文】

孔子出使時手拿國君的玉圭，一副彎着腰像鞠躬的樣子，好像不能勝任玉圭重量似的，舉高時像拱手作揖一樣與心部齊平，放低時像授人東西一樣與肋骨下部齊平，一本正經地帶着恐懼的臉色，雙腳侷促地拖着腳跟前行好像有所遵循似的。在獻上禮品的儀式上，他有了正常的容貌和臉色。等到以私人的身份和別國國君相見時，是一副和顏悦色的樣子。

【評析】

由此文可見當時的出使聘問之禮。其要義是爲國君辦事時如同見君一樣誠惶誠恐，此外則如常。

10.5

君子不以紺緅飾[1]，紅紫不以爲褻服[2]。當暑，袗絺綌[6][3]，必表而出【7】[4]。緇衣羔裘，素衣麑裘，黃衣狐裘[5]。褻裘長，短右袂[6]。必有寢衣，長一身有半[7]。狐貉之厚以居[8]。去喪，無所不佩[9]。非帷裳，必殺之[10]。羔裘、玄冠不以弔[11]。吉月[12]，必朝服而朝。齊[13]，必有明衣[14]，布[15]。

【注釋】

〔1〕何晏引孔曰：“飾者不以爲領袖緣也。紺者，齊服盛色，以爲飾衣，似衣齊服。緅者，三年練，以緅飾衣，爲其似衣喪服，故皆不以爲飾衣。”○陸德明曰：“緅，《字林》云：‘帛青色。’”○邢昺曰：“君子，謂孔子也。……《説文》云：‘紺，帛深青揚赤色。’”○劉寶楠曰：“段氏玉裁《説文注》謂紺即今之天青，又名紅青。”○覺按：“紺”音 gàn。“緅”音 zōu。下文孔安國注云“喪主素”（見注〔11〕），則此注謂“似衣喪服”當誤，也應云“似衣齊（齋）服”。

〔2〕何晏引王曰：“褻服，私居服，非公會之服。皆不正，褻尚不衣，正服無所施。”○皇侃曰：“紅、紫，非正色也。……五方正色，青、赤、白、黑、黃。……不用紅、紫，言是閒色也。所以爲閒者，穎子嚴云：‘東方木，木色青，木剋於土，土色黃，以青加黃，故爲綠，綠爲東方之閒也。又南方火，火色赤，火剋金，金色白，以赤加白，故爲紅，紅爲南方閒也。又西方金，金色白，金剋木，木色青，以白加青，故爲碧，碧爲西方閒也。又北方水，水色黑，水剋火，火色赤，以黑加赤，故爲紫，紫爲北方閒也。’”○劉寶楠曰：“《説文》又云：‘紅，帛赤白色也。’段注謂如今之粉紅、桃紅。”

〔3〕陸德明曰：“袗，單也。絺，細葛。綌，麤葛。”○劉寶楠曰：“袗，單也。單謂衣無裏，對袷褶之有裏者言之也。單衣葛者，以葛爲絺綌用爲單衣也。”○覺按：袗絺綌（zhěn chī xì）：單層葛布衣，此用作動詞。

〔4〕皇侃曰："表，謂加上衣也。古人冬則衣裘，夏則衣葛也。若在家，則裘、葛之上亦無別加衣。若出行接賓，皆加上衣。"○劉寶楠曰："古人之服，先著親身之衣，次則春秋加袷褶，夏加絺綌，冬加裘，又次各加裼衣，又次上加禮服。此文'必表而出'與下文'緇衣''素衣''黃衣'，皆論裼衣。"○覺按：表：外衣，此用作動詞。

〔5〕邢昺曰："凡服必中外之色相稱。羔裘，羔羊裘也，故用緇衣以裼之。麑裘，鹿子皮以爲裘也，故用素衣以裼之。狐裘黃，故用黃衣以裼之。"○朱熹曰："緇，黑色。羔裘，用黑羊皮。麑，鹿子，色白。"

〔6〕何晏引孔曰："私家裘長，主溫。短右袂，便作事。"

〔7〕劉寶楠曰："寢衣，鄭注云：'今小臥被是也。'案《說文》：'被，寢衣也，長一身有半。衾，大被也。'……王氏引之《經義述聞》解'寢衣'亦誤，而解'長一身有半'最確。其說云：'人自頂以下踵以上總謂之身……頸以下股以上亦謂之身……以今尺度之，中人頸以下股以上約有一尺八寸，一身之長也。再加九寸，爲一身之半，則二尺七寸矣。以古六寸爲尺計之，得四尺又五寸，一身又半之長也。'案：如王說，寢衣當至膝。"○覺按：據劉說，則"寢衣"即睡衣。"身"指軀幹。"有"通"又"。至於所謂"小臥被"，即小睡時所披的意思。所謂"衾"，即今之被子。

〔8〕劉寶楠曰："鳳氏韶《經說》：'……"居"字有坐義。閻氏據此及《小戎》詩"文茵"謂"狐貉之厚以居"爲坐褥，良是。'案鳳說是也。古人加席於地而坐其上，大夫再重。至冬時氣寒，故夫子於所居處用狐貉之厚者爲之藉也。"

〔9〕何晏引孔曰："去，除也。非喪則備佩所宜佩也。"○邢昺曰："居喪無飾，故不佩。"○朱熹曰："君子無故，玉不去身。觿礪之屬，亦皆佩也。"

〔10〕皇侃曰："鄭注此云：'帷裳，謂朝祭之服，其制正幅如帷也。非者，謂餘衣也。殺之者，削其幅使縫齊陪腰者也。'"○覺按：古代的服裝，上身穿的叫"衣"，下身穿的裙叫"裳"。"帷裳"是帷帳似的裙，即用整幅的面料做成而上下不加裁剪的裙。　殺（shài）：由大到小、依一定的標準遞減。

〔11〕何晏引孔曰："喪主素，吉主玄，吉凶異服。"

〔12〕何晏引孔曰："吉月，月朔也。"

〔13〕陸德明曰："齊，本或作'齋'，同。"○覺按："齊""齋"爲古今字。

〔14〕劉寶楠曰："明衣，親身衣。……因其潔清，故稱'明衣'。衣者，上下服之通稱。"

〔15〕何晏引孔曰："以布爲沐浴衣。"

【譯文】

孔子不用做齋服的天青色、青色做領口、袖口的鑲邊，也不用非正色的間色粉紅色、紫色做在家穿的便服。在暑天，穿葛布單衣，但一定加上外衣再出門。黑色的罩衣配小黑羊皮做的皮袍，白色的罩衣配小鹿皮做的皮袍，黃色的罩衣配狐狸皮做的皮袍。家常穿的皮袍做得長以利保暖，但把右邊的袖子做得短一些以便幹活。一定有睡衣，其長度是一個軀幹的一倍半。狐狸皮、貉皮做成的厚墊子用作坐墊。卸除喪服後，就沒有什麼不佩戴的了。除了上朝和祭祀時穿的帷帳似的圍裙，其他下裙一定將它們的腰部裁掉一些再縫製。小黑羊皮做的皮袍、玄黑色的帽子不用來吊喪。每月初一，一定穿着上朝的服裝去上朝。齋戒時，一定有乾淨的浴衣，用葛布做的。

【評析】

由此文可見當時的衣服制度，其要義是祭服、喪服、朝服、齋戒之服不可混同於一般服裝。

10. 6

齊〔1〕，必變食〔2〕，居必遷坐〔3〕。食不厭精〔4〕，膾不厭細〔5〕。食饐而餲〔6〕，魚餒而肉敗〔7〕，不食。色惡，不食。臭惡【8】，不食。失飪〔8〕，不食。不時〔9〕，不食。割不正，不食〔10〕。不得其醬〔11〕，不食。肉雖多，不使勝食氣〔12〕。唯酒無量【9】，不及亂。沽酒市脯，不食〔13〕。不撤薑食〔14〕，不多食。祭於公，不宿肉〔15〕。祭肉不出三日，出三日，不食之矣〔16〕。食不語，寢不言〔17〕。雖疏食、菜羹、瓜祭【10】，必齊如也[18]。席不正，不坐。

【注釋】

〔1〕齊：見 10.5 注〔13〕。

〔2〕何晏引孔曰："改常饌。"○劉寶楠引凌曙《典故覈》云："變食者，謂盛饌也。君子敬其事則盛其禮，故不餕餘也。"

〔3〕皇侃引范甯云："齊以敬潔爲主，以期神明之享，故改常之食，遷居齊室也。"

〔4〕陸德明曰："食，飯也。"

〔5〕陸德明曰："膾，又作'鱠'。"

〔6〕皇侃曰："饐謂飲食經久而腐臭也。餲謂經久而味惡也。"○覺按："餲"音 ài。

〔7〕皇侃曰："《爾雅》云：'肉謂之敗，魚謂之餒。'李巡云：'肉敗久則臭，魚餒肉爛。'"

〔8〕何晏引孔曰："失飪，失生熟之節。"

〔9〕何晏引鄭曰："不時，非朝、夕、日中時。"

〔10〕皇侃引江熙云："殺不以其道爲不正也。"○邢昺曰："謂折解牲體，脊、脅、臂、臑之屬，禮有正數，若解割不得其正，則不食也。"

〔11〕何晏引馬曰："魚膾非芥醬不食。"○皇侃曰："食味各有所宜，蠃醢菰食，魚膾芥醬，竝相宜也。故若食不得所宜之醬，則不食也。"○覺按：《禮記·內則》："食：蝸醢而苽食、雉羹……濡雞，醢醬實蓼；濡魚，卵醬實蓼；濡鱉，醢醬實蓼；……魚膾，芥醬；麋腥，醢醬。"可見古人吃飯時使用醬料很講究。

〔12〕皇侃曰："勝，猶多也。食，謂他饌也。食氣多肉少則肉美，若肉多他食少則肉不美，故不使肉勝食氣也。"○朱熹曰："食以穀爲主，故不使肉勝食氣。"○覺按：食：此用作名詞，即上文"食不厭精"之"食"，指飯（見注〔4〕）。 氣（xì）：從"米"得義，本指米。《説文·米部》："氣，饋客芻米也。從米，气聲。《春秋傳》曰：'齊人來氣諸矦。'（許既切）槩，氣或從既。餼，氣或從食。"這從食之"餼"的本義即以米食人，也就是拿米送人，這其實是"氣"活用作動詞後的意義，所以後來改用"餼"字以與"氣"相區別。由於後來多用"氣"表示云气，"氣"的本義就湮没了。此文之"氣"則表示其本義"米"。

〔13〕皇侃曰："酒不自作，則未必清凈；脯不自作，則不知何物之肉，故沽市所得，並所不食也。"○朱熹曰："沽、市，皆買也。"

〔14〕何晏引孔曰："撤，去也。齊禁薰物，姜辛而不臭，故不去。"

〔15〕何晏引周曰："助祭於君，所得牲體，歸則班賜，不留神惠。"

〔16〕何晏引鄭曰："自其家祭肉，過三日不食，是褻鬼神之餘。"

〔17〕邢昺曰："直言曰言，荅述曰語。"

〔18〕何晏引孔曰："齊，嚴敬貌。三物雖薄，祭之必敬。"

【譯文】

孔子齋戒時，一定改變日常的飲食而不吃剩菜，坐的時候一定把座位移到齋室中去。米飯不厭惡用精選的優質米，魚末子、肉末子不厭惡切得細小。飯食變質或變味了，魚腐爛或肉發臭了，就不吃。食物顏色不好的，不吃。氣味不好的，不吃。烹飪失當的，不吃。不在進餐的時候，不吃。肉類宰割得不合理的，不吃。魚、螺等沒有相配的醬料，不吃。肉雖然多，吃的時候也不讓它超過米飯。只有酒沒有限量，但絕不喝到昏亂的地步。買來的酒和買來的肉乾，不吃。不撤去帶薑的食物，但不過分多吃。在國君處幫助祭祀，不過夜就把得到的祭肉賜給大家。吃自己家的祭肉不超過三天，超過三天，就不吃它了。進餐時不和人説話，睡覺時不自言自語。即使用粗糧、菜羹、瓜類來祭祀，也一定嚴肅恭敬地對待。坐席擺得不正，就不坐。

【評析】

由此文可見當時的齋戒、祭祀之禮，其要義在謹慎恭敬，一絲不苟。

10.7

鄉人飲酒，杖者出，斯出矣〔1〕。鄉人儺，朝服而立於阼階〔2〕。問人於他邦，再拜而送之〔3〕。康子饋藥，拜而受之，曰："丘未達〔4〕，不敢嘗【11】。"

【注釋】

〔1〕何晏引孔曰："杖者，老人也。鄉人飲酒之禮主於老者，老者禮畢

出，孔子從，而後出。"

〔2〕何晏引孔曰："儺，驅逐疫鬼。恐驚先祖，故朝服而立於廟之阼階。"○皇侃曰："阼階，東階，主人之階也。"○覺按："儺"音 nuó。

〔3〕何晏引孔曰："拜送使者，敬也。"○覺按：再拜：先後拜兩次，是古代的一種禮節。據《周禮·春官·大祝》，周代有九拜之禮：稽首（拜頭至地且停留一會），頓首（頭叩一下地），空首（拜頭至手），振動（以兩手相擊），吉拜（拜而後前額至地），凶拜（前額至地而後拜），奇拜（拜一次），褒拜（即再拜），肅拜（低頭拱手作揖）。

〔4〕皇侃曰："達，猶曉解也。"

【譯文】

和鄉裏的人一起參加飲酒的禮儀，挂拐杖的老人出來後，孔子就出來了。鄉裏的人舉行驅逐疫鬼的儀式，孔子穿着上朝的禮服站在家廟東邊的臺階上以免家廟中的鬼神受驚。孔子派使者到其他國家慰問人，向使者行再拜禮來爲他送行。季康子送給孔子藥物，孔子拜了一下而接受了它，説："我孔丘還没有通曉這藥物的情況，不敢吃。"

【評析】

此文寫孔子在鄉里參加活動以及與人交往時的禮節，其要義是尊老、敬神而重人情。

10.8

廐焚【12】〔1〕，子退朝，曰："傷人乎?" 不問馬〔2〕。

【注釋】

〔1〕陸德明曰："廐，夫子家廐也。"
〔2〕何晏引鄭曰："重人賤畜。退朝，自君之朝來歸。"

【譯文】

孔子家的馬棚被燒了，孔子退朝回來，説："燒傷人了嗎?" 不問馬的死活。

【評析】

仁者愛人（見 12.22），所以孔子問人而不問馬。

10.9

君賜食，必正席，先嘗之【13】〔1〕；君賜腥，必熟而薦之〔2〕；君賜生，必畜之〔3〕。侍食於君，君祭，先飯。疾，君視之〔4〕，東首，加朝服，拖紳【14】〔5〕。君命召，不俟駕行矣〔6〕。

【注釋】

〔1〕邢昺曰："謂君以熟食賜己，必正席而坐，先品嘗之，敬君之惠也。"○朱熹曰："正席先嘗，如對君。言先嘗，則餘當以頒賜矣。"

〔2〕邢昺曰："謂君賜己生肉，必烹熟而薦其先祖，榮君賜也。"

〔3〕皇侃曰："得所賜活物，當養畜之，待至祭祀時充牲用也。"○朱熹曰："畜之者，仁君之惠，無故不敢殺也。"

〔4〕皇侃曰："此君是哀公也。"

〔5〕何晏引包曰："夫子疾，處南牖之下，東首，加其朝服，拖紳。紳，大帶。不敢不衣朝服見君。"○皇侃曰："病，本當戶，在北壁下，東首。君既來，而君不宜北面，故移處南窗之下，令君入戶而西，轉面得南向也。"○蔡節引白石錢氏云："君子寢必東首，順生氣也。東首者，不以疾而改其常度也。"○劉寶楠引毛奇齡《稽求篇》云："《玉藻》：'君子之居恆當戶，寢恆東首。'是平時臥寢，無不東首者。惟大禮易衽，如《昏禮》御衽于奧，則北趾而南首是也。老者更臥，如《曲禮》少事長，止請衽何趾；《內則》子婦事舅姑，亦請衽何趾是也。若君來視疾，則《論語》與《儀禮》及《喪大記》皆云寢東首，是不問遷臥與否。必令東首者，以室制尊西，君苟入室，則必在奧與屋漏之間，負西而向東，故當東首以示面君之意。"○劉寶楠曰："《既夕記》《喪大記》皆言寢東首於北墉下，室中以奧為尊，君視臣疾，儘可主奧，不必以南面為尊。"○覺按：包、皇之說與 6.10 之文相合（參見 6.10 注〔2〕），故當從之。依毛、劉之說，則此言國君居內室西南角之尊位（"奧"為室之西南角，是室之尊位，參

見 3.13 注〔1〕），孔子則臥於北墙下的牀上，頭在東而面向西南見國君，其説也通，故録之以供參考。至於楊伯峻把"東首"解爲"面朝東"，則誤而不可從。　紳束腰以後有多餘的部分會下垂（參見 15.6 注〔4〕），所以説"拖紳"。

〔6〕何晏引鄭曰："急趨君命，行出而車駕隨之。"○皇侃曰："大夫不可徒行，故後人駕車而隨之，使乘之也。"○邢昺曰："俟，猶待也。"○覺按：駕：把車套在馬身上。"不俟駕行矣"並不是指不乘車而步行至國君處（參見 11.8），而是指聽到國君召見之命後立即執行，先起身出發走起來，而不再等待車夫牽馬套車，等到車夫駕車追上自己後再乘車。

【譯文】

國君賜給了熟食，孔子一定擺正坐席，先把它們嘗一下再分給別人吃；國君賜給了生肉，孔子一定煮熟了再把它們進獻給先祖；國君賜給了活的牲畜，孔子一定把它們養起來用於以後的祭祀。在國君身邊侍奉飲食，國君祭祀的時候，孔子先吃飯。孔子病了，國君來看望他，他把頭睡在東邊而面向西，身上蓋了上朝穿的禮服，拖掛着衣帶。國君下命令召見孔子，他不等車套好馬就先走起來了。

【評析】

此文寫孔子事君之禮，其要義是按章辦事。

10.10

入大廟【15】〔1〕，每事問。

【注釋】

〔1〕見 3.15 注〔1〕。

【譯文】

孔子進入魯國的太廟——周公廟，每件事都要詢問。

【評析】

"入太廟，每事問"是一種禮節（參見 3.15）。

10.11

朋友死，無所歸，曰：“於我殯【16】〔1〕。”朋友之饋，雖車馬，非祭肉，不拜〔2〕。

【注釋】

〔1〕皇侃曰：“殯，謂停喪於寢以待葬也。”○邢昺曰：“言朋友若死，更無親昵可歸，孔子則曰：‘於我殯。’與之爲喪主也。”○劉寶楠曰：“《士喪禮》注：‘棺在牀中斂屍焉，所謂殯也。’”

〔2〕皇侃曰：“車馬，家財之大者也。朋友有通財之義，故雖復見餉車馬，而我不拜謝也。所可拜者，若朋友見餉其家之祭肉，雖小亦拜受之。敬祭故也。”

【譯文】

朋友死了，沒有歸屬，孔子説：“在我這裏入棺待葬吧。”對朋友的饋贈，即使送的是車馬，只要不是祭肉，孔子都不拜謝。

【評析】

《禮記·曲禮上》云：“禮尚往來。往而不來，非禮也；來而不往，亦非禮也。”孔子對“朋友之饋”“不拜”，可謂“來而不往”，似乎是“非禮”之舉。但是，正如《韓非子·解老》所説：“夫君子取情而去貌，好質而惡飾。……是以父子之間，其禮樸而不明……實厚者貌薄，父子之禮是也。”父子之間感情深厚，就不用再客氣了。由此看來，那麼此章所記孔子爲朋友盡心竭力辦後事而不與朋友空客氣，實是將朋友當作親人來對待。這種友情實在難得，值得珍惜。

10.12

寢不尸〔1〕，居不容〔2〕。

【注釋】

〔1〕何晏引包曰："偃臥四體，布展手足，似死人。"

〔2〕邢昺曰："其居家之時，則不爲容儀，爲室家之敬難久，當和舒也。"

【譯文】

孔子睡的時候不會像屍體那樣仰臥，平時在家不會有一本正經的儀容。

【評析】

人們常說的"睡如弓"只提倡一種睡姿，實不如孔子"寢不尸"之有多種選擇。不過，如果因爲忌諱死人之睡姿而不仰臥，就大可不必了。家是休閒之處，如果也要保持儀容端正，就活得就太累了，所以孔子"居不容"。

10. 13

見齊衰者【17】〔1〕，雖狎〔2〕，必變；見冕者與瞽者，雖褻〔3〕，必以貌。凶服者式之，式負版者〔4〕。有盛饌，必變色而作〔5〕。迅雷風烈〔6〕，必變。升車，必正立執綏〔7〕。車中，不内顧〔8〕，不疾言〔9〕，不親指。

【注釋】

〔1〕齊衰（zīcuī）：見 9. 10 注〔1〕。

〔2〕何晏引孔曰："狎者，素親狎。"

〔3〕邢昺曰："冕，大夫冠也。瞽，盲也。褻，謂數相見也。"

〔4〕何晏引孔曰："凶服，送死之衣物。負版者，持邦國之圖籍。"○皇侃曰："式，軾也。"○邢昺曰："式者，車上之横木，男子立乘，有所敬，則俯而憑式。"

〔5〕何晏引孔曰："作，起也。敬主人之親饋。"

〔6〕朱熹曰："迅，疾也。烈，猛也。"

〔7〕邢昺曰："綏者，挽以上車之索（覺按："索"據元刻本）也。"

〔8〕皇侃曰："内，猶後也。顧，迴頭也。"

〔9〕皇侃曰："疾，高急也。"

【譯文】

孔子見到穿喪服的人，即使平時親密而隨便，也一定變得嚴肅而恭敬；見到穿官服的人和盲人，即使熟悉，也一定用禮貌的行爲對待他們。碰到拿着送葬衣物的人，孔子會手扶着車前橫木向他們低頭致意；碰到背着國家版圖的人，也手扶着車前橫木向他們低頭致意。有禮儀盛大的招待宴會，孔子一定變得滿臉恭敬嚴肅並站起來向主人致意。遇到快速響起的雷聲和猛烈的暴風，孔子的臉色也一定會改變。孔子登車，一定端正地站着而握住上車的繩子。在車中，孔子不向車内回頭看人，不高聲急切地説話，不親自指指點點。

【評析】

孔子見齊衰者、冕者與瞽者之禮節，可參見9.10。對凶服者、負版者式之，是哀憐服喪、尊重國家的舉動。有盛饌而作，是重人情。迅雷風烈而必變，是敬畏自然。在車上的舉動，是爲了安全。弟子記下孔子如此豐富多彩的生活細節，使我們瞭解到一個頗具人情味的聖人，也是很有意義的事。

10.14

色斯舉矣[1]，翔而後集[2]。曰："山梁雌雉[3]，時哉！時哉！"子路供之[18]，三嗅而作[4]。

【注釋】

〔1〕何晏引馬曰："見顏色不善則去之。"○覺按：此句探下省"雌雉"。

〔2〕何晏引周曰："廻翔審觀而後下止。"

〔3〕邢昺曰："梁，橋也。"

〔4〕皇侃曰："嗅，謂鼻歆翕其氣也。作，起也。"又引虞贊曰："供，猶設也。言子路見雉在山梁，因設食物以張之，雉性明儆，知其非常，三

嗅而作，去，不食其供也。"

【譯文】

有幾隻雌野雞看到孔子的臉色就扇動翅膀飛走了，盤旋翱翔以後又聚集在山澗木橋上。孔子説："山中橋樑上的雌野雞，識時務啊！識時務啊！"子路給它們提供了一些食物，它們聞了幾下就飛走了。

【評析】

孔子覺得野雞都能知道自己不會害它們，而天下諸侯卻不瞭解自己的仁愛之心，所以感歎野雞識時務。

【本篇校勘記】

【1】擯：皇本同，邢本、朱本、蔡本、監本作"擯"。

【2】其手：皇本同，邢本、朱本、蔡本、監本作"手"。

【3】賓：皇本同，邢本、朱本、蔡本作"賔"。下一"賓"字同此。監本自"賓退"至"短右袂"因脱頁而缺。

【4】階：邢本、皇本、蔡本同，朱本作"堦"。

【5】趨進：邢本、皇本、蔡本同，朱本作"趨"。

【6】袗：邢本、朱本、蔡本同，皇本作"縝"。

【7】出：皇本同，邢本、朱本、蔡本作"出之"。

【8】臭：邢本、朱本、蔡本、監本同，皇本作"嗅"。

【9】唯：邢本、皇本、蔡本、監本同，朱本作"惟"。

【10】疏：朱本、蔡本、監本同，邢本、皇本作"蔬"。瓜：邢本、朱本、蔡本、監本同，皇本作"苽"。

【11】嘗：皇本、朱本、蔡本同，邢本、監本作"嘗"。

【12】廄：邢本同，皇本、朱本、蔡本、監本作"廐"。

【13】嘗：皇本、朱本、蔡本同，邢本、監本作"嘗"。

【14】拖：皇本、朱本、蔡本、監本同，邢本作"扡"。

【15】大：邢本、皇本同，朱本、蔡本、監本作"太"。

【16】殯：皇本同，邢本、朱本、蔡本、監本作"殯"。

【17】見：邢本、朱本、蔡本、監本同，皇本作"子見"。

【18】供：皇本同，邢本、朱本、蔡本、監本作"共"。

論語善本彙校集注譯評卷第六

先進第十一

【提要】

本篇主要評述弟子的德行，孔子在評述中也時有宣揚其主張而有值得重視的地方。例如，孔子論子張、子夏時説的"過猶不及"，言簡意賅地詮釋了其中庸之道；對子路説的"未能事人，焉能事鬼"，"未知生，焉知死"，反映了他注重人生的思想傾向；對子路、冉有所問"聞斯行諸"的不同回答，體現了其因材施教的方法。

11.1

子曰："先進於禮樂，野人也；後進於禮樂，君子也[1]。如用之，則吾從先進[2]。"

【注釋】

〔1〕何晏引孔曰："先進、後進，謂仕先後輩也。禮樂因世損益，後進與（覺按："與"當作"於"）禮樂，俱得時之中，斯君子矣；先進有古風，斯野人也。"○皇侃曰："先輩謂五帝以上也，後輩謂三王以還也。"○覺按：進：進用，所以孔安國解爲"仕"。禮樂制度源自夏、商（參見2.23、3.9），到周初周公制禮作樂而形成體系，所以皇侃説先於禮樂制度而仕進的先輩是指五帝（參見6.30注〔2〕）時代的人，後於禮樂制度而仕進的後輩是指三王（夏、商、周三代的開國帝王）以後的人。"先進於禮樂"即"先於禮樂而仕進者"。楊伯峻認爲前人的解釋"都不恰當"，所以將"先進於禮樂"譯爲"先學習禮樂而後做官的"，其解實際上也不恰當，因爲學習了禮樂就不再是"野人"了，而此文之"於"字也應該是介詞而非語助詞。

〔2〕何晏曰："將移風易俗，歸之淳素。先進猶近古風，故從之。"

【譯文】

孔子説：“在禮樂制度産生之前做官的，是質樸的粗野之人；在禮樂制度産生之後做官的，是有德行的君子。如果要任用他們來治國，那麽我取用類似在禮樂制度産生之前做官的人。”

【評析】

“先進”雖然被時人視爲“野人”，但其本質淳樸厚道而“近仁”（參見 13.27）；“後進”學了禮樂，雖然被時人視爲“君子”，但其德行來自後天習得，其本性未必仁厚。因此，孔子寧願選用“先進”。

11.2

子曰：“從我於陳、蔡者，皆不及門也【1】〔1〕。”

【注釋】

〔1〕朱熹曰：“孔子嘗厄於陳、蔡之間，弟子多從之者，此時皆不在門，故孔子思之，蓋不忘其相從於患難之中也。”○覺按：蔡：周代姬姓諸侯國。周武王滅商紂後，封其弟姬叔度於蔡，位於今河南省上蔡縣西南。後因叔度（史稱蔡叔）與武庚反叛而被周公放逐，周改封其子姬胡（史稱蔡仲）於蔡。公元前 529 年楚平王立蔡平侯，遷都新蔡，位於今河南省新蔡縣。公元前 493 年，吳遷蔡昭侯於州來，位於今安徽省鳳台縣，稱下蔡。參見《史記·管蔡世家》。孔子嘗厄於陳、蔡之間，可參見 15.2。

【譯文】

孔子説：“跟着我到陳國、蔡國的弟子，現在都不在我門下了。”

【評析】

與自己共患難或幫助自己渡過難關的人往往會令自己難以忘懷，如果其不在眼前就更會思念，孔子之言實道出了這一人之常情。

11.3

德行[1]：顏淵，閔子騫，冉伯牛，仲弓。言語：宰我，子貢。政事：冉有，季路。文學[2]：子游，子夏。

【注釋】

〔1〕皇侃曰："此章初無'子曰'者，是記者所書。"○劉寶楠曰："《史記·仲尼弟子列傳》：'孔子曰："受業身通者七十有七人，皆異能之士也。德行：顏淵，閔子騫，冉伯牛，仲弓。政事：冉有，季路。言語：宰我，子貢。文學：子游，子夏。"'是此四科，爲夫子平時所論列。"○覺按：今從劉説，故譯文加"孔子説"三字。

〔2〕皇侃曰："文學，指博學古文。"

【譯文】

孔子説："德行突出的是：顏淵，閔子騫，冉伯牛，仲弓。能説會道的是：宰我，子貢。善於處理政事的是：冉有，子路。擅長文獻研究的是：子游，子夏。"

【評析】

孔子"有教無類"（15.39），所以其弟子各有所長。當然，此文所説"德行""言語""政事""文學"，不過是就其弟子的突出之處而言，並不像如今大學所分專業之單科獨進。中國傳統的教育，是文、德並重的（參見 1.14 評析）。因此，列於"德行"者未必沒有其他才能，列於"言語""政事""文學"者未必無德。還有，孔子弟子三千，身通六藝者七十二人（見《史記·孔子世家》），此文所列十人，只是其佼佼者而已。

11.4

子曰："回也非助我者也[1]，於吾言，無所不説[2]。"

【注釋】

〔1〕何晏引孔曰:"助,益也。"

〔2〕邢昺曰:"説,解也。凡師資問荅,以相發起。若與子夏論《詩》,子曰:'起予者,商也。'如此是有益於己也。今回也,非增益於己者也,以其於吾之所言,皆默而識之,無所不解。"

【譯文】

孔子説:"顔回啊不是個有益於我的人,因爲對我所説的,他没有什麼不能解説的。"

【評析】

顔回對孔子説的都能解説,就不會提出自己的獨到見解或疑問,也就不能使孔子有所啓發或作進一步的思考,所以孔子認爲無益於己,還不如子夏之論《詩》(見3.8)。由此可見,從研究創新的角度來説,獨立思考比接受師説更重要,質疑比理解更重要,發現問題比解决問題更重要,因爲獨立思考或有所質疑是創新的起點。

11.5

子曰:"孝哉閔子騫! 人不間於其父母昆弟之言【2】〔1〕。"

【注釋】

〔1〕何晏引陳曰:"言子騫上事父母,下順兄弟,動静盡善,故人不得有非間之言。"○皇侃曰:"間,猶非也。昆,兄也。"○劉寶楠引焦循《補疏》曰:"《漢書·杜鄴傳》:舉方正,對曰:'昔曾子問從令之義,孔子曰:"是何言與?"善閔子騫守禮不苟,從親所行,無非禮者,故無可閒也。'……蓋以從令而致親於不義,則人必有非閒其父母昆弟之言。惟不苟於從令,務使親所行均合於義,人乃無非閒其親之言,是乃得爲孝。然則閔子之孝,在人無閒於其父母昆弟之言。人所以無閒於其父母昆弟之言者,以其不苟於從令也。陳注'動静盡善',或即指此。《藝文類聚》孝部

引《說苑》云：‘閔子騫兄弟二人，母死，其父更娶，復有二子，子騫爲其父御車，失轡，父持其手，衣甚單，父則歸，呼其後母兒，持其手，衣甚厚溫，即謂其婦曰：“吾所以娶汝，乃爲吾子，今汝欺我，去無留。”子騫曰：“母在一子單，母去四子寒。”其父默然。故曰：孝哉閔子騫，一言其母還，再言三子溫。’依此事，閔子不從父令，則後母不遣，是其上事父母；兩弟溫煖，無慍心，而恐母遣而兩弟寒，是下順兄弟。於是父感之，其後母與兩弟亦感之可知，則此一不從父令而諫，一家孝友克全，尤非尋常不苟從令可比。孔子稱其孝，兼言兄弟，正指此事。是所謂‘動靜盡善’也。……‘不’字作‘無’字解，自明人無非閒之言，不是無非閒閔子之言也，乃無非閒其父母昆弟之言也。”〇覺按：“閒”字之義可參見 8.21 注〔1〕。閔子騫不苟且順從父親，對父母兄弟盡孝悌之義，使其父母兄弟舉止盡善，所以別人不再有非議其父母兄弟之言。焦循之說有理有據，當從之。楊伯峻從朱熹所引胡氏之說而將此句譯爲“別人對於他爹娘兄弟稱讚他的言語並無異議”，實不當，因爲其爹娘兄弟稱讚他的言語於史無徵，胡氏所謂“父母兄弟稱其孝友”實爲無稽之談。

【譯文】

孔子説：“閔子騫真孝順啊！他使別人不再有非議他父母兄弟的話。”

【評析】

孔子倡導的孝道，包括減輕父母的精神負擔（參見 2.6 評析）。既然如此，當然也包括維護父母昆弟之聲譽而不受非議，以免父母操心。

11.6

南容三復“白圭”〔1〕，孔子以其兄之子妻之〔2〕。

【注釋】

〔1〕何晏引孔曰：“《詩》云：‘白圭之玷，尚可磨也。斯言之玷，不可爲也。’南容讀《詩》至此，三反覆之，是其心慎言也。”〇邢昺曰：“此《大雅·抑篇》刺厲王之詩也。”

〔2〕其兄：見 5.2 注〔2〕。

【譯文】

南容讀《詩》時，多次反復地誦讀"白玉的斑點可磨掉，説話的錯誤抹不掉"，孔子就把他哥哥的孩子嫁給了他。

【評析】

常言道："病從口入，禍從口出。"所以説話應謹慎。南容三復"白圭"，其意在慎言，與孔子反復强調的"慎於言"而"無所苟"（見 1.14、2.18、4.24、13.3）觀念一致，所以得到了孔子的讚賞。

11.7

季康子問："弟子孰爲好學?"孔子對曰："有顏回者好學，不幸短命死矣! 今也則亡[3]〔1〕。"

【注釋】

〔1〕皇侃曰："此與哀公問同而答異者，舊有二通。一云：緣哀公有遷怒貳過之事，故孔子因答以箴之也。康子無此事，故不煩言也。又一云：哀公是君之尊，故須具答。而康子是臣，爲卑，故略以相酬也。"○覺按：這是在探究孔子答語詳略的原因，可參見 6.3 及其注。

【譯文】

季康子問："您弟子中哪一個愛好學習?"孔子回答説："有個叫顏回的愛好學習，不幸他短命死了! 現在就没有愛好學習的了。"

【評析】

從 6.3 之文來看，孔子所謂的"好學"，主要指注重自我修養而言。11.3 將顏回列於"德行"之首，也説明了這一點。

11.8

顏淵死〔1〕，顏路請子之車以爲之椁[4]〔2〕。子曰："才不才，亦各言其子也。鯉也死[3]，有棺而無椁。吾不徒行以爲之椁[5][4]，以吾從大夫之後[5]，不可徒行也[6]。”

【注釋】

〔1〕顏淵死：顏回應該卒於孔子七十一歲時（公元前 481 年），伯魚應該卒於孔子七十歲時（公元前 482 年），參見 6.3 注〔3〕。

〔2〕何晏引孔曰：“路，淵父也。家貧，欲請孔子之車，賣以作椁。”○朱熹曰：“椁，外棺也。”○劉寶楠曰：“《弟子列傳》：‘顏無繇，字路。路者，顏回父，父子嘗各異時事孔子。’《索隱》曰：‘《家語》：“顏由，字路。孔子始教於闕里而受學焉。少孔子六歲。”’”

〔3〕何晏引孔曰：“鯉，孔子之子伯魚也。”

〔4〕皇侃曰：“徒，猶步也。”

〔5〕邢昺曰：“杜預曰：‘嘗爲大夫而去，故言後也。’”

【譯文】

顏淵死了，他父親顏路請求得到孔子的車子，以便賣掉後爲顏淵做外棺。孔子説：“有才能的和沒有才能的，也只是我們各自評説自己的兒子啊。我兒子孔鯉死的時候，也只有內棺而沒有外棺。我不徒步行走因而不賣掉車子爲他做外棺，因爲我曾經跟在大夫的後面，不可徒步行走啊。”

【評析】

由此文可見，孔子雖然有仁愛之心，但與禮衝突時，還是依禮而行。就像 3.17 子貢出於仁愛之心想去掉祭祀所用的羊，孔子不同意，説：“爾愛其羊，我愛其禮。”

11.9

顏淵死，子曰[1]：“噫！天喪予[2]！天喪予！”

【注釋】

〔1〕此事發生在魯哀公十四年（公元前 481 年），見 9.9 注〔2〕。

〔2〕皇侃曰：“喪，猶亡也。予，我也。”

【譯文】

顏淵死了，孔子説："唉！是老天使我喪失的啊！是老天使我喪失的啊！"

【評析】

古人認爲人的生死富貴取決於天意（參見 12.5），所以顏淵死了，孔子會説"天喪予"。不過，孔子之言的亮點不在於將顏淵之死歸因於天意，而在於"天喪予"的不斷歎息。其言一共纔七個字，卻一唱而三歎，其欲哭無淚而極其惋惜之情溢於言表，而其中一個"予"字，更將其親於父子的師生之情（參見 11.11）抒發得淋漓盡致，可謂是點睛之筆。

11.10

顏淵死，子哭之慟[1]。從者曰[2]："子慟矣。"曰[7]："有慟乎？非夫人之爲慟而誰爲[8][3]？"

【注釋】

[1] 何晏引馬曰："慟，哀過也。"
[2] 皇侃曰："從者，謂諸弟子也。"
[3] 皇侃曰："夫人，指顏淵也。"○陸德明曰："夫，音符。"○覺按：夫（fú）：猶"彼"也。參見《經傳釋詞》卷十。

【譯文】

顏淵死了，孔子哭得非常悲痛。跟隨他的弟子説："您太悲痛了。"孔子説："我有非常悲痛的表現嗎？我不爲那個人悲痛過度，還能爲誰悲痛過度？"

【評析】

孔子哭之"慟"，但自己卻未察覺，説明其"慟"是不由自主的，這樣的"慟"纔是發自内心的真情實感。一句"非夫人之爲慟而誰爲"，更將顏淵之卓犖不凡與自己的惜才之情和盤托出，真是言簡意賅，一舉兩得。

11.11

顏淵死，門人欲厚葬之，子曰："不可[1]。"門人厚葬之。子曰："回也視予猶父也，予不得視猶子也[2]。非我也，夫二三子也[3]。"

【注釋】

〔1〕何晏曰："禮，貧富有宜。顏淵貧，而門人欲厚葬之，故不聽。"
〔2〕皇侃曰："我葬鯉無槨，而不能止回無槨，是視回不得猶子也。"
〔3〕夫：見 11.10 注〔3〕。

【譯文】

顏淵死了，同學們想用隆重的葬禮來葬他，孔子説："不可以。"結果同學們還是用隆重的葬禮來葬他。孔子説："顏回啊，你看待我就像看待父親一樣，我卻不能像看待兒子那樣看待你啊。這不是因爲我啊，是因爲那幾個弟子啊。"

【評析】

3.4 説："禮，與其奢也，寧儉；喪，與其易也，寧戚。""厚葬"即"奢"而不"儉"，所以孔子不同意。喪事"寧戚"，所以孔子"哭之慟"（11.10）。由此可見，孔子對顏淵之死，完全按照"儉"而"戚"的禮制精神來辦事，即使與顏淵有父子般的深情，也不感情用事。如此嚴格依禮而行的精神，實際不亞於法家提倡的嚴格法治精神。

11.12

季路問事鬼神[1]。子曰："未能事人，焉能事鬼?"曰[9]："敢問死。"曰："未知生，焉知死?"

【注釋】

〔1〕邢昺曰："對則天曰神，人曰鬼，散則雖人亦曰神，故下文獨以鬼荅之。"○朱熹曰："問事鬼神，蓋求所以奉祭祀之意。"

【譯文】

子路詢問事奉鬼神的事。孔子説："還没有能事奉人，哪能事奉鬼?"子路説："我大膽地問一下關於死亡的事。"孔子説："還没有懂得如何生活，哪能懂得死亡?"

【評析】

從總體上來看，中國古代的文化是傾向於現實的，是關心人生、關注社會的。孔子可謂是這方面的傑出代表。他雖然也重視"事鬼神"之祭祀與事死者之禮儀（參見 2.5、3.4、3.12、3.26、7.9、9.16、10.11、17.20），但相比而言，他更加重視"人"與"生"，所以趁子路詢問之機強調指出："事鬼神"不如"事人"重要，"知死"不如"知生"重要。

11.13

閔子騫侍側【10】，誾誾如也〔1〕；子路，行行如也〔2〕；冉有、子貢，侃侃如也〔3〕。子樂〔4〕，曰【11〕："若由也，不得其死然〔5〕。"

【注釋】

〔1〕誾誾：見10.1注〔8〕。 如：見3.23注〔3〕。
〔2〕何晏引鄭曰："行行，剛強之貌。"○陸德明曰："行行，胡浪反。剛貌。或户郎反。"○覺按：據此，則"行"音 hàng 或 háng。
〔3〕侃侃：見10.1注〔7〕。
〔4〕何晏引鄭曰："樂各盡其性。"
〔5〕何晏引孔曰："不得以壽終。"○覺按：其：指意之所屬，即合乎理想的。 不得其死：指不能盡其天年。《老子》第四十二章"彊梁者不得其死"河上公注："不得其死者，謂天所絶、兵刃所加、王法所殺，不

得以壽命死。"

【譯文】

閔子騫陪伴在孔子身邊，一副端端正正的樣子；子路在孔子身邊，一副剛強的樣子；冉有、子貢在孔子身邊，一副從容不迫的樣子。孔子很高興，説："像仲由麽，一副不得好死的樣子。"

【評析】

《説苑·敬慎》載："孔子之周，觀於太廟（覺按：《孔子家語·觀周》云"太祖后稷之廟"），右陛之前，有金人焉，三緘其口，而銘其背曰："……强梁者不得其死，好勝者必遇其敵。""此文説子路"不得其死然"，其語其意應該源自這西周時刻在銅像背上的銘文。19.22 子貢説"夫子焉不學"，此文可爲孔子無處不學之一例。

11.14

魯人爲長府[1]。閔子騫曰："仍舊貫，如之何？何必改作[2]？"子曰："夫人不言[3]，言必有中[4]。"

【注釋】

〔1〕皇侃曰："爲，作也。"

〔2〕何晏引鄭曰："長府，藏名也，藏財貨曰府。仍，因也。貫，事也。因舊事則可，何乃復更改作。"

〔3〕夫：見 11.10 注〔3〕。

〔4〕何晏引王曰："言必有中者，善其不欲勞民改作。"

【譯文】

魯國人建造長府。閔子騫説："沿用舊的樣子，怎麽樣？爲什麽一定要重新建造？"孔子説："他這個人要麽不説，説了一定有中肯之處。"

【評析】

"仍舊貫"而不"改作"，與孔子"述而不作"（7.1）之旨同，所以孔子肯定了閔子騫之説。

11. 15

子曰："由之鼓瑟【12】〔1〕，奚爲於丘之門〔2〕？"門人不敬子路。子曰："由也升堂矣，未入於室也〔3〕。"

【注釋】

〔1〕何晏引馬曰："子路鼓瑟，不合《雅》《頌》。"○朱熹曰："《家語》云：'子路鼓瑟，有北鄙殺伐之聲。'"

〔2〕皇侃曰："奚，何也。"

〔3〕何晏引馬曰："門人不解，謂孔子言爲賤子路，故復解之。"○覺按：堂：廳堂，是宮室的前屋。室：内室，是宮室的後屋。古代以"入門""登堂""入室"來比喻學問、技能所達到的程度。"升堂"比喻已有一定的造詣，"入室"比喻學問或技藝已達到了精深的境界。

【譯文】

孔子説："仲由這樣彈瑟，爲什麼在我孔丘的門下？"於是同學們不再尊敬子路。孔子説："仲由的技藝啊已經登上大堂了，只是還沒有深入到内室啊。"

【評析】

孔子注重禮樂教化，所以他對弟子的音樂修養也有很高的要求。他對子路彈瑟的批評，其實是既竭其才，又"有所立卓爾"（9.11）。弟子們未明孔子之意，於是不敬子路。孔子用"由也升堂矣，未入於室也"之喻肯定了子路的造詣，既形象又貼切，所以後來化爲了成語"升堂入室"。

11. 16

子貢問【13】："師與商也孰賢【14】？"子曰："師也過，商也不及〔1〕。"曰："然則師愈與〔2〕？"子曰："過猶不及【15】。"

【注釋】

〔1〕何晏引孔曰："言俱不得中。"

〔2〕何晏曰："愈，猶勝也。"

【譯文】

子貢問："顓孫師和卜商哪個更好？"孔子說："顓孫師麼過分了，卜商麼還没有做到份上。"子貢說："這樣的話，那麼顓孫師更好嗎？"孔子說："過分就像没有達到一樣不好。"

【評析】

孔子認爲什麼事都應該做得恰到好處，"過"與"不及"同樣不中理，所以也不好。這要求是很高的，它比"矯枉過正"要難得多。

11.17

季氏富於周公〔1〕，而求也爲之聚斂而附益之【16】〔2〕。子曰："非吾徒也。小子鳴鼓而攻之【17】〔3〕，可也。"

【注釋】

〔1〕何晏引孔曰："周公，天子之宰、卿士。"○皇侃曰："周公，天子臣，食采於周，爵爲公，故謂爲周公也。蓋周公旦之後也。天子之臣地廣禄大，故周公宜富。"

〔2〕劉寶楠曰："《孟子·離婁篇》：'孟子曰：求也爲季氏宰，無能改於其德，而賦粟倍他日。孔子曰："求非我徒也，小子鳴鼓而攻之可也。"'趙岐注：'季氏，魯卿季康子。'案《左哀十一年傳》：'季氏欲以田賦，使冉有訪諸仲尼，曰："丘不識也。"三發，卒曰："子爲國老，待子而行，若之何子之不言也？"仲尼不對，而私於冉有曰："君子之行也，度於禮，施取其厚，事舉其中，斂從其薄。如是，則以丘（覺按：杜預注："丘，十六井，出戎馬一匹，牛三頭，是賦之常法。"）亦足矣。若不度於禮，而貪冒無厭，則雖以田賦，將又不足。且子季孫若欲行而法，則周公之典在。若欲苟而行，又何訪焉？"弗聽。十二年春，王正月，用田

賦。'……何休《公羊注》解'用田賦'云：'田，謂一井之田。賦者，斂取其財物也。'"

〔3〕何晏引鄭曰："小子，門人也。鳴鼓聲其罪以責之。"○劉寶楠曰："《説文》：'攻，擊也。'此訓'責'者，引申之義。"

【譯文】

季康子比周公還富裕，而冉求還爲他到處搜刮去增加他的財富。孔子説："這不是我的門徒啊。弟子們擂響戰鼓去攻擊他，也是可以的啊。"

【評析】

"君子周急不繼富"（6.4），更何況是"聚斂"不義之財而繼富，所以孔子深惡痛絕。15.36説："當仁，不讓於師。"更何況是弟子幹不仁不義之事，所以孔子與之決絕。

11.18

"柴也愚〔1〕，參也魯〔2〕，師也辟【18】〔3〕，由也喭〔4〕。"子曰，"回也其庶乎，屢空〔5〕。賜不受命，而貨殖焉〔6〕，億則屢中【19】〔7〕。"

【注釋】

〔1〕邢昺曰："《史記·弟子傳》云：'高柴，字子羔。'鄭玄曰：'衛人。'少孔子三十歲。《左傳》亦作子羔，《家語》作子高，《禮記》作子皋，三字不同，其實一也。"○朱熹曰："愚者，知不足而厚有餘。"○劉寶楠曰："此節亦夫子所論而不署名'子曰'，與前四科同。"○覺按：子羔，《左傳·哀公十七年》又作"季羔"。劉説見11.3注〔1〕。《史記·仲尼弟子列傳》："孔子曰：'受業身通者七十有七人，皆異能之士也。德行：顏淵，閔子騫，冉伯牛，仲弓。政事：冉有，季路。言語：宰我，子貢。文學：子游，子夏。師也僻，參也魯，柴也愚，由也喭，回也屢空。賜不受命而貨殖焉，億則屢中。'"是其證。

〔2〕何晏引孔曰："魯，鈍也。曾子性遲鈍。"

〔3〕何晏引馬曰："子張才過人，失在邪辟文過。"○覺按：11.16説

"師也過"，可爲此文之注。

〔4〕皇侃引王弼云："嗿，剛猛也。"○覺按：《韓非子·揚搉》"其鬥嗿嗿"，尹桐陽《韓子新釋》注曰："嗿，即'諺'，剛強也。""嗿"與"嗿""諺"通。

〔5〕何晏曰："言回庶幾聖道，雖數空匱，而樂在其中。"○朱熹曰："不以貧窶動心而求富，故屢至於空匱也。言其近道，又能安貧也。"

〔6〕朱熹曰："命，謂天命。貨殖，貨財生殖也。"

〔7〕陸德明曰："億，度也。"○覺按："億"即9.4"毋意"的"意"，後代則多用胸臆的"臆"來表示推測。

【譯文】

"高柴呢傻乎乎的，曾參呢本性遲鈍，顓孫師呢聰明過頭，仲由呢剛強粗野。"孔子又説，"顏回呢大概差不多可以了，但屢次窮得沒有錢財。端木賜不接受命運的安排，而去從事貨物買賣來增加錢財，但他推測起來倒能屢次符合行情。"

【評析】

《管子·大匡》載先人之言曰："知子莫若父。"孔子對弟子的確切評價無疑源自他對弟子的深切曉解，而如果沒有慈父般的關心是做不到這一點的。孔子愛生如子的教育傳統無疑應該發揚光大。

11.19

子張問善人之道。子曰："不踐迹，亦不入於室[1]。"子曰："論篤是與[2]？君子者乎？色莊者乎？"

【注釋】

〔1〕何晏引孔曰："踐，循也。言善人不但循追舊迹而已，亦少能創業，然亦不能入於聖人之奧室。"○皇侃曰："即前云子路'升堂矣，未入於室'是也。"○覺按：參見11.15注〔3〕。

〔2〕皇侃曰："篤，厚也。"○邢昺曰："孔子謙，不正言，故云'與''乎'以疑之也。"

【譯文】

子張詢問善人的德行。孔子説："善人不踏着前人的足跡走老路，也不能創新而進入聖人的境界。"孔子接着説："善人是言論忠厚的這種人嗎？是正人君子這種人嗎？是臉色莊嚴的這種人嗎？"

【評析】

"不踐迹，亦不入於室"，以肯定語氣出之，是對"善人"的定義。善人既不墨守成規，又不能創新，應該是介於君子與聖人之間的人（參見7.25）。至於"論篤""君子""色莊"，只是"善人之道"的局部，僅有此德還不能稱爲"善人"，所以孔子用疑問句來表達，這三句不過是將"善人"的外延稍作擴展而已。

11.20

子路問："聞斯行諸[1]？"子曰："有父兄在，如之何其聞斯行之[20][2]？"冉有問："聞斯行諸？"子曰："聞斯行之。"公西華曰："由也問'聞斯行諸'，子曰'有父兄在'；求也問'聞斯行諸'，子曰'聞斯行之'。赤也惑，敢問。"子曰："求也退，故進之；由也兼人，故退之[3]。"

【注釋】

〔1〕斯：就。　諸：之乎。
〔2〕何晏引孔曰："當白父兄，不得自專。"
〔3〕何晏引鄭曰："言冉有性謙退，子路務在勝尚人，各因其人之失而正之。"

【譯文】

子路問孔子："聽見了合乎道義的事就去做它嗎？"孔子説："有父親兄長在，怎麽能聽見了合乎道義的事就去做它呢？"冉有問孔子："聽見了合乎道義的事就去做它嗎？"孔子説："聽見了合乎道義的事就去做它。"公西華説："仲由問'聽見了合乎道義的事就去做它嗎'，您説'有父親兄長在而不能去做它'；冉求問'聽見了合乎道義的事就去做它嗎'，您説'聽見了合乎道義的事就去做它'。我感到疑惑不解，所以大膽地問您一下。"孔子説："冉求呢本性謙退，所以我讓他激進些；仲由呢總想超過別人，所以我讓他謙退些。"

【評析】

此文是因材施教的一個範例。從中我們可以看到，要因材施教，首先要深入地瞭解學生的品性，而不是只瞭解學生的文化基礎。

11.21

子畏於匡[1]，顔淵後[2]，子曰："吾以女爲死矣【21】。"曰："子在，回何敢死？"

【注釋】

〔1〕子畏于匡：見9.5注〔1〕。
〔2〕何晏引孔曰："言與孔子相失，故在後。"○皇侃曰："於圍中相失也。"

【譯文】

孔子在匡被包圍後有所畏懼，顔淵來遲了，孔子説："我以爲你死了。"顔淵説："您在，顔回哪敢死？"

【評析】

顔淵把孔子當作父親來看待（參見11.11），兒子對父親要盡孝而養老送終，所以顔淵説："子在，回何敢死？"

11.22

季子然問[1]："仲由、冉求可謂大臣與[2]？"子曰："吾以子爲異之問，曾由與求之問[3]。所謂大臣者，以道事君，不可則止。今由與求也，可謂具臣矣[4]。"曰："然則從之者與〔5〕?"子曰:"弒父與君,亦不從也。"

【注釋】

〔1〕何晏引孔曰:"子然,季氏子弟。"

〔2〕皇侃曰:"時仲由、冉求仕季氏家。"

〔3〕朱熹曰:"曾,猶乃也。"

〔4〕邢昺曰:"具,備也。今二子臣於季氏,季氏不道而不能匡救,又不退止,唯可謂備臣數而已,不可謂之大臣也。"

〔5〕何晏引孔曰:"問爲臣皆當從君所欲邪?"

【譯文】

季子然問孔子:"仲由、冉求可以稱爲大臣嗎?"孔子説:"我以爲您要問其他的事,卻竟然只是問仲由和冉求啊。所謂大臣嘛,是以道義去事奉君主,君主不認可就罷休不幹。如今仲由和冉求,只可以説是充數的臣子了。"季子然説:"這樣的話,那麼他們會順從主子嗎?"孔子説:"其主子要殺掉父親和君主,他們也不會順從的。"

【評析】

"以道事君"是"臣事君以忠"的重要内涵(參見 3.19 評析),而不"弒父與君"在這裏顯然也作爲"忠"的内涵而得到了肯定。這兩者似乎不矛盾,其實不然。如湯、武革命,"以道"攻滅了其君夏桀、商紂王,此又作何説?孟子從"以道事君"的觀念出發來爲湯、武革命辯護,《孟子·梁惠王下》云:"齊宣王問曰:'湯放桀,武王伐紂,有諸?'孟子對曰:'於傳有之。'曰:'臣弒其君,可乎?'曰:'賊仁者謂之賊,賊義者謂之殘,殘賊之人謂之一夫。聞誅一夫紂矣,未聞弒君也。'"這是説,不仁不義的暴君是獨夫民賊而不是"君",湯、武革命沒有"弒君"。韓非則從臣不可"弒父與君"的觀念出發來抨擊湯、武革命,《韓非子·忠孝》云:"湯、武爲人臣而弒其主、刑其尸,而天下譽之,此天下所以至今不治者也。夫所謂明君者,能畜其臣者也;所謂賢臣者,能明法辟、治官職以戴其君者也。今堯自以爲明而不能以畜舜,舜自以爲賢而不能以戴堯,湯、武自以爲義而弒其君長,此明君且常與而賢臣且常取也。"這是説,湯、武自以爲義而實際上是弒君奪權而違反了君臣之義。由此可見,政治觀念（道義）與政治名分（即 12.11 的“君君臣臣”）之間有時會有矛盾，如何處理這一矛盾，思想家們提供了不同的方案。孟子以道義爲準則來立説，主張臣子去弒“不君”之“君”。韓非以名分爲準則來立説，主張臣子應該以法將國家治理好來擁戴其君。孔子則兼顧道義與名分，所以提出了“不可則止”的權宜之法，這樣就既可不失“道”，也可不弒君。三者孰是孰非，發人深思。

11.23

子路使子羔爲費宰[1]。子曰：“賊夫人之子[2]。”子路曰：“有民人焉，有社稷焉。何必讀書，然後爲學[3]?”子曰：“是故惡夫佞者。”

【注釋】

[1] 邢昺曰：“子路臣季氏，故任舉子羔，使爲季氏費邑宰也。”
[2] 皇侃曰：“賊，猶害也。夫人之子，指子羔也。孔子言子羔習學未習熟，若使其爲政，則必乖僻。乖僻則爲罪累所及，故云‘賊夫人之子’也。”○覺按：夫：見 11.10 注〔3〕。
[3] 何晏引孔曰：“言治民事神，於是而習之，亦學也。”

【譯文】

子路派子羔做費邑的長官。孔子説：“這是在殘害人家的孩子。”子路説：“那裏有民衆要管理，有土地神、穀神要祭祀，這些都需要學習。爲什麼一定要誦讀典籍，然後纔算學習?”孔子説：“我因此要憎惡那些巧言善辯的人。”

【評析】

子路認爲實踐也是學習，這其實並沒有錯，所以孔子無法辯駁而只能説自己“惡夫佞者”。不過，子路認爲從政的實踐可以取代“讀書”就不對了，這就是孔子討厭他的原因。據《左傳·襄公三十一年》載，子皮喜愛年輕不知事的下屬尹何而想讓他任邑宰，邊學邊治，子産説：“不可。人之愛人，求利之也。今吾子愛人則以政，猶未能操刀而使割也，其傷實多。子之愛人，傷之而已，其誰敢求愛於子？……僑聞學而後入政，未聞以政學者也。若果行此，必有所害。譬如田獵，射御貫，則能獲禽；若未嘗登車射御，則敗績厭覆是懼，何暇思獲？"孔子對子產倍加推崇（見5.16），他説子路使學未有成的子羔去做費宰是"賊夫人之子"，即繼承了子產"學而後入政"而不能"以政學者"的觀念，是子產"傷之而已"一句的翻版。

11.24

子路、曾皙、冉有、公西華侍坐[1]。子曰："以吾一日長乎爾[2]，毋吾以也【22】[3]。居則曰[4]：'不吾知也[5]。'如或知爾，則何以哉[6]？"子路率爾而對曰【23】[7]："千乘之國，攝乎大國之間【24】[8]，加之以師旅[9]，因之以饑饉[10]，由也爲之[11]，比及三年[12]，可使有勇，且知方也[13]。"夫子哂之[14]。"求！爾何如？"對曰："方六七十，如五六十[15]，求也爲之，比及三年，可使足民【25】。如其禮樂，以俟君子[16]。""赤！爾何如？"對曰："非曰能之，願學焉。宗廟之事[17]，如會同[18]，端章甫[19]，願爲小相焉[20]。""點！爾何如？"鼓瑟希【26】[21]，鏗爾，舍瑟而作，對曰："異乎三子者之撰[22]。"子曰："何傷乎？亦各言其志也。"曰："莫春者【27】，春服既成。冠者五六人【28】，童子六七人，浴乎沂，風乎舞雩，詠而歸[23]。"夫子喟然歎曰【29】："吾與點也[24]！"三子者出，曾皙後。曾皙曰："夫三子者之言何如[25]？"子曰："亦各言其志也已矣。"曰："夫子何哂由也【30】？"曰【31】："爲國以禮，其言不讓，是故哂之[26]。""唯求則非邦也與[27]？""安見方六七十如五六十而非邦也者？""唯赤則非邦也與？""宗廟會同【32】，非諸侯而何【33】？赤也爲之小【34】，孰能爲之大【35】[28]？"

【注釋】

〔1〕何晏引孔曰："皙，曾參父，名點。"○覺按：古人名與字往往有意義上的關聯，其名爲黑點之"點"，則其字當爲從"白"之"皙"，不當用明晰義之"晢"。各本作"晢"者，俗本譌字也。

〔2〕乎爾：見 7.23 注〔1〕。

〔3〕劉寶楠曰："以，用也。言此身既差長，已衰老，無人用我也。"○覺按：以：用（參見 18.10 注〔3〕）。 毋吾以：即 13.14 的"不吾以"，表示"不用我"，與下句之"居"及後句之"不吾知"同義。

〔4〕居：住在家裏，指閒居而未出仕。陸德明《孝經音義·開宗明義章》"居"字條引王肅云："閑居也。"即此文之義，所以下句説"不吾知也"。楊伯峻解爲"平日"，不當。

〔5〕不吾知：指別人不瞭解自己而未能任用自己（參見 1.1 注〔5〕），所以孔安國將下句之"知"解爲"用"（見注〔6〕）。

〔6〕何晏引孔曰："如有用女者，則何以爲治?"

〔7〕朱熹曰："率爾，輕遽之貌。"

〔8〕皇侃曰："千乘，大國也。攝，迫也。"○覺按：千乘：見 1.5 注〔1〕。

〔9〕皇侃曰："言他大國以師旅兵刀加陵於己所治之國也。"○朱熹曰："二千五百人爲師，五百人爲旅。"

〔10〕邢昺曰："穀不熟爲饑，蔬不熟（覺按：此"熟"字據元刻本）爲饉。"○劉寶楠曰："《老子·儉武篇》云：'師之所處，荆棘生焉。大軍之後，必有凶年。'所謂'因'也。"

〔11〕皇侃曰："爲，猶治也。"

〔12〕皇侃曰："比，至也。"

〔13〕何晏曰："方，義方。"○邢昺曰："義，宜也。方，道也。"

〔14〕何晏引馬曰："哂，笑也。"

〔15〕朱熹曰："方六七十里，小國也。如，猶或也。"

〔16〕邢昺曰："俟，待也。"

〔17〕劉寶楠引胡紹勳《拾義》云："宗廟之事，祭祀在其中，獨此經不得指祭祀，宜主朝聘而言。"

〔18〕劉寶楠曰："列國會盟稱'會同'也。"

〔19〕何晏引鄭曰：“端，玄端也。衣玄端，冠章甫，諸侯日視朝之服。”

〔20〕朱熹曰：“相，贊君之禮者。言小，亦謙辭。”〇劉寶楠曰：“上篇夫子曰：‘赤也，束帶立於朝，可使與賓客言也。’與賓客言，是大相之事，則赤言‘小相’爲謙可知。”

〔21〕何晏引孔曰：“思所以對，故音希。”〇皇侃曰：“鼓，猶彈也。希，疎也。”

〔22〕何晏引孔曰：“置瑟起對。撰，具也，爲政之具。鏗者，投瑟之聲。”〇皇侃曰：“起對者，禮也。點獨云起，則求、赤起可知也。”〇覺按：所謂“撰，具也”，指才幹。

〔23〕何晏引包曰：“莫春者，季春三月也。春服既成，衣單袷之時。我欲得冠者五六人，童子六七人，浴乎沂水之上，風凉於舞雩之下，歌詠先王之道，而歸夫子之門。”〇皇侃曰：“童子，未冠之稱也。……舞雩，請雨之壇處也。請雨祭謂之雩。雩，吁也。民不得雨，故吁嗟也。祭而巫舞，故謂爲舞雩也。”〇朱熹曰：“浴，盥濯也，今上巳祓除是也。沂，水名，在魯城南，地志以爲有温泉焉，理或然也。風，乘凉也。舞雩，祭天禱雨之處，有壇墠樹木也。詠，歌也。”〇劉寶楠曰：“案《水經·泗水注》：‘沂水出魯城東南尼丘山，山西北平地發泉，流經魯縣故城南。沂水北對稷門，亦曰雩門。門南隔水有雩壇，壇高三丈，曾點所欲風舞處也。’……顧氏棟高《春秋大事表》曰：‘沂水在今曲阜縣南二里，西入滋陽縣境，合于泗水。《論語》所謂“浴乎沂”即此。’”〇覺按：“莫”爲“暮”之古字。　冠者：行過冠禮的人。《禮記·曲禮上》：“男子二十，冠而字。”鄭玄注：“成人矣，敬其名。”古代男子二十歲時舉行加冠之禮，表示已經成年。　浴：洗身。朱熹所説的“上巳祓除”，指在上巳日（農曆三月第一個巳日，通常在三月初三）到水濱去洗濯，除去宿垢，以帶走身上的晦氣。這是古代爲消災去邪而舉行的一種儀式。沂水：據劉説可知，古沂水發源於今山東省曲阜市東南，流經曲阜市南，向西流至濟寧市兖州區入泗水。

〔24〕何晏引周曰：“善點獨知時。”〇皇侃曰：“吾與點也，言我志與點同也。所以與同者，當時道消世亂，馳競者衆，故諸弟子皆以仕進爲心，唯點獨識時變，故與之也。”〇覺按：與：讚同。

〔25〕朱熹曰：“夫，音扶。”〇覺按：參見 11.10 注〔3〕。

〔26〕何晏引包曰：“爲國以禮，禮貴讓，子路言不讓，故笑之。”○朱熹曰：“夫子蓋許其能，特哂其不遜。”

〔27〕朱熹曰：“曾點以冉求亦欲爲國而不見哂，故微問之。”

〔28〕邢昺曰：“此夫子又言，公西華之才堪爲大相，今赤謙言小相耳。若赤也爲之小相，更誰能爲大相？”

【譯文】

子路、曾皙、冉有、公西華陪孔子坐着。孔子説：“因爲我年長了一點，没有人任用我了。你們閒居在家時就説：‘别人不瞭解我而不任用我。’但如果有人瞭解你們而任用你們，那麽你們會做什麽呢？”子路輕率而快速地回答説：“擁有千輛兵車的諸侯國，夾在大國之間，拿他國的軍隊凌駕在它頭上，接着又使饑荒發生在該國，我仲由啊去治理它，到了三年，可以使這個國家的人具有勇敢的品質，而且懂得道義。”孔子對此付之一笑。孔子又説：“冉求！你怎麽樣？”冉有回答説：“六七十里見方，或五六十里見方的小國，我冉求啊去治理它，到了三年，可以使其民衆富足。至於那禮制音樂等教化工作，就把它留着等君子來做吧。”孔子説：“公西赤！你怎麽樣？”公西華回答説：“我不是説能幹這些事，只是願意去學習罷了。在宗廟裏朝見天子，或者諸侯之間的會見結盟，我穿上禮服、戴上禮帽，願意做一個小小的輔助君主舉行禮儀的人。”孔子説：“曾點！你怎麽樣？”這時彈奏的瑟聲漸漸稀疏，鏗的一聲，曾皙把瑟放下而站起身來，回答説：“我和他們三位的才能不同。”孔子説：“有什麽妨害呢？也只是各自説説自己的志向啊。”曾皙説：“晚春時節，春天穿的單衣、夾衣已經做成。有行過冠禮的二十歲以上的成年男子五六個，十九歲以下的兒童六七個，在沂水邊洗浄身體，在求雨的雩祭舞壇下沐浴着春風的吹拂，然後唱着歌回到老師家中。”孔子感慨地歎息説：“我和曾點的志趣一樣啊！”三個弟子出去了，曾皙走在後面。曾皙説：“那三位弟子的言論怎麽樣？”孔子説：“也只是各自説説自己的志向罷了。”曾皙説：“先生爲什麽要笑仲由呢？”孔子説：“治國靠禮節，他的話卻不謙讓，因此笑他。”曾皙説：“那冉求説的就不是諸侯國的事嗎？”孔子説：“哪裏見到六七十里見方或五六十里見方的就不是諸侯國呢？”曾皙説：“那公西赤説的就不是諸侯國的事嗎？”孔子説：“在宗廟裏朝見天子或會見結盟，不是諸侯的事還能是什麽呢？公西赤啊説給它做個小小的輔助舉行禮儀的人，那還有誰能給它做個大大的輔助舉行禮儀的人呢?"

【評析】

《論語》爲語録體散文，多片言隻語，像本章這樣篇幅大而敘述生動的段落可謂別具一格。

子路、冉有、公西華的志向是從政，而孔子雖然也想從政（參見 18.8 評析），但周遊列國也未得任用，感到從政之事不可强求，因而説與曾晳的隱居志趣相同。"吾與點也"，實與 7.10 所説的 "用之則行，舍之則藏，唯我與爾有是夫" 之意相同。

【本篇校勘記】

【1】門：邢本、朱本、蔡本、監本同，皇本作 "門者"。

【2】間：邢本、朱本、蔡本、監本同，皇本作 "閒"。

【3】亡：邢本、朱本、蔡本、監本同，皇本 "亡" 字下有 "未聞好學者"，蓋據 6.3 之文補。

【4】椁：邢本、朱本、蔡本、監本同，皇本作 "槨"。下二 "椁" 字同此。

【5】不：邢本、朱本、蔡本、監本同，皇本作 "不可"。

【6】不可徒行也：邢本、朱本、蔡本、監本同，皇本作 "吾以不可徒行"。

【7】曰：邢本、朱本、蔡本、監本同，皇本作 "子曰"。

【8】爲：邢本、朱本、蔡本、監本同，皇本作 "爲慟"。

【9】曰：邢本、皇本同，朱本、蔡本、監本無此 "曰" 字。

【10】騫：皇本同，邢本、朱本、蔡本、監本無此 "騫" 字。

【11】曰：皇本同，邢本、朱本、蔡本、監本無此 "曰" 字。

【12】鼓：皇本同，邢本、朱本、蔡本、監本無此 "鼓" 字。

【13】問：邢本、朱本、蔡本、監本同，皇本作 "問曰"。

【14】賢：邢本、朱本、蔡本、監本同，皇本作 "賢乎"。

【15】不及：邢本、朱本、蔡本、監本同，皇本作 "不及也"。

【16】斂：邢本、皇本同，朱本、蔡本、監本作 "歛"。附益之：邢本、朱本、蔡本、監本同，皇本作 "附益也"。

【17】鼓：皇本、朱本、蔡本、監本同，邢本作 "皷"。而：邢本、朱

本、蔡本、監本同，皇本無此"而"字。

【18】辟：邢本、朱本、蔡本、監本同，皇本作"僻"。

【19】億：邢本、朱本、蔡本、監本同，皇本作"憶"。

【20】之：邢本、朱本、蔡本、監本同，皇本作"之也"。

【21】女：邢本、朱本、蔡本、監本同，皇本作"汝"。

【22】毋：邢本、朱本、蔡本、監本同，皇本作"無"。

【23】率：邢本、朱本、蔡本、監本同，皇本作"卒"。

【24】間：朱本、蔡本、監本同，邢本、皇本作"聞"。

【25】足民：邢本、朱本、蔡本、監本同，皇本作"足民也"。

【26】鼓：皇本、朱本、蔡本、監本同，邢本作"皷"。

【27】莫：邢本、朱本、蔡本、監本同，皇本作"暮"。

【28】冠者：邢本、朱本、蔡本、監本同，皇本作"得冠者"。

【29】歎：邢本、皇本、朱本、蔡本同，監本作"嘆"。

【30】夫子：邢本、朱本、蔡本、監本同，皇本作"吾子"。

【31】曰：邢本、朱本、蔡本、監本同，皇本作"子曰"。

【32】宗廟會同：邢本、朱本、蔡本、監本同，皇本作"宗廟之事如會同"。

【33】諸侯而何：朱本、蔡本、監本同，邢本作"諸矦而何"，皇本作"諸侯如之何"。

【34】小：邢本、朱本、蔡本、監本同，皇本作"小相"。

【35】大：邢本、朱本、蔡本、監本同，皇本作"大相"。

顏淵第十二

【提要】

本篇論述仁德、君子、政治、交友等方面的問題。

關於仁德，一是要用禮來約束自己，做到"非禮勿視，非禮勿聽，非禮勿言，非禮勿動"。二是要敬重人，寬恕人，即見人"如見大賓"，"己所不欲，勿施於人"。三是說話要謹慎，說到必須做到。四是愛人。

關於君子之德，一是不做虧心事而"内省不疚"。二是對人恭敬有禮，做事沒有失誤，使天下人都成爲自己的兄弟。三是文質兼備。四是"博學於文，約之以禮"。五是"成人之美，不成人之惡"。六是"質直而好義，察言而觀色"，謙虛待人。七是"先事後得"，多作自我批評，不去攻擊別人，不爲一時之怒而傷害自己、連累父母。

關於政治，一是必須獲得民衆的信任。二是必須維護森嚴的等級制度和名分，即"君君，臣臣，父父，子子"。三是以身作則，沒有貪欲，以自己的正道善行去感化人。四是與民同富，藏富於民。五是必須明察秋毫，不聽信隱微的讒言。六是提拔正直之人。七是斷案必須兼聽，不能只聽一面之詞，而最後的目標應該是使訴訟不發生。八是毫不懈怠，恪盡職守。

關於交友之道，一是要與忠信之人結交。二是應該對朋友忠心勸告，如果朋友不聽就不應該勉強。三是"以文會友，以友輔仁"。

12. 1

顏淵問仁[1]。子曰："克己復禮爲仁【1】[2]。一日克己復禮，天下歸仁焉[3]。爲仁由己，而由人乎哉?"顏淵曰："請問其目。"子曰："非禮勿視，非禮勿聽，非禮勿言，非禮勿動[4]。"顏淵曰："回雖不敏，請事斯語矣[5]。"

【注釋】

〔1〕皇侃曰："問孔子爲仁之道也。"

〔2〕何晏引馬曰："克己，約身。"又引孔曰："復，反也。身能反禮則爲仁矣。"○劉寶楠曰："克己復禮，所以爲仁。爲，猶事也，謂用力於仁也。下句'爲仁由己'義同。《左昭十二年傳》言楚右尹子革諷靈王以《祈招》之詩，王揖而入，饋不食，寢不寐，不能自克，以及于難。仲尼曰：'古也有志："克己復禮，仁也。"信善哉! 楚靈王若能如是，豈其辱于乾谿?'是'克己復禮爲仁'乃古成語，而夫子引之。"

〔3〕劉寶楠曰："'一日克己復禮，天下歸仁'者，言己誠爲仁，人必知之，故能歸仁，己得成名也。"○覺按：焉：於之（"之"指代克己復禮之人）。

〔4〕劉寶楠曰：“動，猶行也，謂所行事也。”
〔5〕皇侃曰：“斯，此也。”

【譯文】

　　顏淵詢問奉行仁德的方法。孔子説：“克制自己而使自己的行動回歸到禮制的規定之中就算是奉行了仁德。你有一天能克制自己而使自己的行動回歸到禮制的規定之中，天下人就會把仁德之名歸屬於你。奉行仁德取決於自己，能取決於別人嗎？”顏淵説：“請問奉行仁德的要目。”孔子説：“不是禮制規定的就別看，不是禮制規定的就別聽，不是禮制規定的就別説，不是禮制規定的就別做。”顏淵説：“我顏回雖然不敏捷，也請讓我奉行這些話吧。”

【評析】

　　禮是仁外化而形成的制度（參見 3.3 評析），所以“克己復禮爲仁”。“爲仁”既然靠“克己”，所以“爲仁”必定“由己”。“非禮勿視，非禮勿聽，非禮勿言，非禮勿動”是歷代傳揚的名言，有人讚頌它，有人非議它。誠然，以古代的禮制來規範現代人的一切顯然是荒謬的。但是，人生活在社會中，總不是絕對自由的，總得受當時的社會規範的約束。從這一點上來説，孔子的話也就有一定的合理性了。

12.2

　　仲弓問仁。子曰：“出門如見大賓[2]，使民如承大祭。己所不欲，勿施於人[1]。在邦無怨，在家無怨[2]。”仲弓曰：“雍雖不敏，請事斯語矣。”

【注釋】

〔1〕劉寶楠曰：“施，猶加也。”
〔2〕劉寶楠曰：“在邦，謂仕於諸侯之邦。在家，謂仕於卿大夫家也。”○覺按：楊伯峻認爲劉説不妥當，於是把“邦”“家”分別譯爲“在工作崗位上”“不在工作崗位上”，與其 12.20 “在邦”“在家”的譯文自相矛盾，顯然不如劉説爲當。

【譯文】

仲弓詢問奉行仁德的辦法。孔子説："出了家門就像見到了大國的貴賓一樣恭敬，使喚民衆就像承辦重大的祭祀那樣謹慎。自己不想要的，不强加給別人。在諸侯國做官没有人怨恨，在卿大夫家做官没有人怨恨。這就是奉行了仁德。"仲弓説："我仲雍雖然不敏捷，也請讓我奉行這些話吧。"

【評析】

"出門如見大賓，使民如承大祭"喻指言行謹慎恭敬，也就是 13.19 的"居處恭，執事敬"；"己所不欲，勿施於人"是將心比心的恕道，也就是 6.30 的"己欲立而立人，己欲達而達人"；"在邦無怨，在家無怨"是因爲關愛別人，也就是 12.22 的"愛人"。敬、恕、愛，是仁的三大組成部分，相當於 17.5 的"恭""寬""惠"。

12.3

司馬牛問仁。子曰："仁者，其言也訒[1]。"曰："其言也訒，斯謂之仁已乎[3]？"子曰："爲之難，言之得無訒乎[2]？"

【注釋】

〔1〕何晏引孔曰："訒，難也。牛，宋人也，弟子司馬犂。"○邢昺曰："《史記·弟子傳》云：'司馬耕，字牛。牛多言而躁。'"○劉寶楠曰："《説文》：'訒，頓也。''頓'與'鈍'同。此謂'難'者，引伸之義。"○覺按："訒"指説話謹慎而難以啓口。

〔2〕何晏引孔曰："行仁難，言仁亦不得不難。"

【譯文】

司馬牛詢問奉行仁德的辦法。孔子説："有仁德的人，他説起話來遲鈍而難以説出口。"司馬牛説："那説起話來遲鈍而難以説出口的，就可以説他奉行仁德了嗎？"孔子説："奉行仁德是難的，要把它説出口能不難嗎?"

【評析】

仁者未必不會説話，只是因爲謙虛纔不誇誇其談，所以"其言也訒"。當然，"其言也訒"不能等同於"仁"，而至多只能説是"近仁"(13.27)，但能説會道的往往"鮮矣仁"(1.3)。這些就是根據一個人的説話來觀察其仁德的方法。

12.4

司馬牛問君子。子曰："君子不憂不懼[1]。"曰："不憂不懼，斯謂之君子已乎[4]?"子曰："内省不疚，夫何憂何懼?"

【注釋】

〔1〕何晏引孔曰："牛兄桓魋將爲亂，牛自宋來學，常憂懼，故孔子解之。"

【譯文】

司馬牛詢問君子的德行。孔子説："君子不憂慮，不害怕。"司馬牛説："不憂慮，不害怕，就可以稱之爲君子了嗎?"孔子説："内心反省時不愧疚，那還憂慮什麼、害怕什麼?"

【評析】

"内省不疚"爲"不憂不懼"之源，而"内省不疚"又以正道而行爲源。有言道："爲人本分作經營，淡飯粗茶心自寧。平生莫做虧心事，半夜敲門不吃驚。"君子不做虧心事，所以能"内省不疚"而"不憂不懼"。

12.5

司馬牛憂曰："人皆有兄弟，我獨亡[1]。"子夏曰："商聞之矣：'死生有命，富貴在天。君子敬而無失，與人恭而有禮，四海之內皆爲兄弟也【5】。'君子何患乎無兄弟也?"

【注釋】

〔1〕何晏引鄭曰："牛兄桓魋行惡，死亡無日，我爲無兄弟。"○皇侃曰："亡，無也。"

【譯文】

司馬牛憂慮地説："別人都有兄弟，我偏偏没有。"子夏説："我卜商聽見過這樣的話了：'死和生有命運來安排，富裕和高貴取决於天意。君子謹慎而没有失誤，待人恭敬而有禮貌，那麼天下的人都成了情同手足的兄弟。'君子爲什麼還要擔憂没有兄弟呢?"

【評析】

"死生有命，富貴在天"一語流傳極廣，也常被人們指責爲宿命論。其實，子夏只是要人們不必去考慮"死生""富貴"之事。老是考慮自己的"死生""富貴"，一心只爲自己着想，就會把人際關係搞僵。如能注意自己的爲人，常爲别人着想，那麼四海之内的人，都能成爲自己的兄弟朋友了。

12.6

子張問明。子曰："浸潤之譖【6】〔1〕，膚受之愬〔2〕，不行焉，可謂明也已矣。浸潤之譖，膚受之愬，不行焉，可謂遠也已矣。"

【注釋】

〔1〕皇侃曰："浸潤，猶漸漬也。譖，讒謗也。夫拙爲讒者，則人易覺。巧爲讒者，日日漸漬細進譖，當時使人受而不覺，如水之浸潤漸漬，久久必溼也，故謂能讒者爲浸潤之譖也。"

〔2〕皇侃曰："愬者，相訴訟讒也。拙相訴者亦易覺也。若巧相訴害者，亦日日積漸稍進，爲如人皮膚之受塵垢，當時不覺，久久方覩不净，

故謂能訴害人者爲膚受之愬也。"

【譯文】

子張詢問什麼是英明。孔子說："漸漸滲入而不易察覺的詆毀，像皮膚受到灰塵污染而不易警覺的告狀，對他不產生影響，可以說是英明的了。漸漸滲入的詆毀，皮膚受塵似的告狀，對他不產生影響，可以說是目光遠大的了。"

【評析】

水慢慢滲入，皮膚漸漸受塵，都是一下子難以察覺的。對於難以察覺的壞話能明察秋毫而不受其影響，當然就是"明"了。

12.7

子貢問政。子曰："足食，足兵，民信之矣[7]。"子貢曰："必不得已而去[1]，於斯三者何先?"曰："去兵。"子貢曰[8]："必不得已而去，於斯二者何先?"曰[9]："去食。自古皆有死，民不信不立[10]。"

【注釋】

〔1〕皇侃曰："已，止也。"

【譯文】

子貢詢問政治。孔子說："使糧食充足，使軍事力量充足，使民衆信任政府。"子貢說："如果萬不得已一定要去掉一樣，在這三者之中先去掉什麼?"孔子說："去掉軍事力量。"子貢說："如果萬不得已一定要再去掉一樣，在這兩者之中先去掉什麼?"孔子說："去掉糧食。自古以來各個國家都有死亡的事發生而政府還是存在着，但民衆不信任政府，政府就站不住腳。"

【評析】

此文乍一看，似乎孔子認爲餓死老百姓在政治家眼中根本是無關緊要的事，君主爲了自己穩坐江山，可以不顧人民的死活。其實，如果君主真是不顧民衆死活，民衆會信任他嗎？而且，此文所説的三種東西，如果完全去掉其中之一，那麼也就國將不國了，國家還有什麼可"立"的呢？誠然，此文一開頭説的是：糧食直接關係到人民的生存，軍備直接關係到國家的存亡，信任直接關係到政府的命運，所以孔子首先將三者列爲政治之要素。或者説，經濟、軍事、民心乃政治之三要素。至於下文的"去"，不但是一種"不得已"的無奈之舉，更是一種假設，孔子師徒不過是以此來强調這三者之間的主次關係。孔子回顧歷史，古往今來各個國家都有死亡的事發生，而政府並未因此垮臺，但如果人民不信任政府，政府就站不住腳了，所以民衆的信任纔是政治家首先要關注的事。因此，從政治上來説，孔子的話是有一定的合理性的。

12.8

棘子成曰【11】〔1〕："君子質而已矣，何以文爲?"子貢曰："惜乎，夫子之説君子也！駟不及舌〔2〕。文猶質也，質猶文也。虎豹之鞟【12】，猶犬羊之鞟也【13】〔3〕。"

【注釋】

〔1〕何晏引鄭曰："舊説云：棘子成，衞大夫。"

〔2〕何晏引鄭曰："過言一出，駟馬追之不及。"○皇侃曰："駟，四馬也。古用四馬共牽一車，故呼四馬爲駟也。"

〔3〕何晏引孔曰："皮去毛曰鞟。虎豹與犬羊別者，正以毛文異耳。今使文質同者，何以別虎豹與犬羊邪?"○皇侃曰："譬於君子所以貴者，政以文華爲別，今遂若使質而不文，則何以別於君子與衆人乎?"○覺按：古代"皮"指獸皮（人皮稱"膚"），皮去毛稱"鞟"（kuò）或"革"，革通過加工而成熟皮稱"韋"。

【譯文】

棘子成説："君子質樸就可以了，用文采幹什麼?"子貢説："先生這樣來論説君子，真可惜啊！即使趕着四匹馬拉的車也追不回您説出的話了。文采就像質樸一樣重要，質樸就像文采一樣重要。那珍貴的虎豹之皮去掉了有文采的毛而剩下質樸的革，就如同低賤的狗羊之革啊。”

【評析】

“質勝文則野”，只有“文質彬彬”纔是君子（見 6.18），所以君子不能“質而已矣”。子貢針對“何以文爲”的質問，用“虎豹之鞟，猶犬羊之鞟”來說明，真是巧奪天工的妙喻。

12.9

哀公問於有若，曰：“年饑，用不足，如之何？”有若對曰：“盍徹乎？”曰：“二，吾猶不足，如之何其徹也？”對曰：“百姓足，君孰與不足？百姓不足，君孰與足？”

【注釋】

〔1〕何晏引鄭曰：“盍，何不也。周法什一而稅謂之徹，徹，通也，爲天下之通法。”○邢昺曰：“《孟子》云：‘夏后氏五十而貢，殷人七十而助，周人百畝而徹，其實皆什一也。’趙岐注云：‘民耕五十畝者貢上五畝，耕七十畝者以七畝助公家，耕百畝者徹取十畝以爲賦，雖異名，而多少同，故云皆什一也。’”

〔2〕何晏引孔曰：“二，謂什二而稅。”○皇侃曰：“魯起宣公而十稅二。”

〔3〕何晏曰：“孰，誰也。”

【譯文】

魯哀公詢問有若，說：“年成饑荒，財用不够，對此該怎麼辦？”有若回答說：“爲什麼不按照十分之一的稅率來收稅呢？”魯哀公說：“按照十分之二的稅率來收稅，我還不够，怎麼能按照十分之一的稅率來收稅呢？”有若回答說：“百姓都富足了，您能與誰一樣不富足？百姓都不富足，您能與誰一樣富足呢？”

【評析】

“二，吾猶不足”與“盍徹乎”僅八個字，就把哀公已重斂的事實與有若想減税的主張揭示得明確而全面，如此詞約義豐的寫法無疑值得借鑒。

"百姓足，君孰與不足？百姓不足，君孰與足"兩句，把哀公觀念中與百姓對立的經濟關係一下子拉回到君民一體的架構之中，具有深遠的政治意義，更值得重視。君主如果窮凶極惡地横征暴斂，導致民不聊生，則必將使民衆揭竿而起，到了那個時候，"君孰與足"？仿照12.11的説法，便是："君不君，民不民，雖有粟，君豈得而食諸？"不過，哀公的説法也並非沒有一點道理，一個國家每年的經濟收入總量是有定的，百姓多得了，君主就會少得。因此，國家與民衆之間如何恰如其分地來切分這塊蛋糕的確是值得仔細推敲的。當然，最好的辦法是"因民之所利而利之"(20.2)，利用政治措施讓民衆做大蛋糕，這樣纔能真正做到"百姓足"而君主足。

12.10

子張問崇德、辨惑。子曰："主忠信[1]，徙義，崇德也【14】。愛之欲其生【15】，惡之欲其死【16】。既欲其生，又欲其死，是惑也【17】。"

【注釋】

〔1〕主忠信：見1.8注〔2〕。

【譯文】

子張詢問尊崇德行、辨别迷惑的事。孔子説："把忠誠守信的人作爲自己投靠的主人，還就服從道義，這就是尊崇德行。愛他的時候想要他活，恨他的時候想要他死。既要他活，又要他死，這就是迷惑。"

【評析】

忠信、道義是"德"的重要組成部分，所以"主忠信，徙義"就是"崇德"。一切取決於自己的愛惡，是感情用事而缺乏理智，所以是"惑"。

12. 11

齊景公問政於孔子[1]。孔子對曰："君君，臣臣，父父，子子[2]。"公曰："善哉！信如君不君，臣不臣，父不父，子不子，雖有粟，吾豈得而食諸【18】？"

【注釋】

〔1〕齊景公：春秋時齊國君主，齊莊公的異母弟，名杵臼，公元前547年—公元前490年在位。《史記·孔子世家》："孔子適齊，爲高昭子家臣，欲以通乎景公。……景公問政孔子，孔子曰：'君君，臣臣，父父，子子。'"此事約發生在公元前516年（參見《前言》）。

〔2〕第二個"君""臣""父""子"都用作動詞，指"君使臣以禮，臣事君以忠"（見3.19），父慈（參見2.6），子孝（參見1.6）。

【譯文】

齊景公向孔子詢問政治。孔子回答説："君主要做得像個君主，臣子要做得像個臣子，父親要做得像個父親，兒子要做得像個兒子。"齊景公説："説得好啊！真要是君主不像個君主，臣子不像個臣子，父親不像個父親，兒子不像個兒子，即使有了糧食，我哪能吃得到它呢？"

【評析】

孔子認爲，只有根據名分各行其道，纔能使國家秩序井然，所以這是政治上的大事。人們一般都批評孔子這種政治觀，因爲這種觀點維護了封建等級制度。其實，國家機器本身就是一種等級制度，只要有國家存在，社會就不可能沒有等級，人們就不能不在社會中充當各自的角色。所以，孔子的話還是有其合理的一面的。

12. 12

子曰："片言可以折獄者，其由也與[1]？"子路無宿諾[2]。

【注釋】

〔1〕何晏引孔曰："片猶偏也。聽訟必須兩辭以定是非，偏信一言以折獄者，唯子路可也。"○皇侃曰："子路既能果斷，故偏聽一辭而能折獄也。"○陸德明引鄭云："片，半也。"○邢昺曰："折，猶決斷也。"

〔2〕朱熹曰："宿，留也。"○覺按："無宿諾"與"片言可以折獄"都表現了子路直率急躁的性格（參見5.7、5.14、11.20、11.24），所以編著《論語》者將它們記在一起。

【譯文】

孔子説："根據一面之詞可以斷案的，大概只有仲由吧?"子路没有拖到第二天纔兑現的諾言。

【評析】

兼聽則明，偏聽則暗。子路本性急躁，所以聽了一面之詞就斷案，這是不可取的，所以孔子批評他。但孔子只是説"其由也與"，意思是大概只有子路會這樣做，其他人是不會這樣做的。這樣的批評，用語委婉而意思明白，可使被批評者意識到自己的錯誤又不會生氣。由此可見，通過指出某人行爲的怪僻來批評人，不失爲一種既立竿見影又可迴避衝突的有效方式。

12. 13

子曰："聽訟，吾猶人也〔1〕。必也，使無訟乎〔2〕!"

【注釋】

〔1〕邢昺曰："言聽斷獄訟之時，備兩造，吾亦猶如常人，无以異也。"○覺按：聽：治理。

〔2〕何晏引王曰："化之在前。"○覺按："使無訟"指通過道德教育使民衆皆有德而不犯罪，没有糾紛。

【譯文】

孔子説："處理訴訟，我像別人一樣。我一定要做到的，是使人們没有訴訟吧！"

【評析】

據《史記·孔子世家》，孔子在魯定公時曾任司寇（掌管刑獄的最高長官），所以會有此言。它表達了孔子不屑於刑治而主張德化的思想。

12. 14

子張問政。子曰："居之無倦，行之以忠[1]。"

【注釋】

[1] 皇侃曰："言身居政事則莫懈倦，又凡所行用於民者，必盡忠信也。"

【譯文】

子張詢問政治。孔子說："身處職位別懈怠，執行政令要忠誠。"

【評析】

敬業、忠誠是行政人員的基本素質。

12. 15

子曰："博學於文，約之以禮，亦可以弗畔矣夫[1]！"

【注釋】

[1] 見 6.27 注 [1]。

【譯文】

孔子說："廣博地學習古代文獻，用禮制約束自己，也就可以不違背道義了吧！"

【評析】

此章與 6.27 重複，可見本書編纂之粗疏。

12. 16

子曰："君子成人之美，不成人之惡。小人反是【19】。"

【譯文】

孔子説："君子成全别人的美德和好事，不促成别人的惡行和壞事。小人與此相反。"

【評析】

道德的高下在對别人的幫助中就可以看出。小人因爲嫉妒和幸災樂禍，所以反君子之道而行之。

12. 17

季康子問政於孔子。孔子對曰："政者，正也。子帥以正【20】〔1〕，孰敢不正?"

【注釋】

〔1〕陸德明曰："帥，與'率'同。"

【譯文】

季康子向孔子詢問政治。孔子回答説："政這個字，就是正的意思。您用正道帶個頭，誰敢再搞歪門邪道?"

【評析】

俗話説"上樑不正下樑歪"，但不説"上樑正則下樑不歪"。相比於孔子之言，俗話所説顯然更爲深刻。雖然領導者的榜樣作用不可低估，在專制制度中臣民更會迎合上司，但社會是複雜的，其中未必没有陽奉陰違的臣民，所以即使領導者"帥以正"，被領導者不敢在表面上"不正"，也未必能確保他們在暗地裏都"正"。換言之，"上樑正則下樑未必正"。應該説，孔子要求領導者以身作則的思想是對的，但對領導者以身作則所産生的效果無疑有點誇大了。真正要產生"孰敢不正"的效果，除了領導者以身作則，無疑還應該進行道德教育，加强法治建設。

12.18

　　季康子患盜，問於孔子[1]。孔子對曰："苟子之不欲[21]，雖賞之不竊。"

【注釋】

　　[1]《史記·孔子世家》："孔子之去魯凡十四歲而反乎魯。……康子患盜，孔子曰：'苟子之不欲，雖賞之不竊。'"據此，則此事發生在魯哀公十一年（公元前 484 年）以後。參見本書前言。

【譯文】

　　季康子擔心偷盜，向孔子請教。孔子回答説："如果您不貪財，即使獎賞偷盜，人家也不會來偷竊。"

【評析】

　　何晏引孔安國曰："言民化於上，不從其令，從其所好。"這是説，孔子此言與上一章同旨，即統治者如果沒有貪慾，老百姓就會以貪得爲恥而不去偷盜。這顯然把領導者以身作則的感化作用誇大了（參見 12.17 評析）。當然，孔子的話也可以理解爲指責季康子之貪得無厭而聚斂錢財，即：如果您季康子不貪，家裏就沒有什麼可偷的，即使您叫人來偷，也没人來偷。這樣理解是否更好呢？

12.19

　　季康子問政於孔子，曰："如殺無道以就有道[1]，何如？"孔子對曰："子爲政，焉用殺？子欲善，而民善矣。君子之德，風[22]；小人之德，草[23]。草上之風[24]，必偃[2]。"

【注釋】

〔1〕何晏引孔曰："就，成也。"○覺按："殺無道"是一種手段，相當於"用殺無道"，所以下文說"用殺"。　有道：即 1.14 的"有道"。

〔2〕何晏引孔曰："偃，仆也。加草以風，無不仆者，猶民之化於上。"○皇侃曰："偃，臥也。"○陸德明曰："尚，加也。本或作'上'。"

【譯文】

季康子向孔子詢問政治，說："如果用殺掉暴虐無道的壞人來造就有道德的好人，怎麼樣?"孔子回答說："您執政，哪裏要用殺人的辦法呢?您一心嚮往善行，那麼民衆就會善良了。身居官位者的德行好比風，平民百姓的德行好比草。草給它加上風，就一定會順風倒下。"

【評析】

孔子不主張刑治而主張德化（參見 2.3），主張君主以身作則。的確，民衆的風氣不能不受到領導人作風的影響，但說"必"，就有點過分了（參見 12.17 評析）。當然，孔子此言如果是在指責季康子之"德"不"善"，從而造成了民之"無道"（參見 12.18 評析），那就有深刻的政治意義了。因爲民之"無道"如果是統治者的苛政或德行造成的，那其責任就在統治者而不在民衆，統治者就應該檢討自己的失誤來完善治理方法，而不應該對民衆採取"殺"的方法。誠如《老子》第七十四章所說："若民恒且不畏死，奈何以殺懼之?"統治者之"殺"，不但不能解決問題，還會激化矛盾，導致對抗，甚至使國家大亂。歷代暴君的覆滅便是前車之鑒。

12.20

子張問："士何如斯可謂之達矣[1]?"子曰："何哉，爾所謂達者?"子張對曰："在邦必聞，在家必聞[2]。"子曰："是聞也，非達也。夫達也者【25】，質直而好義，察言而觀色，慮以下人。在邦必達，在家必達。夫聞也者，色取仁而行違，居之不疑[3]。在邦必聞，在家必聞[4]。"

【注釋】

〔1〕劉寶楠曰："達者，通也。通於處人處己之道，故行之無所違阻。"

〔2〕在邦、在家：見 12.2 注〔2〕。

〔3〕何晏引馬曰："此言佞人假仁者之色，行之則違，安居其僞而不自疑。"

〔4〕邢昺曰："言佞人黨多，妄相稱譽，故所在皆有名聞也。"

【譯文】

子張問道："士人要怎麼樣纔可以稱之爲通達了?"孔子説："你所説的通達是指什麼呢?"子張回答説："在諸侯國做官一定有名聲，在大夫家做官一定有名聲。"孔子説："這是有名聲，不是通達啊。那通達的人，質樸正直而愛好道義，能審察別人的言語而觀察別人的臉色，一心讓自己謙卑待人。這種人在諸侯國做官一定通達，在大夫家做官一定通達。至於那有名聲的人，表面上採取仁愛之道而行動則違背了仁德，安守着這種表裏不一的做法而不懷疑自己的德行。這種人在諸侯國做官一定有名聲，在大夫家做官一定有名聲。"

【評析】

政治是以人爲工作對象的，所以從政者不但要正直而講理，而且必須善於察言觀色，瞭解對方，並尊重對方。只有這樣，纔有可能使對方心悦誠服，使自己的工作順利開展。

12. 21

樊遲從遊於舞雩之下【26】〔1〕，曰："敢問崇德、脩慝、辨惑〔2〕。"子曰："善哉問! 先事後得〔3〕，非崇德與? 攻其惡〔4〕，無攻人之惡【27】，非脩慝與? 一朝之忿，忘其身【28】，以及其親〔5〕，非惑與?"

【注釋】

〔1〕舞雩：見 11.24 注〔23〕。

〔2〕何晏引孔曰：“慝，惡也。脩，治也。”

〔3〕何晏引孔曰：“先勞於事，然後得報。”○覺按：12.10 說“徙義，崇德也”，此文說“先事後得”即是崇德，可見這應該是指一種合乎道義的行爲。16.10 說“見得思義”，則所謂“先事後得”即 15.38 所說的“敬其事，而後其食”。

〔4〕劉寶楠曰：“攻，猶責也。《春秋繁露·仁義法篇》解此文，謂君子以仁造人，義造我，所謂‘躬自厚而薄責於人’也。”○覺按：參見 11.17 注〔3〕與 15.15。

〔5〕劉寶楠曰：“《公羊傳》云：‘及者何？累也。’”

【譯文】

樊遲跟從孔子在求雨的雩祭舞壇下遊覽，說：“我大膽地問一下關於崇尚德行、糾正邪惡、辨別迷惑的事。”孔子說：“這問題問得好啊！先做事，然後獲得，這不是崇尚德行了麽？責備自己的惡行，不去責備別人的惡行，這不是糾正邪惡了麽？因爲一時的憤怒，忘記了自身的安危，以致連累了自己的親人，這不是迷惑了麽？”

【評析】

“先事後得”與 12.10 的“徙義”同旨，所以是“崇德”。“攻其惡，無攻人之惡”，即 12.17 的“子帥以正，孰敢不正”，所以是“修慝”。“一朝之忿，忘其身，以及其親”與 12.10 的“愛之欲其生，惡之欲其死”相似，是感情用事而缺乏理智，所以是“惑”。

12.22

樊遲問仁【29】，子曰：“愛人。”問知【30】〔1〕，子曰：“知人。”樊遲未達〔2〕，子曰：“舉直錯諸枉〔3〕，能使枉者直。”樊遲退，見子夏，曰：“鄉也吾見於夫子而問知【31】〔4〕，子曰：‘舉直錯諸枉，能使枉者直。’何謂也?”子夏曰：“富哉是言乎【32】！舜有天下，選於眾，舉皋陶〔5〕，不仁者遠矣。湯有天下〔6〕，選於眾，舉伊尹〔7〕，不仁者遠矣。”

【注釋】

〔1〕陸德明曰："知，音'智'。"

〔2〕皇侃曰："達，猶曉也。"

〔3〕陸德明曰："錯，或作'措'，同。"○覺按：參見 2.19 注〔3〕。

〔4〕陸德明曰："鄉，又作'曏'，同。"○劉寶楠曰："阮氏元《校勘記》：'曏，正字。嚮，俗字。鄉，叚借字。'"

〔5〕皋陶（yáo）：一作咎繇，偃姓，曾被舜任爲掌管刑獄的司法大臣，後被禹選爲繼承人，因早死而未繼位。春秋時英、六等國是其後代。其事蹟可參見《尚書》的《舜典》《皋陶謨》，《史記》的《五帝本紀》《夏本紀》，《潛夫論·志氏姓》。

〔6〕湯：子姓，名履，又名天乙，號湯，又稱武湯、成湯，原爲商族領袖，後來任用伊尹爲相，滅掉夏桀，建立了商朝。其事蹟見《史記·殷本紀》。

〔7〕伊尹：一名伊摯，商湯的相。據《史記·殷本紀》和《墨子·尚賢中》記載，伊尹想求得湯的任用而沒有什麽途徑。湯娶有莘氏的女兒，他就作爲有莘氏女兒的陪嫁之臣，當廚師來接近湯。湯發現他有才能，就任用他爲相。後來他幫助湯攻滅了夏桀。

【譯文】

樊遲詢問什麽是仁慈，孔子説："仁慈就是愛人。"樊遲又問什麽是明智，孔子説："明智就是知人善任。"樊遲還沒有通曉，孔子説："提拔正直的人而把他們安排在不正直的人上面，能使不正直的人正直。"樊遲從課堂出來，見到子夏，説："剛才我見到老師而詢問什麽是明智，老師説：'提拔正直的人而把他們安排在不正直的人上面，能使不正直的人正直。'這説的是什麽呀？"子夏説："這話的内容可豐富啦！舜擁有了統治天下的大權，從衆人中選拔人才，提拔了皋陶，不仁之人就遠遠地離開了。商湯擁有了統治天下的大權，從衆人中選拔人才，提拔了伊尹，不仁之人就遠遠地離開了。"

【評析】

"仁"就是"愛人"，但這"愛人"是指愛良民，不能理解爲愛所有的人（參見 4.3 評析）。

政治家要取得成功，必須知人善任。要知人善任，又必須具有高度的政治智慧。由此文可見，提拔任用什麼樣的人，直接關係到思想作風和政治隊伍的建設，最終也無疑會關係到政治上的成敗得失，所以必須予以高度重視。

12. 23

子貢問友。子曰：“忠告而善道之【33】〔1〕，不可則止【34】，毋自辱焉【35】。”

【注釋】

〔1〕陸德明曰：“道，導也。”

【譯文】

子貢詢問朋友之道。孔子説：“忠誠地勸告他，用善良的德行引導他，他不認可就罷了，別再多説而自找恥辱。”

【評析】

朋友聽不進自己的忠告，就不够朋友了，再强行勸説，很可能會自討沒趣而使友情毀於一旦。

12. 24

曾子曰：“君子以文會友，以友輔仁〔1〕。”

【注釋】

〔1〕何晏引孔曰：“有相切磋之道，所以輔成己之仁。”

【譯文】

曾子説：“君子通過學習研討文獻來交朋友，憑藉朋友來輔助自己養成仁德。”

【評析】

"文如其人"，學問文章是一個人的人格和學識的體現。因此，學問文章的交流也是結交朋友的一個重要方面。

【本篇校勘記】

【1】克：邢本、朱本、蔡本、監本同，皇本作"尅"。下一"克"字同此。

【2】賓：皇本同，邢本、朱本、蔡本、監本作"賔"。

【3】謂之仁已：邢本、朱本、蔡本、監本同，皇本作"可謂之仁已矣"。

【4】謂之君子已：邢本、朱本、蔡本、監本同，皇本作"可謂君子已矣"。

【5】皆爲：皇本同，邢本、朱本、蔡本、監本作"皆"。

【6】譖：邢本、皇本、朱本、蔡本同，監本作"譛"。下一"譖"字同此。

【7】民：邢本、朱本、蔡本、監本同，皇本作"令民"。

【8】子貢曰：邢本、朱本、蔡本、監本同，皇本作"曰"。

【9】曰：邢本、皇本、蔡本、監本同，朱本作"田"。

【10】不：皇本同，邢本、朱本、蔡本、監本作"無"。

【11】成：邢本、朱本、蔡本、監本同，皇本作"城"。

【12】鞹：邢本、朱本、蔡本、監本同，皇本作"鞟"。下一"鞹"字同此。

【13】也：皇本同，邢本、朱本、蔡本、監本無此"也"字。

【14】崇德也：邢本、朱本、蔡本、監本同，皇本作"崇德"。

【15】生：邢本、朱本、蔡本、監本同，皇本作"生也"。下一"生"字同此。

【16】死：邢本、朱本、蔡本、監本同，皇本作"死也"。

【17】此句後皇本、朱本有"誠不以富，亦祇以異"八字（邢本、蔡本、監本作"誠不以富，亦祇以異"），今據朱熹所引胡氏之説移於 16.12（參見 16.12 校勘記）。

【18】豈：皇本同，邢本、朱本、蔡本、監本無此"豈"字。

【19】是：邢本、皇本、朱本、監本同，蔡本作"此"。

【20】以：邢本、朱本、蔡本、監本同，皇本作"而"。

【21】之：邢本、朱本、蔡本、監本同，皇本無此"之"字。

【22】風：邢本、朱本、蔡本、監本同，皇本作"風也"。

【23】草：邢本、朱本、蔡本、監本同，皇本作"草也"。

【24】上：邢本、朱本、蔡本、監本同，皇本作"尚"。

【25】也者：邢本、朱本、蔡本、監本同，皇本作"者"。下一"也者"同此。

【26】遲：皇本、蔡本、監本同，邢本、朱本作"遟"。

【27】無：邢本、朱本、蔡本、監本同，皇本作"毋"。

【28】忘：皇本、朱本、監本同，邢本、蔡本作"亡"。

【29】遲：皇本、朱本、蔡本、監本同，邢本作"遟"。下二"遲"字同此。

【30】問知：邢本、朱本、蔡本、監本同，皇本作"問智"。下一"問知"同此。

【31】鄉：邢本、朱本、蔡本、監本同，皇本作"嚮"。

【32】是：皇本同，邢本、朱本、蔡本、監本無此"是"字。

【33】善道：邢本、朱本、蔡本、監本同，皇本作"以善導"。

【34】不可：邢本、朱本、蔡本、監本同，皇本作"否"。

【35】毋：邢本、監本同，皇本、朱本、蔡本作"無"。

論語善本彙校集注譯評卷第七

子路第十三

【提要】

本篇主要論述政治和君子、士人之德。

關於政治，一是對民衆要不知厭倦地進行引導，然後再去煩勞他們。二是不求全責備，任用賢能的人，安排好專職官吏。三是端正名分。四是崇尚禮義誠信，以身作則，以正道來引領臣民，使臣民敬服誠實，達到“不令而行”的政治境界。五是應該先使民衆富裕起來，然後施行教化。六是治國首先要達到的目標是“勝殘去殺”，最高目標是實行仁政。七是當君主的要知道治國不易，謹慎理政，從諫如流，而不能陶醉於臣子對自己的唯命是從。八是檢驗政績的好壞應該看其是否能使近處的人高興、遠處的人來投奔。九是採取行動時“無欲速，無見小利”。十是使民衆去作戰，要先訓練他們。

關於君子、士人之德，孔子認爲不能去做務農的小人，而應該掌握禮義去影響民衆；對於《詩經》，應能學以致用；對於家產的積累，不能貪得無厭；如果得到任用，應該有政績；即使正直，但對父親應該盡孝而不能告發，“父爲子隱，子爲父隱”纔是君子的正直；平時要恭敬謹慎，盡孝悌之道，對人忠誠，既有所進取，又有恥辱之心而有所不爲，能出使四方而“不辱君命”；堅持正道，有永恆的操守而不與人苟同，使好人喜歡自己而壞人憎惡自己，別人不可能用歪門邪道使自己高興；能“泰而不驕”，和兄弟、朋友和諧相處。

13.1

子路問政。子曰：“先之[1]，勞之[2]。”請益。曰：“無倦[3]。”

【注釋】

〔1〕朱熹引蘇氏曰：“凡民之行，以身先之，則不令而行。”

〔2〕皇侃曰：“勞之，謂使勞役也。”

〔3〕何晏引孔曰：“曰‘無倦’者，行此上事，無倦則可。”

【譯文】

子路詢問政治。孔子説：“先給臣民帶個頭，然後再煩勞他們。”子路請求再增加些内容。孔子説：“別懈怠。”

【評析】

政治的要點是最大限度地發揮人民的力量，只有領導人堅持不懈地帶好頭，纔有可能達到這一目的。由此可見，所謂“領導”，就是帶領和引導，領導不帶頭幹，就不是個稱職的領導，就不能使民衆心悦誠服地跟着自己幹，即使以苛刻的政令和嚴刑重罰迫使民衆去幹了，也不會達到理想的效果（參見 2.3、13.6 評析）。

13.2

仲弓爲季氏宰[1]，問政。子曰：“先有司，赦小過，舉賢才。”曰：“焉知賢才而舉之？”曰：“舉爾所知，爾所不知，人其舍諸[2]？”

【注釋】

〔1〕皇侃曰：“仲弓將往費爲季氏采邑之宰。”○覺按：據此，則此季氏指季康子（參見 6.9 注〔1〕）。

〔2〕皇侃曰：“汝爲民主。汝若好舉賢才，則民心必從汝所好，各各自舉其所知。賢才皆遂，不見捨弃。”

【譯文】

仲弓去做季氏封邑的長官，向孔子詢問政治。孔子説：“先任用各部門的主管，二是赦免小的過失而不懲處，三是提拔賢能的人才。”仲弓説：

"怎麽發現賢能的人才去提拔他們?"孔子説:"提拔你所瞭解的賢才,你不瞭解的賢才,别人會捨棄他們嗎?"

【評析】

　　要實現政治上的目標,必須有爲之奮鬥的堅强隊伍,所以政治的關鍵在用人。在孔子看來,用人的要點在選用好各職能部門的負責人,寬以待之,任人唯賢。其中"舉賢才"無疑是個難題,因爲要"知賢才",没有高度的政治智慧是難以辦到的。孔子説的"舉爾所知"就很成問題,因爲"爾所知"之"賢"如果不賢就麻煩了。誠如《韓非子·難三》所説:燕王子噲認爲子之賢能而重用子噲,結果被殺了;夫差認爲太宰嚭聰明而重用太宰嚭,結果被越國滅了。孔子勸魯哀公"選賢",而哀公不一定能識别賢才,只能是選拔自己心目中的所謂賢人,這就會使哀公有子噲、夫差那樣的禍患。爲此,韓非提出了解決這一問題的辦法:"明君不自舉臣,臣相進也;不自賢,功自徇也。論之於任,試之於事,課之於功,故羣臣公政而無私,不隱賢,不進不肖。"就是説,君主不應該自以爲誰賢能就去提拔誰,而應該根據功勞來任用人。這樣,有功的人自會找上門來。任用後再嚴格考覈,那麽羣臣就會公正辦事而不埋没賢人,也不敢推薦不賢之人。這樣,不但能做到孔子所説的"爾所不知,人其舍諸",而且能選拔到真正的賢人。

13.3

　　子路曰:"衛君待子而爲政[1][1],子將奚先[2]?"子曰:"必也,正名乎[3]!"子路曰:"有是哉,子之迂也[4]!奚其正?"子曰:"野哉由也!君子於其所不知,蓋闕如也[5]。名不正,則言不順;言不順,則事不成[6];事不成,則禮樂不興;禮樂不興,則刑罰不中[7];刑罰不中,則民無所錯手足[2][8]。故君子名之必可言也,言之必可行也。君子於其言,無所苟而已矣。"

【注釋】

〔1〕《史記·孔子世家》:"是歲也,孔子年六十三,而魯哀公六年也。

其明年，吳與魯會繒，徵百牢。……孔子曰：'魯衛之政，兄弟也。'是時，衛君輒父不得立，在外，諸侯數以爲讓。而孔子弟子多仕於衛，衛君欲得孔子爲政。子路曰：'衛君待子而爲政，子將奚先?'孔子曰：'必也正名乎！'"由此可知，此事發生在魯哀公七年（公元前488年），當時衛出公輒的父親蒯聵不能即位，流亡在外，諸侯多指責衛出公，而孔子弟子多在衛國做官，所以衛出公想讓孔子來理政。

〔2〕皇侃曰："奚，何也。"

〔3〕朱熹曰："是時出公不父其父而禰其祖，名實紊矣，故孔子以正名爲先。"○覺按：正名：辨正名稱，就是使用正確的稱謂，使名稱和事實相符。就此文而言，孔子的正名，除了辨正事物的名稱，更重要的是要辨正政治方面的名分。名分，是春秋戰國時期流行的一種道德規範，指和各種人或物的名稱所相應的職分、地位、界限、標準、歸屬等，也就是人或物的一種規定性。

〔4〕何晏引包曰："迂，猶遠也。言孔子之言遠於事。"

〔5〕闕：見2.18注〔2〕。　　如：見3.23注〔3〕。

〔6〕皇侃曰："事，謂國家所行之事。"

〔7〕何晏引孔曰："禮以安上，樂以移風，二者不行，則有淫刑濫罰。"○覺按：中（zhòng）：符合，得當。

〔8〕陸德明曰："錯，本又作'措'。"○覺按：錯：通"措"，放。無所錯手足：沒有放手腳的地方，即不知如何是好。

【譯文】

　　子路說："衛國國君等待您去處理政事，您去了以後將先做什麽?"孔子說："一定要做的，是辨正名稱吧！"子路說："有這種想法啊，是您遠離實際了！去辨正名稱幹什麽?"孔子說："仲由真粗野啊！君子對自己不知道的東西，該留下空白不說啊。名稱不辨正，那麽說起話來就不順暢；說起話來彆扭，那麽國家的事情就辦不成；國家的事情辦不成，那麽禮制音樂的教化就搞不起來；禮制音樂的教化搞不起來，那麽執行刑罰就會不符合規定；執行刑罰不符合規定，那麽民衆就不知道該怎麽行動乃至連手腳都沒地方放了。所以君子給什麽東西起了個名稱就一定可以說出來，把它說出來了就一定可以去做。君子對於自己說的話，要沒有一點苟且之處纔罷休啊。"

【評析】

孔子把"正名"（辨正名分）作爲政治的首要任務。他所說的正名，是要糾正倫理、政治方面名不符實的現象。所謂"君君、臣臣、父父、子子"也就是"正名"。他認爲，社會上的人都按照自己的名分來行事，政治秩序就能有條而不紊了。這是後來形名學說的濫觴。13.14 是其"正名"之一例，可參見。

13.4

樊遲請學稼[3]，子曰："吾不如老農。"請學爲圃[1]，曰[4]："吾不如老圃。"樊遲出。子曰："小人哉，樊須也！上好禮，則民莫敢不敬；上好義，則民莫敢不服；上好信，則民莫敢不用情[2]。夫如是，則四方之民襁負其子而至矣[3]，焉用稼?"

【注釋】

〔1〕何晏引馬曰："樹五穀曰稼。樹菜蔬曰圃。"
〔2〕何晏引孔曰："情，情實也。"
〔3〕陸德明曰："襁，又作'繦'，同。《博物志》云：'織縷爲之，廣八寸，長丈二，以約小兒於背。'"

【譯文】

樊遲請求學習種莊稼，孔子說："我不及老農民。"請求學習種蔬菜，孔子說："我不及老菜農。"樊遲出去後。孔子說："樊須真是個沒地位的小人啊！在上位的人愛好禮制，那麼民衆沒有誰敢不尊敬您；在上位的人愛好道義，那麼民衆沒有誰敢不服從您；在上位的人愛好誠信，那麼民衆沒有誰敢不用真情來對待您。像這樣，那麼四面八方的民衆都用襁褓背着自己的孩子投奔您來了，哪裏還用得着種莊稼?"

【評析】

此章所記孔子之言，其實是 15.32 "君子謀道不謀食。耕也，餒在其中矣；學也，禄在其中矣"的觀念在現實教學中的反映。在孔子看來，務農是小人之事，所以樊遲不過是"小人"而已。君子應該"謀道"而做大人之事，即以禮、義、信來治國平天下。孔子以"脩己以安百姓"爲君子最高的道德追求（見14.42），所以他不教弟子學稼、圃而要求弟子"好禮""好義""好信"，也就在情理之中了。如果我們以今律古，不顧歷史背景與個人追求去非議孔子的輕農重道思想，就不免苛求古人了。參見15.32評析。

13.5

子曰："誦《詩》三百[1]，授之以政，不達[2]；使於四方，不能專對。雖多，亦奚以爲[3]？"

【注釋】

〔1〕邢昺曰："《周禮》注云：'倍文曰諷，以聲節之曰誦。'"

〔2〕皇侃曰："達，猶曉也。"○覺按：《詩》中有很多篇章言及天子、諸侯的政治，可供從政者參考，所以孔子說它可以"事君"（見17.8）。因此，如果誦《詩》後仍然不懂政治，就白讀了。

〔3〕奚以爲：即"以之爲奚"。

【譯文】

孔子說："吟誦了《詩》三百篇，把政事交給他，他卻不知道怎麼處理；派他出使到四周各國，他卻不能針對具體情況進行回答。這樣的話，即使吟誦了很多詩，又能拿它們來幹什麼呢？"

【評析】

爲了深入具體地理解此文，我們不妨舉一實例。《左傳·文公十三年》載："鄭伯與公宴于棐，子家賦《鴻雁》。季文子曰：'寡君未免於此。'文子賦《四月》。子家賦《載馳》之四章。文子賦《采薇》之四章。鄭伯拜。公荅拜。"

爲便於理解，今解說如下：魯文公十三年（公元前614年）冬天，魯文公從晉國回魯國，經過鄭國時，鄭穆公在棐林（在今河南省新鄭市北）

設宴招待魯文公，想請魯文公回晉國爲鄭國求和，於是鄭國大夫子家便朗誦《詩經·小雅·鴻鴈》的首章："鴻鴈于飛，肅肅其羽。之子于征，劬勞于野。爰及矜人，哀此鰥寡。"（意爲：鴻雁飛翔在天涯，它的翅膀響颯颯。這人出門在旅途，野外辛苦無閒暇。想想這個受苦人，可憐這個老鰥寡。）子家朗誦這些詩句，巧妙地把鄭穆公比作"矜人""鰥寡"（老而無妻叫鰥，老而無夫叫寡），而用"之子于征，劬勞於野"來表示對魯文公的請求，意思是説："可憐可憐我們這些窮苦人吧，勞駕您再在野外奔波，回晉國去給我們求和。"魯國大夫季文子對此心領神會，便推諉説："我們的國君也不免是勞苦之人啊。"接着他便朗誦《詩經·小雅·四月》的首章："四月維夏，六月徂暑。先祖匪人，胡寧忍予？"（意爲：四月已經是夏天，六月入暑日炎炎。先祖難道不是人，怎忍使我受熬煎？）他的意思是："我們出外的時間已經不短了，我們國君難道不是爹娘養的，你怎麼能忍心讓我們再到晉國去來回奔波呢？"於是子家朗誦《詩經·鄘風·載馳》的第四章："我行其野，芃芃其麥。控于大邦，誰因誰極？大夫君子，無我有尤。百爾所思，不如我所之。"（意爲：我正走在原野上，麥苗蓬蓬向上長。控訴求援到大國，靠誰趕來幫我忙？各位大夫君子們，不要指責我胡想。你們想法雖多樣，還是不如我親往。）其意思是説："我們鄭國想向强大的晉國求援，還是想靠魯君來幫我們的忙，你這大夫別來阻撓我好不好？"於是季文子朗誦《詩經·小雅·采薇》的第四章："彼爾維何？維常之華。彼路斯何？君子之車。戎車既駕，四牡業業。豈敢定居？一月三捷。"（意爲：那茂盛的是什麼？就是常棣開的花。那高大的是什麼？是那將帥的車駕。戰車已經準備好，四匹强壯好雄馬。哪敢安閒來住下？一月三戰把敵殺。）意思是説："你這樣相請，我哪敢安居呢？我車馬已經準備好了，將馬上返回晉國爲你們求和。"於是鄭穆公連忙拜謝，魯文公也還了禮。

以上所述的賦《詩》情景，就是孔子所説的"專對"，也就是古代所謂的"斷章取義"（截取《詩經》的某一章詩，利用該章所具有的某一種字面意義來表達自己的意思，而不去顧及其在整篇詩中的原意）。外交活動，在我們想來應該是嚴肅莊重的事，但古人卻在這微妙文雅的賦《詩》活動中完成了。這真是《詩經》的一種妙用！其實，春秋以還，賦《詩》之風盛行，人們在政治、外交等活動中往往借取《詩經》中的部分章句來表述自己的意見，以使自己的辭令顯得典雅委婉，曲折有致。本章顯然是孔子針對當時的現實情況所發的議論。

總之，精通的目的在於應用。學了不能用，等於没有學。孔子學以致用的原則應該成爲學者的座右銘。參見 16.13。

13.6

子曰："其身正，不令而行；其身不正，雖令不從。"

【譯文】

孔子説："君主本身奉行正道，即使不下命令，臣民也會按照規矩做事；君主本身不奉行正道，即使下達了命令，臣民也不會服從。"

【評析】

此文强調身教的作用遠大於言教是正確的。但是，説"其身正，不令而行"就不免誇大了以身作則的作用（參見 12.17 評析）。至於説"其身不正，雖令不從"也未必，因爲法制的力量也有可能使民衆服從其政令。不過，孔子此言旨在强調統治者應該端正自身，奉行正道，則無疑是合理的。

13.7

子曰："魯、衛之政，兄弟也[5][1]。"

【注釋】

〔1〕朱熹曰："魯，周公之後。衛，康叔之後。本兄弟之國，而是時衰亂，政亦相似，故孔子嘆之。"○覺按：這是孔子在魯哀公七年（公元前488 年）説的話，見 13.3 注〔1〕。

【譯文】

孔子説："魯國、衛國的政治狀況，就像周公、康叔兄弟一樣相似啊。"

【評析】

此文表明，文化傳統對政治的影響是十分巨大的。

13.8

　　子謂衛公子荆善居室[1]。始有，曰："苟合矣[2]。"少有，曰："苟完矣。"富有，曰："苟美矣。"

【注釋】

　　[1] 何晏引王曰："荆與蘧瑗、史鰌並爲君子。"○皇侃曰："居其家能治，不爲奢侈，故曰'善居室'也。"○朱熹曰："公子荆，衛大夫。"○覺按：王肅之説見《左傳·襄公二十九年》。梁玉繩《人表考》卷四："公子荆始見《左》襄廿九、《論語》。亦曰'南楚'，獻公子（杜《世族譜》），亦曰'公南楚'（《左》昭廿，荆字南楚，云'公'者，公子也。《通志略》謂楚字公南，非）。"據《左傳》，公子荆主要活動於魯襄公二十九年（公元前 544 年）至魯昭公二十年（公元前 522 年）。　居：《逸周書·作雒》"農居鄙"孔晁注："居，治也。"
　　[2] 朱熹曰："苟，聊且粗略之意。"

【譯文】

　　孔子説衛國的公子荆善於治家。他剛有家產，就説："够合適的了。"稍微有了點家產，就説："够完備的了。"富有了，就説："够美滿的了。"

【評析】

　　《韓非子·解老》説："欲利之心不除，其身之憂也，故聖人衣足以犯寒，食足以充虚，則不憂矣。衆人則不然，大爲諸侯，小餘千金之資，其欲得之憂不除也。"公子荆不管有多少家產，都知足而不憂，不因物慾而操心勞神，實具有聖人之德，所以值得讚揚。

13.9

子適衛，冉有僕【6】〔1〕。子曰："庶矣哉〔2〕！"冉有曰："既庶矣，又何加焉?"曰："富之。"曰："既富矣，又何加焉?"曰："教之。"

【注釋】

〔1〕皇侃曰："適，往也。僕，御車也。"
〔2〕何晏引孔曰："庶，眾也。言衛人眾多。"

【譯文】

孔子到衛國去，冉有駕車。孔子説："人口眾多啦！"冉有説："已經人丁興旺了，再給他們增加些什麼呢?"孔子説："使他們富裕。"冉有説："已經富裕了，再給他們增加些什麼呢?"孔子説："教育他們。"

【評析】

先富後教是值得弘揚的傳統思想。這裏首先的問題是要使民眾富裕起來，因爲有了物質文明，就有了建設精神文明的基礎。正如《管子·牧民》所説："倉廩實，則知禮節。衣食足，則知榮辱。"《孟子·梁惠王上》也説："是故明君制民之産，必使仰足以事父母，俯足以畜妻子，樂歲終身飽，凶年免於死亡。然後驅而之善，故民之從之也輕。"但是，如果只使民眾富裕而不進行教育也是不行的。正如《孟子·滕文公上》所説："人之有道也，飽食、煖衣、逸居而無教，則近於禽獸。聖人有憂之，使契爲司徒，教以人倫：父子有親，君臣有義，夫婦有別，長幼有敍，朋友有信。"孟子所言，無疑繼承了孔子的思想。

13.10

子曰〔1〕："苟有用我者，期月而已可也【7】〔2〕，三年有成。"

【注釋】

〔1〕《史記·孔子世家》："孔子遂至陳，主於司城貞子家。歲餘，吳王夫差伐陳，取三邑而去。趙鞅伐朝歌。楚圍蔡，蔡遷于吳。吳敗越王勾踐會稽。……孔子居陳三歲……遂適衛……靈公老，怠於政，不用孔子。孔子喟然歎曰：'苟有用我者，朞月而已，三年有成。'孔子行。……孔子擊磬。有荷蕢而過門者……"吳王夫差伐陳以及敗越王勾踐會稽等發生在魯哀公元年（公元前494年），孔子於前一年至陳，住到第三年至衛，則本章之言説於魯哀公二年（公元前493年）。

〔2〕皇侃曰："苟，誠也。朞月，謂年一周也。可者，未足之辭也。言若誠能用我爲治政者，一年即可小治也。"○邢昺曰："期月，周月也，謂周一年之十二月也。"

【譯文】

孔子説："如果有人任用我的話，一年結束就差不多可以了，三年就會有成就。"

【評析】

孔子之言，猶如當今的競選演説或競聘報告而頗有引誘力，可惜他的禮治、德治方略在當時已經難見成效，所以終究未爲人所用。由此可見，想要得到任用，除了承諾可以達到的預期目標，還應該有切實有效的措施作基礎。

13.11

子曰："'善人爲邦百年，亦可以勝殘去殺矣[1]。'誠哉是言也[2]！"

【注釋】

〔1〕何晏引王曰："勝殘，殘暴之人使不爲惡也。去殺，不用刑殺也。"
〔2〕何晏引孔曰："古有此言，孔子信之。"

【譯文】

孔子説："'善良的君主治理國家一百年，也可以遏制暴行而去掉死刑了。'這話是真的啊！"

【評析】

如果"善人"來治理，"勝殘去殺"也需要百年，可見不用刑殺之難。由於"善人"基本上見不到（見7.25），加之人的壽命有限而基本上不可能"爲邦百年"，所以"勝殘去殺"在當時是不可能實現的。孔子説"誠哉是言也"，不過是表達其願望而已，至多也只是肯定了不用刑殺之難，而不等於説一定能不用刑殺。

13.12

子曰："如有王者，必世而後仁[8]〔1〕。"

【注釋】

〔1〕何晏引孔曰："三十年曰世。如有受命王者，必三十年仁政乃成。"○皇侃曰："王者，謂聖人爲天子也。"○覺按：仁：指仁政，即仁愛的政治措施，包括減省刑罰，減少稅收，使人民安居樂業，又通過德教使人們孝悌忠信來侍奉父母君長（見《孟子·梁惠王上》）。

【譯文】

孔子説："如果有了奉行王道的聖君，也一定要三十年以後纔能實行仁政。"

【評析】

孔子實際上已見不到聖明的"王者"（見7.25），所以説"如有"。但即使有"王者"，也是"必世而後仁"，可見實行仁政之難。因此，此文與13.11類似，只是在強調實行仁政之難而已。

13. 13

子曰："苟正其身矣，於從政乎何有[1]？不能正其身，如正人何？"

【注釋】

〔1〕何有：見4.13注〔2〕。

【譯文】

孔子説："如果把自己端正了，對於從政又有什麼困難呢？如果不能端正自己，怎麼能端正別人呢？"

【評析】

認爲"正其身"就能解決一切政治問題，顯然不當（參見12.17評析）。至於"不能正其身，如正人何"，與俗話所説的"上樑不正下樑歪"旨意相同，無疑應該成爲所有領導者的座右銘（參見13.1、13.6評析）。

13. 14

冉子退朝【9】[1]，子曰："何晏也[2]？"對曰："有政。"子曰："其事也[3]。如有政，雖不吾以，吾其與聞之[4]。"

【注釋】

〔1〕皇侃曰："冉子爾時仕季氏。"○陸德明引鄭云："朝，季氏朝。"
〔2〕皇侃曰："晏，晚也。"
〔3〕邢昺曰："昭二十五年《左傳》曰：'爲政事、庸力、行務以從四時。'杜預曰：'在君爲政，在臣爲事。'"
〔4〕何晏引馬曰："如有政，非常之事，我爲大夫，雖不見任用，必當與聞之。"○皇侃曰："以，用也。"○陸德明曰："與，音預。"

【譯文】

冉有從朝廷回來，孔子說："爲什麼晚了?"冉有回答説："因爲有政務。"孔子説："是季康子家裏的事務吧。如果是魯國國君有政務，雖然現在不任用我了，我大概也會因爲是大夫而能參與並聽到其消息的。"

【評析】

此文乍一看，孔子似乎有點咬文嚼字。但是，孔子細辯"政""事"，其實是謹慎守禮之舉。古代的政事，國君的纔稱"政"或"國政"（諸侯的封地稱"國"），大夫家的只能稱"事"或"家事"（大夫的封地稱"家"）。由此可見，孔子此舉不只是在辨正"政""事"二字在名稱上的不同，主要是在辨正君臣不同的名分。誠如 13.3 所説，"名不正"會妨礙禮制的實施，所以孔子並非因爲好事纔多此一舉。

13. 15

定公問："一言而可以興邦，有諸?"孔子對曰："言不可以若是其幾也〔1〕。人之言曰：'爲君難，爲臣不易。'如知爲君之難也【10】，不幾乎一言而興邦乎?"曰："一言而可以喪邦【11】，有諸?"孔子對曰："言不可以若是其幾也。人之言曰：'予無樂乎爲君，唯其言而莫予違也〔2〕。'如其善而莫之違也，不亦善乎? 如不善而莫之違也，不幾乎一言而喪邦乎?"

【注釋】

〔1〕何晏引王曰："以其大要，一言不能正興國。幾，近也。有近一言可以興國。"○覺按：對於這一句，前人之解都未嘗。按王肅之説，此句應讀爲："言不可以若是，其幾也。"其説於語義雖然可通，但未得其語法。此句實爲古代的一種倒裝句，"其"是代詞，指代前文的"一言"與"興邦"。"言不可以若是其幾也"即"其幾言不可以若是也"，其義相當於"一言與興邦之近，言之不可以如此也"。這種句式在《孟子》中用得較

多，如《孟子·梁惠王下》："齊宣王問曰：'文王之囿方七十里，有諸？'孟子對曰：'於傳有之。'曰：'若是其大乎？'"末句意爲："文王之囿之大如此乎？"《孟子·盡心下》："由孔子而來至於今百有餘歲，去聖人之世若此其未遠也，近聖人之居若此其甚也。"後兩句意爲："去聖人之世之未遠如此也，近聖人之居之甚如此也。"對於這種句式的詳細解析，可參見拙著《〈孟子〉句式變換釋例》第三節《程度强調句式變換釋例》。

〔2〕何晏引孔曰："言無樂於爲君。所樂者，惟樂其言而不見違。"○覺按：後人多從孔説，其實不當，因爲周代爲君者往往争權奪利，根本沒有不樂意當君主的。《韓非子·難一》載："晉平公與羣臣飲，飲酣，乃喟然歎曰：'莫樂爲人君，惟其言而莫之違。'"此可謂酒後吐真言。據此，則此文之"無"當解爲"莫"而不應解爲"不"，"唯"當解爲"因爲"而不應該解爲"只"。

【譯文】

魯定公問孔子："一句話就可以使國家興盛，有這樣的話嗎？"孔子回答説："一句話與國家興盛之相近，説起來不可以像這樣啊。但有個人這樣説：'做君主困難，做臣子不容易。'如果知道做君主的困難，不近於一句話就可以使國家興盛了麼？"魯定公説："一句話就可以使國家政權喪失，有這樣的話嗎？"孔子回答説："一句話與國家政權喪失之相近，説起來不可以像這樣啊。但有個人這樣説：'我沒有什麼比做君主更快樂的了，因爲只有君主的話是沒有人敢違背的。'如果君主的話很好而沒有人違背它，不也很好嗎？如果君主的話不好而沒有人違背它，不近於一句話便可以使國家政權喪失了嗎？"

【評析】

君主知爲君之難，就會謹慎從事，勵精圖治，就有可能興邦，這給君主指明了努力的方向。不過，此文更有價值的是後者：君主使人臣唯命是從的專制作風是要不得的，它可能導致十分危險的後果。

"予無樂乎爲君，唯其言而莫予違也"可能是針對晉平公而言的。《韓非子·難一》："晉平公與羣臣飲，飲酣，乃喟然歎曰：'莫樂爲人君，惟其言而莫之違。'師曠侍坐於前，援琴撞之。公披衽而避，琴壞於壁。公曰：'太師誰撞？'師曠曰：'今者有小人言於側者，故撞之。'公曰：'寡人也。'師曠曰:'啞!是非君人者之言也。'"可見師曠已當場指出君主不應該説這種話,而且還做出了拿琴扔晉平公的過激行爲,但他畢竟不是個思想家,所以没有深入剖析此言爲何不當。

孔子此文不但指出了此言將產生的嚴重後果,而且揭示了其産生嚴重後果的原因:專制者剛愎自用而肆其淫威將會有亡國之患。這樣的論説,對君主既有當頭棒喝之效,又有醍醐灌頂之功,足可見其政治思想之犀利與深刻。

13.16

葉公問政[1]。子曰:"近者説【12】[2],遠者來。"

【注釋】

[1] 此事發生在魯哀公五年(公元前490年),見7.18注[1]。
[2] 陸德明曰:"説,音悦。"

【譯文】

葉公詢問政治。孔子説:"近處的人使他們喜悦,遠方的人使他們前來歸附。"

【評析】

使境内的人高興,使境外的人歸附,這是政治家應該追求的一種境界,它可以作爲判定政治成敗得失的標準。

13.17

子夏爲莒父宰[1],問政。子曰:"無欲速[2],無見小利【13】。欲速,則不達[3];見小利,則大事不成[4]。"

【注釋】

[1] 劉寶楠曰:"《山東通志》云:'莒始封在萊州府高密縣東南,乃莒子之都,而子夏所宰之莒父也。春秋時,莒子遷於城陽,漢始封劉章爲城

陽王，置莒縣，即今青州府之莒州。'"○覺按：據此，則莒父在今山東省高密市西南、莒縣東北。

〔2〕劉寶楠曰："《爾雅·釋詁》：'速，急也。'"

〔3〕朱熹曰："欲事之速成，則急遽無序，而反不達。"

〔4〕邢昺曰："務見小利而行之，則妨大政，故大事不成也。"

【譯文】

子夏做了莒父的長官，詢問政治。孔子説："不要急於求成，不要只看到小小的眼前利益。急於求成，就不能達到目的；只看到小小的眼前利益，那麼大事就做不成。"

【評析】

政治上的事只能因勢利導。坐失良機是可惜的，但急於求成也要不得；而沒有遠大的目光，只看見眼前的局部的利益，就更缺乏一個政治家應有的政治頭腦了。然而，"小利"和"大利"在具體的現實中如何鑒定，有時卻是一個十分困難的問題，它得依靠政治家深刻的政治洞察力。至於"欲速，則不達"，4.26子游所言就是很好的例子。

13.18

葉公語孔子曰："吾黨有直躬者〔1〕，其父攘羊〔2〕，而子證之〔3〕。"孔子曰："吾黨之直者異於是。父爲子隱，子爲父隱，直在其中矣〔4〕。"

【注釋】

〔1〕黨：泛指家鄉（參見5.22注〔2〕）。　直躬：字面意義是"正直自身"，這裏是虛擬的人名，用來指一個正直地對待自己的人。《論語》中常用這種方式來虛擬人名，如將早晨的開門人稱爲"晨門"（見14.38），把身材高大魁梧而在渡口附近耕田的人叫作"長沮"、"桀（通"傑"）溺"（見18.6注〔1〕）。這些都不是真正的名或字，而是根據其行事虛構的人名，類似現在的綽號。前人或認爲這"直躬"不是人名，或認爲"躬"是其真名，均不當。

〔2〕何晏引周曰："有因而盗曰攘。"○劉寶楠曰："高誘《淮南》注云：'凡六畜自來而取之曰攘也。'"

〔3〕劉寶楠曰："《説文》云：'證，告也。'"

〔4〕邢昺曰："子苟有過，父爲隱之，則慈也；父苟有過，子爲隱之，則孝也。孝慈則忠，忠則直也，故曰'直在其中矣'。"

【譯文】

葉公告訴孔子説："我們鄉有個叫直躬的人，他的父親把走來的羊竊爲己有，這個兒子就告發了這件事。"孔子説："我們鄉正直的人和這個直躬不同。父親爲兒子隱瞞，兒子爲父親隱瞞，正直的德行就在這種行爲之中了。"

【評析】

葉公之鄉人的"直"爲法律意義上的正直，所以不顧親情而將其父攘羊的事告發了。孔子之鄉人的"直"是倫理道德方面的正直，所以父親因爲慈愛而爲兒子隱瞞不好的事，兒子因爲孝順而爲父親隱瞞不好的事。孔子崇尚道德禮制，所以肯定了其鄉人的行爲，而且還反復説"直而無禮則絞"（8.2）、"好直不好學，其蔽也絞"（17.7）。這種觀念，在倫理道德方面具有正當性，因爲人類社會是個血緣社會，血緣在維持社會秩序方面具有不可小覷的作用，所以儒家主張以孝治天下。但是，這種觀念與嚴格的法治思想顯然是格格不入的，所以受到了法家韓非的猛烈抨擊。《韓非子·五蠹》云："故行仁義者非所譽，譽之則害功；文學者非所用，用之則亂法。楚之有直躬，其父竊羊，而謁之吏。令尹曰：'殺之！'以爲直於君而曲於父，報而罪之。以是觀之，夫君之直臣，父之暴子也。魯人從君戰，三戰三北。仲尼問其故，對曰：'吾有老父，身死莫之養也。'仲尼以爲孝，舉而上之。以是觀之，夫父之孝子，君之背臣也。故令尹誅而楚姦不上聞，仲尼賞而魯民易降北。上下之利，若是其異也，而人主兼舉匹夫之行，而求致社稷之福，必不幾矣。"

13.19

樊遲問仁。子曰："居處恭，執事敬〔1〕，與人忠。雖之夷狄，不可棄也。"

【注釋】

〔1〕劉寶楠曰："居處，謂所居之處。執，猶行也。"

【譯文】

樊遲詢問仁德。孔子説："無論待在什麽地方都恭恭敬敬，做事謹慎，對人忠誠。即使到了不講禮義的東夷、北狄等異族地區，也不可以抛棄這些啊。"

【評析】

"恭""敬""忠"不過是"仁"的部分德行，單有這些德行是够不上"仁"的（參見12.2、17.5、5.19）。

13.20

子貢問曰："何如斯可謂之士矣？"子曰："行己有恥【14】〔1〕，使於四方不辱君命，可謂士矣。"曰："敢問其次。"曰："宗族稱孝焉，鄉黨稱弟焉【15】〔2〕。"曰："敢問其次。"曰："言必信，行必果，硜硜然小人哉〔3〕！抑亦可以爲次矣。"曰："今之從政者何如？"子曰："噫！斗筲之人，何足算也〔4〕？"

【注釋】

〔1〕何晏引孔曰："有恥者，有所不爲。"

〔2〕陸德明曰："弟，亦作'悌'，同。"○覺按：鄉黨：見6.5注〔3〕。

〔3〕皇侃曰："硜硜，堅正難移之貌也。"○覺按：硜硜（kēngkēng）：鄙陋固執的樣子。14.39的"鄙哉！硜硜乎"可明其義。

〔4〕邢昺曰："斗，量名，容十升。筲，竹器，容斗二升。算，數也。孔子見時從政者皆無士行，唯小器耳，故心不平之，而曰：'噫！今斗筲小器之人，何足數也！'"○覺按："筲"當指筲箕之類（參見6.11注〔1〕）。

【譯文】

子貢問道："像什麽樣纔可以稱之爲士了？"孔子説："使自己行動的時候有羞恥之心而有所不爲，出使到四面八方時不讓國君的命令受到凌辱，可以稱爲士了。"子貢説："我大膽地問一下那次一等的士是個什麽樣子。"孔子説："同宗家族稱讚他孝順父母，鄉裏的人稱讚他敬愛兄長。"子貢説："我大膽地問一下再次一等的士是個什麽樣子。"孔子説："説話一定講信用，做事一定果敢地做到底，這是死硬固執的小人啊！或許也可以算作次一等的士了。"子貢説："當今從政的人怎麽樣？"孔子説："唉！這些斗、筲箕似的小器之人，哪裏可以算進去呢？"

【評析】

在孔子看來，有道德操守、能堅持政治原則的人才是真正的"士"，而孝順父母、尊敬師長的子弟也還是有德之士。至於"言必信，行必果"的人，就只是一些淺薄固執微不足道的小人了，只是因爲人們稱之爲俠士，所以就姑且把他們算作"士"吧。而"今之從政者"，就連小人也算不上了。

爲什麽"言必信，行必果"的人是小人呢？《孟子·離妻下》把其中的道理説得很明白。其言云："大人者，言不必信，行不必果，惟義所在。"由此可見，孔、孟主張的誠信，並不是不問是非黑白的死老實。説話做事應該老實守信用，但也必須相時度勢，以合宜爲原則，見機而行。死老實只是一種淺陋，死守信用只是一種固執，它們都不是一種合乎道義的誠信。君子應該以"義"爲重，應該用"義"作爲自己的行爲準則，而不應該把自己的"言"與"行"當作必須嚴格遵循的行動綱領。如果自己的"言""行"合乎道義，當然應該守信用而做到"言必信，行必果"，只有這樣，纔是堅守誠信的君子。但是，如果自己的"言""行"不合乎道義，那就不應該再堅持"言必信，行必果"的信條，而應該立即改正錯誤；如果還是"言必信，行必果"，那就是在堅持錯誤，就不是一種君子的守信，而是一種小人的固執了。正因爲如此，所以君子奉行的準則應該是"言不必信，行不必果，惟義所在"，而不應該是"言必信，行必果"。

2007 年 6 月 30 日出版的《上海財經大學報》第 408 期第 4 版刊載的《影響上財學子的 30 句誠信名言》的第 1 句竟然是"言必信，行必果"。這些誠信名言，是全校同學積極推薦、投票選出的。推想我們的學子信奉此名言的初衷，應該是推崇誠信，注重信用，這當然無可厚非。遺憾的是，我們的學子竟然不知道"言必信，行必果"所包含的行爲準則不過是小人之"信"，而非君子之"信"，其真心雖然是想奉行君子之道，但實際上卻在尊奉小人之行。這一嚴峻的事實無疑在向我們警示：努力提高大學生的人文素養已成爲當務之急。

13. 21

子曰："不得中行而與之[1]，必也，狂狷乎！狂者進取，狷者有所不爲也[2]。"

【注釋】

〔1〕何晏引包曰："中行，行能得其中者。"
〔2〕何晏引包曰："狂者進取於善道，狷者守節無爲，欲得此二人者，以時多進退，取其恒一。"○劉寶楠引《孟子·盡心下》："孟子曰：'孔子不得中道而與之，必也狂獧乎！狂者進取，獧者有所不爲也。孔子豈不欲中道哉？不可必得，故思其次也。''敢問何如斯可謂狂矣？'曰：'如琴張、曾皙、牧皮者，孔子之所謂狂矣。''何以謂之狂也？'曰：'其志嘐嘐然，曰古之人，古之人。夷考其行而不掩焉者也。狂者又不可得，欲得不屑不潔之士而與之，是獧也，是又其次也。'"

【譯文】

孔子說："我不能得到奉行中正之道的人而與他共事，一定要得到的，是追求古代道德的狂放者或有節操的狷介者吧！狂放者有追求，狷介者有的事是不幹的。"

【評析】

人只有進入社會纔能發揮自己的作用而實現人生價值。因此，與什麼樣的人在一起就是每個人首先要解決的問題。"中行"是無"過"無"不及"之人（參見 6.29、11.16 評析），所以難得。孔子是個"知其不可而爲之"的人（見 14.38），與"狂者"相似；又是個清廉之人（參見 7.15、

8.13)，與"狷者"相似。因此，孔子"不得中行而與之"，就決意與"狂狷"爲伍。這給我們一個啓示：如果完全志同道合的人找不到，也應該找與自己某一方面德行相似的人爲伍，"無友不如己者"(1.8)。

13.22

子曰："南人有言，曰：'人而無恒，不可以作巫醫[1]。'善夫！'不恒其德，或承之羞[2]。'"子曰："不占而已矣[3]。"

【注釋】

〔1〕劉寶楠曰："巫、醫皆以士爲之，世有傳授，故精其術，非無恆之人所能爲也。《楚語》：'古者民神不雜。民之精爽不攜貳者，而又能齊肅衷正，其智能上下比義，其聖能光遠宣朗，其朗（覺按："朗"當作"明"）能光照之，其聰能聽徹之，如是，則明神降之，在男曰覡，在女曰巫。是使制神之處位次主，而爲之牲器時服。'楊泉《物理論》：'夫醫者，非仁愛不可託，非聰明達理不可任，非廉潔淳良不可信。古之用醫，必選名姓之後。'又云：'其德能仁恕博愛，其智能宣暢曲解，知天地神祇之次，明性命吉凶之數，處虛實之分，定順逆之理，原疾量藥，貫微達幽。'觀此，則巫、醫皆抱道懷德，學徹天人，故必以有恆之人爲之。"

〔2〕何晏引孔曰："此《易·恒卦》之辭，言德無常則羞辱承之。"○皇侃曰："或，常也。"○劉寶楠曰："無恆之人有凶無吉，故云'或承之羞'。"

〔3〕何晏引鄭曰："《易》所以占吉凶，無恒之人，《易》所不占。"○皇侃曰："此記者又引《禮記》孔子語來證無恆之惡也。……《禮記》云：'南人有言曰："人而無恆，不可以爲卜筮。"古之遺言與？龜筮猶不能知也，而況於人乎？'是明南人有兩時兩語，故孔子兩稱之。"○覺按：皇侃所引孔子語見《禮記·緇衣》，其下孔子又引《詩》云："我龜既厭，不我告猶。"此文"不占而已矣"當爲《禮記》"龜筮猶不能知也，而況於人乎"的另一種表述，指對於無恒之人，不可能通過龜筮來預測其吉凶。由於《禮記》所載孔子之語與此上文之文義不同，所以編《論語》者附於此。　占：指占卜。古代占卜，先在龜底板上鑽鑿槽穴，然後用荊木燒灼使龜板發生爆裂，龜甲發出的爆裂之聲即是"卜"之字音，爆裂產生的裂

紋即是"卜"或"兆"之字形，根據這兆紋來預測吉凶就是占。由於占卜用龜板，所以《禮記》説"龜"。至於《禮記》所説的"筮"（shì），指算卦。古代算卦，先反復在四十九根蓍（shī）草中隨意抽取，每次抽取後數一下，如果是奇數，即畫一橫"一"爲陽爻；如果是偶數，即畫二短橫"--"爲陰爻。抽取三次即得三爻，便可組成八卦中的卦象；抽取六次可得六爻，便可組成六十四卦中的卦象。根據所得卦象來預測吉凶就是算卦，古代稱爲"筮"，也稱爲"數筴"。

【譯文】

孔子説："南方之人有這樣的話，説：'人如果沒有永恒的操守，不可以做巫祝和醫生。'説得好啊！正如《周易·恒卦》所説：'不能永恒地保持自己的德行，常常會受到羞辱。'"孔子又説過："對沒有永恒操守的人，不預測其吉凶就是了。"

【評析】

巫無恒則亂了鬼神而壞了祭祀，醫無恒則亂開藥方而害了人，所以"人而無恒，不可以作巫醫"。孔子歎息自己見不到善人，"得見有恒者，斯可矣"（7.25），所以對此南人之言頗有感慨而發此論。其言外之意是："人而無恒，不可以作巫醫"，從政治國怎麼能"不恒其德"呢？

13. 23

子曰："君子和而不同[1]，小人同而不和。"

【注釋】

〔1〕劉寶楠引《國語·鄭語》史伯所言"去和而取同"云云，以及《左傳·昭公二十年》晏子所説的"和如羹焉，水、火、醯、醢、鹽、梅以烹魚肉……君臣亦然。君所謂可而有否焉，臣獻其否以成其可；君所謂否而有可焉，臣獻其可以去其否，是以政平而不干，民無爭心。……君所謂可，據亦曰可；君所謂否，據亦曰否。若以水濟水，誰能食之？若琴瑟之專壹，誰能聽之？同之不可也如是"來疏證"和""同"之義，可供參考。

【譯文】

孔子説："君子之間和諧而不苟同，小人之間苟同而不和諧。"

【評析】

君子根據道義結黨合作，所以即使彼此意見有分歧，也能保持和睦協調的關係，所以説"和而不同"。小人根據眼前私利結黨合作，一旦發生利害衝突，就會争吵不休，乃至不歡而散，所以説"同而不和"。

13.24

子貢問曰："鄉人皆好之，何如?"子曰："未可也。""鄉人皆惡之，何如?"子曰："未可也。不如鄉人之善者好之，其不善者惡之。"

【譯文】

子貢問道："鄉裏的人都喜歡他，這個人怎麽樣?"孔子説："還不行。"子貢再問："鄉裏的人都厭惡他，這個人怎麽樣?"孔子説："還不行。不如鄉裏的好人喜歡他，鄉裏不好的人厭惡他。"

【評析】

被衆人憎惡的人固然不好（參見15.28評析），但被所有人稱道的老好人卻也不行。辦事有原則的人決不會博得壞人的擁護。壞人也喜歡的老好人一定是不堅持正確原則的人。孔子曾將這種老好人稱爲"鄉原"，認爲他們是"德之賊"（17.12）。孟子也對這種人作了批判，《孟子·盡心下》云："非之無舉也，刺之無刺也。同乎流俗，合乎汙世。居之似忠信，行之似廉絜，衆皆悦之，自以爲是，而不可與入堯、舜之道，故曰'德之賊'也。"

13.25

子曰[16]："君子易事而難説也[1]：説之不以道，不説也；及其使人也，器之【17】〔2〕。小人難事而易説也：説之雖不以道，説也；及其使人也，求備焉。"

【注釋】

〔1〕何晏引孔曰："不責備於一人，故易事。"○陸德明曰："説，音悦。"○劉寶楠曰："君子、小人，皆謂居位者。"

〔2〕何晏引孔曰："度才而官之。"○皇侃曰："器，猶能也。"

【譯文】

孔子説："有道德的君子容易爲他做事而難以使他高興。如果不按照道義去使他高興，他是不會高興的；等到他使用人的時候，則根據各人的才能來任用，所以容易事奉。無德的小人難以爲他做事而容易使他高興。即使不按照道義去使他高興，他也高興；等到他使用人的時候，則要求別人具備所有的才能，所以難以事奉。"

【評析】

自己的領導是君子還是小人，可以用孔子的話去衡量一下。

13. 26

子曰："君子泰而不驕，小人驕而不泰〔1〕。"

【注釋】

〔1〕皇侃曰："小人性好輕凌，而心恆戚戚，是驕而不泰也。"

【譯文】

孔子説："君子泰然自若但並不驕傲，小人驕傲而不可能泰然自若。"

【評析】

君子泰然自若，看上去似乎是傲慢，其實並不是傲慢。小人放縱自己，盛氣凌人，雖然裝出泰然自若的樣子，其實内心緊張得很。

13. 27

子曰："剛毅木訥，近仁〔1〕。"

【注釋】

〔1〕何晏引王曰："剛無欲，毅果敢，木質樸，訥遲鈍。有斯四者，近於仁。"

【譯文】

孔子説："剛强而有毅力，質樸而説話遲鈍，這些品性接近於仁德。"

【評析】

"剛"則"無慾"（參見 5.11），"毅"則能擔負起推行仁德的重任（參見 8.7），"木"則淳樸厚道（參見 11.1 評析），"訥"可能是謙讓的表現（參見 5.5 與 12.3 評析），所以"近仁"。

13. 28

子路問曰："何如斯可謂之士矣【18】？"子曰："切切偲偲，怡怡如也〔1〕，可謂士矣。朋友切切偲偲，兄弟怡怡【19】。"

【注釋】

〔1〕何晏引馬曰："切切偲偲，相切責之貌。怡怡，和順之貌。"○陸德明曰："偲偲，音絲。"○覺按：如：見 3.23 注〔3〕。

【譯文】

子路問道："像什麼樣纔可以稱之爲士了？"孔子説："切磋督責，和諧順從的樣子，可以稱爲士了。朋友之間切磋督責，兄弟之間和諧順從。"

【評析】

"朋友切切、偲偲，兄弟怡怡"與13.20的"鄉黨稱弟焉"類似，所以"可謂士矣"。子貢善於言語（見11.3），所以孔子回答他"使於四方不辱君命"（13.20），要他出使時注意堅持原則；子路性急（參見5.14、11.20、11.24），做事欠考慮（參見9.12、9.27、12.12），所以孔子回答他"切切、偲偲、怡怡"，要他多和朋友兄弟好好商量。由此也可見孔子是如何因材施教的。

13.29

子曰："善人教民七年，亦可以即戎矣[1]。"

【注釋】

〔1〕何晏引包曰："即，就也。戎，兵也。"

【譯文】

孔子説："善良的君主教育訓練民衆七年，也可以使他們從軍了。"

【評析】

"善人爲邦百年"，纔可以"勝殘去殺"（13.11），所以近期是不可能沒有戰爭的。但是，如果"以不教民戰"，那就純粹是讓民衆去送死（參見13.30），所以孔子強調對從軍的民衆要加強教育訓練。"善人教民七年"，纔可以讓他們去從軍打仗，培養軍事人才之難度由此可見一斑。

13.30

子曰："以不教民戰，是謂棄之[1]。"

【注釋】

〔1〕何晏引馬曰："言用不習之民，使之攻戰，必破敗，是謂棄之。"

【譯文】

孔子説："拿没有受過教育訓練的民衆去作戰，這叫作拋棄他們。"

【評析】

未經訓練的人没有戰鬥力而不過是去白白送死。孔子强調了軍事訓練對戰鬥力形成的重要作用，值得重視。

【本篇校勘記】

【1】衛：邢本、朱本、蔡本、監本同，皇本作"衞"。下三"衛"字同此。

【2】錯：邢本、蔡本、監本同，皇本、朱本作"措"。

【3】遲：皇本、朱本、蔡本、監本同，邢本作"遟"。下二"遲"字同此。

【4】曰：邢本、朱本、蔡本、監本同，皇本作"子曰"。

【5】也：邢本、朱本、蔡本、監本同，皇本無此"也"字。

【6】有：邢本、朱本、蔡本、監本同，皇本作"子"。

【7】期：邢本、監本同，皇本、朱本、蔡本作"朞"。

【8】世：皇本同，邢本、朱本、蔡本、監本作"丗"。

【9】子：邢本、皇本、監本同，朱本、蔡本作"有"。

【10】之：邢本、朱本、蔡本、監本同，皇本無此"之"字。

【11】可以：皇本同，邢本、朱本、蔡本、監本無"可以"二字。

【12】説：邢本、朱本、蔡本、監本同，皇本作"悦"。

【13】無：邢本、朱本、蔡本、監本同，皇本作"毋"。

【14】恥：皇本、朱本、蔡本、監本同，邢本作"耻"。

【15】弟：邢本、朱本、蔡本、監本同，皇本作"悌"。

【16】監本此下脱頁，缺"子曰"至 14.42 第一處"脩己以安百姓"之"脩"。

【17】器：邢本、皇本、朱本同，蔡本作"噐"。

【18】之：邢本、朱本、蔡本同，皇本無此"之"字。

【19】怡怡：邢本、朱本、蔡本同，皇本作"怡怡如也"。

憲問第十四

【提要】

本篇主要論述士人、君子之德，又有對歷史人物以及孔子的評述。

在孔子看來，國家有道纔應該出仕，政治黑暗而出仕拿俸禄實是可恥的事。士人應該志在四方，不能安土重遷，不管政治狀況如何，都應該正直行事，但政治黑暗時説話就應該有所忌諱以免遭殃。有德者必有言，有言者未必有德；仁者必勇，但勇者未必仁。他崇尚道德，贊成對武力的貶斥。他認爲對心愛的人要培養教育，成熟的人不但應該明智、不貪、勇敢、有才藝，還應該有禮樂方面的修養，至少也應該能見利思義，爲國難獻身。如果當官，應該對君主忠誠不欺，正面直諫；"不在其位，不謀其政"。君子學習的目的是提高自身能力，而不是爲了使自己能誇誇其談糊弄人，大言不慚、言過其實是一種恥辱。君子應該是無所憂慮的仁者、無所迷惑的智者、無所畏懼的勇者。君子應該"以直報怨，以德報德"。

對於歷史人物，孔子讚揚了南宫适之有德，子產之仁愛，管仲之做事得當和不用武力而匡正天下之仁，臧武仲的智慧，孟公綽的不貪，卞莊子的勇敢，冉求的才藝，齊桓公的"正而不譎"，公叔文子的大公無私，衛靈公大臣以及鄭國大臣寫作盟辭時的各司其職，也批評了晉文公的"譎而不正"，子貢之喜歡品評人，原壤之無禮，闕黨童子之急於求成。

對於孔子，本篇記述了他任下大夫時的恪盡職守，"脩己以安百姓"的偉大理想，爲救治社會弊病而奔走遊説的崇高精神，"知其不可而爲之"的執着，不能實現抱負而一切歸於"天""命"的無奈。

14.1

憲問恥[1]。子曰："邦有道，穀[2][1]；邦無道，穀，恥也。""克、伐、怨、欲不行焉[2]，可以爲仁矣？"子曰："可以爲難矣；仁，則吾不知也。"

【注釋】

〔1〕何晏引孔曰："穀，禄也。"

〔2〕何晏引馬曰："克，好勝人。伐，自伐其功。怨，忌小怨。欲，貪欲也。"

【譯文】

原憲詢問什麼是可恥。孔子説："國家政治清明有道義時，就出來做官得俸禄；國家政治黑暗没有道義時去做官拿俸禄，是可恥的。"原憲説："争勝好强、自我誇耀、埋怨别人、貪圖財利這四種德行在他身上没有過，可以算具備仁德了吧?"孔子説："可以算是難得的了；要説他具備仁德，那我就不知道了。"

【評析】

"邦有道，穀"即 8.13 的"天下有道則見"，"邦無道，穀，恥也"即 8.13 的"邦無道，富且貴焉，恥也"。其實，可恥之事頗多，如"巧言、令色、足恭"可恥（見 5.25），"其言之過其行"也可恥（見 14.27），但針對原憲"問恥"，孔子卻不説别的，而只拿做官説事，這一方面是肯定原憲安貧樂道而不出仕的志向，另一方面也是在抨擊那些從政的無恥之徒，與 13.20 譏刺從政者爲"斗筲之人"同旨。

"克、伐、怨、欲不行"雖然難得，但只是"仁"的部分德行，單有這些德行是够不上"仁"的（參見 12.2、17.5、5.19），所以孔子不説"可以爲仁"而推説不知。

14.2

子曰："士而懷居[1]，不足以爲士矣。"

【注釋】

〔1〕皇侃曰："懷居，猶居求安也。"

【譯文】

孔子説："士人如果一心想着安逸地住在家裏，就不能够把他當作士人了。"

【評析】

有知識的人應該志在天下，如果貪圖安逸，那就不會有什麼前途，就不是個真正的知識分子了。

14.3

子曰："邦有道，危言危行[1]；邦無道，危行言孫【3】。"

【注釋】

〔1〕劉寶楠引錢坫《後録》云："孫星衍曰：'《廣雅》："危，正也。"'"
〔2〕何晏曰："孫，順也。"○陸德明曰："孫，音遜。"○覺按：參見7.35注〔1〕。

【譯文】

孔子説："國家政治清明講道義，可以正直地説話，正直地行動；國家政治黑暗不講道義，應該正直地行動，但説話要謙遜恭順。"

【評析】

政治黑暗時期，在行動上不同流合污還不至於招致多大的災禍，但説話如果正直而無所忌諱，就難免會遭殃。參見6.19評析。

14.4

子曰："有德者必有言，有言者不必有德。仁者必有勇，勇者不必有仁。"

【譯文】

孔子説："有道德的人一定有金玉良言，有金玉良言的人不一定有道德。有仁德的人一定有勇敢的品質，勇敢的人不一定有仁德。"

【評析】

有道德的人當然有善言遺教，但那種能説會道的人並不一定有道德。仁人能殺身以成仁，所以一定勇敢，但那種“暴虎馮河”的人只有草莽之勇（參見 7.10），並沒有仁德。

14.5

南宮适問於孔子[1]，曰：“羿善射[2]，奡盪舟[3]，俱不得其死然[4]。禹、稷躬稼[5]，而有天下。”夫子不答【4】。南宮适出，子曰：“君子哉若人[6]！尚德哉若人！”

【注釋】

〔1〕朱熹曰：“南宮适，即南容也。”

〔2〕羿：“羿”原是帝嚳時的射官，此羿爲夏代人，當是其後代，襲祖先之號而稱羿。他原是東夷族有窮氏部落（居今河南省孟州市）的首領，所以又稱夷羿、窮后（“后”是君王的意思）。夏后太康昏庸，到洛水邊打獵不歸，人民不能忍受了，他便迎合民衆的願望在黄河北岸抵禦太康，使太康不得返回國都。他依靠夏后之民而代夏后執政。不久因不理民事、沈溺於打獵而被家臣逢蒙所殺。事見《左傳·襄公四年》《尚書·五子之歌》《孟子·離婁下》。

〔3〕劉寶楠曰：“顧氏炎武《日知録》：‘《竹書紀年》：“帝相二十七年，澆伐斟鄩，大戰於濰，覆其舟，滅之。”《楚辭·天問》：“覆舟斟鄩，何道取之？”正謂此也。’又云：‘古人以左右衝殺爲盪陣，其鋭卒謂之跳盪，別帥謂之盪主。《晉書·載記》隴上健兒歌曰：“丈八蛇矛左右盪，十盪十決無當前。”盪舟蓋兼此義。’”〇覺按：奡（ào）：又作“澆”（ào），《説文·夊部》“𡙡”字條引作“敖”。夏代寒浞之子，曾攻殺夏后相，被封在過（在今山東省萊州市西），所以又稱過澆。傳説他勇力過人，能覆舟。後被少康所滅。參見《左傳·襄公四年》和《史記·夏本紀》“子帝相立”《正義》引《帝王紀》。 盪：動。 盪舟：使船隻動盪而傾覆，形容其勇力過人。

〔4〕不得其死：見 11.13 注〔5〕。

〔5〕何晏引馬曰："禹盡力於溝洫，稷播百穀，故曰躬稼。禹及其身，稷及後世，皆王。"○覺按：禹之"躬稼"，當即《韓非子·五蠹》所説的"禹之王天下也，身執耒臿以爲民先"。　稷：原爲農官名，此指周族的始祖棄。傳説帝嚳元妃有邰氏之女姜嫄因踩了巨人足跡而懷孕，以爲不祥，生下後一度將他拋棄，他始終未死，姜嫄以爲神，於是收養他，給他取名爲"棄"。他善於種植各種莊稼，曾在堯、舜時代做過農官，封於邰（tái，在今陝西省武功縣西南），號"后稷"，別姓姬。參見《詩經·大雅·生民》《史記·周本紀》《吳越春秋·吳太伯傳》。

〔6〕何晏引孔曰："賤不義而貴有德，故曰君子。"○皇侃曰："若人，如此人也。"

【譯文】

南宮适詢問孔子，説："羿善於射箭，奡能使敵人的戰船動盪傾覆，最後都不得好死。禹、稷親自種植莊稼，而其後代都擁有了統治天下的大權。該怎麽評説？"孔夫子没回答。南宮适出去後，孔子説："這個人是君子啊！這個人崇尚道德啊！"

【評析】

南宮适説羿、奡有武力而不得好死，禹、稷爲百姓操勞而最終得到了天下，這是在貶斥强力而稱讚仁德，以此來暗喻當今有權者之没有好結果而像孔子這樣的有德者將會獲得天下人的擁護。孔子對南宮适之言心領神會，但知道自己雖然有德也不可能得天下了，卻又不好加以駁斥，所以"不答"，而對南宮适之言又不能不加以肯定，所以在背後稱讚他是"尚德"的"君子"。

14.6

子曰："君子而不仁者有矣夫，未有小人而仁者也。"

【譯文】

孔子説："有道德的君子而没有具備仁德的應該有了吧，但還没有無德的小人卻具備了仁德的。"

【評析】

4.5 説："君子去仁，惡乎成名？君子無終食之間違仁，造次必於是，顛沛必於是。" 據此，則 "君子" 没有什麽時候會違背仁德，那麽君子也就是有仁德之人了。然而，時時刻刻固守仁德，不等於就具備了仁德。在孔子看來，具有仁德是一種極高的德行（參見 5.19 評析），所以他雖然以 "君子" 自許（見 1.1），卻不敢自詡已具備仁德（見 7.33），所以説 "君子而不仁者有矣夫"。當然，小人無德，更談不上具備仁了，所以説 "未有小人而仁者也"。

14.7

子曰："愛之，能勿勞乎[1]？忠焉，能勿誨乎？"

【注釋】

[1] 劉寶楠曰："勞，當訓憂。"

【譯文】

孔子説："愛他，能不爲他擔憂操勞嗎？忠於他，能不教誨他嗎？"

【評析】

此文言簡意賅地把天下良師的赤誠之心和盤托出，令人感動，既可作爲所有教師的座右銘而勉勵其一心撲在教書育人的事業上，又可喚起莘莘學子 "一日爲師，終身爲父" 的感恩之情，所以值得大力宣揚。

14.8

子曰："爲命：裨諶草創之[1]，世叔討論之[5]，行人子羽修飾之[6]，東里子產潤色之[2]。"

【注釋】

[1] 何晏引孔曰："裨諶，鄭大夫氏名也。謀於野則獲，於國則否。鄭

國將有諸侯之事，則使乘車以適野，而謀作盟會之辭。"○邢昺曰："云
'謀於野則獲，於國則否'者，襄三十一年《左傳》云。此下注皆出於彼。
案彼《傳》云：'子產之從政也，擇能而使之。馮簡子能斷大事；子大叔
美秀而文；公孫揮知四國之爲，而辯於其大夫之族姓、班位、貴賤、能
否，而又善爲辭令；裨諶能謀，謀於野則獲，謀於邑則否。鄭國將有諸侯
之事，子產問四國之爲於子羽，且使多爲辭令；與裨諶乘以適野，使謀可
否；而告馮簡子使斷之；事成，乃授子太叔，使行之以應對賓客，是以鮮
有敗事。'"○劉寶楠曰："謀於野，謀於邑，謂於野之人、邑之人也。"

〔2〕何晏引馬曰："世叔，鄭大夫游吉也。討，治也。裨諶既造謀，世
叔復治而論之，詳而審之。行人，掌使之官。子羽，公孫揮。子產居東
里，因以爲號。更此四賢而成，故鮮有敗事。"○覺按：游吉字太叔，又
稱子大（太）叔，古代"太""世"同義，故又稱世叔，公孫蠆之子，游
販之弟。　　東里：子產所居里巷名，在今河南省新鄭市城內。

【譯文】

　　孔子説："鄭國寫作結盟用的辭令：裨諶起草創作它，太叔游吉研討
審議它，外交大臣公孫子羽修改補充它，東里子產潤色美化它。"

【評析】

　　由此文可見，如今集體攻關的辦法，古代早有先例。草創、討論、修
飾、潤色，從原料製作到粗加工，再到精加工，既井然有序，又按部就
班，步步深入而符合工作規律。這樣的思路和做法具有普遍的借鑒意義。
無論做什麼事，特別是大事，最好能會聚衆賢，使他們互相配合，各盡所
能，以獲得圓滿的成功。

14.9

　　或問子產，子曰："惠人也[1]。"問子西[2]，曰："彼
哉！彼哉[3]！"問管仲，曰："人也，奪伯氏駢邑三百，飯
疏食【7】，沒齒無怨言[4]。"

【注釋】

〔1〕何晏引孔曰："惠，愛也。"

〔2〕朱熹曰："子西，楚公子申，能遜楚國，立昭王，而改紀其政，亦賢大夫也。然不能革其僭王之號。昭王欲用孔子，又沮止之。其後卒召白公以致禍亂，則其爲人可知矣。"○覺按：據《左傳·昭公二十六年》及杜預注、《國語·楚語下》韋昭注、《荀子·非相篇》楊倞注，子西爲楚平王長庶子、昭王之庶兄公子申，他在楚昭王、楚惠王時任令尹。公元前479年白公勝作亂時被殺。

〔3〕何晏引馬曰："彼哉彼哉，言無足稱。"

〔4〕何晏引孔曰："伯氏，齊大夫。駢邑，地名。齒，年也。伯氏食邑三百家，管仲奪之，使至疏食，而没齒無怨言，以其當理故。"○皇侃曰："伯氏，名偃，大夫。駢邑者，伯氏所食采邑也。時伯氏有罪，管仲相齊，削奪伯氏之地三百家也。飯，猶食也。蔬，猶糲也。没，終。"○朱熹曰："荀卿所謂'與之書社三百，而富人莫之敢拒'者，即此事也。"○劉寶楠曰："駢，即邴字，今山東青州府臨朐縣東南有邴城，是也。"○覺按：朱熹之引文見《荀子·仲尼篇》。劉寶楠所說臨朐縣今屬山東省濰坊市。

【譯文】

有人詢問鄭國之卿子産是個什麽樣的人，孔子説："是個愛民衆的人。"又詢問楚國令尹子西是個什麽樣的人，孔子説："那個人啊！那個人啊！"又詢問齊國的相國管仲是個什麽樣的人，孔子説："這個人嘛，奪取了伯氏駢邑的封地三百家，使他窮得只能吃粗糧，但他到死也没有怨言。"

【評析】

5.16説"子産有君子之道四"，此文抓住其最值得弘揚的一點"養民也惠"進行評價，充分體現了孔子以"仁"爲核心的評人標準（參見12.22、17.5）。子西之行不足稱道，但貶斥之又會給人一種自以爲是、缺乏仁德的不良印象（參見14.29評析），所以不置可否而説："彼哉！彼哉！"管仲之所以奪人之邑而人無怨言，是因爲他依法懲處，合理合規，令人心服口服，抓住這一事例進行評價，可以體現孔子以"義"來評人的原則（參見4.10）。

14.10

子曰："貧而無怨難，富而無驕易。"

【譯文】

孔子説："貧窮而没有怨言是難以做到的，富裕而不驕傲是容易做到的。"

【評析】

物質生活制約着人們的精神狀態，所以便有這難易之分。

14.11

子曰："孟公綽爲趙、魏老則優，不可以爲滕、薛大夫【8】〔1〕。"

【注釋】

〔1〕何晏引孔曰："公綽，魯大夫。趙、魏，皆晉卿。家臣稱老。"○朱熹曰："大家勢重，而無諸侯之事；家老望尊，而無官守之責。優，有餘也。滕、薛，二國名。大夫，任國政者。滕、薛國小政繁，大夫位高責重。然則公綽蓋廉静寡欲，而短於才者也。"○覺按：《左傳·襄公二十五年》："春，齊崔杼帥師伐我北鄙，以報孝伯之師也。公患之，使告于晉。孟公綽曰：'崔子將有大志，不在病我，必速歸，何患焉？其來也不寇，使民不嚴，異於他日。'齊師徒歸。"《史記·仲尼弟子列傳》："孔子之所嚴事：於周，則老子；於衛，蘧伯玉；於齊，晏平仲；於楚，老萊子；於鄭，子産；於魯，孟公綽。"由此可見，孟公綽是很有政治才能而令孔子欽佩的人。朱熹從前人之説而謂之"廉静寡欲"，蓋僅據 14.12 之文言之，不當。　趙、魏：公元前 661 年，晉獻公滅耿國（在今山西省河津市東南）、魏國（在今山西省芮城縣北），將耿國賜給爲他駕車的趙夙（造父十二世孫，周穆王封造父於趙城，在今山西省洪洞縣北趙城，因以趙爲氏），將魏國賜給車右畢萬（其後代便以魏爲氏）。晉景公十二年（公元前 588

年）開始設置六卿。晉昭公時（公元前531年—公元前526年），六卿逐漸強大。晉頃公十二年（公元前514年），趙氏、韓氏、魏氏、智氏、范氏、中行（háng）氏等六卿以國法誅滅晉國的宗族，奪取了姬姓宗族的封地，各任命自己的兒子爲大夫，晉國的政權完全控制在六卿手中。晉定公二十二年（公元前490年），范昭子士吉射、中行文子荀寅敗而奔齊，剩下智氏、趙氏、韓氏、魏氏四大家族，所以朱熹稱趙、魏爲"大家"。　　滕：姬姓諸侯國，侯爵，始封之君爲文王之子錯叔繡（見《漢書·地理志上》"沛郡·公丘"顏師古注引《世本》），故地在今山東省滕州市西南，戰國初爲越所滅，不久復國，後爲宋所滅。　　薛：古國名，任姓，祖先爲夏代車正奚仲，周初曾封其後代於薛爲諸侯，故城在今山東省滕州市南官橋鎮至棗莊市薛城區北夏莊村一帶。

【譯文】

孔子説："孟公綽做晉國之卿趙氏、魏氏的家臣是綽綽有餘的，但不可以讓他做滕國、薛國的大夫。"

【評析】

誠如《韓非子·五蠹》所説："鄙諺曰：'長袖善舞，多錢善賈。'此言多資之易爲工也。故治強易爲謀，弱乱難爲計。"由於趙氏、魏氏勢力強大，容易爲他們處理各種事務，所以其家臣較爲悠閒，一般人能勝任其職而游刃有餘。滕、薛爲小國，其大夫疲於應付各國事務，所以一般人難以勝任。由此可見，每個人找工作時，應該充分瞭解工作崗位的性質、背景，根據自己的能力去應聘能够勝任的工作，這樣就不但幹起了輕鬆，而且能取得令人讚賞的成績。

14. 12

子路問成人。子曰："若臧武仲之知【9】[1]，公綽之不欲，卞莊子之勇[2]，冉求之藝，文之以《禮》《樂》[3]，亦可以爲成人矣。"曰："今之成人者何必然？見利思義[4]，見危授命[5]，久要不忘平生之言[6]，亦可以爲成人矣。"

【注釋】

〔1〕皇侃曰："'齊侯將爲臧紇田。臧孫聞之,見齊侯,與之言伐晉,對曰:"多則多矣!抑君似鼠。夫鼠晝伏夜動,不穴於寢廟,畏人故也。今君聞晉之亂而後作焉。寧將事之,非鼠如何?"乃弗與田。(臧孫知齊侯將敗,不欲受其邑,故以比鼠,欲使怒而止。)仲尼曰:"智之難也。有臧武仲之智(謂能避齊禍),而不容於魯國,抑有由也。作不順而施不恕也。《夏書》曰:'念兹在兹。'順事、恕施也。"'此是智也。事在《春秋》第十七卷,襄公二十三年傳也。"○陸德明曰:"知,音智。"○覺按:爲便於閱讀,皇侃所引《左傳》之文加了單引號,杜預之注加了括號。 臧武仲:即臧紇,臧孫氏,名紇,所以又稱"臧孫紇",春秋時魯國大夫,是魯孝公之子僖伯彄的後代,臧孫許之子,曾爲魯國司寇。魯襄公二十三年(公元前550年),因幫助季武子而得罪於孟孫氏,孟孫氏告他將叛亂,他出奔到邾,不久死於齊(參見14.14注〔1〕)。其事蹟見《左傳》成公十八年至昭公十年。

〔2〕何晏引周曰:"卞邑大夫。"○覺按:卞邑在今山東省泗水縣東南。《韓詩外傳》卷十第十三章:"卞莊子好勇。"並詳載卞莊子勇敢殺敵的事跡,可參見。

〔3〕文:文采,引申指禮制。這裏用作使動詞,表示"使……有文采","使……有禮貌"。

〔4〕何晏引馬曰:"義然後取,不苟得。"

〔5〕見危授命:即1.7的"事君能致其身",指爲國犧牲。

〔6〕何晏引孔曰:"久要,舊約也。"○朱熹曰:"平生,平日也。"○覺按:"要"音yāo。楊伯峻解爲"窮困",不當。《潛夫論·交際》"負久要之誓言"可證其誤。

【譯文】

子路詢問成熟之人的德行。孔子説:"像臧武仲那樣的智慧,孟公綽那樣的不貪,卞莊子那樣的勇敢,冉求那樣的才藝,再用《儀禮》《樂經》使他有禮貌修養,也就可以成爲成熟的人了。"接着又説:"當今的成熟之人哪裏一定要這樣呢?見到財利時能想到取得它是否合乎道義,看到國家危難時能獻出自己的生命,即使是很久以前的約定也不會忘記當時許下的諾言，這也可以算作成熟之人了。"

【評析】

在孔子看來，真正的"成人"必須聰慧明智、廉潔不貪、勇敢果斷、多才多藝、知禮懂樂，這也就是人們常說的德才兼備、文武雙全之人。但是，在禮崩樂壞的當今，能够重義、盡忠、守信，也可以視爲成人了。由此可見，孔子對人品的重視遠高於才藝。有德無才還可以，但道德是必須具備的。如果無德，那就被他一票否決了。

14.13

子問公叔文子於公明賈曰[1]："信乎？夫子不言、不笑、不取乎【10】？"公明賈對曰："以告者過也[2]。夫子時然後言，人不厭其言【11】；樂然後笑，人不厭其笑【12】；義然後取，人不厭其取【13】。"子曰："其然？豈其然乎[3]？"

【注釋】

[1] 何晏引孔曰："公叔文子，衛大夫公孫拔。文，諡。"○邢昺曰："案《世本》云：'獻公生成子當，當生文子拔。'"○朱熹曰："公明，姓。賈，名。亦衛人。"

[2] 皇侃曰："過，誤也。"○裴學海《古書虛字集釋》卷一："已，此也。（見《爾雅》）字或作'以'：《論語·憲問》：'以告者過也。'"

[3] 朱熹曰："文子雖賢，疑未及此。"

【譯文】

孔子向公明賈詢問公叔文子的德行，説："是真的嗎？那個人不説、不笑、不拿嗎？"公明賈回答説："這是告訴您的人説錯了。他老人家時機合適以後纔説話，別人不厭惡他的話；快樂以後纔笑，別人不厭惡他的笑；符合道義以後纔去拿，別人不厭惡他的獲取。"孔子説："他是這樣的？難道他是這樣的嗎？"

【評析】

無論什麼事，只要做得恰如其分，人們就不會討厭。公叔文子的行爲是值得效法的。

14.14

子曰："臧武仲以防求爲後於魯，雖曰不要君，吾不信也[1]。"

【注釋】

〔1〕朱熹曰："防，地名，武仲所封邑也。要，有挾而求也。武仲得罪奔邾，自邾如防，使請立後而避邑。以示若不得請，則將據邑以叛，是要君也。"○劉寶楠引顧棟高《春秋大事表》云："魯有兩防，此所謂東防也，在今費縣東北六十里，世爲臧氏食邑。"○覺按：據《左傳・襄公二十三年》載，臧宣叔始娶鑄國之女，生臧賈、臧爲而死，繼娶姜氏，生臧紇（臧武仲）而立爲宣叔之嗣。襄公二十三年（公元前 550 年）冬，因孟孫所譖，季孫命攻臧紇，他出奔邾，當時臧賈、臧爲在鑄，他自邾使告臧賈，同時送去大蔡之龜，説："紇不才，失守宗廟。然紇之罪，不至於斷絕對祖先的祭祀而應有繼承人。您進獻大蔡給國君而請求立爲繼承人，應該能成功。"臧賈受龜後讓臧爲去辦理此事，而臧爲則請求立自己爲繼承人。這時，臧紇到封地防邑，派使者對國君説："紇非敢爲自己請求，是爲了守住對祖先臧文仲、臧宣叔的祭祀。我哪敢不離開這封地呢！"於是魯國國君立臧爲爲繼承人。臧紇放棄防邑而出奔齊國。

【譯文】

孔子説："臧武仲憑藉其封地防邑請求魯國國君立其繼承人，雖然有人説他不是要挾國君，我是不相信的。"

【評析】

臧武仲特地趕回封地防邑而"以防求"，就有憑藉防邑來起事以要挾國君的嫌疑，所以孔子不相信他"不要君"。由此可見，對人們的言論不能輕信，而應該根據具體情況進行分析。這與 5.10 所説的 "聽其言而觀其行" 的精神是相通的。

14.15

　　子曰："晉文公譎而不正[1]，齊桓公正而不譎[2]。"

【注釋】

　　[1] 何晏引鄭曰："譎者，詐也，謂召天子而使諸侯朝之。仲尼曰：'以臣召君，不可以訓。'故書曰：'天王狩於河陽。'是譎而不正也。"○王引之《經義述聞·通説上》"譎"字條："譎，權也。正，經也。言晉文能行權而不能守經，齊桓能守經而不能行權，各有所長，亦各有所短也。"○覺按：晉文公（公元前 697—公元前 628 年）：晉獻公之子，姬姓，名重耳。晉獻公寵愛驪姬，想立幼子爲嗣，於魯僖公四年（公元前 656 年）逼死太子申生，重耳也因遭驪姬之讒而奔至封地蒲城（在今山西省隰縣北）。公元前 655 年，獻公派寺人披伐蒲，重耳出亡奔翟，後又至衛、齊、曹、宋、鄭、楚而至秦，於公元前 636 年由秦國送回晉國即位，成爲晉國國君，公元前 636—公元前 628 年在位。他整頓內政，加強軍隊建設；尊奉周天子，平定王子帶之亂，迎接周襄王復位；在城濮（今山東省鄄城縣西南之臨濮集）大破楚軍；爾後又在踐土（今河南省原陽縣西南）大會諸侯而成爲春秋五霸之一。其事蹟可參見《左傳》《史記·晉世家》。《韓非子·外儲説左上》："文公伐宋，乃先宣言曰：'吾聞宋君無道，蔑侮長老，分財不中，教令不信，余來爲民誅之。'"《韓非子·難一》："晉文公將與楚人戰，召舅犯問之，曰：'吾將與楚人戰，彼衆我寡，爲之奈何？'舅犯曰：'臣聞之："繁禮君子，不厭忠信；戰陣之間，不厭詐僞。"君其詐之而已矣。'文公辭舅犯，因召雍季而問之，曰：'我將與楚人戰，彼衆我寡，爲之奈何？'雍季對曰：'焚林而田，偷取多獸，後必無獸；以詐遇民，偷取一時，後必無復。'文公曰：'善。'辭雍季，以舅犯之謀與楚人戰以敗之。歸而行爵，先雍季而後舅犯。羣臣曰：'城濮之事，舅犯謀也。夫用其言而後其身，可乎？'文公曰：'此非君所知也。夫舅犯言，一時之權也；雍季言，萬世之利也。'"此皆 "晉文公譎而不正" 之例。

　　[2] 齊桓公：春秋時齊國國君，齊襄公弟，姜姓，呂氏，名小白，公

元前 685—公元前 643 年在位。齊襄公十二年（公元前 686 年），齊將亂，他出奔莒國（在今山東省莒縣）。這一年齊襄公被殺後，他於次年回國即位，之後任用管仲爲相，實行政治改革，使齊國國力大振。他幫助燕國打敗山戎，營救衛、邢，多次會合諸侯訂立盟約，尊崇周室，故史稱"九合諸侯，一匡天下"，成爲春秋五霸中的第一個霸主。管仲死後，他重用了投其所好的豎刁、易牙、開方等人。公元前 643 年，他因豎刁等作亂而餓死。其事蹟可參見《左傳》《韓非子·十過》《史記·齊太公世家》。《韓非子·説林上》："晉人伐邢，齊桓公將救之。鮑叔曰：'太蚤。邢不亡，晉不敝；晉不敝，齊不重。且夫持危之功，不如存亡之德大。君不如晚救之以敝晉，齊實利。待邢亡而復存之，其名實美。'桓公乃弗救。"《韓非子·外儲説左上》："蔡女爲桓公妻，桓公與之乘舟，夫人蕩舟，桓公大懼，禁之不止，怒而出之。乃且復召之，因復更嫁之。桓公大怒，將伐蔡。仲父諫曰：'夫以寢席之戲，不足以伐人之國，功業不可冀也，請無以此爲稽也。'桓公不聽。仲父曰：'必不得已，楚之菁茅不貢於天子三年矣，君不如舉兵爲天子伐楚。楚服，因還襲蔡，曰："余爲天子伐楚，而蔡不以兵聽從，遂滅之。"此義於名而利於實，故必有爲天子誅之名，而有報讎之實。'"此皆"齊桓公正而不譎"而其臣則"譎"之例。後一例之爲天子伐楚是藉口，實則爲襲蔡而報讎，所以應是"譎而不正"之例，但此"譎"出於臣，齊桓公還是"正而不譎"的。

【譯文】

孔子説："晉文公權詐而不正經，齊桓公正經而不會權詐。"

【評析】

齊桓公雖然"正而不譎"，但其稱霸實際上是靠了管仲之"譎"，即 14.16 所説的"桓公九合諸侯，不以兵車，管仲之力也"。由此可見，稱霸者靠的是"譎"而不是"正"。而且，齊桓公因爲"正而不譎"，不善權術，所以管仲死後，他不聽管仲之言而任用了豎刁等人，結果造成內亂，他死了六十七日也沒有入棺，以致尸蟲都爬出了房門（見《史記·齊太公世家》）。這説明"正而不譎"在當時是行不通的。誠如韓非所説："桓公不知臣欺主與不欺主"，"而任臣如彼其專"，實是個"闇主"（《韓非子·難二》）。孔子在此雖然沒有指出"譎而不正"與"正而不譎"的後果如何，但將此二霸之品性以鮮明的對比揭示於此，足以引起人們對此二霸的注意而去考察其得失，從而吸取其經驗或教訓，這便是其意義之所在。

14.16

子路曰："桓公殺公子糾[1]，召忽死之[2]，管仲不死。"曰："未仁乎?"子曰："桓公九合諸侯[3]，不以兵車[4]，管仲之力也。如其仁[5]！如其仁!"

【注釋】

〔1〕皇侃曰："子糾是桓公之庶兄。"○覺按：據《史記·齊太公世家》載，齊襄公昏亂，羣弟恐禍及，故次弟公子糾奔魯，由管仲、召忽傅之；次弟公子小白奔莒，由鮑叔傅之。及雍林人殺齊君無知而議立國君，高、國先陰召小白於莒。魯亦發兵送公子糾，而使管仲帶兵攔截莒道，管仲射中小白帶鉤，小白裝死。管仲以爲小白已死，於是魯國送公子糾者不再忙着趕路，六日至齊，而小白已立爲國君。接着，桓公打敗魯軍，迫使魯國殺了公子糾，召忽自殺，管仲請囚。管仲被送回齊國後由鮑叔牙推薦而爲桓公大夫。

〔2〕陸德明曰："召，音邵。"

〔3〕九：虛數，泛言其多。"九合諸侯"當指多次會合諸侯。據《春秋》和《左傳》記載，齊桓公五年（公元前 681 年）春，與宋、陳、蔡、邾會於北杏（齊邑，在今山東省聊城市東）；冬，與魯盟於柯（齊邑，即今山東省東阿縣西南之阿城鎮）；齊桓公六年（公元前 680 年）冬，與宋、衛、鄭會於鄄（衛邑，在今山東省鄄城縣西北）；齊桓公七年（公元前 679 年）春，與宋、陳、衛、鄭會於鄄；齊桓公八年（公元前 678 年）冬，與魯、宋、陳、衛、鄭、許等會盟於幽（宋邑，在今江蘇省徐州市銅山區東南）；齊桓公十九年（公元前 667 年）春，與魯、宋、陳、鄭等會於幽；齊桓公二十七年（公元前 659 年）秋，與魯、宋、鄭、邾等會盟於檉（宋邑，在今河南省周口市淮陽區西北）；齊桓公二十八年（公元前 658 年）秋，與宋、江、黃會於貫（宋邑，在今山東省曹縣南）；齊桓公二十九年（公元前 657 年）秋，與宋、江、黃會於陽穀（齊邑，在今山東省陽穀縣東北）；齊桓公三十年（公元前 656 年）春，會魯、宋、陳、衛、鄭等侵

蔡，夏，與楚盟於召陵（在今河南省漯河市召陵區）；齊桓公三十一年（公元前655年）夏，與魯、宋、陳、衛、鄭、許、曹等會於首止（衛邑，在今河南省睢縣東南）；齊桓公三十三年（公元前653年）秋，與魯、宋等會於甯母（魯邑，在今山東省魚臺縣）；齊桓公三十四年（公元前652年）春，與魯、宋、衛、許、曹等會於洮（曹邑，在今山東省鄄城縣西南）；齊桓公三十五年（公元前651年）夏，與魯、宋、衛、鄭等會於葵丘（宋邑，在今河南省民權縣東北）；齊桓公三十九年（公元前647年）夏，與魯、宋、陳、衛、鄭、許、曹等會於鹹（衛邑，在今河南省濮陽市東南）；齊桓公四十一年（公元前645年）春，與魯、宋、陳、衛、鄭、許、曹會於牡丘（齊邑，在今山東省茌平縣東）；齊桓公四十二年（公元前644年）冬，與魯、宋、陳、衛、鄭、許等會於淮（徐地，在今江蘇省盱眙縣）。可見，齊桓公會合諸侯不止九次。

〔4〕劉寶楠曰：“以者，用也。”

〔5〕劉寶楠曰：“王氏引之《經傳釋詞》：‘如，猶乃也。’”

【譯文】

子路說：“齊桓公殺了公子糾，召忽爲公子糾自殺了，管仲卻不爲公子糾而死。”接着又說：“管仲還沒有具備仁德吧？”孔子說：“齊桓公多次會合諸侯，不使用戰車大動干戈，是靠了管仲的力量啊。這就是他的仁德！就是他的仁德！”

【評析】

仁者應該忠（參見13.19），應該能殺身成仁（參見15.9），管仲沒有效忠公子糾而爲主子獻身，所以子路認爲他還沒有具備仁德。但是，仁德的核心內容應該是“愛人”（參見14.9評析），而根本不是“言必信，行必果”（參見13.20評析）。管仲使桓公九合諸侯而不用武力，這就是“愛人”，所以是“其仁”。

14.17

子貢曰：“管仲非仁者與？桓公殺公子糾，不能死，又相之。”子曰：“管仲相桓公，霸諸侯【14】，一匡天下[1]，民到于今受其賜[2]。微管仲[3]，吾其被髮左衽矣[4]。豈若匹夫匹婦之爲諒也[5]，自經於溝瀆而莫之知也[6]！"

【注釋】

〔1〕何晏引馬曰："匡，正也。天子微弱，桓公帥諸侯以尊周室，一正天下。"

〔2〕何晏曰："受其賜者，謂不被髮左衽之惠。"○皇侃曰："賜，猶恩惠也。"

〔3〕何晏引馬曰："微，無也。"

〔4〕邢昺曰："衽，謂衣衿。衣衿向左，謂之左衽。夷狄之人，被髮左衽。"○劉寶楠曰："禮，男女及時，則結髮於首，加冠笄爲飾。戎狄無此禮，但編髮被之體後也。"○覺按：被（pī）：後來寫作"披"。

〔5〕邢昺曰："諒，信也。匹夫匹婦，謂庶人也，無別妾媵，唯夫婦相匹而已。"○覺按："諒"表示執着守信，説到做到而不管是否合理。

〔6〕皇侃曰："或云：'自經，自縊也。'"○劉寶楠引《管子·大匡》云："管仲曰：'夷吾之爲君臣也，將承君命，奉社稷，以持宗廟，豈死一糾哉？夷吾之所死者，社稷破，宗廟滅，祭祀絶，則死之。非此三者，則夷吾生。夷吾生則齊國利，夷吾死則齊國不利。'"

【譯文】

子貢説："管仲不是個具備仁德的人吧？齊桓公殺了公子糾，他不能爲公子糾而死，又去輔佐齊桓公。"孔子説："管仲輔佐齊桓公，稱霸諸侯，使天下歸於一致而恢復了正道，民衆到今天還受到他賜予的恩德。沒有管仲的話，我們大概都成了披着頭髮、衣襟向左開的異族了。哪能像那些立誓結爲夫妻的一男一女執着守信，將自己吊死在山溝裏而沒有人知道他們呢！"

【評析】

子貢認爲管仲"非仁者"，其思路與子路是相同的（見 14.16 評析）。但是，正如孔子貶斥"暴虎馮河，死而無悔者"而讚譽"臨事而懼、好謀而成者"（7.10），管仲的成功無疑也應該得到讚譽，所以孔子肯定了管仲"一匡天下"的功績。孔子在此雖然沒有像 14.16 那樣針對子路所説的管仲"未仁"而用管仲"不以兵車"來讚譽"其仁",但言外之意,管仲能匡正天下而維護中原傳統文化就是一種仁德。仁者不應該像"匹夫匹婦"那樣死守小信而默默無聞地"自經於溝瀆",而應該"言不必信,行不必果,惟義所在"(參見13.20評析),以成就一番事業。

14.18

公叔文子之臣大夫僎,與文子同升諸公[1]。子聞之,曰:"可以爲'文'矣。"

【注釋】

[1]何晏引孔曰:"大夫僎本文子家臣,薦之使與己並爲大夫,同升在公朝。"○邢昺曰:"諸,於也。"○劉寶楠曰:"家臣之中,爵秩不同,尊者爲大夫,次亦爲士。……僎爲家臣中之爲大夫者也。"

【譯文】

公叔文子的家臣大夫僎,受到文子推薦而與文子一同登上國君的朝廷。孔子聽到了這件事,説:"可以把公叔文子稱爲'文'了。"

【評析】

公叔文子使家臣與自己同爲朝廷大臣,可見他不但有發現人才之智,而且有大公無私之德,還有一心爲君之忠。最值得稱道的當然是其無私之德。如今不少幹部出於嫉妒而埋没了不少人才,可謂損人不利己而又有害於國家,實在應該向公叔文子好好學習。

14.19

子言衛靈公之無道也【15】[1],康子曰:"夫如是,奚而不喪[2]?"孔子曰:"仲叔圉治賓客【16】[3],祝鮀治宗廟,王孫賈治軍旅。夫如是,奚其喪?"

【注釋】

〔1〕衛靈公：衛襄公庶子，名元，春秋時衛國君主，公元前 534 年—公元前 493 年在位。

〔2〕皇侃曰："喪，亡也。"

〔3〕朱熹曰："仲叔圉，即孔文子也。"○覺按："仲叔"當爲孔圉之字。

【譯文】

孔子説衛靈公昏庸而不講道義，季康子説："既然如此，他爲什麽没有喪失政權？"孔子説："仲叔圉管理好外賓，祝鮀管理好宗廟，王孫賈管理好軍隊。像這樣，他爲什麽會喪失政權？"

【評析】

孔子説衛靈公無道，靠了賢臣纔得"不喪"，此説恐怕不當。從《史記·孔子世家》所載來看，孔子説衛靈公無道，主要的可能有兩點：一是他寵愛夫人南子，與南子同車出遊，讓宦官雍渠陪乘在右，讓孔子坐第二輛車跟着，招摇過市。二是他重戰不重禮（又可參見 15.1）。對於前者，孔子雖然引以爲恥，其實只是小節而無礙政治大局（參見 19.11 評析）；對於後者，在戰爭頻仍的當時，衛靈公的關注點其實並没有錯，而孔子癡迷於禮治反而是迂腐之見。如果從衛靈公靠了賢臣纔得"不喪"的角度來看，則衛靈公應該是個知人善任的國君，更不能説他"無道"了，因爲他能信任而使用賢臣本身就是一個極大的功勞，或者説是"有道"的表現。誠如韓非所説："凡五霸所以能成功名於天下者，必君臣俱有力焉。"（見《韓非子·難二》）君主之力在選用賢能之臣，臣子之力在各盡其職而爲君主盡心竭力。孔子無視君主之力而只見賢臣之力無疑失之一隅。

14. 20

子曰："其言之不怍[1]，則爲之也難【17】。"

【注釋】

〔1〕何晏引馬曰："怍，慙也。"

【譯文】

孔子説："那人説起話來毫不慚愧，那麼兑現他的話就難了。"

【評析】

言行一致的人往往會因爲怕做不到而不出狂言（參見 4.22），所以大言不慚的人往往是在吹牛皮而實際做不到。

14.21

陳成子弑簡公【18】〔1〕。孔子沐浴而朝〔2〕，告於哀公曰："陳恒弑其君【19】，請討之。"公曰："告夫三子【20】〔3〕！"孔子曰："以吾從大夫之後〔4〕，不敢不告也。君曰'告夫三子'者。"之三子告〔5〕，不可。孔子曰："以吾從大夫之後，不敢不告也【21】。"

【注釋】

〔1〕陳成子：即田成子，名恒，也作陳恒、田常，"成"是其謚號，春秋時齊國大臣。他的祖先陳公子陳完因内亂而逃到齊國，從此將陳氏改爲田氏。田完的後代逐漸强盛。到齊悼公時，陳釐子田乞已控制了齊國大權。田乞死後，他的兒子田常代立，繼續推行他父親争取民衆的辦法，用大斗出貸，用小斗收取。齊簡公四年（公元前 481 年），田常殺死簡公，擁立齊平公，任相國。從此，齊國的政權完全由田氏控制。其事蹟見《史記·田敬仲完世家》。　簡公：齊悼公之子，吕氏，名壬。公元前 485 年，悼公被殺，他被立爲國君。公元前 481 年，他不聽大夫田鞅的勸諫，結果被田常所殺。其事蹟可參見《左傳·哀公十四年》和《史記》的《齊太公世家》《田敬仲完世家》。

〔2〕何晏引馬曰："將告君，故先齊（覺按："齊"通"齋"）。齊必沐浴。"

〔3〕陸德明曰："夫，音符。"○邢昺曰："哀公使孔子告夫季孫、孟孫、叔孫三卿也。"○覺按："夫"見 11.10 注〔3〕。

〔4〕邢昺曰："嘗爲大夫而去，故云'從大夫之後'。"

〔5〕皇侃曰："之，往也。"

【譯文】

陳恒殺了齊簡公。孔子齋戒沐浴後上朝，向魯哀公報告説："陳恒殺了他的君主，請討伐他。"哀公説："去報告那季孫、孟孫、叔孫三卿!"孔子説："因爲我曾經跟在大夫之後，不敢不報告啊。是國君説'報告給那三卿'的。"孔子去季孫、孟孫、叔孫三卿那裏報告了，三卿不同意去討伐。孔子説："因爲我曾經跟在大夫之後，不敢不報告啊。"

【評析】

孔子的行爲，即 12.11 "臣臣"、3.18 "事君盡禮"、15.38 "事君，敬其事" 在實踐中的表現。當然，孔子盡到了爲臣的責任，但哀公卻有點 "君不君" 的樣子，所以孔子又説："君曰'告夫三子'者。"

14.22

子路問事君【22】。子曰："勿欺也【23】，而犯之〔1〕。"

【注釋】

〔1〕何晏引孔曰："事君之道，義不可欺，當能犯顏諫争。"

【譯文】

子路問怎樣事奉君主。孔子説："别欺騙他，但可以勸諫而冒犯他。"

【評析】

不欺騙君主是忠，犯顏極諫（見《韓非子·外儲説左下》）也是忠，所以 "勿欺" 與 "犯之" 實際上就是對 3.19 "臣事君以忠" 的内涵所作的補充説明。參見 3.19 評析。

14.23

子曰："君子上達，小人下達〔1〕。"

【注釋】

〔1〕皇侃曰："上達者，達於仁義也。下達，謂達於財利。"○覺按：前人多從皇侃之説，雖然可通，但從 14.35 "下學而上達"之文來看，"上達"當指知天命，"下達"當指知人事。

【譯文】

孔子説："君子懂得上天和命運的安排，小人懂得天下世俗人事。"

【評析】

孔子説自己是君子 (1.1)，"五十而知天命" (2.4)，又説"下學而上達。知我者，其天乎" (14.35)，此文説"君子上達"，其實是"夫子自道也" (14.28)。

14.24

子曰："古之學者爲己〔1〕，今之學者爲人〔2〕。"

【注釋】

〔1〕何晏引孔曰："爲己，履而行之。"
〔2〕朱熹引程子曰："爲人，欲見知於人也。"

【譯文】

孔子説："古代的學者爲了提高自己的修養而學習，現在的學者爲了向別人炫耀學問而學習。"

【評析】

孔子此言如今讀來仍有歷久彌新之感，真可謂歷史有驚人的相似之處。如今有些人不是爲了提高自己的道德與文化素養而學，而是爲了與別人爭名奪利而學，這樣就産生了一些學問不扎實而靠其誇誇其談來沽名釣譽之人以及口是心非、言行不一致的兩面派，從而敗壞了學風。《荀子·勸學篇》云："君子之學也，入乎耳，箸乎心，布乎四體，形乎動静。端而言，瞋而動，一可以爲法則。小人之學也，入乎耳，出乎口。口耳之間，則四寸耳，曷足以美七尺之軀哉！古之學者爲己，今之學者爲人。君子之學也，以美其身；小人之學也，以爲禽犢。"孔子提倡的"爲己"之學，荀子在大力提倡，我們還應該大力提倡，以使所有的學者都成爲君子而非小人。

14.25

蘧伯玉使人於孔子[1]。孔子與之坐而問焉，曰："夫子何爲？"對曰："夫子欲寡其過而未能也[2]。"使者出，子曰："使乎！使乎！"

【注釋】

[1] 朱熹曰："蘧伯玉，衛大夫，名瑗。孔子居衛，嘗主於其家。"

[2] 劉寶楠曰："《莊子·則陽篇》：'蘧伯玉行年六十而六十化，未嘗不始於是之而卒詘之以非也，未知今之所謂是之非五十九非也。'《淮南子·原道訓》：'蘧伯玉年五十而知四十九年非。'觀此，是伯玉欲寡過而常若未能無過亦是實語，其平居修省不自滿假之意可見。"

【譯文】

蘧伯玉派人到孔子那裏。孔子給他座位請他坐下後再問他，説："您家先生在幹什麼？"使者回答説："我家先生想減少自己的錯誤卻没能做到啊。"使者出去後，孔子説："不愧爲使者啊！不愧爲使者啊！"

【評析】

爲國君出使，要不辱君命（見13.20）。同樣，爲主人出使，要頌揚其德。這些都應該是使者的天責。没做到這些，就不是個稱職的使者。常言道："人非聖賢，孰能無過？"人犯錯是難免的，但蘧伯玉的使者首先説的是其主人"欲寡其過"的主觀努力來突出其賢德，接着也不説其主人没有錯誤而顯得實事求是，真可謂是委婉得體，曲盡其意，比那些外交辭令式的説辭要高妙得多，所以孔子讚歎之，實在情理之中。如今不少總結報告説"自己想達到更高的目標而尚有待努力"，其實不過是"欲寡其過而未

能"的創造性運用而已。

14. 26

子曰："不在其位，不謀其政。"曾子曰："君子思不出其位。"

【譯文】

孔子説："不在那個職位上，就不去謀劃議論那個職位上的政務。"曾子説："君子所思考的不超出自己的崗位職責。"

【評析】

孔子的話旨在告誡人別插手他人的事。曾子的話旨在勸導人要一心撲在自己的工作崗位上。兩者實相輔相成而可互相闡發，所以孔子之言雖然已見於8.14，但這裏重出也不令人覺得多餘。

14. 27

子曰："君子恥其言之過其行[24]。"

【譯文】

孔子説："君子把自己説的超過了自己做的當作可恥。"

【評析】

孔子反對説大話，要求説到做到。嘴上説得好，實際做不到，是小人之行而非君子之德。

14. 28

子曰："君子道者三，我無能焉：仁者不憂，知者不惑[25][1]，勇者不懼。"子貢曰："夫子自道也。"

【注釋】

〔1〕陸德明曰："知，音智。"

【譯文】

孔子説："君子的德行有三種，我對於這三種德行都不能做到：仁愛的人不擔憂，有智慧的人不疑惑，勇敢的人不畏懼。"子貢説："這是老師在説自己的德行啊。"

【評析】

此章之言，比 9.29 所載更爲詳盡正確。由此可見，當時弟子所記詳略不一，而這樣的異文很有校勘價值，有利於我們辨正其間的是非得失（參見 9.29 評析）。

孔子樂天知命（參見 2.4、7.22、9.5、14.36）、安貧樂道（參見 7.15）、內省不疚（見 12.4）而"不憂""不懼"，下學上達（14.35）而"不惑"（2.4），所以子貢説："夫子自道也。"子貢之敏感固然可嘉，而孔子之謙虛更令人尊敬。

14.29

子貢方人[1]。子曰："賜也，賢乎哉[26]？夫我則不暇[27]。"

【注釋】

〔1〕陸德明曰："方，鄭本作'謗'，謂言人之過惡。"

【譯文】

子貢批評別人的過錯。孔子説："端木賜啊，你德才具備了嗎？我則没有這種空閒。"

【評析】

品評人，如果實事求是地讚揚別人的優點，就體現了一種謙虛好學的態度，所以可行，如孔子評子産即如此（見 5.16）。如果不實事求是地説人好，就會給人阿諛奉承之感，所以君子引以爲恥而使不得（參見5.25）。如果批評人，則更需要批評者具有較高的道德修養、評價能力與才學，所以孔子譏刺子貢説："賜也，賢乎哉?"其言外之意是：你有什麼德才? 還好意思去批評人! 你如果自以爲賢而妄下雌黄，必將會見笑大方。所以對於批評人，應該採取謹慎的態度，孔子説"我則不暇"，不過是一種委婉的説法，其意是：我可不幹這種事。孔子批評人，如果有足够的根據，就實事求是地評價其是非功過，如3.22、14.16、14.17對管仲的評價，這樣也就不會給人留下不好的印象。不過，爲謹慎起見，他往往採取不加臧否的辦法，以反復感歎的方式來表示他的否定，如14.9對子西的評價就是這樣，6.25對觚的評價其實也採用了這種批評方式。當然，對弟子的批評，孔子就不客氣了，如9.12、9.27對子路的批評。這是因爲孔子對弟子來説，其道德修養和才學具有壓倒性優勢。相比對子路的批評而言，此文對子貢的批評顯然要委婉得多，這是因爲子路粗鄙而不善於説話聽聲（參見13.3、5.7），所以直言以警醒之，而子貢聰明（參見5.4評析），點到爲止即可，由此也可見孔子因材施教之一斑。當然，即使對子路的批評，孔子也時有委婉的（見12.12），可見孔子的批評還是以委婉有致爲主，這與本章之思想傾向是一致的。

14.30

子曰："不患人之不己知，患其不能也【28】。"

【譯文】

孔子説："不要擔憂别人不瞭解自己而不任用自己，應該擔憂自己没有能力啊。"

【評析】

有了才能總有一天會脱穎而出。没有才能而只是擔心别人不瞭解自己，那就不過是一種乾着急，毫無用處。

14.31

子曰："不逆詐，不億不信[1]，抑亦先覺者[2]，是賢乎[3]？"

【注釋】

[1] 邢昺曰："此章戒人不可逆知人之詐，不可億度人之不信也。"○劉寶楠曰："《大戴禮·曾子立事篇》：'君子不先人以惡，不疑人以不信。'與此文意同。"○覺按：逆：預測。　億：見11.18注[7]。

[2] 抑亦：與13.20的"抑亦"一樣，是委婉判斷之詞，表示或許是。先覺：較常人先覺悟，指比一般人先有君子的覺悟。《孟子·萬章上》："天之生此民也，使先知覺後知，使先覺覺後覺也。"即此"先覺"之義。

[3] 邢昺曰："是寧能爲賢乎？言非賢也。"○覺按：前人大都將"先覺"理解爲事先察覺別人的"詐"與"不信"，將"是賢乎"理解爲"是賢的"。如朱熹曰："抑，反語辭。言雖不逆不億，而於人之情僞，自然先覺，乃爲賢也。"楊伯峻譯爲："却能及早發覺，這樣的人是一位賢者罷！"這種理解實誤。因爲：一、《論語》中共出現兩個"抑亦"，都是委婉判斷之詞，故不宜將此"抑"字單獨抽出解爲轉折連詞。二、前面說"不逆詐，不億不信"，也就是相信別人的誠實，這樣就不會再提高警惕而事先察覺別人的"詐"與"不信"。三、"乎"多表示疑問，"是賢乎"顯然不是肯定之詞，而是對"先覺者"的一種委婉否定。邢昺說"言非賢也"，應該是確解而不應棄之不顧。總之，"不逆詐，不億不信"相當於5.10的"聽其言而信其行"，"是賢乎"是對"聽其言而信其行"的做法表示懷疑，5.10所說的"聽其言而觀其行"可以視爲對"是賢乎"的回答，表示"非賢也"。

【譯文】

孔子説："不預料別人是詭詐的，不推想別人是不誠信的，或許是先覺悟的表現，但這能算賢能嗎？"

【評析】

以小人之心度君子之腹固然顯得卑劣，但以君子之心度小人之腹卻也

不免顯得幼稚或愚蠢。世上並非都君子，把別人想得太好，難免會上當受
騙。因此，這種比一般人"先覺"的人是否屬於"賢"還應該打個問號，
這就是本章的主旨。由於前人對"抑亦""先覺"的誤解，故大多不得
其旨。

14.32

　　微生畝謂孔子曰【29】〔1〕："丘何爲是栖栖者與〔2〕？無乃
爲佞乎？"孔子對曰【30】："非敢爲佞也，疾固也〔3〕。"

【注釋】

〔1〕邢昺曰："微生畝，隱士之姓名也。"
〔2〕劉寶楠曰："《文選》班固《答賓戲》曰：'棲棲遑遑，孔席不煖。'
李善注：'棲遑，不安居之意也。'"
〔3〕何晏引包曰："疾世固陋，欲行道以化之。"

【譯文】

　　微生畝對孔子説："孔丘你爲什麽這樣忙忙碌碌四處奔走呢？不就是
要炫耀你的口才嗎？"孔子回答説："我不敢耍嘴皮子啊，是痛恨世人固陋
無知纔到處去遊説的啊。"

【評析】

　　誠如慧子所説："狂者東走，逐者亦東走。其東走則同，其所以東走
之爲則異。"（見《韓非子·説林上》）孔子周遊列國而到處遊説，的確與
"爲佞"有相似之處，微生畝不明"其所以遊説之爲則異"，所以會有此
言，但他説這樣的話，卻不免給人以小人之心度君子之腹的感覺。《孟
子·滕文公下》載："公都子曰：'外人皆稱夫子好辯，敢問何也？'孟子
曰：'……我亦欲正人心，息邪説，距詖行，放淫辭，以承三聖者。豈好
辯哉？予不得已也。'"與此文相互觀照，可見曲高和寡，有異常抱負的
人不爲"外人"理解並不罕見。如何使別人理解自己，無疑應該引起志士
仁人的重視。

14.33

子曰："驥，不稱其力，稱其德也。"

【注釋】

〔1〕邢昺曰："驥是古之善馬名，人不稱其任重致遠之力，但稱其調良之德也。馬既如是，人亦宜然。"○劉寶楠曰："《周官·保氏職》'五馭'，鄭司農云：'五馭，鳴和鸞、逐水曲、過軍表、舞交衢、逐禽左。'此謂御者之容。驥馬調良，能有其德，故爲善馬。人之稱之當以此。"

【譯文】

孔子説："把千里馬稱爲'驥'，並不是稱説這種馬有一天跑一千里路的體力，而是稱説它的德行有教養啊。"

【評析】

7.20 説"子不語怪、力、亂、神"，可見孔子是不崇尚勇力的。此章之旨也無非如此。參見 3.16 評析。

14.34

或曰："以德報怨〔1〕，何如?"子曰："何以報德〔2〕?以直報怨〔3〕，以德報德。"

【注釋】

〔1〕朱熹曰："或人所稱，今見《老子》書。德，謂恩惠也。"○覺按：《老子》第六十三章作"報怨以德"。
〔2〕皇侃曰："言彼有怨而德以報彼，設彼有德於此，則又何以報之也?"
〔3〕皇侃曰："所以不以德報怨者，若行怨德報者，則天下皆行怨以要德報之，如此者，是取怨之道也。"○朱熹曰："於其所怨者，愛憎取舍，一以至公而無私，所謂直也。"

【譯文】

有人說："以給人恩惠的方式報答別人對自己的怨恨，怎麽樣？"孔子說："如果這樣，那麽用什麽來報答別人給自己的恩惠呢？應該以正直的態度去報答別人對自己的怨恨，以給人恩惠的方式去報答別人給自己的恩惠。"

【評析】

"以德報怨"之所以不可取，是因它在報答範疇内達到了無以復加的地步，使"以德報德"淪爲一種下等的報答方式，所以孔子不同意而反問說："何以報德？"中國人的傳統道德觀是"善有善報，惡有惡報"。但是，冤冤相報何時了，所以孔子主張用正直的態度來對待怨恨。"以直報怨"，就是要以客觀冷靜的態度去剖析這仇怨的是非，做到孟子所説的"言不必信，行不必果，惟義所在"（《孟子·離婁下》），是誰的責任，就應該和誰來算賬，而不能"株連九族"，累及子孫。這與籠統的"惡有惡報"相比，無疑進入了一種更加崇高的境界而值得奉行。至於"以德報德"，是《禮記·曲禮上》"禮尚往來"的衍生品，由此可見禮制對孔子思想的影響。如今人們常說要懂得感恩，但"感恩"可以只停留於心中的感激，而不一定要有行動上的回報，與源自"禮尚往來"的"報恩"是不同的，這"感"與"報"雖然只有一字之差，卻絕不能混爲一談。知恩圖報是我國的優秀傳統，但歷代也有不少忘恩負義之人，所以"以德報德"還是應該成爲我們的教育内容，並要求大家落實到行動中去，使這種優秀傳統代代相傳，永不褪色。

14.35

子曰[1]："莫我知也夫！"子貢曰："何爲其莫知子也？"子曰："不怨天，不尤人[2]。下學而上達[3]。知我者，其天乎！"

【注釋】

〔1〕以下是魯哀公十四年（公元前481年）後孔子說的話（見9.9

注〔2〕)。

〔2〕皇侃曰:"尤,責也。"

〔3〕何晏引孔曰:"下學人事,上知天命。"

【譯文】

孔子説:"没有人瞭解我而任用我了吧!"子貢説:"爲什麼没有人瞭解您呢?"孔子説:"我不怨上天,也不怪罪别人。我向下學習人事而向上通曉天命。瞭解我的,大概是上天吧!"

【評析】

怨天尤人無濟於事,孔子也明白這個道理,所以他"不怨天,不尤人",但這實際上也是出於無奈,所以他歎息説:"莫我知也夫!"但他雖然"下學而上達",卻還是没明白爲什麼没有人理解他而任用他,而只是感歎一聲:"知我者,其天乎!"俗話説:"不怨天,不怨地,只怪自己不争氣。"其觀念似乎比孔子要高明。孔子堅信自己的禮治仁政學説是正確的而"守死善道"(8.13),其志趣雖然崇高而值得敬仰,但卻只怪怨天下無道而生不遇時(參見9.9),不在自己身上找原因(參見15.21),不知自己的學説實在是因"迂遠而濶於事情"(《史記·孟子荀卿列傳》語)纔不被人採用(參見6.17評析),這就不免令人遺憾了。當然,孔子只説自己"下學"而没有説"下達",説明他對世俗人事尚未通曉,這倒也可謂有自知之明,但他把"下達"當作小人之事(14.23)而不去追求"下達",因而使自己只停留在"下學"的地步,就不免有點迂腐了。

14.36

公伯寮愬子路於季孫〔1〕。子服景伯以告〔2〕,曰:"夫子固有惑志〔3〕。於公伯寮也【31】,吾力猶能肆諸市朝〔4〕。"子曰:"道之將行也與?命也。道之將廢也與?命也。公伯寮其如命何?"

【注釋】

〔1〕何晏引馬曰:"愬,譖也。伯寮,魯人,弟子也。"○覺按:《史

記‧仲尼弟子列傳》：“公伯僚，字子周。”　季孫：據 6.8、11.23、13.2 之文以及子服景伯的活動年代（見注〔2〕），可知此季孫指季康子（參見 2.20 注〔1〕）。

　〔2〕朱熹曰：“子服，氏；景，謚；伯，字。魯大夫子服何也。”○覺按：子服：春秋時魯國孟獻子仲孫蔑的兒子仲孫它的字，其後遂以子服爲氏，如仲孫它之子稱“子服椒”（見《左傳‧昭公三年》）、“子服惠伯”（見《左傳‧襄公二十五年》），椒之子稱“子服回”或“子服昭伯”（見《左傳‧昭公十六年》），回之子稱“子服何”（見《左傳‧哀公八年》）或“子服景伯”（見《左傳‧哀公三年》）。

　〔3〕何晏引孔曰：“季孫信讒，惎子路。”○邢昺曰：“夫子謂季孫。”

　〔4〕何晏引鄭曰：“吾勢力猶能辨子路之無罪於季孫，使之誅寮而肆之。有罪既刑，陳其尸曰肆。”○皇侃曰：“殷禮：殺大夫已上於朝，殺士於市。”○劉寶楠曰：“公伯寮是士，止應云‘肆諸市’，連言‘朝’耳。”

【譯文】

　公伯寮向季孫誣告子路。子服景伯將此事告訴孔子，説：“那季孫本來對子路就有疑心。對於公伯寮，我的力量還是能把他治罪殺了而在市場上陳屍示衆。”孔子説：“我的學説將被實行嗎？是靠命運啊。我的學説將被廢棄嗎？是靠命運啊。公伯寮對別人的命運又能怎麽樣呢?”

【評析】

　此文與 7.22 所言類似，可參見 7.22 評析。

14.37

　子曰：“賢者辟世[32]〔1〕，其次辟地〔2〕，其次辟色，其次辟言〔3〕。”子曰：“作者七人矣〔4〕。”

【注釋】

　〔1〕陸德明曰：“辟，音避。下同。”
　〔2〕何晏引馬曰：“去亂國，適治邦。”
　〔3〕何晏引孔曰：“有惡言乃去。”

〔4〕何晏引包曰："作，爲也。爲之者凡七人，謂長沮，桀溺，丈人，石門，荷蕢，儀封人，楚狂接輿。"○皇侃曰："王弼曰：'七人：伯夷，叔齊，虞仲，夷逸，朱張，柳下惠，少連也。'鄭康成曰：'伯夷、叔齊、虞仲，避世者；荷蓧、長沮、桀溺，避地者；柳下惠、少連，避色者；荷蕢、楚狂接輿，避言者也。七當爲十字之誤也。'"

【譯文】

孔子説："那些賢能的人迴避世俗社會而隱居，其次是迴避混亂的地方而移居，其次是迴避難看的臉色而離開，再次是迴避別人的非議而換個環境。"孔子説："這樣做的人有七個了。"

【評析】

"賢者"善於選擇自己的生活環境，這是其所以爲"賢"的一個方面。不過，作爲一個賢者，採取"辟世"的方式雖然似乎使自己清净了，但其實並不可取，因爲社會性是人的基本屬性，離開了社會，就混同於一般動物了。因此，此舉雖然爲世人稱道，也爲孔子所不屑，他明確表示不能與"辟世之士"爲伍，並從人的基本屬性出發，形象地説"鳥獸不可與同羣"(18.6)。至於"辟地""辟色""辟言"，則可以爲自己減少很多麻煩，使自己的精神獲得解脱，有益於身心健康，值得採用。

14.38

子路宿於石門。晨門曰【33】〔1〕："奚自〔2〕？"子路曰："自孔氏。"曰："是知其不可而爲之者與？"

【注釋】

〔1〕劉寶楠曰："鄭注云：'石門，魯城外門也。晨門，主晨夜開閉者。'……外門，當謂郭門也。《水經·洙水注》：'洙水北流逕孔里，又西南，枝津出焉。又西南逕瑕丘城東而南入石門，門右結石爲水門，跨於水上。'閻氏若璩《釋地》謂此即子路宿處，是也。"○覺按：瑕丘城在今山東省濟寧市兖州區東北，則此魯國外城之石門在今兖州區東。　晨門：是虛擬的人名。子路宿於石門，早晨過城門時見到開門人，不知其名，就記

載爲“晨門”（參見 13.18 注〔1〕）。

〔2〕皇侃曰：“自，從也。”

【譯文】

子路在石門留宿。晨門説：“你從哪裏來？”子路説：“從孔家來。”晨門説：“就是那個知道自己的主張不可行而偏要實行它的人嗎？”

【評析】

從 6.17 之文來看，孔子對自己竭力倡導的“道”未必“知其不可”，但硬要“爲之”，其實是行不通的（參見 6.17 評析）。

14.39

子擊磬於衛【34】〔1〕。有荷蕢而過孔氏之門者曰〔2〕：“有心哉！擊磬乎？”既而曰：“鄙哉！硜硜乎〔3〕？莫己知也，斯己而已矣〔4〕。深則厲，淺則揭〔5〕。”子曰：“果哉！末之難矣〔6〕。”

【注釋】

〔1〕磬：古代石製打擊樂器，形如曲尺，懸於架上，用木槌擊奏。據《史記・孔子世家》，此事發生於魯哀公二年（公元前 493 年），見 13.10 注〔1〕。

〔2〕皇侃曰：“荷，擔揭也。蕢，織草爲器，可貯物也。”

〔3〕硜硜：見 13.20 注〔3〕。

〔4〕何晏曰：“此硜硜者，徒信己而已。”

〔5〕邢昺曰：“此《衛風・匏有苦葉》之詩，以衣涉水爲厲。揭，揭衣也。荷蕢者引之，欲令孔子隨世以行己，若過水，深則當厲不當揭，淺則當揭而不當厲，以喻行己，知其不可，則不當爲也。”

〔6〕何晏曰：“未知己志而便譏己，所以爲果。末，無也。無難者，以其不能解己之道。”○皇侃曰：“果者，敢也。末，無也。”○覺按：難（nàn）：責難。　末之難：即“無難之”。

【譯文】

孔子在衛國敲擊石磬。有個肩挑草筐而經過孔子門前的人說:"有心事啊!是通過敲擊石磬來表達心聲嗎?"一會兒又說:"鄙陋啊!是因爲死硬固執嗎?是沒有人瞭解自己而任用自己啊,就只好自己相信自己罷了。就像蹚水過河要見機行事一樣,水深就只好濕了衣服,水淺就應該撩起衣服啊。"孔子說:"真果敢武斷啊!他不理解我,也就沒有什麼能責怪他的了。"

【評析】

"硜硜乎?莫己知也,斯己而已矣"與14.3的"知其不可而爲之"的意思相同,可見對孔子的這一評價並非絕無僅有,這其實應該引起孔子的反思,可惜孔子只無可奈何地歎了一聲"果哉!末之難矣"就了結了。由此可見,要改變有志之士的思想實在是難上加難的事(參見9.26)。至於"深則厲,淺則揭",與《楚辭·漁父》的"聖人不凝滯於物,而能與世推移。世人皆濁,何不淈其泥而揚其波?衆人皆醉,何不餔其糟而歠其醨"同旨,孔子深明其意,而不願隨波逐流,所以也就不置可否了。

14.40

子張曰:"《書》云:'高宗諒陰【35】〔1〕,三年不言〔2〕。'何謂也?"子曰:"何必高宗?古之人皆然。君薨〔3〕,百官總己以聽於冢宰【36】,三年〔4〕。"

【注釋】

〔1〕何晏引孔曰:"高宗,殷之中興王武丁也。"○皇侃曰:"或呼倚廬爲諒陰,或呼爲梁闇,或呼梁庵。"○邢昺曰:"《周書·無逸篇》文也。"○覺按:高宗:武丁的廟號。殷代並不是每個帝王都有廟號的,只有有功、有德的帝王纔被稱爲"宗"。如"太甲脩德,諸侯咸歸殷,百姓以寧",故稱太宗;太戊使殷"復興,諸侯歸之,故稱中宗"。武丁也是"修政行德,天下咸驩,殷道復興",纔被立爲高宗。見《史記·殷本紀》。諒陰:通"梁庵",即皇侃所說的倚廬,是守喪者所住的簡陋草屋。

〔2〕劉寶楠曰："三年者，喪期也。"○覺按：言：指聽政而發號施令。

〔3〕邢昺曰："諸侯死曰薨。"

〔4〕皇侃曰："若君死，則羣臣百官不復諮詢於君，而各總束己之事，故云'總己'也。冢宰，上卿也。百官皆束己職，三年聽冢宰，故嗣王君三年不言也。"

【譯文】

子張說："《尚書》云：'殷高宗武丁住在守喪的草屋內，三年不說話。'說的是什麼呢？"孔子說："爲什麼一定要殷高宗呢？古代的人都這樣。君主死了，羣臣百官把自己的職事匯總起來，將它們交給宰相處理，所以繼位的新君主在三年守喪期間不上朝聽政發號施令。"

【評析】

正如宰我所說："君子三年不爲禮，禮必壞；三年不爲樂，樂必崩。"(17.20) 因此，天子如果"三年不言"，那朝政不是要荒廢了嗎？子張對此深感疑惑，所以發問，此可謂"切問而近思"(19.6)。原來古代不管是天子還是諸侯，死後必須按禮守喪三年，政事由宰相處理，如此則政、禮兩不誤。孔子對《書》義的解釋可謂得心應手，他對古代經典的精通可謂名不虛傳。

14.41

子曰："上好禮，則民易使也。"

【譯文】

孔子說："君主愛好禮制，那麼民衆就容易使喚了。"

【評析】

13.4 說："上好禮，則民莫敢不敬。"民衆無不敬愛君主，所以容易爲君主所使。

14.42

子路問君子[1]。子曰："脩己以敬【37】[2]。"曰："如斯而已乎?"曰："脩己以安人[3]。"曰："如斯而已乎?"曰:"脩己以安百姓。脩己以安百姓,堯、舜其猶病諸[4]!"

【注釋】

[1] 劉寶楠曰："君子,謂在位者也。"

[2] 敬:此章是在講政治,這"敬"應該與 1.5 "道千乘之國,敬事而信",6.2 "居敬而行簡,以臨其民",12.5 "君子敬而無失",13.19 "執事敬",15.38 "事君,敬其事"中的"敬"同義,表示謹慎。

[3] 人:別人。此文孔子將"人"與"百姓"相對,可知這"人"不在百姓之中。孔子認爲"安百姓"是堯、舜都難以做到的,臣子能"脩己以安人"就足以爲君子了,可見這"人"是指君主。《潛夫論·志氏姓》:"劉氏自唐以下漢以上,德著於世,莫若范會之最盛也,斯亦有'脩己安人'之功矣。"以"人"指君主,可證此義。

[4] 何晏引孔曰:"病,猶難也。"

【譯文】

子路詢問在位的君子之德。孔子説:"修養自己來使自己謹慎工作。"子路説:"像這樣就可以了嗎?"孔子説:"修養自己來使君主安定。"子路説:"像這樣就可以了嗎?"孔子説:"修養自己來使百姓安定。修養自己來使百姓安定,堯、舜這樣的聖明君主大概還會對此感到爲難吧!"

【評析】

《禮記·大學》云:"心正而后身脩,身脩而后家齊,家齊而后國治,國治而后天下平。"修身、齊家、治國、平天下實是古代才俊在人生不同階段的奮鬥目標。孔子此文,實與《禮記》同旨,就是説:身君子,首先應該修身敬業,進而應該輔佐君主治國,最高的目標應該是能平天下。當然,這最高目標幾乎是高不可攀的,所以一般的君子應該努力達到前兩個目標。孔子的回答言簡意賅,其政治熱情與理想在此三言兩語之中表露得可謂淋漓盡致。8.6 曾子所言，其政治格局有限，而此文孔子之言，則氣量恢廓，非高瞻遠矚之聖人莫能爲，故孔子被人們稱之思想家可謂實至名歸。

14.43

原壤夷俟[1]。子曰："幼而不孫弟【38】[2]，長而無述焉[3]，老而不死，是爲賊【39】[4]！"以杖叩其脛[5]。

【注釋】

〔1〕何晏引馬曰："原壤，魯人，孔子故舊。夷，踞；俟，待也。"○邢昺曰："原壤聞孔子來，乃申兩足，箕踞以待孔子也。"

〔2〕孫：通"遜"（參見 7.35 注〔1〕）。　弟：見 1.2 注〔2〕。

〔3〕朱熹曰："述，猶稱也。"

〔4〕何晏曰："賊謂賊害。"

〔5〕何晏引孔曰："叩，擊也。脛，脚脛。"○皇侃曰："膝上曰股，膝下曰脛。孔子歷數言之既竟，又以杖叩擊壤脛，令其脛而不夷踞也。"

【譯文】

原壤雙腿又開坐着等待孔子到來而不出來迎接。孔子説："小時候不敬從長者，長大後也沒有爲人稱説的德行，老了還不死，這真是個害人精！"就用手杖敲了一下原壤的小腿。

【評析】

在孔子看來，一個人年少時應該"入則孝，出則弟"（1.6），年長後應該有所成就而不能"無聞"（9.23），老了還應該繼續發憤努力而"不知老之將至"（7.18）。原壤一無是處，所以孔子罵他"老而不死"，是個禍害人的"賊"，還"以杖叩其脛"，讓他坐得禮貌一些。孔子的這些言語動作看似粗野，其實並不過分，因爲這只是一個長者對其舊交進行教訓時所用的方式。如今一些不懂禮貌的年輕人乃至老人的子孫罵老人"老不死"，那纔是不文明的過分之舉，應該受到衆人的譴責和吐棄。

14. 44

闕黨童子將命【40】〔1〕。或問之，曰："益者與?"子曰："吾見其居於位也，見其與先生並行也【41】。非求益者也，欲速成者也。"

【注釋】

〔1〕皇侃曰："五百家爲黨。此黨名闕，故云闕黨也。童子，未冠者之稱。將命，是傳賓主之辭。"○劉寶楠曰："《荀子・儒效篇》：仲尼'居於闕黨，闕黨之子弟罔不分有親者取多，孝悌以化之也'，闕黨是孔子所居。《漢書・梅福傳》：'今仲尼之廟，不出闕里。'師古曰：'闕里，孔子舊里也。'闕里即闕黨。"○覺按：黨：見 4.1 注〔1〕。闕里在今山東省曲阜市內闕里街。

〔2〕何晏曰："童子隅坐無位，成人乃有位。"

〔3〕何晏引包曰："先生，成人也。並行，不差在後，違禮。"○皇侃曰："先生者，成人，謂先己之生也。"

【譯文】

闕里有個少年幹賓主之間的傳話工作。有人詢問這少年的德行，說："這少年是個進取的人嗎?"孔子說："我看見他坐在成人纔可以坐的位子上，看見他和長者並排走路。他不是個追求進取的人，而是個想快速成人的人啊。"

【評析】

孔子反對"欲速"，因爲"欲速則不達"（13.17）。童子坐成人之位、"與先生並行"都是急於求成的非禮之舉，所以不能用褒義詞"益者"來讚譽他，而只能用貶義詞"速成者"來貶抑他。

【本篇校勘記】

【1】恥：皇本、朱本、蔡本同，邢本作"耻"。下一"恥"字同此。

【2】穀：皇本同，邢本、蔡本作"穀"，朱本作"榖"。下一"穀"字

同此。

【3】孫：邢本、朱本、蔡本同，皇本作"遜"。

【4】答：朱本、蔡本同，邢本、皇本作"荅"。

【5】世：皇本同，邢本、朱本、蔡本作"丗"。

【6】修：邢本、皇本、蔡本同，朱本作"脩"。

【7】疏：邢本、朱本、蔡本同，皇本作"蔬"。

【8】大夫：邢本、朱本、蔡本同，皇本作"大夫也"。

【9】知：邢本、朱本、蔡本同，皇本作"智"。

【10】笑：皇本同，邢本、朱本、蔡本、監本作"笑"。下二"笑"字同此。

【11】言：邢本、朱本、蔡本同，皇本作"言也"。

【12】笑：邢本、朱本、蔡本同，皇本作"笑也"。

【13】取：邢本、朱本、蔡本同，皇本作"取也"。

【14】霸：邢本、皇本、朱本同，蔡本作"覇"。

【15】子言衛靈公之無道也：邢本、朱本、蔡本同，皇本作"子曰衛靈公之無道久也"。

【16】賓：皇本同，邢本、朱本、蔡本作"寳"。

【17】爲之也：邢本、朱本、蔡本同，皇本作"其爲之"。

【18】弑簡：邢本、朱本、蔡本同，皇本作"殺簡"。

【19】弑：邢本、朱本、蔡本同，皇本作"殺"。

【20】三：邢本、朱本、蔡本同，皇本作"二三"。下二"三"字同此。

【21】也：邢本、朱本、蔡本同，皇本無此"也"字。

【22】問：邢本、皇本、朱本同，蔡本作"聞"。

【23】也：邢本、朱本、蔡本同，皇本作"之"。

【24】之：皇本同，邢本、朱本、蔡本作"而"。行：邢本、朱本、蔡本同，皇本作"行也"。

【25】知：邢本、朱本、蔡本同，皇本作"智"。

【26】哉：邢本、朱本、蔡本同，皇本作"我"。

【27】我：邢本、朱本、蔡本同，皇本作"哉我"。

【28】其不：邢本、朱本、蔡本同，皇本作"己無"。

【29】猷：皇本同，邢本、朱本作"猷"，蔡本作"猷"。

【30】對曰：皇本同，邢本、朱本、蔡本作"曰"。

【31】也：皇本同，邢本、朱本、蔡本無此"也"字。

【32】辟：邢本、朱本、蔡本同，皇本作"避"。下三"辟"字同此。
世：皇本同，邢本、朱本、蔡本作"丗"。

【33】晨門：邢本、朱本、蔡本同，皇本作"石門晨門"。

【34】衛：邢本、朱本、蔡本同，皇本作"衞"。

【35】陰：皇本同，邢本、朱本、蔡本作"陰"。

【36】總：皇本同，邢本、朱本、蔡本作"緫"。

【37】脩：邢本、朱本、監本同，皇本、蔡本作"修"。下三"脩"字同此。

【38】孫弟：邢本、朱本、蔡本、監本同，皇本作"遜悌"。

【39】賊：邢本、朱本、蔡本、監本同，皇本作"賊也"。

【40】命：邢本、朱本、蔡本、監本同，皇本作"命矣"。

【41】並：邢本、朱本、蔡本、監本同，皇本作"竝"。

論語善本彙校集注譯評卷第八

衛靈公第十五

【提要】

本篇主要論述君子之德和與人相處之道，又涉及對人的評論以及教學、政治方面的問題。

作爲君子，有長遠的考慮，能嚴格要求自己而待人寬厚，勇於改正錯誤而增進自己的才能，爲人莊重而不與人相争，與人團結而不結黨營私，即使窮困也不會胡作非爲，遵循禮義而謙虚誠實，能弘揚正道，"殺身以成仁"，努力使自己留名千古。君子與人相處時，説話看時機，而且忠誠守信，做事謹慎認真，尊重盲人，結交賢能的士大夫，"不以言舉人，不以人廢言"，"己所不欲，勿施於人"，"當仁，不讓於師"，"道不同，不相爲謀"。

孔子主張實事求是地評價人，對於人們都憎惡或都喜愛的人，一定親自考察後再作結論。他讚揚舜的無爲而治，史魚的正直，蘧伯玉的廉正，貶斥時人之無德與混日子，臧文仲的不薦賢。

本篇也論及教學。孔子强調了學習的重要性，認爲即使日夜不停地在思索，也不如學習之有益。君子只要學習掌握了"道"，就會有俸禄；如果去種地，反而會挨餓。他主張"有教無類"，並道明自己的學説有一個中心思想，又提倡秉筆直書、有疑則闕、辭達即可的治學作風。

在政治上，孔子注重禮治而反對用兵，主張謹慎行事，認爲"小不忍則亂大謀"。他主張遠離花言巧語、阿諛逢迎的人，抛棄靡靡之音，用仁德、智慧、禮制來守住政權。至於臣子，則應該認真做好本職工作，然後再獲取俸禄。

15.1

衛靈公問陳於孔子[1]〔1〕。孔子對曰："俎豆之事〔2〕，則嘗聞之矣【2】；軍旅之事，未之學也。"明日遂行。

【注釋】

〔1〕何晏引孔曰："軍陳行列之法。"○陸德明曰："陣，今作'陳'。"○覺按："陳""陣"爲古今字。《史記·孔子世家》："靈公問兵陳。孔子曰：'俎豆之事，則嘗聞之；軍旅之事，未之學也。'明日，與孔子語，見蜚鴈，仰視之，色不在孔子。孔子遂行。"《索隱》："此魯哀二年也。"由此可知此事發生於公元前493年。

〔2〕何晏引孔曰："俎豆，禮器。"

【譯文】

衛靈公向孔子詢問打仗時的陣法。孔子回答說："關於禮器的事，我曾經聽說過了；軍隊的事，我還沒有學習過啊。"第二天孔子就離開衛國走了。

【評析】

孔子雖然不完全排斥用兵，但不主張用兵（參見12.7、14.16），而主張禮治，所以推託說只知道"俎豆之事"，而沒有學過"軍旅之事"。其實，孔子應該懂軍旅之事，《史記·孔子世家》載："冉有爲季氏將師，與齊戰於郎，克之。季康子曰：'子之於軍旅，學之乎？性之乎？'冉有曰：'學之於孔子。'"即使從《論語》來看，孔子也應該懂軍事，所以子路問他："子行三軍，則誰與？"（7.10）而孔子不但用"三軍"作比喻（見9.26），而且還談及戰爭（見13.29、13.30）。最有力的證據是7.12所載："子之所慎：齊，戰，疾。"孔子對衛靈公說不懂軍事，當然不是出於謙虛，而是因爲不屑。由此可見，對自己不讚成的東西，可以推說不知，這種反對方式值得借鑒（參見3.10、3.11評析）。

15.2

在陳絕糧【3】〔1〕，從者病，莫能興〔2〕。子路慍見〔3〕，曰："君子亦有窮乎〔4〕？"子曰："君子固窮，小人窮斯濫矣〔5〕。"

【注釋】

〔1〕劉寶楠曰：“《周官·廩人》注：‘行道曰糧，謂糒也。止居曰食，謂米也。’《詩·公劉》：‘乃裹餱糧。’是糧爲行食。”○覺按：《史記·孔子世家》：“孔子遷于蔡三歲，吳伐陳。楚救陳，軍于城父。聞孔子在陳、蔡之間，楚使人聘孔子。孔子將往拜禮，陳、蔡大夫謀曰：‘孔子賢者，所刺譏皆中諸侯之疾。今者久留陳、蔡之間，諸大夫所設行皆非仲尼之意。今楚，大國也，來聘孔子。孔子用於楚，則陳、蔡用事大夫危矣。’於是乃相與發徒役圍孔子於野。不得行，絕糧。從者病，莫能興。孔子講誦弦歌不衰。子路慍見曰：‘君子亦有窮乎?’孔子曰：‘君子固窮，小人窮斯濫矣。’子貢色作。孔子曰：‘賜，爾以予爲多學而識之者與?’曰：‘然。非與?’孔子曰：‘非也。予一以貫之。’……是歲也，孔子年六十三，而魯哀公六年也。”據此可知，此事發生於公元前 489 年。

〔2〕何晏引孔曰：“從者，弟子。興，起也。”

〔3〕邢昺曰：“慍，怒也。”

〔4〕皇侃曰：“曾聞孔子曰：‘學也，祿在其中。’則君子不應窮乏。今日如此，與孔子言乖，故問云：‘君子亦窮乎?’”

〔5〕何晏曰：“濫，溢也。君子固亦有窮時，但不如小人窮則濫溢爲非。”○覺按：固：本來。　窮：窮困，不得志。在《論語》中，“窮”與“貧”（缺乏錢財）的意義不同。有人將“固窮”解爲“固守其窮”，不當，因爲君子不可能讓自己一直處於走投無路的境況。

【譯文】

孔子在陳國時斷了乾糧，跟從他的弟子都病倒了，沒有誰能起得來。子路憤憤不平地來見孔子，說：“有道德的君子也有窮困的嗎?”孔子說：“君子本來就有窮困的，小人窮困了就亂來而無所不爲了。”

【評析】

君子不去迎合世俗社會，所以往往會窮困。但是，君子即使窮困，也仍然信守道義而不會通過不仁不義的手段去擺脫窮困（參見 4.5）。相反，小人沒有道德操守，窮困了就會胡作非爲。反過來，我們只要考察一個人在窮困時的所作所爲，也就可以知道他是君子還是小人了。

15.3

子曰[1]："賜也，女以予爲多學而識之者與【4】[2]?"對
曰："然。非與?"曰："非也。予一以貫之[3]。"

【注釋】

〔1〕本章記載的是公元前 489 年孔子與子貢的對話（見 15.2
注〔1〕）。

〔2〕朱熹曰："識，音志。"○覺按：見7.2注〔1〕。

〔3〕劉寶楠引焦循《補疏》云："孔子以一貫語曾子，曾子即發明之，
云'忠恕而已矣'。"○覺按：參見 4.15。

【譯文】

孔子説："端木賜啊，你以爲我是學了很多的知識而把它們都記住的
人嗎?"子貢回答説："是這樣的。不是嗎?"孔子説："不是的。我用一個
道德原則來貫通我的學説。"

【評析】

子貢認爲孔子是"多學而識之者"，而孔子卻否定了子貢的看法，其
理由是"予一以貫之"。如果從邏輯上講，孔子的説法是有問題的。首先
的問題是，孔子曾説自己"默而識之，學而不厭"（7.2），"多聞，擇其善
者而從之；多見而識之"（7.27），現在再否定自己是"多學而識之者"，
就有點自相矛盾了。其次，"多學而識之者"是就其如何獲得知識來説的，
"一以貫之"是就其知識所統領的思想來説的，兩者並不矛盾。就是説，
孔子既是"多學而識之者"，又是"一以貫之"者，兩者是相輔相成的關
係而不是矛與盾之間的對立關係。因此，以"一以貫之"作爲論據來否定
"多學而識之者"，從邏輯上來説是一種無效論證。不過，孔子在此通過不
合邏輯的否定，卻達到了發人深省的效果。他先以"非也"二字引人思
考，然後以"予一以貫之"道出其學説的主要特點卻又沒有説明其内涵而
再次將子貢引入進一步的思考之中，其言正可謂是"瞻之在前，忽焉在
後"，"循循然善誘人"（參見 9.11）。孔子之所以沒有道明"予一以貫之"

的內涵，是因爲子貢是個聰明人，他相信子貢會和曾子一樣理解其意的（參見 4.15）。

15.4

子曰：“由！知德者鮮矣[1]。”

【注釋】

〔1〕何晏引王曰：“君子固窮，而子路慍見，故謂之少於知德。”

【譯文】

孔子説：“仲由！懂得道德的人少啦。”

【評析】

子路“好勇”（參見 5.7、11.13）而少德（參見 5.8、9.12），所以孔子此言也是其因材施教之一例。

15.5

子曰：“無爲而治者[1]，其舜也與？夫何爲哉？恭己正南面而已矣【5】〔2〕。”

【注釋】

〔1〕何晏曰：“言任官得其人，故無爲而治。”○邢昺曰：“案《舜典》，命禹宅百揆，棄后稷，契作司徒，皋陶作士，垂共工，益作朕虞，伯夷作秩宗，夔典樂教胄子，龍作納言，并四岳十二牧，凡二十二人，皆得其人，故舜無爲而治也。”○覺按：無爲：無所作爲。其基本含義是：順應自然，排除故意的人爲因素。古代各個學派常把“無爲”作爲自己政治學説的一個重要内容，但各人用此術語的政治涵義是有所不同的。孔子所倡導的舜之無爲，除了用人得當，還包括以德政禮樂感化人民，儘量不施行刑殺。《新序・雜事四》：“舜舉衆賢在位，垂衣裳，恭己無爲而天下治。”《説苑・修文》：“冉有侍，孔子曰：‘求來，爾奚不謂由夫先王之制音

也？……昔舜造《南風》之聲，其興也勃焉，至今王公述無不釋。’”
（《韓非子·外儲説左上》也載：“昔者舜鼓五絃、歌《南風》之詩而天下
治。”）《尚書·舜典》記述舜用刑時説：“象以典刑，流宥五刑，鞭作官
刑，扑作教刑，金作贖刑。眚災肆赦，怙終賊刑。欽哉，欽哉，惟刑之
恤哉！”

　　〔2〕劉寶楠曰：“正南面者，正君位也。”○覺按：南面：指做君王
（參見6.1注〔1〕）。

【譯文】

　　孔子説：“清静無爲就把天下治理好的，大概是舜吧？他還要幹什麽
呢？使自己恭恭敬敬地把統治天下的大權公正地使用就可以了。”

【評析】

　　舜的“無爲而治”，並非什麽事也不做，而是知人善任（參見8.20、
12.22），讓賢臣去治理，這就是“恭己正南面”的真正内涵。值得注意的
是，古代儒、道、法三家都倡導“無爲”，但其内涵並不相同，應該加以
區分。《老子》第二章説：“聖人處無爲之事，行不言之教。”第三章説：
“使民無知無欲，使夫知者不敢爲。”其所謂的“處”“行”“使”，顯然都
是行事之語，可見老子所説的“無爲”，也不是指什麽都不做，而是指不
作故意的人爲努力，不强行干預，也就是排除故意的人爲因素而一切因順
自然，即《老子》六十四章所説的“輔萬物之自然而不敢爲”而已。韓非
所謂的“無爲”，則是一種“術”，其含義是排除故意的人爲因素（如個人
的智巧和主觀成見等），不作强行的人爲努力。具體而言，其哲學上的含
義，是指一切行動順應自然，不主觀地去幹違反客觀規律的事；其政治學
上的含義，是指君臣一切按法辦事，不用智慧去干擾法治，君主不暴露自
己的才能、好惡以免讓臣下有所憑藉而影響了正常的統治。

15.6

　　子張問行。子曰：“言忠信，行篤敬，雖蠻貊之邦行
矣[1]。言不忠信，行不篤敬，雖州里[2]，行乎哉？立，則
見其參於前也【6】[3]；在輿，則見其倚於衡也。夫然後

行【7】。" 子張書諸紳〔4〕。

【注釋】

〔1〕朱熹曰："篤，厚也。蠻，南蠻。貊，北狄。"

〔2〕州里：泛指家鄉（參見 4.1 注〔1〕、6.5 注〔3〕）。

〔3〕參：並（考證見拙著《商君書校疏》15.2 注〔6〕）。

〔4〕邢昺曰："以帶束腰，垂其餘以爲飾，謂之紳。"○朱熹曰："紳，大帶之垂者。"○覺按："紳"是束腰的大帶，並非只指其多餘的下垂處，只是子張寫在其下垂處而已。

【譯文】

子張詢問怎麼樣纔能使自己暢行無阻。孔子説："説話忠誠守信，行爲厚道謹慎，那麼即使在南方、北方的異族地區也能暢行無阻了。説話不忠誠守信，行爲不厚道謹慎，那麼即使在家鄉，能暢行無阻嗎？站着，就看見忠誠守信厚道謹慎等德行並列在面前；在車廂中，就看見這些德行緊靠在車前的橫木上。像這樣，然後就能暢行無阻了。"子張把這些話寫在束腰的大帶下垂處。

【評析】

在孔子看來，"言忠信，行篤敬"是"州里"與"蠻貊之邦"普遍認可的德行，所以也就成了孔子教育弟子的主要内容（參見 7.24），也被視爲仁德的主要組成部分（參見 13.19、16.10），或站或行都必須時刻牢記在心而遵行之。不過，應該注意的是，孔子並不推崇"言必信，行必果"（參見 13.12 評析）。由此可見，我們讀《論語》，應該前後觀照，不能顧此失彼，否則就會有以偏概全之弊。

15.7

子曰："直哉史魚〔1〕！邦有道，如矢〔2〕；邦無道，如矢。君子哉蘧伯玉！邦有道，則仕；邦無道，則可卷而懷之〔3〕。"

【注釋】

〔1〕何晏引孔曰："衛大夫史鰌。"○覺按：史鰌，字子魚，故也稱史魚，春秋時衛靈公的大夫，以正直著稱。《顏氏家訓·名實》："勸一史魚，而千萬人立直風矣。"據説衛靈公不用賢人蘧伯玉而任用佞臣彌子瑕，史鰌數諫不聽，死後讓兒子不按正常的喪禮置放屍體以諫靈公，從而使靈公用蘧伯玉而退彌子瑕，衛國以治（見《大戴禮記·保傅》）。

〔2〕何晏引孔曰："行直如矢，言不曲。"

〔3〕朱熹曰："卷，收也。懷，藏也。"

【譯文】

孔子説："正直啊史魚！國家政治清明，他的言行像射出去的箭一樣筆直向前；國家政治黑暗，他的言行像射出去的箭一樣筆直向前。"蘧伯玉是個君子啊！國家政治清明，就出來做官；國家政治黑暗，就可以收手不幹而把自己對朝政的看法藏在心裏。"

【評析】

孔子對正直之行有好評（參見2.19、6.19），但正直之行在"邦無道"之時往往會招致不幸乃至殺身之禍（參見18.2、14.3評析）。不過，就是像比干那樣正直極諫而被殺，孔子還是稱讚他是仁人。此文讚美史魚之"直"，無疑也是在稱讚其"仁"。至於"邦有道，則仕；邦無道，則可卷而懷之"，是孔子最稱道的從政原則（參見5.2、5.21、8.13、14.1）。《孟子·盡心上》也説："窮則獨善其身，達則兼善天下。"可以説，儒家之道，雖然提倡"殺身以成仁"（15.9），但對於從政，還是既求出仕（參見17.1、18.7、19.13），又求"既明且哲，以保其身"（《詩·大雅·烝民》），而不主張作無謂的犧牲，所以此文稱讚蘧伯玉爲"君子"。

15.8

子曰："可與言而不與言【8】，失人；不可與言而與之言，失言。知者不失人【9】【1】，亦不失言。"

【注釋】

〔1〕陸德明曰：“知，音智。”

【譯文】

孔子説：“可以和他説卻不和他説，就失去了你應該交往的人；不可以和他説卻和他説了，就失去了你應該保留的話。聰明的人既不會失去應該交往的人，也不會失去應該保留的話。”

【評析】

説話時要先瞭解對方，這是説話的一條基本原則。

15. 9

子曰：“志士仁人，無求生以害仁，有殺身以成仁。”

【譯文】

孔子説：“有志向的義士和有仁德的人，没有因爲追求生存而損害仁德的，只有犧牲自己來成全仁德的。”

【評析】

孔子提倡“仁”，所以這麽説。推而廣之，這實是在提倡人們爲自己的崇高理想而獻身，所以後人常以“殺身成仁”相勉勵。

15. 10

子貢問爲仁。子曰：“工欲善其事，必先利其器【10】〔1〕。居是邦也〔2〕，事其大夫之賢者，友其士之仁者【11】〔3〕。”

【注釋】

〔1〕皇侃曰：“器，斧斤之屬也。”
〔2〕皇侃曰：“是，猶此也。”

〔3〕皇侃曰：“大夫言‘賢’，士言‘仁’，互言之也。”○覺按：依皇侃之說，這兩句爲互文，意爲：要和賢能或有仁德的士、大夫結交。

【譯文】

子貢詢問如何奉行仁德。孔子說：“工匠要做好他的工作，必須首先磨利自己的工具。住在這個國家要奉行仁德，就要侍奉該國賢能的大夫，和該國有仁德的士交朋友。”

【評析】

工人要靠工具的幫助，當官要靠賢人朋友的輔佐，沒有人幫助，就會寸步難行。

15.11

顏淵問爲邦〔1〕。子曰：“行夏之時〔2〕，乘殷之輅〔3〕，服周之冕〔4〕，樂則《韶》舞〔5〕。放鄭聲〔6〕，遠佞人。鄭聲淫，佞人殆。”

【注釋】

〔1〕皇侃曰：“爲，猶治也。”
〔2〕皇侃曰：“田獵、祭祀、播種並用夏時，夏時得天之正故也。”○覺按：夏之時：指夏曆確定的季節。夏曆是將朔望月與回歸年結合的陰陽曆，適合於農業，所以又稱農曆。
〔3〕皇侃曰：“殷輅，木輅也。……木輅最質素無飾，用以郊天。”
〔4〕何晏引包曰：“冕，禮冠。周之禮，文而備。”
〔5〕韶：見3.25注〔1〕。
〔6〕皇侃曰：“《樂記》云：‘鄭音好濫淫志。’”○覺按：鄭：古國名，姬姓，伯爵，始封之君是鄭桓公，初封於公元前806年，地在今陝西省渭南市華州區東。鄭桓公被殺後，鄭武公即位，先後攻滅鄶和東虢，建都新鄭（今河南省新鄭市）。鄭武公與莊公相繼爲周平王卿士，在春秋初年爲強國。後漸衰弱，公元前375年爲韓所滅。

【譯文】

顏淵詢問怎樣治國。孔子説："採用夏代的曆法所確定的季節，乘坐商代質樸的大木車，戴周代的禮帽，音樂就用虞代的《韶》舞曲。排斥鄭國的音樂，遠離花言巧語的人。鄭國的音樂淫蕩，花言巧語的人危險。"

【評析】

我們常常説"古爲今用"，但利用古代的東西，應該有所揚棄。孔子談到的對具體事物的取捨雖然已經大多過時，但取其精華而去其糟粕的原則是永不過時的。

15. 12

子曰："人無遠慮【12】，必有近憂。"

【譯文】

孔子説："人没有長遠的考慮，就一定會有近在眼前的憂患。"

【評析】

此文强調"遠慮"，並不是説不要"近慮"，因爲如果燃眉之急没有解決，眼前的難關過不去，就不可能去謀劃以後的事情了。孔子之所以强調"遠慮"，是因爲一般人往往目光短淺而没有長遠的打算，而只考慮眼前、不顧將來的人，往往眼前也難以度過，所以必須防患於未然。孔子之言實體現了哲人高瞻遠矚的政治智慧。如果我們仔細琢磨一下下棋的策略，那麽"人無遠慮，必有近憂"的道理就更易理解了。

15. 13

子曰："已矣乎【13】！吾未見好德如好色者也〔1〕。"

【注釋】

〔1〕見 9.18 注〔1〕。

【譯文】

孔子説："完了呀！我還没有見到像愛好美女那樣來愛好道德的人啊。"

【評析】

此文比 9.18 之文多了 "已矣乎" 三個字，使孔子對道德淪喪所發出的哀歎更有了一種撕心裂肺的感染力。由此可見，感歎詞的適當運用具有很大的效用，不可小覷。

15.14

子曰："臧文仲，其竊位者與[1]？知柳下惠之賢[2]，而不與立也。"

【注釋】

〔1〕邢昺曰："魯大夫臧文仲知賢不舉，偷安於位，故曰竊位。"

〔2〕邢昺曰："案《魯語》展禽對臧文仲云'獲聞之'，是其人氏展，名獲，字禽。柳下是其所食之邑名，謚曰惠。《列女傳》：柳下惠死，門人將謚之。妻曰：'夫子之謚，宜爲惠乎？'門人從，以爲謚。"

【譯文】

孔子説："臧文仲，大概是個竊居官位的人吧？他知道柳下惠的賢能，卻不讓他與自己同立於國君的朝廷之上。"

【評析】

像臧文仲這樣埋没人才的官員如今仍有不少，如此卑劣的小人爲什麽不絶於世？私心與嫉妒心是否也是人類難以改變的天性？這些都值得深思。這種 "竊位者" 不但危害賢才，而且對國家不利，所以應該及早加以清除，但由於其埋没人才的行爲如行竊一樣不易察覺，所以往往難以追究。要消除這種 "竊位者"，除了大力表彰公叔文子之類的薦賢事跡（參見 14.18）以激勵更多的官員推薦賢才，更好的辦法應該是通過法令使官員擔負起應有的薦賢責任。如漢文帝二年（公元前 178 年）詔令"舉賢良方正能直言極諫者，以匡朕之不逮"（見《漢書·文帝紀》），漢安帝永初元年（公元 107 年）"詔公卿內外衆官、郡國守相，舉賢良方正、有道術之士，明政術、達古今、能直言極諫者，各一人"（見《後漢書·孝安帝紀》）。當然，官員舉薦後，還應該對其舉薦的人才加以嚴格的考覈，否則就會產生另一弊端——推薦不賢之人以塞責。

15.15

子曰："躬自厚而薄責於人[1]，則遠怨矣。"

【注釋】

〔1〕何晏引孔曰："責己厚，責人薄，所以遠怨咎。"○皇侃曰："躬，身也。"○楊伯峻曰："躬自厚——本當作'躬自厚責'，'責'字探下文'薄責'之'責'而省略。"

【譯文】

孔子説："自己對自己的責備從重，對別人的責備從輕，就能遠離怨恨了。"

【評析】

多責備自己而少責備別人，一般總能取得別人的諒解。

15.16

子曰："不曰'如之何、如之何'者[1]，吾末如之何也已矣【14】[2]。"

【注釋】

〔1〕邢昺曰："如，奈也。"
〔2〕邢昺曰："末，無也。"

【譯文】

孔子説："不説'對它怎麼辦、對它怎麼辦'的人，我也就不能拿他怎麼辦了。"

【評析】

不能發現問題，就不可能想辦法去解決問題。不知道困難的人，就不可能去克服困難。如果面對災難也不去想辦法應對，就無法挽救了。

15.17

子曰："羣居終日，言不及義，好行小慧【15】，難矣哉〔1〕！"

【注釋】

〔1〕何晏引鄭曰："難矣哉，言終無成。"

【譯文】

孔子説："整天和人成羣地住在一起，説話不涉及道義，愛耍小聰明，這種人就難辦啦！"

【評析】

孔子所説的這種人，其天資實是聰明的，可惜將其聰明用歪了。人一旦誤入歧途，也就"難矣哉"。因此，加強對青少年的教育，使其步入人生之正途，極其重要。

15.18

子曰："君子義以爲質，禮以行之，孫以出之【16】〔1〕，信以成之。君子哉！"

【注釋】

〔1〕何晏引鄭曰："孫以出之，謂言語。"○陸德明曰："孫，音'遜'。"

【譯文】

孔子説："君子將道義作爲立身的本體，按照禮制來做事，以謙遜順從的態度來説話，用誠信來成就自己。真是君子啊！"

【評析】

禮是由義産生的制度（參見 3.3 評析），謙遜又是禮讓衍生的德行，信又要以義爲原則（參見 13.20 評析），所以君子要"義以爲質"。否則，"禮以行之，孫以出之，信以成之"就無從談起了。孔子此言，可謂綱舉目張之語。

15. 19

子曰："君子病無能焉[1]，不病人之不己知也。"

【注釋】

[1] 皇侃曰："病，猶患也。"

【譯文】

孔子説："君子只擔憂自己没有能力，不擔憂别人不瞭解自己而不任用自己啊。"

【評析】

有了才能總會脱穎而出，所以人生第一要事是增强自己的能力。孔子這種責己不責人的態度無疑有利於自己的進步，所以他纔如此不厭其煩地反復加以强調。參見 14.30。

15. 20

子曰："君子疾没世而名不稱焉【17】[1]。"

【注釋】

〔1〕何晏曰："疾，猶病也。"

【譯文】

孔子説："君子擔憂自己去世了而自己的名字還不被人稱道。"

【評析】

孔子重名而輕利。利的作用只是改善一下眼前的物質生活，名的作用則可流傳百世，永遠地給社會打上自己的印記，所以孔子把名作爲君子追求的目標。不過，孔子在此没有道明"名"的道德屬性，不免有所缺憾。此文的"名"，應該是指與名字關聯的好名聲而非指惡名。君子追求的應該是流芳百世，絕不是遺臭萬年。

15.21

子曰："君子求諸己〔1〕，小人求諸人。"

【注釋】

〔1〕皇侃曰："求，責也。"

【譯文】

孔子説："出了問題，君子在自己身上找原因，小人在別人身上找原因。"

【評析】

君子會怪罪自己，小人則怪罪別人。嚴於律己、寬以待人已成爲中國人心目中的美德了。不過，孔子雖然説："君子求諸己，小人求諸人。"但其"道"行不通時，他卻没有"求諸己"，還是責問人"何莫由斯道也"（見6.17）。由此可見，"求諸己"連聖人一不小心都未做到，要一般人做到該有何等之難！

15. 22

子曰："君子矜而不争【18】〔1〕，羣而不黨。"

【注釋】

〔1〕朱熹曰："莊以持己曰矜。"

【譯文】

孔子説："君子矜持而不容侵犯的樣子，但不與人争鬥；和人團結在一起，但不結黨營私。"

【評析】

一心爲公，就會莊重地團結羣衆；一心爲私利，就會鬧宗派鬥争。

15. 23

子曰："君子不以言舉人〔1〕，不以人廢言〔2〕。"

【注釋】

〔1〕何晏引包曰："有言者不必有德，故不可以言舉人。"
〔2〕何晏引王曰："不可以無德而廢善言。"○皇侃曰："不可以彼人之卑賤而廢其美言而不用也。"

【譯文】

孔子説："君子不根據某人的言論來推舉他，也不根據人的人品或地位而抛棄其金玉良言。"

【評析】

俗話説："什麼藤結什麼瓜，什麼人説什麼話。"毫無疑問，每個人的品質和其言論是緊密相關的，但也並不是絕對相應的。因此，具體問題還得具體對待。"聽其言"後必須"觀其行"（5.10），也就是不能"以言舉人"。"有言者不必有德"（14.4），反言之，即無德者可能"有言"，所以不能"以人廢言"。

15.24

子貢問曰："有一言而可以終身行之者乎[19]?"子曰："其'恕'乎[1]！己所不欲，勿施於人[20]。"

【注釋】

〔1〕恕：《一切經音義》卷二引《蒼頡篇》："恕，如也。"《楚辭·離騷》"羌内恕己以量人兮"王逸注："以心揆心爲恕。"《新書·道術》："以己量人謂之恕。"由此可知，"恕"字從"如"從"心"，其意爲：作類似的考慮，把別人當作自己來考慮，將心比心地推測，用自己的心推想別人的心。

【譯文】

子貢問道："有一個字可以用來終身奉行的嗎?"孔子説："大概是'恕'吧！自己不想要的，就別强加給別人。"

【評析】

這是極著名的寬恕之道，要求大家將心比心，互相體諒。但是，這種恕道實際上是很難普及的。

15.25

子曰："吾之於人也[21]，誰毀誰譽? 如有所譽者[22]，其有所試矣[1]。斯民也，三代之所以直道而行也[2]。"

【注釋】

〔1〕何晏引包曰："所譽者，輒試以事，不虛譽而已。"
〔2〕朱熹曰："斯民者，今此之人也。三代，夏、商、周也。直道，無私曲也。言吾之所以無所毀譽者，蓋以此民，即三代之時所以善其善、惡

其惡而無所私曲之民，故我今亦不得而枉其是非之實也。"

【譯文】

孔子説："我對於人，詆毀了誰又讚譽了誰？如果有我讚譽的人，他一定是經過歷史的考驗了。現在這些民衆，就是夏、商、周三代遵循正直之道來做事的人啊。我怎麼敢在他們面前胡亂地詆毀讚譽人呢？"

【評析】

"毀"是不實事求是地説人壞話，所以孔子不會幹。"譽"是實事求是地稱讚別人的優點，所以孔子説："如有所譽者，其有所試矣。"總之，在奉行"直道"的民衆之中，只有實事求是地評價人，纔有立足之地。孔子根據輿論環境來約束自己的言論，值得我們借鑒。如果自己的言論不合乎民衆的道德評價標準，就不會得到衆人的認可。當然，民衆的道德評價也有是非之分。如果其合乎正道，則你胡言亂語就會自取其辱；如果其不合正道，則你仗義執言也會遭到凌辱。

15.26

子曰："吾猶及史之闕文也[1]，有馬者借人乘之[2]。今亡矣夫【23】[3]！"

【注釋】

〔1〕何晏引包曰："古之良史，於書字有疑則闕之，以待知者。"
〔2〕何晏引包曰："有馬不能調良，則借人乘習之。"
〔3〕皇侃曰："亡，無也。"

【譯文】

孔子説："我還見過史官因有疑問而將史册上的文字空着，有馬的人把馬借給別人騎着訓練它。現在已經沒有這種人了吧！"

【評析】

"史之闕文"雖有缺憾，卻體現了實事求是而不任意杜撰的良史原則。

"有馬者借人乘之" 雖然暴露了自己不會馴馬的無能，卻體現了三代之人 "直道而行"（15.25）的優秀品質。誠如 17.15 所説："古之愚也直，今之愚也詐而已矣。" 古人正直而實事求是，所以孔子猶見 "史之闕文" 與 "有馬者借人乘之"；時人虛僞狡詐，所以 "今亡矣夫"。孔子所見事物雖然細微，但其藴含的道德精神卻崇高而偉大，所以孔子不厭其瑣碎而言之，並發出了深深的歎息。

15.27

子曰："巧言亂德。小不忍，則亂大謀。"

【譯文】

孔子説："花言巧語會敗壞道德。對小事情不能忍耐，就會敗壞謀劃好的大事。"

【評析】

辦什麼事情都必須考慮大局，在小事上斤斤計較往往會敗壞大事，所以爲了成就 "大謀"，必須有所 "忍"。所謂 "大丈夫能屈能伸"，其實也在强調一個 "忍"。春秋時越王勾踐兵敗後忍垢受辱，去做吳王夫差的奴僕，後來臥薪嚐膽而滅了吳國，可謂是小忍而成 "大謀" 之範例。

至於 "巧言亂德"，《孟子·盡心下》所引之説更爲豐富，其言云："孔子曰：'惡似而非者：惡莠，恐其亂苗也；惡佞，恐其亂義也；惡利口，恐其亂信也。'"（孔子説："我厭惡那些外表相似但實質全非的事物：厭惡狗尾草，怕它擾亂了禾苗；厭惡能説會道，怕它擾亂了道義；厭惡花言巧語，怕它擾亂了信用。"）

15.28

子曰："衆惡之【24】，必察焉；衆好之【25】，必察焉〔1〕。"

【注釋】

〔1〕何晏引王曰："或衆阿黨比周，或其人特立不羣，故好惡不可不察

也。”○覺按：據 13.24 之文，“衆好之”是因爲這種人無原則地一味附和衆人所致，而非拉幫結派所致，因爲拉幫結派不可能將衆人都拉入其幫派之中。

【譯文】

孔子説：“衆人都憎惡他，一定要考察他；衆人都喜歡他，一定要考察他。”

【評析】

爲衆人所惡固然不好，因爲這大概率是個脾氣怪癖、道德敗壞之人，但也有可能是個倜儻不俗之人，所以要“必察焉”。至於“衆好之”，當然更要“必察焉”，因爲這種人可能是因爲其德行崇高而爲衆人所好，但大概率是個没有道德原則的人（參見 13.24）。總之，評價一個人，不能以衆人之好惡爲評判標準，而應該以其實際言行爲根據。

15.29

子曰：“人能弘道，非道弘人【26】[1]。”

【注釋】

[1] 何晏引王曰：“才大者道隨大，才小者道隨小，故不能弘人。”○邢昺曰：“弘，大也。”○覺按：“非道”下承上省“能”字。人的才能是決定性的因素，具有能動性，所以人能創造弘揚“道”，“道”不能創造弘揚人。

【譯文】

孔子説：“人能弘揚正確的政治原則或學説，不是正確的政治原則或學説能弘揚人。”

【評析】

孔子在此強調了人的主觀能動性以及應該“弘道”的責任心，實是要求弟子完成“弘道”的歷史使命。至於“非道弘人”，是針對“今之學者爲人"（14.24）的現象而言的，用來告誡弟子別用"道"來爲自己裝點門面。

15.30

子曰："過而不改，是謂過矣。"

【譯文】

孔子説："犯了錯誤卻不改正，這纔叫錯誤了。"

【評析】

錯誤人人難免，改了就好；諱疾忌醫，堅持錯誤，就不可救藥了。

15.31

子曰："吾嘗終日不食【27】，終夜不寢，以思，無益，不如學也。"

【譯文】

孔子説："我曾經整天不吃，整夜不睡，用這些時間去思考，但毫無裨益，不如去學習啊。"

【評析】

不學習而冥思苦想，就只是胡思亂想而已，所以"無益"而"不如學也"。

15.32

子曰："君子謀道不謀食【1】。耕也，餒在其中矣【2】；學也，禄在其中矣【3】。君子憂道不憂貧【4】。"

【注釋】

〔1〕邢昺曰："道高則禄來（覺按："來"字據元刻本），故不假謀

於食。”

〔2〕何晏引鄭曰：“餒，餓也。”○皇侃曰：“唯知耕而不學，是無智之人也。雖有穀，必他人所奪而不得自食，是餓在于其中矣。”○邢昺曰：“言人雖念耕而不學，則無知歲有凶荒，故飢餓。”○覺按：皇侃之説較切近原文。按邢説，原文當作“餒或在其中矣”。

〔3〕皇侃曰：“雖不耕而學，則昭識斯明，爲四方所重，縱不爲亂君之所禄，則門人亦共供贍，故云‘禄在其中矣’。”

〔4〕皇侃曰：“若必有道，禄在其中，故不憂貧也。”

【譯文】

孔子説：“君子謀求正確的思想學説而不謀求食物。去耕作嘛，挨餓就在那裏面了；去學習嘛，俸禄就在那裏面了。君子擔憂的是學不到正確的思想學説，而不擔憂陷於貧窮。”

【評析】

在當代，三百六十行，行行出狀元，務農也能大有作爲。但是，在孔子時代，種地反而會挨餓，學而從政就不會再陷於貧困了。因此，孔子輕視種田雖然不當，但其言卻也在一定程度上反映了當時的社會現實，具有認識價值，使我們能更加深切地認識後代“萬般皆下品，惟有讀書高”觀念的現實基礎。

15.33

子曰：“知及之【28】〔1〕，仁不能守之，雖得之，必失之。知及之，仁能守之，不莊以莅之【29】〔2〕，則民不敬。知及之，仁能守之，莊以莅之，動之不以禮，未善也。”

【注釋】

〔1〕陸德明曰：“知，音智。”○劉寶楠曰：“此章十一‘之’字，包注指位言……毛氏奇齡《賸言補》指民言。”○覺按：從“不莊以莅之，則民不敬”來看，此章十一“之”字應該指代“民”，否則就不能貫通全章，其他各種解釋均不當。

〔2〕皇侃曰："莅,臨也。"○劉寶楠曰："《説文》:'隶,臨也。'即'涖'本字。"

【譯文】

孔子説:"其智慧能够抓住民衆,但其仁德不能留住民衆,即使得到了民衆,一定會失去民衆。其智慧能够抓住民衆,其仁德能够留住民衆,但不能以莊嚴的姿態去統治民衆,那麼民衆就不會尊敬他。其智慧能够抓住民衆,其仁德能够留住民衆,又以莊嚴的姿態去統治民衆,但使民衆行動時不用禮制去規範,還不算完善啊。"

【評析】

治理民衆需要政治智慧,但如果没有仁德,就不會得到民衆的愛戴和衷心擁護而"失之"。莊嚴的態度具有一種威懾力,所以"臨之以莊,則敬"(2.20),"不莊以莅之,則民不敬"。對民衆"道之以德,齊之以禮",他們纔會"有恥且格"(2.3),所以"動之不以禮,未善也"。孔子認爲治民時統治者必須具有智慧、仁德,態度莊嚴,利用禮制,這四者缺一不可,否則就不完善。當時的禮制現在已經過時,如果將它泛化而替换爲社會規範,那麼這四者作爲治民之道就具有普遍的意義了。

15. 34

子曰:"君子不可小知,而可大受也[1];小人不可大受,而可小知也。"

【注釋】

〔1〕朱熹曰:"知,我知之也。受,彼所受也。蓋君子於細事未必可觀,而材德足以任重。"○覺按:大受:即 14.42 所説的"脩己以安人"和"脩己以安百姓"。

【譯文】

孔子説:"君子不可通過小事去瞭解他,但可以接受重大的任務;小人不可接受重大的任務,但可以通過小事去瞭解他。"

【評析】

"君子上達，小人下達"（14.23），"君子喻於義，小人喻於利"（4.16），所以"君子不可小知，而可大受也；小人不可大受，而可小知也"。

15.35

子曰："民之於仁也，甚於水、火[1]。水、火，吾見蹈而死者矣[2]，未見蹈仁而死者也。"

【注釋】

[1] 何晏引馬曰："水火及仁，皆民所仰而生者，仁最爲甚。"〇皇侃曰："甚，猶勝也。"

[2] 劉寶楠曰："《説文》云：'蹈，踐也。'"

【譯文】

孔子説："民衆對仁德的需要，超過了水、火。水、火，我看見有踩着它們而死的人了，但還沒有看見踐行仁德而死的人啊。"

【評析】

水、火是物質生活的必需品，仁是精神生活的必需品而比水、火更重要；獲取水、火有生命危險，獲得仁德還沒有生命危險。孔子以此來動員民衆奉行仁德，可謂苦口婆心，但其效果甚微（參見 4.6）。這是因爲：人要活下去，首先需要解決的是物質生活問題。否則，人都活不了，哪裏還會有對精神生活的追求？加上當時戰亂頻仍，在這種仁義道德不能解決問題的環境下，仁德就更沒有市場了（參見 6.17 評析）。

15.36

子曰："當仁，不讓於師[1]。"

【注釋】

〔1〕皇侃曰："弟子每事，則宜讓師。唯行仁宜急，不得讓師也。"

【譯文】

孔子説："面對仁德的事，對老師也不用謙讓。"

【評析】

對老師是應該尊敬謙讓的。但是，在孔子看來，尊師得服從於行仁。推而廣之，則無論做什麼，都得以最高的原則爲旨歸，這就是孔子知權達變的思想。

15.37

子曰："君子貞而不諒[1]。"

【注釋】

〔1〕何晏引孔曰："貞，正。諒，信也。君子之人，正其道耳，言不必小信。"○覺按：參見 14.17 注〔5〕以及 13.20 注〔3〕與評析。

【譯文】

孔子説："君子堅守正道而不執着守信。"

【評析】

講求正道是一種目標，執着守信只是一種手段，所以應該以正道爲核心。

15.38

子曰："事君，敬其事，而後其食[1]。"

【注釋】

〔1〕皇侃曰："必有纏勳績乃受禄賞，是後其食也。"

【譯文】

孔子説：“事奉君主，要謹慎地做好自己的本職工作，把自己應得的俸禄與賞賜放在後面去考慮。”

【評析】

在孔子看來，“敬其事而後其食”是有仁德的表現（參見 6.22、12.21）。這種思想與現在先付出再獲得的按勞取酬原則是相通的。按照孔子的思路，如今先要價或先要定金再幹活的做法就是一種不仁無德之行了。

15.39

子曰：“有教無類[1]。”

【注釋】

[1]皇侃曰：“人乃有貴賤，同宜資教，不可以其種類庶鄙而不教之也。”○覺按：類：種類，類別。此用作動詞。

【譯文】

孔子説：“我對學生只有進行教育而没有對其貴賤、貧富等類别的區分。”

【評析】

一視同仁、有教無類的教育思想一向爲人稱道，因爲它體規了孔子這位大教育家的博大胸懷和仁愛之心，使貧賤弟子也獲得了受教育而成才的機會。

15.40

子曰：“道不同，不相爲謀。”

【譯文】

孔子説："思想觀點不同，就不可能互相商量。"

【評析】

"話不投機半句多"，主張不同，就没有共同的語言，也就不會互相商量。其實，就是勉强商量了，也因觀點不一致而商量不出結果來。

15.41

子曰："辭達而已矣[1]。"

【注釋】

[1] 何晏引孔曰："辭達則足矣，不煩文艷之辭。"

【譯文】

孔子説："言辭只要把内容表達出來就可以了。"

【評析】

語言作爲一種交際工具，其使用的目的就是表情達意。因此，只要能把自己的意思表達清楚就可以了。人們常説："有話則長，無話則短。"這作爲説書藝人的説話規則來説無可厚非，因爲添油加醋本來就是説書藝術的題中之義。但是，語言用於交際時，按照孔子的思路，則無論是説話還是寫文章，都應該以言簡意賅爲最高境界，即："有話則短，辭達而已；無話則止，隻字不費。"《論語》之文，多三言兩語，大概就是這"辭達而已"的思想觀念造成的。孔子的這一觀念，及其使用語言的精煉，無疑值得我們學習。廢話連篇、誇誇其談或過度追求浮華的詞藻，無疑都應該摒棄。

15.42

師冕見[1]，及階，子曰："階也。"及席，子曰："席也。"皆坐，子告之曰："某在斯，某在斯。"師冕出，子張問曰："與師言之，道與?"子曰："然。固相師之道也[2]。"

【注釋】

〔1〕何晏引孔曰："師，樂人盲者，名冕。"
〔2〕陸德明引鄭云："相，扶也。"○朱熹曰："相，助也。"

【譯文】

盲人樂師冕來見孔子，到了臺階，孔子説："這裏是臺階。"到了座席，孔子説："這裏是座席。"都坐下了，孔子告訴他説："某某在這裏，某某在這裏。"樂師冕出去後，子張問道："和樂師説這些話，是正確的辦法嗎?"孔子説："是這樣。這些本來就是扶助盲人樂師的正確辦法啊。"

【評析】

孔子招待盲人的禮儀規矩可謂是設身處地，體貼入微。我們每一個照顧老人或殘疾人的，都應該學學聖人這種尊重弱者的仁德以及熱情周到、一絲不苟的服務態度。

【本篇校勘記】

【1】衛：朱本、蔡本、監本同，邢本、皇本作"衞"。篇題之"衞"字同此。

【2】嘗：皇本、蔡本同，邢本、朱本、監本作"甞"。

【3】糧：邢本、朱本、蔡本、監本同，皇本作"粮"。

【4】女：邢本、朱本、蔡本、監本同，皇本作"汝"。

【5】面：皇本同，邢本、朱本、蔡本、監本作"靣"。

【6】參：邢本、朱本、蔡本、監本同，皇本作"參然"。

【7】行：邢本、朱本、蔡本、監本同，皇本作"行也"。

【8】不與：邢本、皇本、蔡本、監本同，朱本作"不與之"。

【9】知：邢本、朱本、蔡本、監本同，皇本作"智"。

【10】器：邢本、皇本、朱本、監本，蔡本作"嚚"。

【11】仁者：邢本、朱本、蔡本、監本同，皇本作"仁者也"。

【12】人：邢本、朱本、蔡本、監本同，皇本作"人而"。

【13】乎：邢本、朱本、蔡本、監本同，皇本無此"乎"字。

【14】也已矣：皇本、朱本、蔡本、監本同，邢本作"也矣"（據邢疏，知其原文誤脫"已"字）。

【15】慧：邢本、朱本、蔡本、監本同，皇本作"惠"。

【16】孫：邢本、朱本、蔡本、監本同，皇本作"遜"。

【17】世：皇本同，邢本、朱本、蔡本、監本作"丗"。

【18】争：監本同，邢本、皇本、朱本、蔡本作"爭"。

【19】行之：邢本、朱本、蔡本、監本同，皇本作"行"。

【20】人：邢本、朱本、蔡本、監本同，皇本作"人也"。

【21】人也：邢本、朱本、蔡本、監本同，皇本作"人"。

【22】所：邢本、朱本、蔡本、監本同，皇本作"可"。

【23】亡矣：邢本、蔡本、監本同，朱本作"亡已"，皇本作"則亡矣"。

【24】惡：邢本、皇本、朱本、監本同，蔡本作"好"。

【25】好：邢本、皇本、朱本、監本同，蔡本作"惡"。

【26】人：邢本、朱本、蔡本、監本同，皇本作"人也"。

【27】嘗：皇本、朱本、蔡本同，邢本、監本作"甞"。

【28】知：邢本、朱本、蔡本、監本同，皇本作"智"。下二"知"字同此。

【29】苴：皇本、監本同，邢本、朱本、蔡本作"涖"。下一"苴"字同此。

季氏第十六

【提要】

本篇既記述了歷史事件而具有較高的史料價值，又別具一格地以分層論述的方式宣揚了孔子的道德觀。

文章所記載的季氏將伐顓臾之事生動周詳，頗有史家之風。其中孔子所說的"不患寡而患不均，不患貧而患不安"以及"遠人不服，則修文德以來之"等充分反映了孔子的仁政思想。文章還記述了當時天子、諸侯大權旁落而日益衰微的現象，以及齊景公富而無德、孔子庭訓教子之事，對我們瞭解歷史均有較大的價值。

　　至於孔子的道德觀，則通過"三友""三樂""三愆""三戒""三畏""九思"以及排比、對文等形式作了概括的論述。其要義是：交友要交正直守信、見多識廣的人，而不能交表面和善、能説會道的人。應該愛好禮樂，稱人之善，多交賢友，而不能驕縱作樂。與領導説話時應看準時機，察言觀色。少年時別貪色，中年時別好鬥，老了別貪得。對天命、有權者、聖人之言應有敬畏之心。無論説話做事，都應慎重考慮而後行。應該努力學習，不斷向善，不能不學無術而成爲下等人。

16.1

　　季氏將伐顓臾。冉有、季路見於孔子[1]，曰："季氏將有事於顓臾[2]。"孔子曰："求！無乃爾是過與[3]？夫顓臾，昔者先王以爲東蒙主[4]，且在邦域之中矣[5]，是社稷之臣也。何以伐爲【1】？"冉有曰："夫子欲之[6]，吾二臣者皆不欲也。"孔子曰："求！周任有言曰：'陳力就列，不能者止[7]。'危而不持，顛而不扶，則將焉用彼相矣[8]？且爾言過矣。虎、兕出於柙【2】，龜、玉毀於櫝中，是誰之過與[9]？"冉有曰："今夫顓臾，固而近於費[10]。今不取，後世必爲子孫憂【3】[11]。"孔子曰："求！君子疾夫舍曰欲之而必爲之辭【4】[12]。丘也聞有國有家者，不患寡而患不均[13]，不患貧而患不安[14]。蓋均無貧【5】，和無寡，安無傾。夫如是，故遠人不服，則修文德以來之【6】。既來之，則安之。今由與求也相夫子，遠人不服而不能來也，邦分崩離析而不能守也，而謀動干戈於邦内[15]。吾恐季孫之憂不在顓臾，而在蕭牆之内也【7】[16]。"

【注釋】

　　〔1〕何晏引孔曰："顓臾，伏羲之後，風姓之國，本魯之附庸，當時臣

屬魯。季氏貪其土地，欲滅而取之。冉有與季路爲季氏臣，來告孔子。"○劉寶楠曰："季氏，謂康子。"○覺按：冉有爲季康子之臣（參見 3.6 注〔1〕、11.17 注〔2〕），故知此季氏指季康子。據《史記・孔子世家》，魯定公十三年（公元前 497 年）夏，孔子"使仲由爲季氏宰"，則子路先事季桓子（參見 3.1 注〔1〕）。此後子路隨孔子出行衛、葉、陳等地（參見 6.28 注〔1〕、7.18 注〔1〕、13.3 注〔1〕、15.2 注〔1〕、18.6 注〔1〕），後隨孔子回魯後爲季康子之臣（參見 11.22 注〔2〕、11.23 注〔1〕、14.36 注〔1〕）。　顓臾（Zhuānyú）：西周封國，風姓，地在今山東省平邑縣東顓臾村一帶。

〔2〕皇侃曰："有事，謂有征伐之事也。"

〔3〕何晏引孔曰："冉求爲季氏宰，相其室，爲之聚斂，故孔子獨疑求教之。"○覺按：這句的"是"與"唯利是圖"中的"是"一樣，是助成動賓倒裝結構中的助詞。

〔4〕何晏曰孔曰："使主祭蒙山。"○皇侃曰："蒙山在東，故云'東蒙主'也。"○覺按：蒙山在今山東省平邑縣東沂蒙山旅遊區龜蒙景區，在顓臾之東，故稱"東蒙"。

〔5〕何晏引孔曰："魯七百里之封，顓臾爲附庸，在其域中。"

〔6〕皇侃曰："夫子，指季氏也。"

〔7〕何晏引馬曰："周任，古之良史。言當陳其才力，度己所任，以就其位，不能則當止。"

〔8〕朱熹曰："相，瞽者之相也。"

〔9〕何晏引馬曰："柙，檻也。櫝，匱也。失虎毀玉，豈非典守之過邪？"○邢昺曰："《爾雅》云：'兕，似牛。'郭璞云：'一角，青色，重千斤。'"○覺按："虎兕出於柙"比喻季氏欲放肆出兵，"龜玉毀於櫝中"比喻顓臾將被侵於邦域之中。

〔10〕何晏引馬曰："固，謂城郭完堅、兵甲利也。費，季氏邑。"

〔11〕朱熹曰："此則冉求之飾辭，然亦可見其實與季氏之謀矣。"

〔12〕陸德明曰："舍，音捨。"○覺按："舍""捨"爲古今字，表示捨棄。

〔13〕何晏引孔曰："國，諸侯。家，卿大夫。不患土地人民之寡少，患政理之不均平。"

〔14〕朱熹曰："季氏之欲取顓臾，患寡與貧耳。然是時季氏據國，而

魯公無民，則不均矣。君弱臣強，互生嫌隙，則不安矣。均則不患於貧而和，和則不患於寡而安，安則不相疑忌，而無傾覆之患。”○劉寶楠曰：“案《繁露》引‘不患貧而患不均’，《魏書·張普惠傳》同。蓋貧由於不均，故下文言‘均無貧’。《論語》本錯綜其文，而《繁露》則依義引之，故不同也。”○覺按：不少人認爲“不患寡而患不均，不患貧而患不安”當作“不患貧而患不均，不患寡而患不安”。從下句“均無貧”來看，作“不患貧而患不均”是有理的，但下文不說“安無寡”，則認爲另一句當作“不患寡而患不安”就沒有有力的證據了。《春秋繁露·度制》和《魏書·張普惠列傳》引孔子之言都只有“不患貧而患不均”一句，很可能是取原文而有所改寫，它至多只能說明古本或有“不患貧而患不均”一句，而不足以證明另一句當作“不患寡而患不安”。《說文·土部》：“均，平徧也。”段玉裁注：“平徧者，平而帀也。言無所不平也。”由此可見，“均”即勢均力敵之“均”，其本義並非指財富之平均，孔安國、朱熹將“均”理解爲政治上的均衡實是合理的。相反，理解爲財富之平均反而不合理，因爲以“均貧富”的做法來消除貧窮，實際上就是劫富濟貧，這根本不符合孔子的思想（參見4.5、7.15、8.10孔子之言）。

〔15〕何晏引孔曰：“干，楯也。戈，戟也。”

〔16〕何晏引鄭曰：“蕭之言肅也。牆，謂屏也。君臣相見之禮，至屏而加肅敬焉，是以謂之蕭牆。”○朱熹曰：“其後哀公果欲以越伐魯而去季氏。”○劉寶楠引方觀旭《偶記》云：“蕭牆之內何人？魯哀公耳。”○覺按：蕭牆：門屏，國君宮門內用來分隔內外的當門小牆。朱說可參見《左傳·哀公二十七年》。

【譯文】

季康子將要攻打顓臾。冉有、子路去見孔子，說：“季氏將對顓臾採取軍事行動。”孔子說：“冉求！不就是要責備你了嗎？那顓臾，過去前代的聖明帝王將其國君定爲東蒙山的主祭人，而且在魯國國境之內了，他們是魯國的臣子啊。爲什麼去攻打他們呢？”冉有說：“那季氏想這麼幹，我們兩個家臣都不想這麼做啊。”孔子說：“冉求！周任有句話說：‘施展自己的力量去就職，沒有能力的就停止別幹。’盲人危險了卻不去攙着，跌倒了卻不去扶起來，那麼哪裏還要用那輔佐者呢？況且你的話也錯了。老虎、犀牛從籠子裏跑了出來，龜甲、玉器在匣子裏毀壞了，這是誰的錯呢？還不是看管者的責任？"冉有説："現在那顓臾，守備堅固而靠近季氏的費邑。現在不奪取，後世一定會成爲季氏子孫的憂患。"孔子説："冉求！君子痛恨那種不直接説想要得到它而一定要爲此另找藉口的做法。孔丘我聽説擁有諸侯國、擁有大夫封邑的人，不用擔心境内人口少而應該擔心政治上的不公平，不用擔心貧窮而應該擔心不安定。大概是因爲公平了，就不會有貧窮；人們和諧相處不外流，人口就不會少；境内安定了，政權就不會傾覆。像這樣，如果遠方的人還不心悦誠服，就加强文教德化使他們前來投奔。已經使他們來了，就使他們安定下來。現在仲由與冉求輔佐那季氏，遠方的人不服卻不能使他們前來，國家分裂不團結卻不能守護，反而在國内謀劃發動戰爭。我恐怕季孫的憂患不在顓臾，而在國君門屏之内啊。"

【評析】

此文孔子先將季氏伐顓臾的罪責歸到冉有身上，在冉有將責任推到季氏身上之後，孔子引了周任之言，又用"危而不持，顛而不扶，則將焉用彼相"及"虎、兕出於柙，龜、玉毀於櫝中"之喻直指其失責，既貼切又生動，逼得冉有一下子説出了實情，最後以孔子直指季氏之憂在蕭牆之内作結。文中對話層層推進，曲折有致，是《論語》中的文學佳作之一。

此文警句迭出，也值得玩味。

如"陳力就列，不能者止"，説明人應該根據自己的能力去選擇工作崗位。一旦選擇了工作崗位，就應該承擔相應的責任。

又如"君子疾夫舍曰欲之而必爲之辭"一句，明確地斥責了用藉口來掩蓋其真實目的的虛僞之舉。常言道："欲加之罪，何患無辭？"找個藉口來發動戰爭，可謂古今小人之普遍行爲。不過，君子即使痛恨這種虛僞之舉，但如果没有足夠的實力，對有足够實力的小人，最終也至多只是"疾"一下而已。此章在孔子説話之後戛然而止，讓孔子在道義上以壓倒優勢取勝，把實際結果留給讀者去想象，實爲別具匠心的妙筆，達到了此時無聲勝有聲的藝術效果。

再如"不患寡而患不均"至"則安之"幾句，實道出了政治的要義：治國要以公平爲原則，力求社會安定，使人們和諧相處，並以文德去感化招來遠方之人。可以説，社會是否安定，是否能吸引遠方之人前來投靠居住，可以作爲一個國家或一個地區的政治是否成功的衡量標準。不過，孔子强調以道德教化來調整人與人之間的關係，以使人們和睦安定，這雖然具有一定的合理性，但他没有充分强調物質財富對政治安定以及吸引遠方之人的作用，則顯然不當。此外，如今常將"既來之，則安之"理解爲"既然來到這裏，就安心於此"，這已經與其本義不同，不能用來解釋此文。

16. 2

孔子曰："天下有道，則禮樂征伐自天子出；天下無道，則禮樂征伐自諸侯出。自諸侯出，蓋十世希不失矣[1]；自大夫出，五世希不失矣[2]；陪臣執國命，三世希不失矣[3]。天下有道，則政不在大夫[4]。天下有道，則庶人不議[5]。"

【注釋】

[1] 何晏引孔曰："希，少也。周幽王爲犬戎所殺，平王東遷，周始微弱。諸侯自作禮樂，專行征伐，始於隱公。至昭公十世失政，死於乾侯。"○邢昺曰："隱公卒，弟桓公允立。卒，子莊公同立。卒，子閔公開立。卒，兄僖公申立。卒，子文公興立。卒，子宣公倭立。卒，子成公黑肱立。卒，子襄公午立。卒，子昭公禂立。是爲十世也。《春秋》：昭公二十五年'公孫於齊'，三十二年'卒於乾侯'是也。"○劉寶楠曰："蓋，是大略之辭。下'五世''三世'不言'蓋'，統上而省文也。"

[2] 何晏引孔曰："季文子初得政，至桓子五世，爲家臣陽虎所囚。"○邢昺曰："謂文子、武子、悼子、平子、桓子爲五世也。云'爲家臣陽虎所囚'者，定五年《左傳》云'九月乙亥，陽虎囚季桓子及公父文伯'是也。"

[3] 何晏引馬曰："陪，重也。謂家臣。陽虎爲季氏家臣，至虎三世而出奔齊。"○皇侃曰："其爲臣之臣，故云重也。"○邢昺曰："魯伐陽虎，陽虎出奔齊，在定九年。"○劉寶楠曰："注'陽虎''虎'字疑誤，當謂陽虎之先。"

[4] 何晏引孔曰："制之由君。"

[5] 何晏引孔曰："無所非議。"

【譯文】

孔子説："天下政治清明有道德，那麼製禮作樂出征討伐等決定權都出自天子；天下政治黑暗没有道德，那麼製禮作樂出征討伐等決定權就出自諸侯。這些權力出自諸侯，大概經過十代就很少不喪失政權的了；出自大夫，大概經過五代就很少不喪失政權的了；大夫的家臣掌握了國君的命令權，大概經過三代就很少不喪失政權的了。天下政治清明有道德，那麼政權就不在大夫手中。天下政治清明有道德，那麼平民百姓就不會議論政事。"

【評析】

在孔子看來，權力是否高度集中在君主手中是政治狀況好壞的評判標準。政權旁落，民衆都在非議其統治者，則統治者的權威已經衰微，其末日就不遠了。

16.3

孔子曰："禄之去公室五世矣[1]，政逮於大夫四世矣[2]，故夫三桓之子孫微矣[3]。"

【注釋】

〔1〕何晏引鄭曰："言此之時，魯定公之初。魯自東門襄仲殺文公之子赤而立宣公，於是政在大夫，爵禄不從君出，至定公爲五世矣。"○邢昺曰："謂宣公、成公、襄公、昭公、定公也。"

〔2〕皇侃曰："逮，及也。"○劉寶楠引江永《羣經補義》云："當以文子、武子、平子、桓子爲四世。"○覺按：參見3.1注〔1〕。由於悼子未執政，所以説"四世"而與16.2所説不同（參見16.2注〔2〕）。

〔3〕三桓：見3.2注〔1〕。

【譯文】

孔子説："俸禄的授予權離開國君之手已經五代了，政權落到大夫手中已經四代了，所以那魯桓公三個兒子的子孫仲孫氏、叔孫氏、季孫氏也就衰微了。"

【評析】

經濟大權，特別是涉及官吏生活來源的俸祿授予權，君主一旦喪失，則其衰亡就不可避免了。

16.4

孔子曰："益者三友，損者三友。友直，友諒[1]，友多聞，益矣。友便辟[2]，友善柔[3]，友便佞[4]，損矣。"

【注釋】

〔1〕皇侃曰："諒，信也。"
〔2〕何晏引馬曰："便辟，巧辟人之所忌，以求容媚。"
〔3〕何晏引馬曰："面柔也。"
〔4〕何晏引鄭曰："便，辨也，謂佞而辨。"○劉寶楠曰："蓋便辟是體柔，即所謂'足恭'也。善柔是面柔，即所謂'令色'也。'便佞'是口柔，即所謂'巧言'也。"○覺按：參見5.25注〔1〕。

【譯文】

孔子說："有益的有三種交友之道，有害的有三種交友之道。和正直的人交朋友，和執着守信的人交朋友，和廣聞博見的人交朋友，就有益了。和阿諛奉承的人交朋友，和和顏悅色的人交朋友，和花言巧語的人交朋友，就有害了。"

【評析】

和正直守信的人交友會得到真誠的幫助，和見聞廣博的人交友會增進自己的學問，所以有益。和能說會道的"馬屁精"交友，往往會受騙上當，所以有害。總之，交朋友要注意其本質，千萬不能被表面的一套所迷惑，這就是關鍵。

16.5

孔子曰："益者三樂，損者三樂。樂節禮樂，樂道人之善，樂多賢友，益矣。樂驕樂[1]，樂佚遊[2]，樂宴樂，損矣。"

【注釋】

〔1〕何晏引孔曰："恃尊貴以自恣。"

〔2〕劉寶楠曰："佚，猶放也。"

【譯文】

孔子説："有益的有三種愛好，有害的有三種愛好。愛好用禮制雅樂來節制自己，愛好稱道別人的優點，愛好多交賢能的朋友，就有益了。喜愛驕縱作樂，喜愛放蕩遊玩，喜愛大吃大喝，就有害了。"

【評析】

愛好以道德規範來自律可使自己不入邪道，稱人之美有利於弘揚正道，多交賢友能幫助自己進步，所以有益。愛好放縱作樂和遊玩會浪費時間，大吃大喝不利於健康，所以有害。可以説，人的愛好直接影響到他的發展前途。從某種意義上來説，愛好乃是立身之本。所以，有頭腦的人應該思考一下自己的愛好將會給自己造成什麼樣的人生之路。

16.6

孔子曰："侍於君子有三愆[1]：言未及之而言謂之躁，言及之而不言謂之隱【8】，未見顏色而言謂之瞽[2]。"

【注釋】

〔1〕何晏引孔曰："愆，過也。"○朱熹曰："君子，有德位之通稱。"

〔2〕何晏引周曰："未見君子顏色所趣嚮，而便逆先意語者，猶瞽也。"

【譯文】

孔子説："侍奉有地位的君子有三種過錯：説話時還沒有輪到他説他卻説了，這叫作急躁；説話時輪到他説他卻不説，這叫作隱瞞；還沒有看清君子的臉色就説了，這叫作盲目。"

【評析】

孔子很早就注意到與上級的説話藝術了。在領導面前説話，搶先發言或打斷領導的話會顯得沒有修養，遲遲不説或吞吞吐吐會顯得城府太深，不察言觀色就會説一些對方不願意聽的話而有所冒犯。因此，和領導説話得有所權衡而力求得體。《韓非子·説難》將進説君主的難處剖析得細緻入微，可參見。其實，在平時説話時，如果能避免此文所説的這幾種過失，也將增強自己説話的效果。要補充説明的是，看臉色説話，並不等於奉承討好，其目的是爲了掌握對方的心理狀態，從而更好地用恰當的言辭去説服對方而達到説話的目的。

16.7

孔子曰："君子有三戒：少之時，血氣未定[1]，戒之在色；及其壯也，血氣方剛[2]，戒之在鬥【9】；及其老也，血氣既衰，戒之在得[3]。"

【注釋】

[1] 血氣：血脈和氣息，引申指精神和體力。
[2] 方：正。剛：強勁。血氣方剛：精力正旺盛。形容青壯年時精力充沛而體質強健的樣子，含有氣質尚未完全成熟而容易意氣用事的意思。
[3] 何晏引孔曰："得，貪得。"

【譯文】

孔子説："有道德的君子有三種戒備：少年的時候，血氣還沒有穩定，要戒備的是女色；到他壯年的時候，血氣正剛強，要戒備的是爭鬥；到他年老的時候，血氣已經衰弱，要戒備的是貪得無厭。"

【評析】

從本章着眼的"君子"來説，血氣屬於生理範疇，所以會隨着年齡的變化而有盛衰，這是君子與常人相同的；戒色、戒鬭、戒得則屬於道德範疇，君子從少年到老年戒備不懈，則充分體現了其嚴於律己的道德操守，這是君子高於常人的地方，也是孔子要常人學習的地方。

從一般意義來説，少年剛發育，身體未完全長成，如果縱情女色，就會傷害身體；壯年雖然力强氣盛，但如果逞强好勝，與人争鬭，就會摧殘身體；老年精力已衰，再貪得無厭地去追求名譽、地位、財富，就會增加精神負擔和無端的煩惱而影響延年益壽。孔子根據人生不同時期的生理特點和心理要求指出各年齡段應該重點避免的有傷身體的行爲作爲世人之戒，實具有普遍的意義。當然，孔子本人則"發憤忘食"，"不知老之將至"（7.18），這又爲老有所爲樹立了另一種榜樣。

16.8

孔子曰："君子有三畏：畏天命，畏大人[1]，畏聖人之言[2]。小人不知天命而不畏也，狎大人，侮聖人之言[3]。"

【注釋】

[1] 皇侃曰："大人，謂居位爲君者也。"
[2] 皇侃曰："聖人之言，謂五經典籍聖人遺文也。"
[3] 劉寶楠曰："《廣雅·釋詁》：'侮，輕也。'"

【譯文】

孔子説："有道德的君子有三種害怕：害怕上天安排的命運，害怕有地位有權力的人，害怕聖人的言論。没有道德的小人不懂得上天安排的命運而不害怕，輕慢有地位有權力的人，輕視聖人的言論。"

【評析】

天命其實是一種人力不可左右的命運安排，或者説是一種不可抗拒的自然力，人們只有謹愼對待，纔能避免傷害。達官貴人掌握了生殺大權，無疑是得罪不起的，即使不願去奉承討好，至少也應該敬而遠之，始能避免禍及己身。聖人之言往往是對自然規律或社會規律的深刻總結，具有普遍的借鑒意義，不認眞對待，往往會幹違反規律的事而遭殃。

16.9

孔子曰："生而知之者，上也；學而知之者，次也；困而學之[1]，又其次也；困而不學，民斯爲下矣。"

【注釋】

[1] 何晏引孔曰："困，謂有所不通。"

【譯文】

孔子說："生下來就懂得一切的人，屬於上等；學習以後纔懂事的人，屬於次一等；困惑了再去學習知識，又比前者次了一等；困惑了還不去學習，一般民衆就是這種下等的人了。"

【評析】

"生而知之"的人即所謂的天才，實際上是沒有的，孔子也說自己不是"生而知之者"（見7.19）。絕大多數的聰明人往往是由百分之一的天才和百分之九十九的勤奮學習造就的。此文將人的智能按照其學習分爲四個類型，其實質是在勸導人們努力學習。不學無術，只能是最愚蠢的下等人了。

16.10

孔子曰："君子有九思：視思明，聽思聰[10]，色思温，貌思恭，言思忠，事思敬，疑思問，忿思難，見得思義。"

【譯文】

孔子說："有道德的君子有九種思考：看的時候會思考是否看明白了，

聽的時候會思考是否聽清楚了，對自己的臉色會思考是否溫和了，對自己
的容貌會思考是否恭敬了，說話的時候會思考是否忠誠，做事的時候會思
考是否謹慎，有疑難了會思考怎樣去請教，憤怒了會思考是否會招致災
禍，見到可得到的東西會思考去取得它是否合乎道義。"

【評析】

"視思明，聽思聰"是追求視、聽的效果。如果不明、不聽，就失去
了視、聽的意義。"色思温，貌思恭"是端正自己的儀表，以利於待人接
物。"言思忠，事思敬"是爲了使自己的言行得到別人的認可。"疑思問"
是爲了解決問題，使自己有所進步。"忿思難，見得思義"是爲了避免自
己的行爲導致不良後果。凡事好好想想，的確對自己有好處。孔子針對具
體情況而擬定的思考内容，可謂是有的放矢或對症下藥，對增强自己的道
德修養無疑是有效的。

16. 11

孔子曰："見善如不及，見不善如探湯[1]，吾見其人
矣，吾聞其語矣。隱居以求其志，行義以達其道，吾聞其
語矣，未見其人也。"

【注釋】

[1] 劉寶楠曰："《説文》：'湯，熱水也。'"

【譯文】

孔子説："看到好的行爲就好像没趕上似的要迎頭趕上，看到不好的
行爲就好像把手伸進滚燙的熱水中而馬上縮手避開，我看到過這種人了，
我也聽到過這樣的話了。隱居來追求自己的志向，奉行道義來實現自己的
主張，我聽到過這樣的話了，還没有看到過這樣的人啊。"

【評析】

見善思齊而避免不良行爲，有利於其生存，所以是常人接受道德教育
後都能做到的，故不難見到。"隱居""行義"來"求其志""達其道"，屬

於精神層面的追求，高於一般的生存需要，所以難能可貴而少見。

16. 12

"齊景公有馬千駟[1]，死之日，民無德而稱焉【11】。伯夷、叔齊餓于首陽之下[2]，民到于今稱之。'誠不以富，亦祇以異。'其斯之謂與【12】[3]？"

【注釋】

[1] 邢昺曰："馬四匹爲駟。"○朱熹曰："章首當有'孔子曰'字，蓋闕文耳。"

[2] 首陽：山名，即雷首山，又名首山，在今山西省永濟市南。

[3] 皇侃曰："斯，此也。"

【譯文】

孔子説："齊景公有馬四千匹，死的那一天，民衆認爲他没有什麽德行可讚揚。伯夷、叔齊餓死在首陽山之下，民衆到現在還讚揚他們。《詩·小雅·我行其野》云：'實在不是靠發財，也只因爲是異類。'大概説的就是這種情況吧。"

【評析】

古代有三不朽之説："大上有立德，其次有立功，其次有立言。"（見《左傳·襄公二十四年》）至於擁有財産，實在是微不足道的，因爲它往往與貶義詞"貪婪""利己"相關聯。伯夷、叔齊雖然不能謂之"立德"，但他們的清廉無私是任何社會都推崇的美德，所以爲人稱道。

16. 13

陳亢問於伯魚，曰："子亦有異聞乎？"對曰："未也。嘗獨立[13]，鯉趨而過庭。曰：'學《詩》乎？'對曰：'未也。''不學《詩》[14]，無以言[15]。'鯉退而學《詩》。他日又獨立，鯉趨而過庭。曰：'學《禮》乎?'對曰：'未也。' '不學《禮》，無以立。'鯉退而學《禮》。聞斯二者【16】。"陳亢退而喜曰："問一得三：聞《詩》，聞《禮》，又聞君子之遠其子也〔1〕。"

【注釋】

〔1〕朱熹引尹氏曰："孔子之教其子，無異於門人，故陳亢以爲遠其子。"

【譯文】

陳亢問孔子的兒子伯魚，說："您在父親那裏聽到的也有與我們不同的嗎?"伯魚回答說："還沒有啊。有一次我父親曾經獨自一個人站着，孔鯉我恭敬地小步快走而經過廳堂。父親説：'學《詩》了嗎?'我回答説：'還沒有啊。'父親説：'不學《詩》，就沒有什麼可以用來説話的。'我從廳堂退下來以後就學習《詩》。另一天父親又獨自站着，我恭敬地小步快走而經過廳堂。父親説：'學《禮》了嗎?'我回答説：'還沒有啊。'父親説：'不學《禮》，就沒有什麼可以用來立身處世的。'我從廳堂退下來以後就學習《禮》。我就聽到了這兩種教導。"陳亢退下後高興地説："我問了一句話而有了三個收穫：聽説了《詩》的效用，聽説了《禮》的效用，又聽説了有道德的君子不和他的兒子過於親近。"

【評析】

"不學《詩》，無以言。"反過來説，學《詩》能給自己提供豐富的語言資料。我們不妨先看一下《荀子·大略篇》中的記載：

子貢問於孔子曰："賜倦於學矣，願息事君。"孔子曰："《詩》云：'溫恭朝夕，執事有恪。'事君難，事君焉可息哉?" "然則賜願息事親。"孔子曰："《詩》云：'孝子不匱，永錫爾類。'事親難，事親焉可息哉?" "然則賜願息於妻子。"孔子曰："《詩》云：'刑于寡妻，至于兄弟，以御于家邦。'妻子難，妻子焉可息哉?" "然則賜願息於朋友。"孔子曰："《詩》云：'朋友攸攝，攝以威儀。'朋友難，朋友焉可息哉?" "然則賜願息耕。"孔子曰："《詩》云：'晝爾于茅，霄（覺按：當作"宵"）爾索綯，亟其乘屋，其始播百穀。'耕難，耕焉可息哉?" "然則賜無息者乎?"

孔子曰："望其壙，皋如也，嵮如也，鬲如也，此則知所息矣。"子貢曰："大哉，死乎！君子息焉，小人休焉。"

此文之大意是：子貢説："我對學習感到厭倦了，希望休息一下去侍奉君主。"孔子説："《詩·商頌·那》云：'早晚温和又恭敬，做事認真又謹慎。'侍奉君主不容易，怎麼可以休息呢？"子貢説："那我休息一下去侍奉父母。"孔子説："《詩·大雅·既醉》云：'孝子之孝無窮盡，永遠賜你同類人。'侍奉父母不容易，怎麼可以休息呢？"子貢説："那我到妻子兒女那裏休息一下。"孔子説："《詩·大雅·思齊》云：'先給妻子作榜樣，然後影響到兄弟，以此治理家和邦。'和妻子兒女在一起不容易，怎麼可以休息呢？"子貢説："那我到朋友那裏休息一下。"孔子説："《詩·大雅·既醉》云：'朋友之間相輔佐，相佐儀表都莊重。'和朋友在一起不容易，怎麼可以休息呢？"子貢説："那我休息下來去種田。"孔子説："《詩·豳風·七月》云：'白天要去割茅草，夜裏搓繩要搓好，急忙登屋修屋頂，又要開始播種了。'種田不容易，怎麼可以休息呢？"子貢説："那我就沒有休息的地方啦？"孔子説："你望望那個高高的墳墓，就知道可以休息的地方了。"子貢説："死亡嘛，君子休息了，小人也休息了。"

由此可見，孔子用《詩》説話已經達到了信手拈來、運用自如的境地。因此，他强調學《詩》也就在情理之中了。參見 13.5。

學《詩》是爲了有話可説，學《禮》則是爲了立身處世。從一般意義上講，一切學習無非是爲了豐富自己的知識，增强自己的言、行能力，使自己適應社會而能立足於社會。陳亢的"問一得三"，可謂深得學習之要義。學習不但要從書本上學，還應該從別人的言語行動中學。這就需要我們成爲一個有心人，多思考，以發現書本之外的學問。

16.14

邦君之妻：君稱之曰"夫人"，夫人自稱曰"小童"；邦人稱之曰"君夫人"，稱諸異邦曰"寡小君"；異邦人稱之亦曰"君夫人"[17]〔1〕。

【注釋】

〔1〕何晏引孔曰："當此之時，諸侯嫡妾不正，稱號不審，故孔子正言

其禮也。"○劉寶楠曰："春秋時，嫡妾之禮不正，多以妾爲夫人，故《左傳》言魯文公有二妃，齊桓公有三夫人，鄭文公有夫人芊氏、姜氏。宋平公納其御步馬者稱'君夫人'，及左師受饋，亦改命曰'君夫人'。是當時妾稱夫人也。"

【譯文】

國君的妻子：國君稱呼她叫"夫人"，夫人自稱叫"小童"；本國的人稱呼她叫"君夫人"，而在別國則稱她叫"寡小君"；別國的人稱呼她也叫"君夫人"。

【評析】

孔子時代，禮崩樂壞，連稱呼都有僭越禮制之處，所以孔子一本正經地將國君之妻的各種稱呼再强調一下。"夫人"是尊稱，所以流傳至今，但已不只用於國君之妻了。"小""寡小"之類是謙辭，由於"小人""孤家寡人"之類如今具有貶義色彩，所以就被淘汰了。由此可見，詞語意義色彩的變化會直接影響其使用。

【本篇校勘記】

【1】伐爲：邢本、朱本、蔡本、監本同，皇本作"爲伐也"。

【2】於：邢本、朱本、蔡本、監本同，皇本無此"於"字。下一"於"字同此。

【3】世：皇本同，邢本、朱本、蔡本、監本作"丗"。16.2三"世"字、16.3二"世"字同此。

【4】爲：邢本、朱本、蔡本、監本同，皇本作"更爲"。

【5】蓋：邢本、朱本、蔡本、監本同，皇本作"葢"。16.2之"蓋"字同此。

【6】修：邢本、皇本、蔡本、監本同，朱本作"脩"。

【7】牆：邢本、皇本、監本同，朱本作"墻"，蔡本作"牕"。

【8】而：邢本、朱本、蔡本、監本同，皇本無此"而"字。

【9】鬭：皇本同，邢本作"鬪"，朱本作"鬬"，蔡本作"闘"，監本作"鬮"。

【10】聰：皇本同，邢本、朱本、蔡本、監本作"聰"。

【11】德而：朱本、監本同，邢本作"德而"，皇本作"得"，蔡本作"得而"。

【12】誠不以富，亦祇以異：此八字原在 12.10 之末。朱熹曰："胡氏曰：'程子以爲第十二篇錯簡"誠不以富，亦祇以異"當在此章之首。今詳文勢，似當在此句之上。言人之所稱，不在於富，而在於異也。'愚謂此說近是，而章首當有'孔子曰'字，蓋闕文耳。"今依其説將 12.10 這八字移於此句之上。參見 12.10 校勘記。

【13】嘗：皇本、朱本、蔡本同，邢本、監本作"甞"。

【14】不學：邢本、朱本、蔡本、監本同，皇本作"曰不學"。

【15】言：邢本、朱本、蔡本、監本同，皇本作"言也"。

【16】者：邢本、朱本、蔡本、監本同，皇本作"者矣"。

【17】人：邢本、朱本、蔡本、監本同，皇本作"人也"。

論語善本彙校集注譯評卷第九

陽貨第十七

【提要】

本篇除了記載孔子迫切想出仕以實現其仁政的願望和以禮樂治國的思想，主要記述了孔子的道德觀。

孔子認爲，除了上智與下愚，人的本性是相近的，而後天的習俗則不同，所以一般人都應該通過學習來避免偏好"仁""知""信""直""勇""剛"等産生的弊端。他強調了學習《詩經》的作用，認爲應該踐行"恭、寬、信、敏、惠"等仁德，"義以爲上"。與提倡正道相對，孔子批判了各種不道德的行爲，如小人的"色厲而内荏"，鄉原的毀壞道德，無德者的道聽塗説，鄙夫的患得患失，頑民的放蕩奸詐，兩面派的"巧言令色"，靡靡之音的擾亂雅樂，宰我的不孝，懶漢的"飽食終日，無所用心"，無禮者的"稱人之惡"與誹謗領導，女子與小人之難以調養。

17.1

陽貨欲見孔子〔1〕，孔子不見〔2〕，歸孔子豚〔3〕。孔子時其亡也而往拜之〔4〕，遇諸塗〔5〕。謂孔子曰："來！予與爾言。曰：'懷其寶而迷其邦【1】〔6〕，可謂仁乎？'曰：'不可〔7〕。''好從事而亟失時〔8〕，可謂知乎【2】〔9〕？'曰：'不可。日月逝矣，歲不我與〔10〕。'"孔子曰："諾。吾將仕矣。"

【注釋】

〔1〕何晏引孔曰："陽貨，陽虎也，季氏家臣，而專魯國之政，欲見孔子，使仕。"

〔2〕皇侃曰："孔子惡其專濫，故不與之相見也。"

〔3〕何晏引孔曰："欲使往謝，故遺孔子豚。"○陸德明曰："歸，鄭本

作‘饋’。”○覺按：“歸”通“饋”。

〔4〕朱熹曰：“孔子不見者，義也。其往拜者，禮也。必時其亡而往者，欲其稱也。”○劉寶楠曰：“《廣雅·釋詁》：‘覘（覺按：當作“覵”，下同），視也。’王氏念孫《疏證》引此文，謂‘時’與‘覵’同。”○覺按：《廣雅·釋言》：“時，伺也。”王念孫《疏證》：“覵、時、覘、伺，竝通。”

〔5〕陸德明曰：“塗，字當作‘途’。”○覺按：“塗”通“途”。

〔6〕皇侃曰：“寶，猶道也。”

〔7〕劉寶楠曰：“毛氏奇齡《稽求篇》引明郝敬云：‘前兩曰“不可”，皆是貨自爲問答以斷爲必然之理。……此章至“孔子曰”以下，纔是孔子語。孔子答語祇此，故記者特加“孔子曰”三字以別之。’”

〔8〕皇侃曰：“亟，數也。”

〔9〕陸德明曰：“知，音‘智’。”○覺按：“知”“智”爲古今字。

〔10〕歲不我與：即“歲不與我”。

【譯文】

陽貨想讓孔子來見他，孔子不來見他，他就送給孔子一隻蒸熟的乳豬。孔子看他外出的時候去他家答謝他，但在路上碰到了他。他對孔子說：“過來！我和你說。如果有人對你說：‘懷裏揣着那治國的法寶而讓他的國家仍然處於迷惑混亂之中，可以說是仁愛嗎？’你肯定會說：‘不可以。’如果再問你：‘愛好從政而屢次喪失了時機，可以說是明智嗎？’你肯定會說：‘不可以。一天又一天、一月又一月地消逝了，時間不會再給我了。’”孔子說：“行。我將出來做官了。”

【評析】

《禮記·曲禮上》云：“禮尚往來。往而不來，非禮也；來而不往，亦非禮也。”因此，陽貨用送禮的方式使孔子來還禮，這樣也就能見到孔子了。孔子不想見他，所以趁他外出時去還禮，哪知道冤家路窄而打了個照面。這情節可謂是開後代小說“無巧不成書”之先河。

陽貨用“懷其寶”“好從事”（參見17.4、17.6）來肯定孔子之德才與救世之熱情，又以“迷其邦”“亟失時”來指責其不仁不智，其實正合孔子的心意，所以孔子馬上答應他即將出仕。這種揣摩對方心理後進行勸説的方法值得借鑒。

至於"日月逝矣，歲不我與"一語，與"一寸光陰一寸金"異曲同工，具有普遍的勵志作用，實可作爲我們的座右銘。

17.2

子曰："性相近也，習相遠也[1]。"子曰："唯上知與下愚不移【3】[2]。"

【注釋】

[1] 邢昺曰："若習於善則爲君子，若習於惡則爲小人，是相遠也，故君子愼所習。然此乃是中人耳，其性可上可下，故遇善則升，逢惡則墜也。"

[2] 何晏引孔曰："上知不可使爲惡，下愚不可使強賢。"○覺按：《漢書·古今人表》："可與爲善，不可與爲惡，是謂上智。……可與爲惡，不可與爲善，是謂下愚。……可與爲善，可與爲惡，是謂中人。"

【譯文】

孔子説："一般人的先天本性是相近的，但後天的習性相距就遠了。"孔子説："只有最上等的聰明人和最下等的蠢人是性情不變的。"

【評析】

孟子持"性善"説，是要求人們通過後天的修養來保住善良的本性。荀子持"性惡"論，是要求人們通過後天的學習去除惡劣的本性。他們其實都是爲了強調後天學習的重要性。孔子雖然對人性不加臧否，但其"性相近"的觀點，無疑給將心比心的推測方法提供了社會學基礎，而他強調社會環境對本性的影響也無疑對孟子、荀子學説的產生具有啓發作用。近朱者赤，近墨者黑。"習相遠"就是要人們注意後天的習染。

至於説"上知與下愚不移"，似乎與"性相近""習相遠"之言矛盾了。誠然，孔子這兩句話並不矛盾，而是相輔相成的。只是前者説的是一般人的情況，強調人的後天習性差距之大；後者説的是兩種極端的情況，與"本性難移"的成語相契合。

17.3

子之武城〔1〕，聞弦歌之聲【4】〔2〕。夫子莞爾而笑【5】〔3〕，曰：“割雞焉用牛刀〔4〕？”子游對曰：“昔者偃也聞諸夫子曰：‘君子學道則愛人〔5〕，小人學道則易使也。’”子曰：“二三子！偃之言是也。前言戲之耳。”

【注釋】

〔1〕何晏引孔曰：“子游爲武城宰。”○皇侃曰：“之，往也。”○覺按：參見 6.14。

〔2〕劉寶楠曰：“《周官·小師》‘弦歌’注：‘弦，謂琴瑟也。歌，依詠《詩》也。’”

〔3〕何晏曰：“莞爾，小笑貌。”

〔4〕何晏引孔曰：“言治小何須用大道。”

〔5〕何晏引孔曰：“道，謂禮樂也。”

【譯文】

孔子到武城，聽到隨着琴瑟彈奏而詠唱《詩》的聲音。孔夫子微微地一笑，説：“殺雞哪裏用得着宰牛的刀？治理一個小小的縣何必用禮樂來教化？”子游回答説：“過去言偃我聽先生説過：‘有官位的君子學習了禮樂之道就會愛人，沒有官位的小人學習了禮樂之道就容易使喚。’”孔子説：“弟子們！言偃的話是對的。我剛才的話不過是和他開玩笑罷了。”

【評析】

此章文筆精妙，故孔子的音容笑貌躍然紙上。“割雞焉用牛刀”的比喻生動而貼切，所以使人過目不忘而流傳至今。

17.4

公山弗擾以費畔【6】，召〔1〕。子欲往，子路不説【7】〔2〕，曰："末之也已！何必公山氏之之也[3]？"子曰："夫召我者，而豈徒哉[4]？如有用我者[8]，吾其爲東周乎[5]！"

【注釋】

〔1〕何晏引孔曰："弗擾爲季氏宰，與陽虎共執季桓子，而召孔子。"○皇侃曰："畔，背叛也。"○邢昺曰："弗擾，即《左傳》公山不狃也，字子洩，爲季氏費邑宰。"○劉寶楠曰："《潛夫論·志氏姓》：公山氏，魯公族，姬姓。"○覺按："畔"通"叛"。《史記·孔子世家》："定公八年……是時孔子年五十。公山不狃以費畔季氏，使人召孔子。孔子循道彌久，溫溫無所試，莫能己用，曰：'蓋周文武起豐鎬而王，今費雖小，儻庶幾乎！'欲往。子路不説，止孔子。孔子曰：'夫召我者，豈徒哉？如用我，其爲東周乎！'然亦卒不行。"可見此事發生在魯定公八年（公元前502年）。

〔2〕陸德明曰："説，音悦。"

〔3〕何晏引孔曰："之，適也。無可之則止，何必公山氏之適。"○皇侃曰："末，無也。中'之'，語助也。"○覺按：《論語》中的"也已"都相當於"也矣"，將其中的"已"解爲"止"，誤。

〔4〕皇侃曰："徒，空也。"

〔5〕何晏曰："興周道於東方，故曰東周。"

【譯文】

公山弗擾憑藉費邑反叛，召見孔子。孔子想去，子路不高興，説："不要去啊！爲什麼一定要去公山家呢？"孔子説："他召見我，難道是空的嗎？如果有可能任用我的話，我大概會創造一個東方的周禮之邦吧？"

【評析】

孔子修《春秋》，"筆則筆，削則削"，要使"天下亂臣賊子懼"（見《史記·孔子世家》），但他卻想去亂臣之處，以自己的正道去創造奇跡。其初衷當然可嘉，但這恐怕只是空想而已。孔子大概最終意識到了這一點，所以未成行。

17.5

子張問仁於孔子。孔子曰："能行五者於天下，爲仁矣。""請問之[1]。"曰："恭、寬、信、敏、惠。恭則不侮，寬則得衆，信則人任焉[2]，敏則有功，惠則足以使人。"

【注釋】

〔1〕請問之：相當於 12.1 的"請問其目"。
〔2〕皇侃曰："人君立言必信，則爲人物所委任也。"

【譯文】

子張向孔子詢問仁德。孔子説："能够在天下做到五點，就算有仁德了。"子張説："請問這五點的具體内容。"孔子説："恭敬、寬厚、言而有信、做事敏捷、給人恩惠。恭敬，就不會被侮辱；寬厚，就能獲得衆人的擁護；言而有信，那麽衆人就會讓他任職；做事敏捷，就會取得成功；給人恩惠，就足够用來使唤人。"

【評析】

孔子所謂的"仁"，是一種道德規範。這種道德規範的内涵包括種種優秀的德行，這些德行無疑值得提倡。但是，孔子認爲"恭則不侮，寬則得衆，信則人任焉，敏則有功，惠則足以使人"則未必正確，因爲他所説的因果關係雖然具有極大的概率，但並不具有必然性。就是説：恭未必不受侮，寬未必能得衆，信未必能得任，敏未必會有功，惠未必足以使人。因爲"敏"是否有功，還受到其他條件的制約。至於恭、寬、信、惠等道德品質的作用力，其實也不會像自然界重力的作用力，即不會像牛頓第三定律所説的那樣有相同的反作用力。當然，如果作寬泛的理解，則此文所强調的是：别人對自己的態度取決於自己的行爲，所以關鍵在於培養自己的德行。如此理解，就無不妥了。

17.6

佛肸召【9】〔1〕，子欲往。子路曰："昔者由也聞諸夫子曰：'親於其身爲不善者，君子不入也。'佛肸以中牟畔〔2〕，子之往也，如之何?"子曰："然。有是言也。不曰'堅乎【10】，磨而不磷〔3〕'，不曰'白乎，涅而不緇〔4〕'。吾豈匏瓜也哉〔5〕？焉能繫而不食?"

【注釋】

〔1〕何晏引孔曰："晉大夫趙簡子之邑宰。"○陸德明曰："佛，音弼。"○劉寶楠曰："《史記·孔子世家》：'佛肸爲中牟宰。趙簡子攻范、中行，伐中牟。佛肸畔，使人召孔子'云云，是中牟爲范、中行邑，佛肸是范、中行之臣，於是爲中牟宰，而趙簡子伐之，故佛肸即據中牟以畔也。《左哀五年傳》：'夏，趙鞅伐衛，范氏之故也，遂圍中牟。'此即簡子伐中牟之事。然則佛肸之召孔子，當在哀五年無疑矣。"○覺按：魯哀公五年爲公元前 490 年。

〔2〕《韓非子·外儲說左上》"王登爲中牟令"，尹桐陽《韓子新釋》注曰："中牟，趙邑，在今河南湯陰縣西五十里。《論語》'佛肸以中牟叛'，《左定九傳》'衛侯將如午（覺按："午"當作"五"）氏，過中牟'，即此。"

〔3〕何晏引孔曰："磷，薄也。"

〔4〕邢昺曰："涅，水中黑土，可以染皂。緇，黑色也。"○覺按：這兩句比喻人的本質真正好了，就能抵抗腐蝕，保持清風亮節，不會同流合污。

〔5〕匏瓜：葫蘆。

【譯文】

佛肸召見孔子，孔子想去。子路説："過去我仲由聽您先生説過這樣的話：'出於他本身的原因而親自幹壞事的人，有道德的君子不會進入他的領地。'佛肸憑藉中牟反叛，您去那裏，對他怎麼辦呢?"孔子説："是的。我有過這樣的話。但不是又説過'真正堅硬的東西嘛，磨了也不會變薄'，不是説過'真正潔白的東西嘛，放在黑土中也不會變黑'。我難道是葫蘆麽？哪能掛在藤上而不讓人吃呢？"

【評析】

此章充分表現了 17.1 陽貨所説的"好從事"，但孔子用自己不是"繫而不食"的匏瓜作比喻來表明其"好從事"的意願，就顯得委婉有致了。至於"堅乎，磨而不磷"和"白乎，涅而不緇"的比喻，則表現了對自己道德操守的自信。此章孔子全用比喻作答，文學意味極濃，與 17.4 的正面作答交相輝映，可相互參閱。

17.7

子曰："由也【11】，女聞六言六蔽矣乎【12】〔1〕？"對曰："未也。""居【13】！吾語女。好仁不好學，其蔽也愚〔2〕；好知不好學【14】〔3〕，其蔽也蕩〔4〕；好信不好學，其蔽也賊〔5〕；好直不好學，其蔽也絞〔6〕；好勇不好學，其蔽也亂；好剛不好學，其蔽也狂。"

【注釋】

〔1〕邢昺曰："蔽，謂蔽塞不自見其過也。"
〔2〕皇侃曰："仁者博施周急，是德之盛也，唯學者能裁其中。若不學而施，施必失所，是與愚人同。"
〔3〕陸德明曰："知，音智。"
〔4〕何晏引孔曰："蕩，無所適守。"
〔5〕何晏引孔曰："父子不知相爲隱之輩。"○皇侃曰："不學而信，信不合宜。不合宜則蔽塞在於賊害其身也。"
〔6〕絞：見 8.2 注〔2〕。

【譯文】

孔子説："仲由，你聽説過六個美好的詞語以及和它們相關的六種蒙蔽了嗎？"子路回答説："還没有啊。"孔子説："坐下！我告訴你。愛好仁愛而不愛好學習，就完全蒙蔽在仁愛中而愚蠢得對誰都愛；愛好智巧而不愛好學習，就完全蒙蔽在智巧中而放蕩不守規矩；愛好誠實而不愛好學習，就完全蒙蔽在誠實中而害了親人或自己；愛好正直而不愛好學習，就完全蒙蔽在正直中而會尖刻冒犯人；愛好勇敢而不愛好學習，就完全蒙蔽在勇敢中而會造反作亂；愛好剛强而不愛好學習，就完全蒙蔽在剛强中而會狂妄自大。"

【評析】

仁、知、信、直、勇、剛雖是孔子崇尚的美德，但都必須通過學習掌握其適度，否則就會有弊端。學習的重要性由此可見一斑。必須明了的是，這裏的學習是指掌握"義"。用義來規範自己的一切行爲，就沒有不合宜的了。參見 17.22。

17.8

子曰："小子！何莫學夫《詩》?《詩》，可以興[1]，可以觀[2]，可以羣[3]，可以怨[4]；邇之事父[5]，遠之事君；多識於鳥獸草木之名。"

【注釋】

[1] 何晏引孔曰："興，引譬連類。" ○覺按：興：起興，是借助其他事物作爲詩歌開頭的一種創作手法。
[2] 何晏引鄭曰："觀風俗之盛衰。"
[3] 何晏引孔曰："羣居相切磋。"
[4] 何晏引孔曰："怨刺上政。"
[5] 何晏引孔曰："邇，近也。"

【譯文】

孔子説："弟子們！爲什麼没有人去學習那《詩》? 學了《詩》，可以用它起興的方法藉助其他事物來引出話題而不顯得突兀，可以用來觀察各國的風俗民情，可以用來以文會友互相切磋，可以用來表達怨恨而勸諫上司；近處可以用來侍奉父親，遠處可以用來事奉君主；可以更多地認識禽鳥、野獸、草木的名稱。"

【評析】

一個時代有一個時代的經典。《詩》無疑是當時的經典，所以孔子倍加推崇（參見 2.2、8.8、13.5、16.13）。《詩》的起興手法至今仍有借鑒意義。至於"觀""羣""怨"，其他經典也往往有這樣的功用。如果我們多讀經典，就能提高自己的文化修養而下筆自如。特別是"怨"，如果借用文言文或古體詩來表達，往往會更含蓄得體。

17.9

子謂伯魚曰："女爲《周南》《召南》矣乎【15】⑴？人而不爲《周南》《召南》，其猶正牆面而立也與【16】⑵！"

【注釋】

⑴ 皇侃曰："爲，猶學也。"

⑵ 何晏引馬曰："《周南》《召南》，《國風》之始。樂得淑女以配君子，三綱之首，王教之端，故人而不爲，如向牆而立。"○皇侃曰："牆面，面向牆也。"○邢昺曰："《白虎通》云：'三綱者何謂？謂君臣、父子、夫婦也。君爲臣綱，父爲子綱，夫爲妻綱。'有夫婦然後有父子，有父子然後有君臣。二《南》之詩，首論夫婦。"○朱熹曰："正牆面而立，言即其至近之地，而一物無所見，一步不可行。"

【譯文】

孔子對伯魚說："你研習《周南》《召南》了嗎？人如果不研習《周南》《召南》，那就會像正對着牆壁站着而寸步難行啦！"

【評析】

《周南》《召南》爲《詩經》開篇之作，有開宗明義的作用，所以孔子強調了它們的重要性。其實，不但古人編書時重視開篇（參見 1.1 評析），即使是後代人編書，也注重前言，所以書的前言往往是作者的精心之作，讀者宜認真閱讀。

17.10

子曰："禮云禮云，玉帛云乎哉[1]？樂云樂云，鐘鼓云乎哉【17】[2]？"

【注釋】

[1] 何晏引鄭曰："言禮非但崇此玉帛而已，所貴者，乃貴其安上治民。"

[2] 何晏引馬曰："樂之所貴者，移風易俗，非謂鐘鼓而已。"

【譯文】

孔子説："禮制啊禮制啊，只是指玉器、絲綢等禮品嗎？主要是用來治國的啊！音樂啊音樂啊，只是指敲鐘打鼓嗎？主要是用來移風易俗的啊！"

【評析】

講到禮，看得見的禮品當然是必需的，因爲它實際上是代表了送禮人的情意。雖然人們常説"禮輕情意重"，但這其實只是送禮人的謙辭。情意真是很深的人，其送禮往往不會很輕。如果有人説對你愛得很深，卻對你很摳門，這種深愛是應該打個問號的。孔子此言的深意在於：奉行禮制不單是指禮品的往來，而應該更注重禮制在調節人際關係、維護社會秩序方面的作用，發揮其政治功能。同樣，對於音樂，並非只有使人愉悦的功能，它還能陶冶情操，具有移風易俗的功能。例如，靡靡之音使人萎靡，鏗鏘之音使人奮發。這就是孔子"惡鄭聲之亂雅樂"（17.17）的原因。

17.11

子曰："色厲而内荏[1]，譬諸小人，其猶穿窬之盜也與[2]？"

【注釋】

〔1〕何晏引孔曰："荏，柔也。"

〔2〕何晏引孔曰："穿，穿壁。"○覺按：《經典釋文》"窬"作"踰"，可知此"窬"字通"踰"。

【譯文】

孔子説："臉色嚴厲而内心軟弱，這種人拿來和没有道德的小人相比，他就像鑽墙洞、爬圍墙的竊賊吧？"

【評析】

做賊心虚，所以孔子將色厲内荏的人比作賊。

17.12

子曰："鄉原，德之賊也〔1〕。"

【注釋】

〔1〕朱熹曰："原，與'愿'同。《荀子》'原慤'，注讀作'愿'是也。鄉原，鄉人之愿者也。蓋其同流合汙以媚於世，故在鄉人之中獨以愿稱。夫子以其似德非德，而反亂乎德，故以爲德之賊而深惡之。詳見《孟子》末篇。"○覺按：原：通"愿"，老實謹慎。《孟子·盡心下》："孔子曰：'過我門而不入我室，我不憾焉者，其惟鄉原乎！鄉原，德之賊也。'曰：'何如斯可謂之鄉原矣？'曰：'何以是嘐嘐也？言不顧行，行不顧言，則曰："古之人，古之人，行何爲踽踽涼涼？生斯世也，爲斯世也，善斯可矣。"閹然媚於世也者，是鄉原也。'萬子曰：'一鄉皆稱原人焉，無所往而不爲原人，孔子以爲德之賊，何哉？'曰：'非之無舉也，刺之無刺也。同乎流俗，合乎汙世。居之似忠信，行之似廉絜，衆皆悦之，自以爲是，而不可與入堯、舜之道，故曰德之賊也。'"

【譯文】

孔子説："鄉裏那些看似忠厚的老好人，是道德的破壞者。"

【評析】

有道德操守的人，往往會堅持正道而得罪不良之人，所以所有人都稱道的好好先生——"鄉原"實是道德的破壞者。參見 13.24。

17.13

子曰："道聽而塗説[1]，德之棄也[2]。"

【注釋】

[1] 塗：見 17.1 注〔5〕。
[2] 皇侃曰："若聽之於道路，道路仍即爲人傳説，必多謬妄，所以爲有德者所棄也，亦自棄其德也。"○覺按：德之棄：把道德抛棄，即違背道德。

【譯文】

孔子説："在路上聽到了就在路上説給别人聽，是不道德的。"

【評析】

道聽途説指不加審覈就將聽到的東西傳播出去，這就有可能傳播謡言或宣揚不合乎道德的異端邪説，所以是不道德的。更何況小道消息還容易在口耳相傳中添油加醋而失實，不負責任地傳播虛假消息顯然不僅僅是道德問題，還有可能觸犯法律，所以有道德的人是擯棄這種行爲的。

17.14

子曰："鄙夫可與事君也與哉？其未得之也，患得之[1]；既得之，患失之。苟患失之，無所不至矣[2]。"

【注釋】

[1] 何晏曰："患得之者，患不能得之，楚俗言。"○劉寶楠曰："之者，是也，謂禄位也。"○覺按：患得之：爲得之而擔憂，即擔心能否

得之。

〔2〕何晏引鄭曰：“無所不至者，言其邪媚，無所不爲。”

【譯文】

孔子説：“對於鄙陋的人，能同他一起侍奉君主嗎？他没有得到職位的時候，擔心是否能得到它；已經得到了職位，又擔心是否會失掉它。如果擔心是否會失掉它，他就没有什麽事情不做了。”

【評析】

患得患失的“鄙夫”是十分勢利的小人，爲了其一己私利，會不擇手段地害人，所以絶不能與這種人共事。孔子在這裏生動地描出了一個極端個人主義者的畫像，可以作爲一面鏡子來照見社會上的自私者。

17.15

子曰：“古者民有三疾[1]，今也或是之亡也[2]。古之狂也肆[3]，今之狂也蕩[4]；古之矜也廉[5]，今之矜也忿戾[6]；古之愚也直[7]，今之愚也詐而已矣。”

【注釋】

〔1〕皇侃曰：“疾，謂病也。”
〔2〕皇侃曰：“亡，無也。”
〔3〕何晏引包曰：“肆，極意敢言。”
〔4〕何晏引孔曰：“蕩，無所據。”○劉寶楠曰：“‘據’即‘據於德’之‘據’。無所據，則自放禮法之外。”
〔5〕何晏引馬曰：“有廉隅。”○覺按：《韓非子·解老》：“所謂廉者，必生死之命也，輕恬資財也。”
〔6〕何晏引孔曰：“惡理多怒。”○劉寶楠曰：“《字林》：‘戾，乖戾也。’乖戾則多違理，故注云‘惡理’。”
〔7〕邢昺曰：“謂心直而無邪曲。”

【譯文】

孔子説："古代的人有三種毛病，如今或許没有了這三種毛病。古代的發狂是放肆地説話，如今的發狂是放蕩而不守規矩；古代的矜持是廉潔有操守，如今的矜持是憤怒不講理；古代的愚蠢是直來直去，如今的愚蠢不過是耍小聰明去騙人罷了。"

【評析】

古代的人純樸，現代的人智巧，所以其"狂""矜""愚"之内涵不同。

17.16

子曰："巧言令色[1]，鮮矣仁【18】。"

【注釋】

[1] 何晏引王曰："巧言無實，令色無質。"○覺按：參見 1.3。

【譯文】

孔子説："花言巧語，和顏悦色，其仁愛之心可少啦！"

【評析】

此文與 1.3 相同，似乎是毫無意義的重複，但其實具有文獻學價值，因爲我們可從中窺見《論語》的編集過程——該書成於衆多門人之手。孔子弟子及其再傳弟子平時各記所聞，最後根據各人所記編集成書，這就難免會有重複了。

17.17

子曰："惡紫之奪朱也[1]，惡鄭聲之亂雅樂也[2]，惡利口之覆邦家者【19】[3]。"

【注釋】

〔1〕何晏引孔曰："朱，正色。紫，間色之好者。惡其邪好而奪正色。"
○覺按：參見 10.5 注〔2〕。《韓非子·外儲説左上》："齊桓公好服紫，一
國盡服紫。當是時也，五素不得一紫。"春秋時崇尚紫色由此可見一斑。

〔2〕朱熹曰："雅，正也。"○覺按：鄭聲：參見 15.11。　雅樂：參
見 2.2 注〔1〕。

〔3〕何晏引孔曰："利口之人，多言少實，苟能悦媚時君，傾覆國家。"
○皇侃曰："利口，辯佞之口也。邦，諸侯也。家，卿大夫也。"

【譯文】

孔子説："我憎恨紅與黑雜配而成的紫色取代了純正的紅色，憎恨鄭
國的淫蕩音樂擾亂了典雅純正的宮廷音樂，憎恨能説會道而使國家覆滅
的人。"

【評析】

令人好感的東西，有的會導致嚴重的不良後果，而且形式越美，危害
性越大，所以孔子深惡痛絶。

17.18

子曰："予欲無言〔1〕。"子貢曰："子如不言，則小子
何述焉〔2〕?"子曰："天何言哉? 四時行焉，百物生焉，天
何言哉〔3〕?"

【注釋】

〔1〕皇侃曰："孔子忿世不用其言，其言爲益之少，故欲無所復言也。"
○邢昺曰："君子訥於言而敏於行，以言之爲益少，故欲無言。"○覺按：
兩説皆通。

〔2〕皇侃曰："小子，弟子也。"

〔3〕皇侃曰："天既不言而事行，故我亦欲不言而教行，是欲則天以行
化也。"

【譯文】

孔子説："我想不再説什麼了。"子貢説："您如果不説，那麼學生還能傳述什麼呢?"孔子説："上天説了什麼呢? 四季照樣在那裏運行，各種東西照樣在那裏生長，上天説了什麼呢?"

【評析】

言教不如身教。如果只停留在口頭上，説些不切實際的大道理而不能踐行，這樣的教育是不可能有多大成效的。孔子之"無言"雖然與老子之"不言之教"（見《老子》第二章、第四十三章）不同，卻有異曲同工之妙，它其實也是一種教育方法（這從下一章也可以看出來），可謂是"不教之教"。

17.19

孺悲欲見孔子，孔子辭以疾[20][1]。將命者出户，取瑟而歌，使之聞之[2]。

【注釋】

〔1〕何晏曰："孺悲，魯人也。孔子不欲見，故辭之以疾。"○劉寶楠曰："《禮·雜記》云：'恤由之喪，哀公使孺悲之孔子學士喪禮。《士喪禮》於是乎書。'是孺悲實親學聖門。而孔子不見之者，此'欲見'，是始來見，尚未受學時也。《儀禮·士相見禮》疏謂'孺悲不由紹介，故孔子辭以疾'，此義當出鄭注。《御覽》四百二引《韓詩外傳》云：'子路曰：聞之於夫子，士不中閒而見。女無媒而嫁者，非君子之行也。'注云：'中閒，謂介紹也。'《禮·少儀》云：'聞始見君子者，辭曰："某固願聞名於將命者。"不得階主。'此少者見尊長之禮，當有介紹。"

〔2〕皇侃曰："將命者，謂孺悲所使之人也。"○邢昺曰："將，猶奉也。奉命者，主人傳辭出入人也。初，將命者來，入户言孺悲求見，夫子辭之以疾。又爲將命者不已，故取瑟而歌，令將命者聞之而悟己無疾，但不欲見之，所以令孺悲思之。"

【譯文】

孺悲想見孔子，孔子以自己有病爲理由而拒絕了他。給孺悲傳話的人一走出房門，孔子就把瑟拿過來彈奏並唱歌，讓給孺悲傳話的人聽到其歌聲，實際上就是要讓孺悲反思一下爲什麽孔子說有病而不見他。

【評析】

孔子鼓瑟唱歌的目的，是要讓孺悲知道自己所説的有病只是一種藉口，讓他反思一下爲什麽孔子存心不見他。誠如《孟子·告子下》所説："教亦多術矣！予不屑之教誨也者，是亦教誨之而已矣。"孔子不見孺悲，其實也是對他的一種教育。

17.20

宰我問："三年之喪，期已久矣[1]。君子三年不爲禮[2]，禮必壞；三年不爲樂，樂必崩。舊穀既没【21】，新穀既升[3]，鑽燧改火[4]，期可已矣[5]。"子曰："食夫稻【22】[6]，衣夫錦【23】，於女安乎【24】？"曰："安。""女安則爲之【25】。夫君子之居喪，食旨不甘[7]，聞樂不樂，居處不安，故不爲也。今女安，則爲之！"宰我出。子曰："予之不仁也！子生三年，然後免於父母之懷。夫三年之喪，天下之通喪也[8]。予也，有三年之愛於其父母乎？"

【注釋】

[1] 陸德明曰："期，音基，下同。"○朱熹曰："期，周年也。"

[2] 皇侃曰："君子，人君也。"

[3] 朱熹曰："升，登也。"

[4] 何晏引馬曰："《周書·月令》有更火之文。春取榆柳之火，夏取棗杏之火，季夏取桑柘之火，秋取柞楢之火，冬取槐檀之火。一年之中，鑽火各異木，故曰改火也。"○皇侃曰："改火之木隨五行之色而變也。榆柳色青，春是木，木色青，故春用榆柳也。棗杏色赤，夏是火，火色赤，

故夏用棗杏也。桑柘色黃，季夏是土，土色黃，故季夏用桑柘也。柞楢色白，秋是金，金色白，故秋用柞楢也。槐檀色黑，冬是水，水色黑，故冬用槐檀也。"○邢昺曰："言鑽燧者又已改徧出火之木。"○朱熹曰："燧，取火之木也。"○劉寶楠曰："《禮·內則》事佩有木燧、金燧，鄭注：'木燧，鑽火也。金燧，可取火於日。'"○覺按：此文指木燧而言。

〔5〕朱熹曰："已，止也。"

〔6〕皇侃曰："夫，語助也。"○覺按：參見 11.10 注〔3〕。

〔7〕何晏引孔曰："旨，美也。"

〔8〕何晏引孔曰："自天子達於庶人。"○邢昺曰："聖人雖以三年爲文，其實二十五月而畢，若駒之過隙，然而遂之，則是無窮也，故先王焉爲之立中制節，壹使足以成文理，則釋之矣。"○覺按：邢說見《禮記·三年問》。

【譯文】

宰我問孔子："爲父母三年的服喪，其實服喪一年也已經够長了。因爲君子三年不奉行禮制，禮制必定會遭到破壞；三年不用音樂來教化，音樂一定會崩潰。過去的糧食已經吃完，新的穀物已經登場，鑽木取火用的木材都改了一遍，所以服喪一年也就可以結束了吧。"孔子說："服喪一年後就吃那白米飯，穿那織錦緞，在你心裏覺得安坦嗎？"宰我說："我心安。"孔子說："你心安就這樣做！那些有道德的君子在服喪的時候，吃到美食也不覺得甘甜，聽見音樂也不覺得快樂，住在家裏也坐立不安，所以不這樣做啊。現在你心安，就這樣做吧！"宰我出去後。孔子說："宰予竟然這樣沒有仁愛之心啊！孩子出生三年，然後纔能脫離父母的懷抱。那三年的服喪，是天下通行的服喪期啊。宰予啊，對他的父母有三年的愛嗎？"

【評析】

儒家的孝道主張建立在感恩思想的基礎之上。對父母的感恩，通過三年的守喪來體現。其實，宰我主張將喪期縮短至一年，也無可厚非。因爲這樣做，既可以寄託其哀思，又可以減少對其他工作的影響。古禮中的繁文縟節其實是儒家學說的不可取之處。這在當時就受到了抵制與批判，如晏嬰對齊景公說："夫儒者滑稽而不可軌法……崇喪遂哀，破產厚葬，不可以爲俗……今孔子盛容飾，繁登降之禮，趨詳之節，累世不能殫其學，當年不能究其禮。君欲用之以移齊俗，非所以先細民也。"（見《史記・孔子世家》）其實，就拿歷史與現實來説，三年的喪期制度未能流傳至今，也可佐證宰我之主張的合理性。

17. 21

子曰："飽食終日，無所用心，難矣哉！不有博弈者乎[26][1]？爲之，猶賢乎已[2]。"

【注釋】

〔1〕邢昺曰："博，《説文》作簙，局戲也，六箸十二棊（覺按：以上四字據元刻本）也。古者烏曹作簙。圍棊謂之弈。"○覺按："博"通"簙"。《説文・竹部》"簙"字條段玉裁注："古戲，今不得其實。箸，韓非所謂博箭。"《方言》卷五："簙，謂之蔽，或謂之箘，秦、晉之間謂之簙，吳、楚之間或謂之蔽，或謂之箭裏……或謂之棊。所以投簙謂之枰，或謂之廣平。所以行棊謂之局，或謂之曲道。"錢繹《箋疏》："《列子・説符篇》云：'設樂陳酒，擊博樓上。'殷敬順《釋文》引《古博經》云：'博法：二人相對坐，向局，局分爲十二道，兩頭當中名爲水。用棊十二枚，法六白六黑，又用魚二枚置於水中。其擲采以瓊爲之。二人互擲采行棊。棊行到處，即豎之名爲驍棊，即入水食魚，亦名牽魚。每牽一魚獲二籌，翻一魚獲三籌。若已牽兩魚而不勝者，名曰被翻雙魚，彼家獲六籌，爲大勝也。'《荀子・大略篇》云：'六六（覺按："六六"當作"六貳"，下同）之博。'楊倞注云：'六六，即六博也。今之博局，亦二六相對也。'《楚辭・招魂》云：'菎蔽象棊，有六簙些。'王逸注云：'菎，玉也。蔽，簙箸，以玉飾之也。或言菎簬，今之箭囊也。投六箸，行六棊，故爲六簙也。'……《顏氏家訓・雜藝篇》云：'古爲大博則六箸，小博則二煢。比世所行，一煢十二棊，數術淺陋，不足可翫。'……《説文》：'局，博所以行棊，象形。'李賢注《後漢書・梁冀傳》引《藝經》曰：'彈棊，兩人對局，黑白棊各六枚，先列棊相當，更相彈也。其局以石爲之。'"又《韓非子・外儲説左下》："博貴梟，勝者必殺梟。"《後漢書・張衡傳》"咸以得人爲梟"李賢注："梟，猶勝也，猶六博得梟則勝。"《戰國策・楚策三》："夫梟之所以能爲貴者，以散棋佐之也。夫一梟之不如，不勝五散，

亦明矣。"由上述材料可知，歷代的博法不盡相同。先秦的"博"，大概是一種在設有彎曲的行棋之道的棋局上擊棋的遊戲。其中的棋子即叫作"簙"，共十二枚，雙方各六枚。走在前面的豎立起來的一個棋子叫作"梟"，也叫作"驍棋"（古代"梟""驍"也同音，都有"勇猛"之義，所以這裏通用）。"梟"用來"食魚"，以期取籌獲勝，所以爲雙方所重。雙方都爭打對方的梟棋，打倒了對方的梟棋，叫作"殺梟"，於是也就獲勝了（猶如今天象棋比賽中奪得對方"將""帥"則勝）。其餘五枚稱爲"散棋"，不起決定勝負的作用。用來打棋的器具叫作"柙"。在打棋時得先擲骰子（擲采），後代的骰子用瓊玉製作，先秦則用竹製，其形狀大概爲長形，類似筷子，所以叫作"箸"，也類似箭杆，所以又叫作"箭"。

〔2〕皇侃曰："賢，猶勝也。"○覺按：《爾雅·釋詁下》："已，此也。"

【譯文】

孔子說："整天吃得飽飽的，沒有什麼地方動過腦筋，這種人就難辦了啊！不是有打六簙、下圍棋的嗎？玩玩這些，也還比這什麼腦筋都不動要好啊。"

【評析】

人活着，就應該動腦筋給社會作出貢獻。飽食終日，無所用心，就會浪費時光而一事無成，那就不過是行屍走肉而不足掛齒了。在孔子看來，就是玩玩棋，也比無所用心要好，因爲這樣做，至少可以動動腦筋而鍛煉自己的思維能力，有益於自己的健康。當然，如今下圍棋都有世界大賽，下棋就更有意義了。

17. 22

子路曰："君子尚勇乎？"子曰："君子義以爲上。君子有勇而無義爲亂[1]，小人有勇而無義爲盜。"

【注釋】

〔1〕邢昺曰："君子，指在位者。"

【譯文】

　　子路説："君子崇尚勇敢嗎?"孔子説："有道德的君子把道義作爲最高準則。有職位的君子有了勇敢而没有道義就會造反作亂，没有職位的平民百姓有了勇敢而没有道義就會行竊偷盗。"

【評析】

　　孔子所説的義與勇的關係，也就是政治與軍事的關係。不加强政治上的道義教育而盲目尚勇、尚武，那是執政者的一大失誤，是十分危險的。

17. 23

　　子貢曰[27]："君子亦有惡乎?"子曰："有惡。惡稱人之惡者，惡居下流而訕上者[1]，惡勇而無禮者，惡果敢而窒者[2]。"曰："賜也亦有惡也[28]。惡徼以爲知者[29][3]，惡不孫以爲勇者[30][4]，惡訐以爲直者[5]。"

【注釋】

　　〔1〕何晏引孔曰："訕，謗毀。"○覺按：下流：低微的地位。

　　〔2〕何晏引馬曰："窒，窒塞也。"

　　〔3〕何晏引孔曰："徼，抄也。抄人之意，以爲己有。"○陸德明曰："知，音智。"○覺按："徼"音 jiāo。

　　〔4〕陸德明曰："孫，音遜。"○覺按："孫"通"遜"（參見 7.35 注〔1〕）。

　　〔5〕何晏引包曰："訐，謂攻發人之陰私。"○覺按："訐"音 jié。

【譯文】

　　子貢説："君子也有憎惡嗎?"孔子説："有憎惡。憎惡稱説别人罪惡的人，憎惡處在下位而譏謗上級的人，憎惡勇敢而不講禮義的人，憎惡當機立斷、敢作敢爲而不通事理、頑固不化的人。"子貢説："我端木賜也有憎惡啊。憎惡那些把抄襲當作聰明的人，憎惡那些把不謙讓當作勇敢的人，憎惡那些把揭發别人隱私當作直爽的人。"

【評析】

孔子所憎恨的是不仁不恕、不忠不敬、無禮無義、無知無理的人。孔子憎恨"稱人之惡者"，其孫子子思也這樣，而法家則不然。《韓非子‧難三》載：魯穆公問子思説："我聽説龐糷氏的兒子不孝，他的行爲像什麼樣子?"子思回答説："君子尊重賢人來推崇弘揚道德，推舉好人好事給民衆作示範。至於那種錯誤的行爲，是小人們所知道的，我不知道。"後來魯穆公又問子服厲伯，子服厲伯將龐糷氏兒子的錯誤都説了。從此，魯穆公就尊重子思而鄙視子服厲伯。韓非評論此事説："英明的君主尋覓有善行的人去獎賞他，搜索邪惡的人去懲罰他。把好人好事或壞人壞事報告給君主，其心情和君主是相同的，所以都應該加以獎賞和表揚。不把壞人壞事報告給君主，是和君主不同心而在下面和壞人緊密勾結啊，這種人應該受到譴責和處罰。人的心情都喜歡受尊重而厭惡被鄙視，現在穆公尊重子思而鄙視厲伯，所以季氏犯上作亂的事已經成功了也沒有人向上報告，這就是魯國的君主被挾持的原因啊。這種使君主喪失權力的風俗，只是魯國陬邑一帶的人用來自我讚美的東西，而穆公卻偏偏要尊崇它，不也是把是非給顛倒了嗎?"由此看來，一般人的小節有問題，應該採取寬容的態度而不應該到處宣揚，但對於大是大非特別是違法犯罪的行爲則應該揭露。孔子徹底否定"稱人之惡者"，顯然不如 17.22 所説的"義以爲上"來得恰當。至於毁謗上級領導，在專制社會中的確是行不通的，所以 16.8 説君子"畏大人"。"勇而無禮"，與 17.22 的"勇而無義"、17.7"好勇不好學"一樣，是孔子反復貶斥的，因爲這種德行會導致大逆不道、造反作亂。如果將這"禮"作廣義的理解，那麼"勇而無禮"實是任何社會都不能接受的德行。就是説，勇敢而不守社會規範，這是任何社會都不能容忍的。"窒"是閉塞不通，這樣的人不瞭解實際情況，不懂事理，如果果斷行事，往往不會成功，所以孔子加以指斥。

至於子貢憎恨的，是一些似是而非的行爲，更值得警惕。真正的聰明智慧是能創新而不是會抄襲，真正的勇敢是爲正義之事奮不顧身地去鬥爭而不是驕橫不謙遜，真正的正直是誠實地處理一切而不是只以別人的隱私作爲談資。值得注意的是，子貢所説的"不孫以爲勇"與孔子所説的"勇而無禮"相似，但"訐"與孔子所説的"稱人之惡"雖然似乎相似，其實不同。"稱人之惡"是宣揚別人的邪惡行徑，"訐"的内涵則較廣，包括惡意攻擊。

17.24

子曰："唯女子與小人爲難養也[1]。近之，則不孫[2]；遠之，則怨【31】。"

【注釋】

[1]邢昺曰："此言女子，舉其大率耳。若其禀性賢明，若文母之類，則非所論也。"

[2]孫：見 17.23 注〔4〕。

【譯文】

孔子説："只有女人和没有道德的小人是難以調養的。因爲親近他們，那麽他們就不謙恭；疏遠他們，那麽他們就會怨恨。"

【評析】

孔子將"女子"一概加以貶斥，當然不妥，但古代女子因爲受教育程度有限，所以往往缺乏素養，胸懷狹窄，這就難免發生"近之則不孫，遠之則怨"的情況。不過，要真正做到"近之則孫，遠之則不怨"也絶非易事。如果從這一角度來看，則孔子將"近之則不孫，遠之則怨"提出來以告誡人提高自己的修養，無疑具有合理性。

17.25

子曰："年四十而見惡焉，其終也已[1]。"

【注釋】

[1]何晏引鄭曰："年在不惑而爲人所惡，終無善行。"○覺按：終：完結。 也已：《論語》中的"也已"都相當於"也矣"。楊伯峻認爲其中的"已"是動詞，和 17.4 "末之也已"、2.16 "斯害也已"的"已"一樣作謂語，誤。

【譯文】

孔子説："年齡四十還被人們憎惡，他就完了。"

【評析】

　　人青壯年時期是世界觀、人生觀確立的時期，也是其成家立業的時期。俗話説："三歲直到老。"就是説，人到三歲，其人生走向就已經基本確定，所以更不用説是四十歲了。人到了四十歲還被人憎惡，其改過自新的概率就很低了，所以孔子對這種人是一眼望到底，認爲已經不可救藥。當然，人是會發展變化的，四十歲以後改邪歸正而成功的人也有，但個案並不妨礙孔子此言對一般情況的正確概括。

【本篇校勘記】

　　【1】寶：邢本、皇本、朱本、蔡本同，監本作"寶"。

　　【2】知：邢本、朱本、蔡本、監本同，皇本作"智"。

　　【3】唯上知：邢本、朱本、蔡本、監本同，皇本作"惟上智"。

　　【4】弦：邢本、朱本、蔡本、監本同，皇本作"絃"。

　　【5】笑：皇本同，邢本、朱本、蔡本、監本作"笑"。

　　【6】弗：邢本、朱本、蔡本、監本同，皇本作"不"。

　　【7】説：邢本、朱本、蔡本、監本同，皇本作"悦"。

　　【8】用：邢本、朱本、蔡本、監本同，皇本作"復用"。

　　【9】佛肸：朱本同，邢本、蔡本、監本作"佛肹"，皇本作"胇胦"。下一"佛肸"同此。

　　【10】不曰：邢本、朱本、蔡本、監本同，皇本作"曰不曰"。

　　【11】也：邢本、朱本、蔡本、監本同，皇本無此"也"字。

　　【12】女：邢本、朱本、蔡本、監本同，皇本作"汝"。下一"女"字同此。

　　【13】居：邢本、朱本、蔡本、監本同，皇本作"曰居"。

　　【14】知：邢本、朱本、蔡本、監本同，皇本作"智"。

　　【15】女：邢本、朱本、蔡本、監本同，皇本作"汝"。召：邢本、朱本、蔡本、監本同，皇本作"邵"。下一"召"字同此。

　　【16】牆面：皇本、監本同，邢本、蔡本作"牆面"，朱本作"墻面"。

【17】鐘：皇本、蔡本同，邢本、朱本、監本作"鍾"。

【18】子曰巧言令色鮮矣仁：邢本、朱本、蔡本、監本同，皇本無此章。

【19】者：邢本、朱本、蔡本、監本同，皇本作"也"。

【20】辭：邢本、朱本、蔡本、監本同，皇本作"辭之"。

【21】穀：皇本同，邢本、蔡本、監本作"穀"，朱本作"穀"。下一"穀"字同此。

【22】稻：邢本、朱本、蔡本、監本同，皇本作"稻也"。

【23】錦：邢本、朱本、蔡本、監本同，皇本作"錦也"。

【24】女：邢本、朱本、蔡本、監本同，皇本作"汝"。下二"女"字同此。

【25】女安：邢本、朱本、蔡本、監本同，皇本"女安"上有"曰"字

【26】弈：邢本、朱本、蔡本、監本同，皇本作"奕"。

【27】曰：邢本、朱本、蔡本、監本同，皇本作"問曰"。

【28】惡也：皇本同，邢本、朱本、蔡本、監本作"惡乎"。

【29】知：邢本、朱本、蔡本、監本同，皇本作"智"。

【30】孫：邢本、朱本、蔡本、監本同，皇本作"遜"。17.24之"孫"字同此。

【31】怨：邢本、朱本、蔡本、監本同，皇本作"有怨"。

微子第十八

【提要】

本篇主要記載處於黑暗的政治環境中的忠直之士與隱士。其中有孔子對歷史人物的評價，如以微子、箕子、比干爲商朝之"三仁"，認爲伯夷、叔齊是清高之士。篇中對孔子離開齊國、魯國的記載，對其出行時遇見隱士的描述，以及孔子説自己"無可無不可"，對瞭解其出仕觀念具有重要的價值。柳下惠所説的"直道而事人，焉往而不三黜"，有助於我們瞭解

古代官場的政治生態。周公對魯公所説的不疏遠親人，别讓大臣因爲不被聽用而抱怨，不抛棄朋友，對人不求全責備，無疑也具有普遍的政治意義。

18. 1

　　微子去之，箕子爲之奴，比干諫而死[1]。孔子曰："殷有三仁焉[2]。"

【注釋】

　　[1] 何晏引馬曰："微、箕，二國名。子，爵也。微子，紂之庶兄。箕子、比干，紂之諸父。微子見紂無道，早去之。箕子佯狂爲奴，比干以諫見殺。"○覺按：微子：名啓，帝乙的長子，商紂王的同母兄（《史記·殷本紀》認爲啓是紂的異母庶兄）。他出生時，他的母親還是帝乙之妾，至立爲正妻之後又生了紂，所以紂得繼承帝位而啓未能繼位。啓被封於微（今山東省梁山縣西北），子爵，故稱微子啓。他見商朝危亂，數諫紂王，未被聽從而出走。商朝滅亡後歸周。周公旦攻滅武庚後，讓他統率殷民而封於宋（都商邱，在今河南省商邱市睢陽區南），作爲殷王室的後裔負責祭祀祖先，成爲宋國的始祖。漢代避漢景帝劉啓之諱，又稱之爲微子開。見《吕氏春秋·當務》《史記·宋微子世家》。　箕子：商紂王的叔父，爲太師，封於箕（今山西省太谷東北），故稱箕子。當時紂王荒淫，他進諫不被接受，害怕遭受迫害而佯狂爲奴。紂王囚禁了他。周武王克商，命召公釋放箕子。後來，武王訪問箕子，箕子便告以"洪範九疇"（大法九類），箕子的這些話，經史官記録整理而編入了《尚書·洪範》。參見《史記》的《殷本紀》《周本紀》《宋微子世家》與《尚書·洪範》。　比干：商朝的賢臣，商紂王的叔父，商王文丁（太丁）的兒子，故又稱王子比干。傳説紂淫亂，比干强諫，紂怒，説："我聽説聖人心眼多，有七個孔。"於是就剖開比干的胸腹來觀看他的心臟。事見《史記·殷本紀》。

　　[2] 何晏曰："仁者愛人。三人行異而同稱仁，以其俱在憂亂寧民也。"

【譯文】

　　微子離開了商紂王，箕子給商紂王做了奴隸，比干勸諫商紂王而死。

孔子説："商朝有三個具有仁德的人。"

【評析】

忠臣無時不有。只是在專制暴君的統治下，忠臣往往不得志甚至受到迫害，所以更受人關注，孔子稱微子、箕子、比干爲仁人，是因爲他們反對商紂王的殘暴，想使人民得到安寧。

18. 2

柳下惠爲士師[1]，三黜[2]。人曰："子未可以去乎?"曰："直道而事人，焉往而不三黜? 枉道而事人[3]，何必去父母之邦?"

【注釋】

〔1〕何晏引孔曰："士師，典獄之官。"○劉寶楠曰："《周官》：'士師，下大夫四人。'鄭注：'士，察也，主察獄訟之事。'此官，王朝得有下大夫。若侯國，不過以中下士爲之，故孟子言柳下惠'不卑小官'也。"○覺按：《周禮·秋官司寇》："刑官之屬：大司寇，卿一人；小司寇，中大夫二人；士師，下大夫四人。"劉寶楠所引孟子之言見《孟子·公孫丑上》。

〔2〕皇侃曰："黜，退也。"○劉寶楠曰："《説文》：'黜，貶下也。'三黜仍爲此官，故先言'爲士師'，明非改官也。"

〔3〕皇侃曰："枉，曲也。"

【譯文】

柳下惠做法官，三次被降職。有人説："您還不可以離開魯國嗎?"柳下惠説："以正直的原則去給人做官辦事，到哪裏去不被降職三次呢? 用歪門邪道去給人做官辦事，就不會被降職，爲什麼一定要離開我父母所在的國家呢?"

【評析】

在柳下惠看來，天下烏鴉一般黑，無論在什麼地方，正直的官是做不長的。"直道而事人，焉往而不三黜"，充分揭示了舊時代官場上普遍存在的黑暗腐敗，具有典型意義。《紅樓夢》第四回所寫的賈雨村判案則生動地詮釋了"枉道而事人"的具體做法。賈雨村剛補授應天府，一下馬就有一件人命官司告到案下。他出於正義感，正要派人去捉拿兇犯薛蟠，但在門子的眼色示意下又收了手。退堂後門子告訴他一個做官的要訣——要根據"護官符"來執法。其言道："如今凡作地方官的，都有一個私單，上面寫的是本省最有權勢、極富貴的大鄉紳名姓，各省皆然，倘若不知，一時觸犯了這樣的人家，不但官爵，只怕連性命也難保呢！——所以叫做'護官符'。"賈雨村聽後仍想報效朝廷而不忍"因私枉法"，但正如門子所說："老爺說的自是正理，但如今世上是行不去的。豈不聞古人說的：'大丈夫相時而動。'又說：'趨吉避凶者爲君子。'依老爺這話，不但不能報效朝廷，亦且自身不保，還要三思爲妥！"這"三思"的結果，當然只能是"徇情枉法，胡亂判斷了此案"，讓薛蟠逍遙法外。封建官場就是這樣一個黑暗的世界！在權貴勾結、官官相護的社會中，公正執法的"正理"早被污濁的做官"要訣"吞噬了。當然，柳下惠的話如果脫離政治領域而從一般意義上來說，那就是魯迅所說的"人間直道窮"（見《哀范君三章》），其借鑒意義就更大了。

18.3

　　齊景公待孔子[1]，曰："若季氏，則吾不能，以季、孟之間待之【1】[2]。"曰："吾老矣，不能用也。"孔子行[3]。

【注釋】

〔1〕邢昺曰："待，遇也，謂以禄位接遇孔子也。"

〔2〕何晏引孔曰："魯三卿，季氏爲上卿，最貴；孟氏爲下卿，不用事。言待之以二者之間。"○邢昺曰："景公言，我待孔子以上卿之位若魯季氏則不能，以其有田氏專政故也，又不可使其位卑若魯孟氏。故欲待之以季、孟二者之間。"○劉寶楠曰："昭四年《左傳》：季孫爲司徒，叔孫爲司馬，孟孫爲司空。司徒，上卿也。司空，下卿也。哀二年《經》書'季孫斯、叔孫州仇、仲孫何忌帥師伐邾'，此正魯三卿之位次。但孟氏雖居下卿，而權重於叔氏，故當時多言季、孟。此注謂孟不用事，誤。"○

覺按：季氏：見 3.1 注〔1〕。此時（參見注〔3〕）當爲季平子（季孫意如）或季桓子（季孫斯）在位。　孟：此指孟孫氏，習稱“孟氏”（猶季孫氏習稱“季氏”）。參見 2.5 注〔3〕、3.2 注〔1〕。

〔3〕邢昺曰：“案《世家》云：魯昭公奔齊。頃之，魯亂。孔子適齊。景公數問政。景公説，將以尼谿田封孔子。晏嬰諫而止之。異日，景公止孔子曰：‘奉子以季氏，吾不能，以季、孟之間待之。’齊大夫欲害孔子，孔子聞之。景公曰：‘吾老矣，弗能用也。’孔子遂行，反乎魯。”○覺按：《史記·孔子世家》：“孔子遂行，反乎魯。孔子年四十二，魯昭公卒於乾侯，定公立。”孔子因爲“魯亂”而“適齊”，則其返回魯國當在魯國安定之時，即魯定公元年（公元前 509 年）以後。魯定公元年爲齊景公三十九年，齊景公當時可能已經六七十歲，所以説“吾老矣”。

【譯文】

齊景公招待孔子，説：“像上卿季氏那樣讓您執政，因爲現在田氏執政而我不能做到，就拿季氏、孟氏之間的待遇來款待您。”後來又説：“我老了，不能任用您了。”孔子就走了。

【評析】

孔子的抱負是想用自己的政治學説去治國，而齊景公又因爲田氏已執政而不能再讓孔子執政。孔子見自己的抱負不可能實現，所以藉口年老而推辭了。他所説的“不能用”，其實是“不願用於無執政權的臣位”，但他不直説，而用“老矣”作爲理由，就既顯得有理，又委婉得體。這種推辭方式值得借鑒。

18.4

齊人歸女樂〔1〕，季桓子受之，三日不朝，孔子行〔2〕。

【注釋】

〔1〕陸德明曰：“歸，鄭作‘饋’。”○覺按：參見 17.1 注〔3〕。
〔2〕何晏引孔曰：“桓子，季孫斯也，使定公受齊之女樂，君臣相與觀之，廢朝禮。”○劉寶楠引江永《鄉黨圖考》云：“考《十二諸侯年表》及

《衛世家》，皆於靈公三十八年書'孔子來，禄之如魯'。靈公三十八年，當魯定十三。蓋女樂事，在十二十三冬春之間，去魯實在十三年春。"○覺按：季桓子：見3.1注〔1〕。《史記·十二諸侯年表》載：魯定公十二年（公元前498年），"齊來歸女樂，季桓子受之，孔子行"。《史記·魯周公世家》載：魯定公十二年，"季桓子受齊女樂，孔子去"。《史記·孔子世家》載：魯定公十四年（公元前496年），"孔子年五十六，由大司寇行攝相事""與聞國政三月"，魯國大治，"齊人聞而懼，曰：'孔子爲政必霸，霸則吾地近焉，我之爲先并矣。盍致地焉？'犂鉏曰：'請先嘗沮之；沮之而不可則致地，庸遲乎！'於是選齊國中女子好者八十人，皆衣文衣而舞康樂，文馬三十駟，遺魯君。陳女樂文馬於魯城南高門外，季桓子微服往觀再三，將受，乃語魯君爲周道游，往觀終日，怠於政事。子路曰：'夫子可以行矣。'孔子曰：'魯今且郊，如致膰乎大夫，則吾猶可以止。'桓子卒受齊女樂，三日不聽政；郊，又不致膰俎於大夫。孔子遂行"。《史記》所記年份自相牴牾。綜合以上記載，齊來歸女樂在魯定公十二年（公元前498年），孔子離開魯國當在魯定公十三年春。孔子離開魯國的原因除了桓子受女樂而三日不聽政，還因爲魯國在祭祀後沒按照禮制把祭肉分發給大夫。

【譯文】

齊國人來贈送女子樂隊，季桓子接受了她們，三日不上朝辦事而與國君觀賞其音樂舞蹈，孔子就走了。

【評析】

國君沉迷於"女樂"之中，顯然是政治之大忌。孔子既無法接受，又無力勸阻，只能一走了之。這與18.1所説的"微子去之"一樣，是一種既保持名節又保全性命的處事之道。另一種方式則是以死諫諍，18.1提到的比干以及春秋末年吳國的伍子胥即如此。這種方式雖然守住了忠烈的節操，卻獻出了生命，其精神可嘉，但結果卻不理想，因爲碰到那種剛愎自用的昏君，其獻身不過是無謂的犧牲而已。相比之下，孔子之出走實不失爲一種明智之舉。

18.5

　　楚狂接輿歌而過孔子⁽¹⁾，曰："鳳兮鳳兮！何德之衰【²】⁽²⁾？往者不可諫【³】，來者猶可追【⁴】⁽³⁾。已而已而【⁴】！今之從政者殆而【⁵】！"孔子下【⁶】，欲與之言。趨而辟之【⁵】，不得與之言【⁶】。

【注釋】

〔1〕皇侃曰："接輿，楚人也。姓陸，名通，字接輿。昭王時，政令無常，乃被髮佯狂，不仕，時人謂之爲楚狂也。"○劉寶楠曰："《韓詩外傳》稱'楚狂接輿躬耕以食，楚王使使者齎金百鎰，願請治河南。接輿笑而不應，乃與其妻偕隱，變易姓字，莫知所之'。觀此，則接輿乃其未隱時所傳之姓字。後人因'孔子下'解爲下車，遂謂楚狂與夫子之輿相接而歌，誤也。"○覺按：楚：古國名，羋姓，祖先是季連，其後代鬻熊的曾孫熊繹被周成王封在楚地荊山（在今湖北省沮水、漳水發源處）一帶，故又稱"荊"。其始都丹陽（在今湖北省秭歸縣東南）。到熊渠時，疆域擴大到長江中游。楚文王遷都於郢（今湖北省荊州市荊州區西北之紀南城）。春秋時兼併周圍小國，楚莊王曾爲霸主，疆域西北至武關（在今陝西省丹鳳縣東南），東南到昭關（在今安徽省含山縣北），北至今河南省南陽市，南至洞庭湖以南。戰國時疆域又有擴大。後來屢敗於秦，公元前 223 年爲秦所滅。參見《史記·楚世家》。　　接輿：楊伯峻猶從曹之升《四書摭餘說》"接孔子之輿者謂之'接輿'，非名亦非字也"之說，誤。《莊子·人間世》說"孔子適楚，楚狂接輿遊其門"，也可證此文之"過"指經過孔子之門，而非指"接孔子之輿"。下文"孔子下"指孔子下堂準備出門"與之言"，而非指下車（見注〔6〕）。《史記·孔子世家》："楚狂接輿歌而過孔子……趨而去，弗得與之言。於是孔子自楚反乎衞。是歲也，孔子年六十三，而魯哀公六年也。"由此可知，此事發生在魯哀公六年（公元前 489 年）。

〔2〕何晏引孔曰："比孔子於鳳鳥。鳳鳥待聖君乃見，非孔子周行求合，故曰衰。"

〔3〕何晏引孔曰："自今已來，可追自止，避亂隱居。"

〔4〕朱熹曰："已，止也。而，語助辭。"

〔5〕邢昺曰："殆，危也。……而，皆語辭也。"

〔6〕陸德明曰："包云'下車也'，鄭云'下堂出門也'。"○覺按：當從鄭注，《莊子·人間世》說"楚狂接輿遊其門"可證。包注誤，因爲孔子如果在車上"欲與之言"，根本不用下車。

【譯文】

楚國裝瘋的接輿唱着歌經過孔子之門，歌詞是："鳳凰啊鳳凰啊！爲什麼您的德行這樣衰敗而到處找官做？您過去的行爲已不可能勸阻，但將來的行爲還可以補救。罷休吧，罷休吧！當今從政的人可危險啦！"孔子下堂出門，想和他說話。他小步快走而避開孔子，孔子因而不能和他說什麼了。

【評析】

古代傳說，鳳凰只出現在聖明君主大治天下的盛世。接輿將孔子比作高尚的鳳凰，但孔子卻周遊列國去找官做，根本不管其國君是否聖明，所以接輿譏刺他德行敗壞。其實，孔子是想拯救混亂的社會纔這樣做的，但他想下車辯白，接輿卻避而不見。之所以會有此隔閡，實基於他們對當時社會的不同看法。孔子認爲這社會還可以拯救，所以奔走四方找官做，以便實行他理想中的仁政。接輿認爲這社會已經不可救藥，所以去做官只是同流合污而已。由此可見，對社會的不同認識會影響對人們行爲的道德評價。至於"往者不可諫，來者猶可追"，雖出自狂人之口，卻道出了天下的常理：亡羊補牢，爲時未晚。

18.6

長沮、桀溺耦而耕，孔子過之，使子路問津焉〔1〕。長沮曰："夫執輿者爲誰【7】〔2〕？"子路曰："爲孔丘。"曰："是魯孔丘與？"曰【8】："是也。"曰："是知津矣〔3〕。"問於桀溺，桀溺曰："子爲誰？"曰："爲仲由。"曰："是魯孔丘之徒與？"對曰："然。"曰："滔滔者〔4〕，天下皆是也，而誰以易之^[5]？且而與其從辟人之士也，豈若從辟世之士哉【9】^[6]？"耰而不輟^[7]。子路行以告。夫子憮然^[8]，曰："鳥獸不可與同羣【10】^[9]，吾非斯人之徒與而誰與^[10]？天下有道，丘不與易也。"

【注釋】

〔1〕何晏引鄭曰："長沮、桀溺，隱者也。耜廣五寸，二耜爲耦。津，濟渡處。"○劉寶楠曰："金履祥《集注考證》說：'長沮、傑溺，名皆從水。子路問津，一時何自識其姓名。諒以其物色名之，如荷蕢、晨門、荷蓧丈人之類。蓋二人耦耕於田，其一人長而沮洳，一人桀然高大而塗足，因以名之。'"○覺按：長沮、桀溺：參見 13.18 注〔1〕。《史記·孔子世家》："魯哀公三年，而孔子年六十矣。……明年，孔子自陳遷于蔡。……明年，孔子自蔡如葉。……去葉，反于蔡。長沮、桀溺耦而耕，孔子以爲隱者，使子路問津焉。……他日，子路行，遇荷蓧丈人。"由此可見，此事發生在魯哀公五年（公元前 490 年）。《史記·孔子世家》"長沮、桀溺耦而耕"《正義》："《括地志》云：'黃城山俗名菜山，在許州葉縣西南二十五里。'《聖賢冢墓記》云：'黃城山即長沮、桀溺所耕處。下有東流，則子路問津處也。'"據此，則長沮、桀溺所耕處在今河南省葉縣西南。

〔2〕邢昺曰："執輿，謂執轡在車也。時子路爲御，既使問津，孔子代之而執轡。"

〔3〕何晏引馬曰："言數周流，自知津處。"

〔4〕滔滔：大水洶湧奔流的樣子，喻指社會動蕩混亂的局面。

〔5〕朱熹曰："以，猶與也。言天下皆亂，將誰與變易之？"

〔6〕陸德明曰："辟，音避。"○朱熹曰："而，汝也。辟人，謂孔子。辟世，桀溺自謂。"○覺按：表示"汝"，古代多用"爾"。

〔7〕何晏引鄭曰："耰，覆種也。輟，止也。覆種不止，不以津告。"○劉寶楠曰："《說文》：'耰，摩田器。'是耰本器名，用以摩田。而此云'覆種'者，徐鍇《說文繫傳》云：'謂布後以此器摩之，使土開發處復合以覆種也。'"

〔8〕憮然：惘然。"憮""惘"音近相通，猶"亡""無"之相通（參見 3.5 注〔1〕、6.3 注〔4〕、7.25 注〔3〕、12.5 注〔1〕、15.26 注〔3〕、17.15 注〔2〕）

〔9〕劉寶楠曰:"山林是鳥獸所居,人隱居山林,是與鳥獸同羣也。"

〔10〕斯人:此人,指孔子自己。當時孔子不過是與其門徒在一起,前人把"斯人"解爲"此天下人",不當。

【譯文】

長沮、桀溺並排用木把犁翻土耕田,孔子乘車經過其身旁,讓子路去向他們打聽渡口在哪裏。長沮説:"那拿着繮繩掌車的是誰?"子路説:"是孔丘。"長沮説:"這是魯國的孔丘嗎?"子路説:"是的。"長沮説:"這個人常在外面奔走,他知道渡口在哪裏了。"子路問桀溺,桀溺説:"您是誰?"子路説:"是仲由。"桀溺説:"您是魯國孔丘的門徒嗎?"子路回答説:"是的。"桀溺説:"動蕩混亂的局面,天下都是這個樣子,你能和誰一起來改變這個社會呢?況且你與其跟從孔丘這種避開世俗之君的人士,哪裏及得上跟從我們這些避開世俗社會的隱士呢?"他們只管用平土鋤淺埋種子而不停手。子路走過來把他們的話告訴給孔子。孔夫子憫然若失,説:"在山林之中的飛鳥野獸是不可以和它們合羣的,我不和自己的門徒在一起,能和誰在一起呢?如果天下有道德而政治清明,我孔丘就不和你們一起來改變這個社會了。"

【評析】

此章進一步體現了孔子想改變社會狀況的入世思想以及隱士認爲這社會已無法改變而只能隱居的出世觀念,可與上一章參閱。

18.7

子路從而後,遇丈人以杖荷蓧【11】〔1〕。子路問曰:"子見夫子乎?"丈人曰:"四體不勤〔2〕,五穀不分【12】〔3〕,孰爲夫子?"植其杖而芸〔4〕,子路拱而立。止子路宿【13】,殺雞爲黍而食之〔5〕,見其二子焉〔6〕。明日,子路行以告。子曰:"隱者也。"使子路反見之。至,則行矣。子路曰〔7〕:"不仕無義。長幼之節,不可廢也〔8〕;君臣之義,如之何其廢之【14】?欲潔其身而亂大倫【15】〔9〕。君子之仕也,行其義也。道之不行【16】，已知之矣。”

【注釋】

〔1〕何晏引包曰：“丈人，老人也。”○覺按：此事發生在魯哀公五年（公元前 490 年），見 18.6 注〔1〕。　　荷：負。蓧：除草用的竹製耘田器，用來蹋去水田之草。

〔2〕皇侃曰：“四體，足、手也。”

〔3〕朱熹曰：“分，辨也。”○覺按：據《周禮·夏官·職方氏》“其穀宜五種”鄭玄注，五穀指黍（黍子，性黏，去皮後北方稱黃米子，是比較好的糧食作物）、稷〔即穄（jì）子，跟黍子相似而籽實發黑不黏，也叫穈（méi）子，是比較粗劣的糧食作物，由於它是古代最早種植的一種穀物，所以古人稱之爲百穀之長〕、菽（豆類的總稱）、麥、稻。。

〔4〕何晏引孔曰：“植，倚也。除草曰芸。”○皇侃曰：“植，竪也。”○陸德明曰：“芸，音云，多作‘耘’字。”○覺按：楊伯峻把“植”譯爲“扶着”，與孔安國一樣，都是拘泥於“杖”而產生的誤解。上文説“以杖荷蓧”，可見此“杖”並不是用來倚扶的。　　芸：通“耘”。

〔5〕陸德明曰：“食，音嗣。”○覺按：食（sì）：通“飼”，給……吃。

〔6〕陸德明曰：“見，賢遍反。”○覺按：見（xiàn）：使……見。

〔7〕何晏引鄭曰：“留言以語丈人之二子。”

〔8〕皇侃曰：“汝知見汝二子，是識長幼之節不可廢闕。”

〔9〕皇侃曰：“大倫，謂君臣之道理也。”○朱熹曰：“人之大倫有五：父子有親，君臣有義，夫婦有別，長幼有序，朋友有信是也。”○覺按：朱熹所説爲“人倫”（見《孟子·滕文公上》），而非“大倫”。丈人未亂長幼之節（見注〔8〕），可見朱説不當，此當從皇侃之説。

【譯文】

子路跟從孔子出行而落在後面，遇見一位老人用手杖扛着除草的耘田器。子路問道：“您看見我老師了嗎？”老人説：“你四肢不勞動，五穀分不清，誰是你的老師？”他把自己的手杖插在地上而只管除草，子路便恭敬地拱手站在旁邊。於是他留子路過夜，殺了雞做了黃米飯給子路吃，還讓自己的兩個孩子來見子路。第二天，子路走來把這些情況告訴給孔子。孔子説：“是隱士啊。”就讓子路返回再見見他。子路到他家，他卻走掉了。子路對他的孩子説："不做官是不符合道義的。我和你們之間這年長年幼的禮節，你父親都知道不可抛棄；君主和臣子之間的道義，他怎麼就把它抛棄了呢？這正是想使自己清白而搞亂了重大的倫理道德。君子去做官，是奉行君臣之間的道義啊。孔子的學説不能實行，我們現在已經知道這種情況了。"

【評析】

此章與上兩章交相輝映，進一步彰顯了孔子入世思想與隱士出世觀念的不同，明確揭示了孔子尋求出仕是爲了奉行"君臣之義"，但同時也道出了孔子之道難以實行的殘酷現實。

18.8

逸民[1]：伯夷、叔齊、虞仲、夷逸、朱張、柳下惠、少連[2]。子曰："不降其志，不辱其身【17】，伯夷、叔齊與[3]！"謂柳下惠、少連："降志辱身矣，言中倫，行中慮[4]，其斯而已矣。"謂虞仲、夷逸："隱居放言[5]，身中清，廢中權[6]。""我則異於是，無可無不可[7]。"

【注釋】

〔1〕何晏曰："逸民者，節行超逸也。"

〔2〕朱熹曰："虞仲，即仲雍，與大伯同竄荆蠻者。"○劉寶楠曰："《尸子》云：'夷逸者，夷詭諸之裔。或勸其仕，曰："吾譬則牛，寧服軛以耕於野，不忍被繡入廟而爲犧。"'《禮・雜記》：'孔子曰："少連、大連善居喪，三日不怠，三月不解，期悲哀，三年憂，東夷之子也！"'此夷逸、少連二人事可考者。朱張見《漢書・古今人表》。"○覺按：虞仲：《史記・周本紀》也作"虞仲"，《史記・吳太伯世家》作"仲雍""吳仲雍"。"虞""吳"古同音，皆爲疑母魚部平聲字。"仲"是排行，《史記・吳太伯世家》"太伯弟仲雍"《索隱》："'伯''仲''季'是兄弟次第之字。"仲雍是周太王之次子，太伯之弟。因太王想立少子季歷，所以他和太伯一起逃避到江南，創建了吳國。太伯死後，他繼立爲吳君。其事跡見《史記・吳太伯世家》《吳越春秋・吳太伯傳》。

〔3〕何晏引鄭曰："言其直己之心，不入庸君之朝。"○劉寶楠曰："《孟子·公孫丑篇》：'孟子曰：伯夷非其君不事，非其友不友，不立於惡人之朝，不與惡人言。'"

〔4〕邢昺曰："此二人食祿亂朝，是降志辱身也。"○劉寶楠曰："《孟子·公孫丑篇》：'柳下惠不羞汙君，不卑小官，遺佚而不怨，阨窮而不憫。故曰："爾爲爾，我爲我，雖袒裼裸裎於我側，爾焉能浼我哉？"故由由然與之偕而不自失焉，援而止之而止。'"○覺按：18.2載柳下惠之"直道而事人"，即此所謂"言中倫，行中慮"也。

〔5〕何晏引包曰："放，置也。不復言世務。"

〔6〕朱熹曰："仲雍居吳，斷髮文身，裸以爲飾。隱居獨善，合乎道之清。放言自廢，合乎道之權。"

〔7〕何晏引馬曰："亦不必進，亦不必退，惟義所在。"○皇侃曰："王弼曰：'朱張字子弓，荀卿以比孔子。'今序六人而闕朱張者，明取舍與己合同也。"○覺按："唯義所在"，則有可有不可，故馬説不當。此"無可無不可"，當指沒有固定不變的志向，是否從政由命運來決定。即14.36所説的："道之將行也與？命也。道之將廢也與？命也。"王弼所謂的"荀卿以比孔子"，是指《荀子》的《非相篇》《非十二子篇》《儒效篇》將"仲尼、子弓"相提並論而言。

【譯文】

超脱的人：伯夷、叔齊、虞仲、夷逸、朱張、柳下惠、少連。孔子説："不降低自己的志向，不使自己受到侮辱，是伯夷、叔齊吧！"評論柳下惠、少連："雖然降低自己的志向而使自己受到侮辱了，但説話符合倫理，行動符合自己的考慮，他們也就這個樣子罷了。"評論虞仲、夷逸："隱居而不談政治，自身的操行合乎清白，捨棄不幹的事合乎對利弊的權衡。"最後説："我則不同於這些人，沒有什麽可以的，也沒有什麽不可以的，是否去做官就由命運來安排吧。"

【評析】

超脱之人，或如伯夷、叔齊之類，爲了保持自己的清廉而不在自己不認可的政治環境中做官；或如柳下惠、少連之類，雖然不顧清廉而在污濁的政治環境中做官，但有獨立的思考，言行符合正道而不同流合污；或如虞仲、夷逸之類，避世隱居，不問政治，保持清白以遠離人禍。孔子是入世的，不願隱居而想做官（參見 18.5—18.7），所以他異於伯夷、叔齊、虞仲、夷逸，但又不願在污濁的政治環境中做官（參見 18.4），所以又異於柳下惠、少連。他所説的"無可無不可"，其實是想做執政大臣來實現自己的仁政理想，否則就不幹（參見 18.3）。正因爲如此，他繞周遊列國而未能做官，最後只能回到家鄉從事教育工作。

18.9

大師摯適齊[1]，亞飯干適楚[2]，三飯繚適蔡[3]，四飯缺適秦[4]。鼓方叔入於河【18】[5]，播鼗武入於漢【19】[6]，少師陽、擊磬襄入於海[7]。

【注釋】

〔1〕何晏引孔曰："魯哀公時，禮壞樂崩，樂人皆去。"○陸德明曰："大，音太。"○劉寶楠曰："太師摯等皆殷人……《漢書·古今人表》太師摯等同在智人之列，其次在殷末周前，顏師古注：'自師摯已下八人，皆紂時奔走分散而去。'又《禮樂志》云：'《書序》：殷紂斷棄先祖之樂，迺作淫聲，用變亂正聲，目説婦人。樂官師瞽抱其器而奔散，或適諸侯，或入河海。'師古注：'《論語》云云，此《志》所云，及《古今人表》所敍，皆謂是也。云諸侯者，追繫其地，非爲當時已有國名。'……孔此説無據。"○覺按："大"同"太"（參見 3.23 注〔1〕）。梁玉繩《人表考》卷三云："案孔子明言'師摯之始'（覺按：見 8.15），則孔安國注八人云魯哀公時樂人，自不可易。史遷《禮書》序亦云：'仲尼没後，受業之徒沈湮而不舉，或適齊、楚，或入河、海。'乃《十二侯表》復以師摯爲厲王時人，何也？而本書（覺按：指《漢書》）《禮樂志》及董仲舒對策並以爲紂時人，故《表》列摯等于三仁、八士之間。康成又以爲平王時人。斯皆學者異傳，義指乖别，不足據依。小顏就文通説，未免守株；而于《禮樂志》反謂孔注未允，以齊、楚、秦、蔡是追繫其地，何專僻之甚耶？"此文之八人究竟是何時人，漢代已有異説。蓋古史湮没，異傳難免。相比而言，以漢人文獻爲據，不若以《論語》内證爲確，故此當從孔安國、梁玉繩之説。然劉寶楠之説亦非一家之言，故録之供讀者參考。

〔2〕皇侃曰："亞，次也。飯，湌也。干，其名也。古天子諸侯湌必共奏樂，每食各有樂人。亞飯干是第二湌奏樂人也。"

〔3〕皇侃曰："繚，名也，第三湌奏樂人。"

〔4〕皇侃曰："缺，名也，第四湌奏樂人。"○覺按：秦：周代諸侯國名，嬴姓，開國君主是秦襄公，因其護送周平王東遷有功而被周平王封爲諸侯。春秋時建都於雍（在今陝西省鳳翔縣東南），佔有今陝西省中部和甘肅省東南部。秦穆公曾攻滅西戎十二國而稱霸西方。戰國初國力衰弱。秦孝公任用商鞅變法，因而國富兵强，並遷都咸陽（在今陝西省咸陽市東北），成爲戰國七雄之一。秦昭王時不斷奪得韓、魏、趙、楚等國土地，又滅掉了周王朝。公元前 221 年秦王政（秦始皇）統一中國而建立秦朝。參見《史記·秦本紀》。

〔5〕何晏引包曰："鼓，擊鼓者。方叔，名。入，謂居於河内。"○覺按：河：黃河。包咸所説的河内，指今河南省黃河以北地區。

〔6〕邢昺曰："播，摇也。鼗，如鼓而小，有兩耳，持其柄摇之，旁耳還自擊。摇鼗鼓者名武入居於漢中也。"○覺按："鼗"音 táo。　漢：漢水。邢昺所説的漢中，在今陝西省漢中市東。

〔7〕朱熹曰："少師，樂官之佐。陽、襄，二人名。"○覺按：海：見5.7 注〔1〕。

【譯文】

太師摯到了齊國，爲第二頓飯食奏樂的干到了楚國，爲第三頓飯食奏樂的繚到了蔡國，爲第四頓飯食奏樂的缺到了秦國。敲鼓的方叔到了黃河邊居住，摇撥浪鼓的武到了漢水邊居住，少師陽、敲石磬的襄到了渤海邊居住。

【評析】

社會政治黑暗，人才就會外流。反過來，人才的流向也可以用來檢驗社會政治的好壞。

18.10

周公謂魯公曰[1]："君子不施其親[2]，不使大臣怨乎不以[3]。故舊無大故[4]，則不棄也。無求備於一人。”

【注釋】

〔1〕何晏引孔曰：“魯公，周公之子伯禽，封於魯。”

〔2〕劉寶楠曰：“不施，即‘不弛’叚借。鄭注《坊記》云：‘弛，棄忘也。’”

〔3〕何晏引孔曰：“以，用也。怨不見聽用。”

〔4〕何晏引孔曰：“大故，謂惡逆之事。”○皇侃曰：“故舊，朋友也。”

【譯文】

周公旦對魯公説：“擁有國家的君子不遺忘自己的親屬，不使大臣因爲其建議不被聽用而抱怨。過去的老朋友沒有大的罪過，就不抛棄他們。別對一個人求全責備。”

【評析】

新君主要穩坐江山，首先必須得到衆人的擁護，所以要團結一切可以團結的人。凡親屬、大臣、故交等，除了有大逆不道等重大罪過的應該加以懲處，其他的都應該採取寬容的態度，不能求全責備而使可以團結的人離開自己。周公是孔子心目中的聖人，所以他這種寬恕之政爲儒家所宣揚。但是，不求全責備是可取的，不棄故舊就難免妨礙吐故納新，使官僚機構日益臃腫老化，這對政治沒有好處。

18.11

周有八士：伯達、伯适、仲突、仲忽、叔夜、叔夏、季隨、季騧[1]。

【注釋】

〔1〕何晏引包曰：“周時四乳生八子，皆爲顯士，故記之耳。”○皇侃引師説曰：“乳，猶俱生也。有一母四過生，生輒雙二子。”○覺按：伯、仲、叔、季是排行，故知此八士是四對雙胞胎。“适”音 kuò。“騧”音 guā。

【譯文】

周朝有八位賢士：伯達、伯适、仲突、仲忽、叔夜、叔夏、季隨、季騧。

【評析】

將賢士之名記載下來，是爲了彰顯其賢德而勉勵後人學習。後世的光榮榜即繼承了這一方式。

【本篇校勘記】

【1】間：朱本、蔡本、監本同，邢本、皇本作“閒”。

【2】衰：邢本、朱本、蔡本、監本同，皇本作“衰也”。

【3】往：皇本、朱本、蔡本、監本同，邢本作“徃”。諫：邢本、朱本、蔡本、監本同，皇本作“諫也”。

【4】追：邢本、朱本、蔡本、監本同，皇本作“追也”。

【5】辟：邢本、朱本、蔡本、監本同，皇本作“避”。18.6 二“辟”字同此。

【6】言：邢本、朱本、蔡本、監本同，皇本作“言也”。

【7】誰：邢本、朱本、蔡本、監本同，皇本作“誰乎”。

【8】曰：邢本、朱本、蔡本、監本同，皇本作“對曰”。

【9】世：皇本同，邢本、朱本、蔡本、監本作“丗”。

【10】羣：邢本、朱本、蔡本、監本同，皇本作“羣也”。

【11】篠：邢本、朱本、蔡本、監本同，皇本作“篠”。

【12】穀：皇本同，邢本、蔡本作“穀”，朱本、監本作“穀”。

【13】止：邢本、皇本、朱本、監本同，蔡本作“也”。

【14】廢之：邢本、朱本、蔡本、監本同，皇本作“可廢也”。

【15】潔：皇本、蔡本同，邢本、監本作“絜”，朱本作“潔”。

【16】行：邢本、朱本、蔡本、監本同，皇本作“行也”。

【17】身：邢本、朱本、蔡本、監本同，皇本作“身者”。

【18】於：邢本、朱本、蔡本、監本同，皇本作“于”。下二“於”字同此。

【19】韶：邢本、朱本、蔡本、監本同，皇本作“韶”。

論語善本彙校集注譯評卷第十

子張第十九

【提要】

本篇記載孔子弟子之言或其轉述的孔子之語，涉及人生修養，交往之道，教學從政，守喪孝道，以及對孔子的評價。

在孔子弟子看來，作爲士君子，應該嚴肅莊重，堅信正道，弘揚道德，保持大節，“見危致命，見得思義，祭思敬，喪思哀”，不文過飾非，勇於改過，不徒有儀表。與別人交往，應該“尊賢而容衆，嘉善而矜不能”。在教學從政方面，不應該去學習異端小道，而應該學習大道，思考當前要解決的問題；每天有新知，又不忘過去已獲得的知識。教人時應該循序漸進，以免學生產生厭倦情緒。做官有了時間就應該去學習，學有餘力應該去做官。做官時應該取得民衆的信任以後纔去煩勞他們，取得領導的信任以後纔去勸諫。由於天下無道，即使發現了民衆的罪行，也應該哀憐他們而不應該爲破案而高興。操辦喪事，盡其哀思即可。作爲大夫，“不改父之臣與父之政”，可謂大孝。篇中子貢對孔子作了很高的評價，說孔子無所不學，其學問之深令人難以入門，其德行之高與日月同輝，其政治才能一發揮便有立竿見影之效。

19.1

子張曰：“士見危致命[1]，見得思義，祭思敬，喪思哀，其可已矣。”

【注釋】

〔1〕皇侃曰：“若見國有危難，必不愛其身，當以死救之，是‘見危致命’也。”○覺按：“見危致命”即 1.7 所說的“事君能致其身”，指爲國犧牲。

【譯文】

子張説："賢德之士看見國家危險時能獻出自己的生命，遇見得利的事能想到道義，祭祀的時候能想到恭敬，守喪的時候能想到悲哀，這樣大概也就可以了。"

【評析】

爲國難獻身，不取不義之財，祭祀時虔誠恭敬，對死去的親人朋友寄以深深的哀思，已經成爲中華文化中的優秀傳統。

19.2

子張曰："執德不弘，信道不篤，焉能爲有？焉能爲亡[1]？"

【注釋】

〔1〕何晏引孔曰："言無所輕重。"○皇侃曰："弘，大也。篤，厚也。亡，無也。世無此人，則不足爲輕；世有此人，亦不足爲重。"

【譯文】

子張説："奉行道德原則不能發揚光大，相信正確的學説不能堅定不移，這種人哪能算有？哪能算無？"

【評析】

對某一種思想學説，只有篤信不疑，堅決維護並發揚光大，纔真正是這一學説陣營中的一員。否則，説有他吧，但他對"道""德"的繼承推進没有多大作用，所以説"焉能爲有"；説没有他吧，但他又自稱是"執德""信道"之人，所以説"焉能爲亡"。這種人，對這一學説陣營來説，實是可有可無、無足輕重的。

19.3

子夏之門人問交於子張。子張曰："子夏云何?"對曰："子夏曰:'可者與之,其不可者拒之[1]。'"子張曰:"異乎吾所聞[1]。君子尊賢而容眾,嘉善而矜不能。我之大賢與,於人何所不容? 我之不賢與,人將拒我,如之何其拒人也?"

【注釋】

〔1〕乎:於。

【譯文】

子夏的弟子向子張詢問與人交往的原則。子張説:"子夏説了什麽?"子夏的弟子回答説:"子夏説:'合適的就和他在一起,那不合適的就拒絕他。'"子張説:"和我從先生那裏聽到的不同。君子尊重賢德的人而寬容一般的人,讚賞善良的人而同情無能的人。我如果非常賢能嘛,對別人哪裏還有不能寬容的? 我如果不賢能嘛,別人將拒絕我,怎麽輪得上我去拒絕別人呢?"

【評析】

對於尚未成熟的人,交朋友應該像子夏所説的那樣,要交志同道合、有助於自己進步的賢德之士,而不應該交無益於自己進步的酒肉朋友。至於子張所説的"尊賢而容眾,嘉善而矜不能",顯然是針對有修養的"君子"來説的,它是君子與一般人交際時應該採取的態度,是孔子所倡導的愛人之"仁"。這樣待人,往往能得人心。

19.4

子夏曰:"雖小道[1],必有可觀者焉,致遠恐泥[2],是以君子不爲也。"

【注釋】

〔1〕皇侃曰："小道，謂諸子百家之書也。"○劉寶楠引焦循《補疏》云："聖人一貫，則其道大；異端執一，則其道小。"○覺按：小道：是對宣揚禮教以外的學説的一種貶稱。

〔2〕劉寶楠引鄭注云："泥，謂滯陷不通。"

【譯文】

子夏説："即使是偏於一端的學説，也一定有值得借鑒的地方，但想依靠它達到遠大的目標，恐怕會像陷於泥淖一樣步履維艱，因此君子不去研究它們。"

【評析】

儒家以諸子學説爲"小道"，子夏肯定其價值是正確的。不過，"小道"既然有"可觀者"，就不應該"不爲"，而應該兼收並蓄，進行研究，吸取其可觀之處，對其不能"致遠"的地方則加以剖析反思以爲鑒戒。這樣，就既能增加自己的知識，又不至於被"小道"中的邪説所迷惑。

19.5

子夏曰："日知其所亡〔1〕，月無忘其所能，可謂好學也已矣。"

【注釋】

〔1〕皇侃曰："亡，無也。"

【譯文】

子夏説："每天能知道自己不知道的東西，每個月不忘記自己學會的東西，可以稱得上是好學的了。"

【評析】

學問是不可能一蹴而就的，它只能靠日積月累，所以好學的一個基本特徵就是堅持不懈而積少成多，既要日日"知新"，又要"溫故"而不忘。唯其如此，自己的學識纔能淵博。這猶如財富的積累，既要"開源"，又要"節流"，這樣纔能越來越富裕。當然，對於增進學問來說，"知新"與"開源"一樣，比"溫故"與"節流"具有更爲重要的作用。

19.6

子夏曰："博學而篤志[1]，切問而近思，仁在其中矣。"

【注釋】

〔1〕皇侃曰："篤，厚也。志，識也。言人當廣學經典而深厚識錄之，不忘也。"○覺按："志"與"學""問""思"相類，是動詞，當解爲"記"，即7.2"默而識之"之"識"。

【譯文】

子夏説："廣博地學習而牢牢地記住，切合自己的需要去請教而思考自己接近的問題，仁德就在這些學問之中了。"

【評析】

"博學而篤志"與上一章内容相同而語言更爲精練，所以常被後人引用。"切問而近思"更具有深刻的思想意義。根據自己的需要去求學，思考當前的現實，不但有助於提高自己的學習興趣，而且能達到學以致用的目的。這樣的學習纔是一種有德之行。學而不能致用，那是書呆子的品性。

19.7

子夏曰："百工居肆以成其事[1]，君子學以致其道。"

【注釋】

〔1〕邢昺曰："肆，謂官府造作之處也。"

【譯文】

子夏説："各種工匠依靠所在的作坊完成他們的工作，君子通過學習來獲得正確的學説。"

【評析】

工匠要依靠其作坊中的設備纔能製作器物，這只是比喻，其主旨在後一句。"學以致其道"，既强調了學習的重要性，又指明了學習的目的。無論什麽人，要獲得正確的思想學説，就得依靠刻苦的學習。

19.8

子夏曰："小人之過也必文【2】〔1〕。"

【注釋】

〔1〕何晏引孔曰："文飾其過，不言情實。"

【譯文】

子夏説："没有道德的小人犯了錯誤，一定會掩飾。"

【評析】

小人一定會文過飾非。反過來説，隱瞞真情、文過飾非的就是小人。具體而言，有些人是因爲其自尊心而文過飾非，有些人是怕承擔責任而文過飾非，但不管是什麽原因，文過飾非都是一種不敢直面事實的不誠實行爲。在儒家看來，君子有錯應如日月之食而爲衆人所知，但改正後會得到衆人的敬仰（見 19.21）。當然，在政治領域，爲了使自己免遭攻擊與傷害，對敵對之人否認自己的錯誤，不作自我批評，這種不誠實行爲是一種政治手段，不可與文過飾非等而視之。

19.9

子夏曰："君子有三變：望之儼然【3】，即之也温〔1〕，聽其言也厲〔2〕。"

【注釋】

〔1〕朱熹曰："儼然者，貌之莊。温者，色之和。"
〔2〕何晏引鄭曰："厲，嚴正。"

【譯文】

　　子夏説："君子有三種變化：遠望他顯得很莊重，靠近他覺得很温和，聽到他的話感到很嚴厲。"

【評析】

　　遠遠看見的是儀表舉止，應該端正莊重；靠近所看見的是臉色，應該和藹可親；接觸後交談不開玩笑，所以覺得嚴厲。舉止、表情、談吐三樣，是與人接觸時最能影響別人的，子夏的確抓住了要害。當然，子夏這裏説的是"君子"，則此文應該在説領導者的基本素養。如果儀表不莊重，説話不嚴肅，就缺乏領導應有的威懾力而難以使人敬畏，但如果缺乏温和的神態而不平易近人，則別人又會敬而遠之，這樣又不利於獲得別人的衷心愛戴。因此，領導者應該致力於做到20.2所説的"威而不猛"。從20.2之文可以看出，子夏之言不過是孔子之言的翻版。

19.10

　　子夏曰："君子信而後勞其民，未信，則以爲厲己也〔1〕；信而後諫，未信，則以爲謗己也。"

【注釋】

〔1〕何晏引王曰："厲，猶病也。"

【譯文】

　　子夏説："君子獲得信任以後纔煩勞他管轄的民衆，如果還沒有獲得民衆的信任就去煩勞他們，他們就會認爲是在虐待他們；君子取得上級的信任以後纔去規勸他改正錯誤，如果還沒有取得上級的信任就去勸他改正錯誤，他就會認爲是在譭謗他。”

【評析】

無論是對下還是對上，取得其信任都是極其重要的，孔子也强調過（參見12.7、17.5）。你一旦取得信任，那麼無論是下級還是上級，都會認爲你所做的一切是爲他們着想的，所以也就容易認可了。子夏的話，道出了這一帶有普遍意義的心理特徵，無疑對孔子的思想有所發展。不過，“未信”時所採取的行動，其後果會因爲權力的大小有無而不同。擁有强大實力的當權者即使未得到民衆的信任就去役使他們，其後果也至多是怨聲載道而已。但是，臣民未獲得擁有生殺大權之人的信任就去勸諫，一旦有所冒犯，輕則“以爲譭己”，嚴重的甚至會有殺身之禍。《韓非子·説難》羅列了很多未獲君主信任時勸説君主而產生的禍難，可參見。

19.11

子夏曰：“大德不踰閑[1]，小德出入可也[2]。”

【注釋】

[1] 何晏引孔曰：“閑，猶法也。”○覺按：閑：栅欄，引申指範圍，法度。

[2] 朱熹曰：“大德、小德，猶言大節、小節。”

【譯文】

子夏説：“重大的道德節操不能越軌，小節有點出入是可以的。”

【評析】

人總會有缺點錯誤，所以對人不能求全責備。評價一個人，只要在重大的原則問題上不犯錯誤就行了，工作中或作風上的小缺點是可以原諒的（參見18.10）。如果吹毛求疵，抓住其小辮子不放，就不是仁人之行了。必須指出的是，子夏所説的“小德”是指道德範圍裏的小節，而不是指罪惡範圍裏的“小惡”。《周易·繫辭下》載孔子之言曰：“小人以小善爲无益而弗爲也，以小惡爲无傷而弗去也，故惡積而不可掩，罪大而不可解。”

"小惡"雖小也是惡。舉例來説，現在幹部中存在的小的腐敗行爲，如"吃一點，喝一點，拿一點，要一點，靈活一點"，就不是什麼"小德"，而是"小惡"，它在嚴重地敗壞我們的社會風氣，侵害國家與人民的利益。許多幹部就是從"吃一點""拿一點"開始墮落爲貪污犯的。因此，"小德出入可也"，而"小惡"則不可"出入"而必須禁止。我們現在的反腐敗，既"打虎"又"拍蠅"，就是爲了使"小惡"不至於氾濫成災。當然，在政治鬥爭中，抓住對方的生活作風等小節窮追猛打，那是另一個層面的事情，不可與此一視同仁。還有，子夏這裏説的是對別人的評判原則，不能理解爲自己應該奉行的爲人之道。對自己，還是應該嚴格要求，不能不拘小節。4.17所説的"見賢思齊焉，見不賢而內自省也"，16.10所説的"九思"以及1.4曾子所説的"三省"等，都是要人們嚴格要求自己之論。

19.12

子游曰："子夏之門人小子，當洒掃、應對、進退則可矣【4】。抑末也，本之則無。如之何？"子夏聞之，曰："噫！言游過矣！君子之道，孰先傳焉，孰後倦焉，譬諸草木，區以別矣。君子之道，焉可誣也？有始有卒者[1]，其唯聖人乎【5】！"

【注釋】

[1] 邢昺曰："卒，猶終也。"

【譯文】

子游説："子夏的門徒弟子，從事灑水掃地、與賓客對答以及進退周旋等倒是可以了。但這些都是不重要的末節小事啊，拿根本性的道德學習來衡量他們就沒有什麼了。對此該怎麼辦呢？"子夏聽到了這些話，説："唉！言游錯啦！君子的教育方法，哪些先傳授給學生，哪些放在以後教育會使學生感到厭倦，拿它打個比方就和茅草和樹木一樣，顯然是可以劃出區域而加以分別的。君子的教育方法，怎麼可以誣蔑呢？教育內容前後一致而有始有終地使學生不知厭倦，大概只有聖人能做到吧！"

【評析】

爲了避免學生的厭學情緒，哪些先教，哪些後教，的確是教師應該考慮的問題。進一步説，培養學生的學習興趣，使學生能自始至終不知厭倦地熱愛學習，無疑是每個教師應該追求的目標。

19. 13

子夏曰：“仕而優則學[1]，學而優則仕。”

【注釋】

[1] 皇侃曰：“優，謂行有餘力也。”

【譯文】

子夏説：“做官如果有了餘力就應該去學習經典文獻，學習經典文獻如果有了餘力就應該去做官。”

【評析】

子夏强調學習，是爲了提高自己的道德，所以他這兩句話實際上是説：當權者應該進一步豐富知識、增强道德，學了正道、有了道德之後應該通過做官去推行。人們幾乎都知道“學而優則仕”這句話，但往往把它理解爲“讀書是爲了做官”，從而當作“讀書做官論”的名言去進行批判，這就有點斷章取義、郢書燕説了。其實，按照語言邏輯，子夏的話首先是强調做官的要努力學習，以提高自己的治理素養與能力，然後是要把學到的東西施之於政治實踐。因此，他的主張實無可厚非。

19. 14

子游曰：“喪致乎哀而止[1]。”

【注釋】

[1] 何晏引孔曰：“毀不滅性。”○朱熹曰：“致極其哀，不尚文飾也。”

○覺按：兩說皆通。

【譯文】

子游説："喪禮能够最大限度地表達自己的悲哀就可結束了。"

【評析】

喪禮的目的是爲了表達對逝者的哀思。如果只追求繁文縟節，講究排場，就本末倒置了。

19.15

子游曰："吾友張也，爲難能也[1]，然而未仁。"

【注釋】

[1] 何晏引包曰："言子張容儀之難及。"

【譯文】

子游説："我的朋友子張，他的莊嚴儀表是別人難以做到的，但還没有達到仁德的地步啊。"

【評析】

儀表莊嚴並非壞事，但僅止於此就不够了。最重要的是心靈美、德行美。

19.16

曾子曰："堂堂乎張也[1]，難與並爲仁矣。"

【注釋】

[1] 邢昺曰："堂堂，容儀盛貌。"

【譯文】

曾子説："子張儀表堂堂啊，但難以和他一起奉行仁德了。"

【評析】

上一章子游之言有所省略，這是口語中常見的現象。本章再記載曾子此言，看似重複，其實正可用來補足子游的話，實非贅言。古代文獻往往有這種可互相補充的異文，值得利用。

19.17

曾子曰："吾聞諸夫子：'人未有自致者也[1]。必也，親喪乎！'"

【注釋】

〔1〕皇侃曰："致，極也。"

【譯文】

曾子説："我從先生那裏聽到過這樣的話：'人還沒有使自己竭盡心思的。一定會竭盡心思的，是爲父母親辦喪事吧！'"

【評析】

"世間爹媽情最真，淚血溶入兒女身。殫竭心力終爲子，可憐天下父母心！"父母盡心竭力的愛己之心是世上最深的感情，所以人們常用爹親娘親來喻説深厚的感情。孔子肯定子女爲父母守喪之盡心竭力，主要是爲了倡導感恩父母之德，同時也揭示了感情對於行爲的支配作用。

19.18

曾子曰："吾聞諸夫子：'孟莊子之孝也[1]，其他可能也，其不改父之臣與父之政，是難能也【6】。'"

【注釋】

〔1〕何晏引馬曰："孟莊子，魯大夫仲孫速（覺按：監本"速"作"連"，此據邢本）也。"○朱熹曰："其父獻子，名蔑。"○覺按：《春秋·

襄公二十三年》："仲孫速卒。"杜預注："孟莊子也。"可知其卒於公元前550年。孟獻子仲孫蔑見 2.5 注〔3〕。

【譯文】

曾子説："我從先生那裏聽到過這樣的話：'孟莊子的孝行，其他方面一般人都可以做到，但他完全不變更父親任用的臣子和父親的政策，這是別人難以做到的。'"

【評析】

在儒家看來，孝道中最重要的是全盤繼承父親的志向和事業（參見1.11 評析），其次纔是哀思（見 19.14），最後纔是一般人都能做到的喪禮儀式。

19.19

孟氏使陽膚爲士師〔1〕，問於曾子。曾子曰："上失其道，民散久矣。如得其情，則哀矜而勿喜〔2〕。"

【注釋】

〔1〕何晏引包曰："陽膚，曾子弟子。士師，典獄之官。"○皇侃曰："孟氏，魯下卿也。"

〔2〕何晏引馬曰："民之離散爲輕漂犯法，乃上之所爲，非民之過，當哀矜之，勿自喜能得其情。"○劉寶楠曰："《荀子·勸學篇》注：'散，謂不自撿束。'"

【譯文】

孟氏讓曾子的弟子陽膚做法官，陽膚向曾子請教。曾子説："君主喪失了正確的政治原則，民衆渙散而不約束自己已經很久了。如果您獲得了他們的犯罪實情，就應該哀憐同情他們而別爲自己的破案沾沾自喜。"

【評析】

人們的犯罪如果是黑暗的政治狀況造成的，就值得同情；如果是其個人的惡劣品質造成的，就不值得同情。曾子將民衆犯罪的責任歸咎於昏君，雖也難能可貴，但與聖明君主將民衆犯罪的責任歸咎於自己的治理無方相比，顯然還差一個等級，因爲責人易而自責難啊。《吳越春秋·越王無余外傳》載禹外出見到被捆綁的罪人，就撫摸着他的背哭了。伯益説："這人犯了法，本該如此。您爲什麽爲他傷心？"禹説："社會政治清明，民衆就不會犯罪；社會政治黑暗，就會罪及良民。我作爲皇帝，就要使民衆安居樂業。現在他們犯了法，是我德薄而不能感化民衆啊，所以我纔爲他悲傷。"大禹的話，無疑更值得頌揚。

19. 20

子貢曰："紂之不善【7】〔1〕，不如是之甚也。是以君子惡居下流〔2〕，天下之惡皆歸焉。"

【注釋】

〔1〕紂：一作"受"，名辛，也稱"帝辛""商辛"，商朝末代帝王，被周武王在牧野（在今河南省淇縣西南）打敗後自焚而死。傳説他荒淫無道，是典型的暴君。

〔2〕皇侃曰："下流，謂爲惡行而處人下者也。"〇邢昺曰："若地刑（覺按："刑"通"形"）卑下，則衆流所歸。"

【譯文】

子貢説："商紂王的不良行爲，並不像現在所説的這麽厲害啊。因此君子害怕自己居於下流，因爲這會使天下的惡行都集中到你身上。"

【評析】

紂爲周所滅，所以在周王朝的宣傳中，無疑會將他説得罪大惡極，這其實是出於政治鬥爭的需要。子貢無疑是清醒而公正的，可惜像他這樣實事求是的人太少了。如果排除政治因素，只從道德層面來看，我們也應該"惡居下流"。壞人什麽都壞，這是頭腦簡單的人所習慣的思維邏輯。這種思維邏輯來源於世俗的道德偏見。因爲即使是實事求是地稱道壞人的某些優點，也會被認爲是臭味相投、同流合污；即使是胡編亂造地來誣陷壞人有某些惡行，也會被認爲是疾惡如仇、道德高尚而不會被指責。在這樣的道德氛圍中，一旦被公認爲壞人，也就淪爲衆人唾棄的對象而被説得渾身皆毒、無惡不作了。這種世俗偏見雖然應該摒棄，但實際上卻頑固地存在着，所以我們千萬不能做壞事，以免墮入壞人的行列而遺臭萬年。

19.21

子貢曰："君子之過也，如日月之食焉【8】。過也，人皆見之；更也〔1〕，人皆仰之。"

【注釋】

〔1〕何晏引孔曰："更，改也。"

【譯文】

子貢説："君子犯錯誤，就像日食和月食。犯錯誤的時候，人人都看到它；改正錯誤的時候，人人都敬仰他。"

【評析】

此文的"君子"，當指有地位的政治人物，所以其犯錯誤的時候會像日月之食而爲衆人所見。在這種情況下，只有勇於改正錯誤，纔能獲得衆人的欽佩與擁戴。如果文過飾非，就會成爲人們眼中的小人（參見19.8）。

19.22

衛公孫朝問於子貢【9】〔1〕，曰："仲尼焉學?"子貢曰："文、武之道，未墜於地，在人。賢者識其大者，不賢者識其小者〔2〕，莫不有文、武之道焉。夫子焉不學?而亦何常師之有?"

【注釋】

〔1〕何晏引馬曰："公孫朝，衛大夫。"

〔2〕朱熹曰：“識，記也。”○劉寶楠曰：“賢者識其承天治人之大，不賢者識其名物制度之細。”

【譯文】

衛國的公孫朝問子貢，説：“仲尼是到哪裏學習的？”子貢説：“周文王、周武王的政治學説，還沒有掉到地上，而在人間流傳。賢能的人記住了其中重大的政治原則，不賢能的人記住了其中細小的名物制度，沒有人不知道周文王、周武王的政治學説啊。孔夫子哪裏不去學習？但又哪裏有固定的老師？”

【評析】

有過重大歷史功績的政治原則或學説，往往會滲透到社會的各個領域而影響深遠，所以即使到了禮崩樂壞的春秋末年，“文武之道”仍流傳不絕。所謂“學問”，既要學文獻，又要問賢人。相比而言，現實生活中的很多東西是書本中見不到的，所以向社會學習是極其重要而絕不可偏廢的。孔子無處不學的學習方法無疑值得效仿。

19.23

叔孫武叔語大夫於朝〔1〕，曰：“子貢賢於仲尼。”子服景伯以告子貢。子貢曰：“譬之宮牆【10】，賜之牆也及肩，闚見室家之好【11】；夫子之牆數仞【12】〔2〕，不得其門而入【13】，不見宗廟之美、百官之富【3】。得其門者或寡矣。夫子之云【14】〔4〕，不亦宜乎？”

【注釋】

〔1〕何晏引馬曰：“魯大夫叔孫州仇。武，謚。”○陸德明曰：“仇，音求。”○覺按：《左傳·定公八年》“陽虎劫公與武叔”杜預注：“武叔，叔孫不敢之子州仇也。”

〔2〕何晏引包曰：“七尺曰仞。”○覺按：仞：測量高度和深度的單位。吳承洛《中國度量衡史》第四章第三節《長度之命名》曰：“蓋人以兩手一伸，上下以度，即爲一仞。當時仞度與尺度並無關聯，故其比數不能確

定，僅《孔叢子》有‘四尺謂之仞’之文。而《周書》云‘爲山九仞’，孔安國注云：‘八尺曰仞。’鄭玄注云：‘七尺曰仞。’《論語》‘夫子之牆數仞’，朱子註云：‘七尺曰仞。’《孟子》‘掘井九仞’，朱子又註云：‘八尺曰仞。’其餘或註爲‘七尺’，或註爲‘八尺’。……再考尋與仞皆人伸兩手之全度，惟普通之度法，所謂度廣曰‘尋’，則兩手左右平伸，盡其全度；度深，則兩手上下直伸，不能盡其全度，則仞度小，尋爲八尺，而仞祇有七尺。”

〔3〕劉寶楠引錢坫《後録》云：“《考工記》：‘外有九室，九卿朝焉。’注：‘外，路門之表也。九室，如今朝堂諸曹治事處。’‘百官之富’即指此。案及肩之牆，是士庶人，故以‘室家’爲言。數仞之牆，指天子諸侯，故有宗廟、百官。”

〔4〕何晏引包曰：“夫子，謂武叔。”

【譯文】

叔孫武叔在朝廷上和大夫交談，説：“子貢比仲尼更有德才。”子服景伯把這話告訴給了子貢。子貢説：“將我們的德才比作宮室的圍墻，我端木賜的圍墻啊只高到肩膀，人們可以窺見裏頭房屋的美麗；我老師的圍墻有幾丈高，如果不能找到它的大門進去，就看不見裏頭宗廟的美麗、衆多官舍的富麗堂皇。只是找到其大門的人可能很少了。叔孫先生未進其大門而這樣説，不也是很合適的嗎?”

【評析】

如果用樂曲來比喻，子貢是將自己的德才比作下里巴人，把孔子的德才比作陽春白雪。曲高和寡，沒有一定藝術素養的人只知道通俗歌曲，是欣賞不了高雅音樂的，但這並不妨礙陽春白雪的高雅本質。子貢的比喻，其妙處在於：既指出了膚淺之美之易見與深奧之美之難知，又指明了窺探奧秘之艱難，以引發人們登堂入室的興趣，可謂循循善誘也。

19. 24

叔孫武叔毀仲尼。子貢曰：“無以爲也[1]，仲尼不可毀也。他人之賢者，丘陵也，猶可踰也；仲尼，日月也【15】，無得而踰焉。人雖欲自絶【16】，其何傷於日月乎？多見其不知量也〔2〕！"

【注釋】

〔1〕周法高《中國古代語法·稱代篇》第八章"承上文而省略"一節之"省略介詞賓語"條曰："此謂'無以毁爲也'。"

〔2〕邢昺曰："多，猶適也。……所以'多'得爲'適'者，古人'多''祇'同音。'多見其不知量'，猶襄二十九年《左傳》云'多見疏也'，服虔本作'祇見疏'，解云：'祇，適也。'"○覺按：多：通"祇"（參見《經傳釋詞》卷九）。

【譯文】

叔孫武叔詆毁仲尼。子貢説："别把你的詆毁再幹下去了，仲尼是不可能被毁掉的。其他人的德才，是高大的土山，但還是可以踰越的；仲尼的德才，是太陽和月亮，是不可能踰越的。有人雖然想要自絶於太陽和月亮，他對太陽和月亮又有什麽傷害呢？只能看出他不懂得衡量人啊！"

【評析】

金無足赤，人無完人。從這一意義上説，每個人都有缺點，都會犯錯誤。但一個人的是非功過，經過歷史的檢驗，總會有一個較爲客觀公正的評價。如果抓住其缺點錯誤而無視其優點功業進行詆毁，就缺乏了應有的理性，到頭來只會被衆人所斥責而自招恥辱。因此，一切正確的批評應該是基於事實的客觀評判，而詆毁只是另類。

19.25

陳子禽謂子貢曰："子爲恭也，仲尼豈賢於子乎？"子貢曰："君子一言以爲知【17】〔1〕，一言以爲不知，言不可不慎也。夫子之不可及也，猶天之不可階而升也。夫子之得邦家者〔2〕，所謂立之斯立〔3〕，道之斯行【18】〔4〕，綏之斯來〔5〕，動之斯和。其生也榮，其死也哀，如之何其可及也?"

【注釋】

〔1〕陸德明曰:"知,音'智'。"

〔2〕皇侃曰:"邦,謂作諸侯也。家,謂作卿大夫也。"

〔3〕劉寶楠曰:"'之'指人言,所謂立人也。"

〔4〕陸德明曰:"道,音'導'。"

〔5〕何晏引孔曰:"綏,安也。"

【譯文】

陳子禽對子貢説:"您對老師這樣恭敬,仲尼難道比您更有德才嗎?"子貢説:"君子説出一句話就會被人認爲是明智的,也會因爲説一句話就會被人認爲是不明智的,所以説話不可以不謹慎啊。孔夫子的德才不可能趕上,就好像上天不可能通過階梯登上去啊。孔夫子如果得到國君或卿大夫的職位,就會如人們所説的那樣,讓人站在某一職位就能使他站得住,引導人前進就能使他行得通,安撫人就能使遠方的人來歸附,使人們活動就能使他們和衷共濟。他活着的時候很光榮,他死了人們很悲哀,我怎麽能及得上他呢?"

【評析】

讀此文時回看19.20的"下流"、19.21的"日月之食"、19.23的"宮牆"、19.24的"丘陵""日月",可以看出子貢之善於廣譬博喻,11.3將子貢列爲善於"言語"之人,實名不虛傳。至於子貢對老師的恭敬與推崇,也是他一貫的賢德(參見上兩章),值得我們學習。可惜的是,他那"夫子之得邦家"的假設也太不切實際了。孔子爲人真誠,人格高尚,强調個人責任,雖欲"脩己以安百姓"(參見14.42),在當時也只能被人視爲"知其不可而爲之者"(見14.38),哪會"得邦家"呢?當然,孔子雖然被視爲迂腐,卻也迂腐得可愛而讓人欽佩。由此可見,一個人的人格魅力,並不一定要以其政治生命爲基礎。子貢不拿孔子的聖明智慧來頌揚,而假設其政治生命來宣揚其政治能力,這樣的論證實在是不得要領而不堪一擊的。

【本篇校勘記】

【1】拒：邢本、朱本、蔡本、監本同，皇本作"距"。下二"拒"字同此。

【2】必：邢本、朱本、蔡本、監本同，皇本作"必則"。

【3】儼：邢本、朱本、蔡本、監本同，皇本作"嚴"。

【4】掃：皇本、朱本、蔡本、監本同，邢本作"埽"。

【5】唯：邢本、皇本、監本同，朱本、蔡本作"惟"。

【6】難能：邢本、朱本、蔡本、監本同，皇本作"難"。

【7】善：邢本、朱本、蔡本、監本同，皇本作"善也"。

【8】食焉：邢本、朱本、蔡本、監本同，皇本作"蝕也"。

【9】衛：邢本、朱本、蔡本、監本同，皇本作"衞"。

【10】之：邢本、朱本、蔡本、監本同，皇本作"諸"。

【11】闚：邢本、皇本、監本同，朱本、蔡本作"窺"。

【12】夫子：邢本、朱本、蔡本、監本同，皇本作"夫夫子"。

【13】入：邢本、朱本、蔡本、監本同，皇本作"入者"。

【14】之云：邢本、朱本、蔡本、監本同，皇本作"云"。

【15】日月：邢本、朱本、蔡本、監本同，皇本作"如日月"。

【16】絕：邢本、朱本、蔡本、監本同，皇本作"絕也"。

【17】知：邢本、朱本、蔡本、監本同，皇本作"智"。下一"知"字同此。

【18】道：邢本、朱本、蔡本、監本同，皇本作"導"。

堯曰第二十

【提要】

本篇首先記載堯、舜的禪讓命辭與商湯的伐桀告天之文，以及周王封臣之詞和周朝的政績。其次記述了孔子的從政原則："因民之所利而利之"，此可謂有"智"；"擇可勞而勞之"，此可謂有"義"；"欲仁而得仁"，此可謂有"仁"；對人"無敢慢"，又儀表端莊，此可謂有"禮"。此外，應該加強對臣民的教育，及時發佈政令，慷慨行賞。最後以孔子所言"知命""知禮""知言"結篇，道出了孔子的安身立命之道，可謂是孔子留給君子的座右銘，其言淺近，其意則無窮也。

20.1

堯曰："咨[1]！爾舜！天之曆數在爾躬【1】[2]。允執其中[3]，四海困窮，天禄永終[4]。"舜亦以命禹。

曰[5]："予小子履，敢用玄牡，敢昭告于皇皇后帝[6]：有罪不敢赦[7]。帝臣不蔽[8]，簡在帝心【2】[9]。朕躬有罪，無以萬方[10]；萬方有罪，罪在朕躬【3】。"

周有大賚，善人是富[11]。"雖有周親，不如仁人[12]。百姓有過，在予一人。"謹權量[13]，審法度[14]，修廢官[15]，四方之政行焉【4】。興滅國，繼絕世【5】[16]，舉逸民[17]，天下之民歸心焉。所重：民、食、喪、祭。寬則得衆【6】，信則民任焉【7】[18]，敏則有功，公則説【8】[19]。

【注釋】

〔1〕朱熹曰："此堯命舜而禪以帝位之辭。咨，嗟歎聲。"

〔2〕何晏曰："曆數，謂列次也。"○皇侃曰："爾，女也。躬，身也。"○覺按：曆數：天數，指由上天確定的王朝統治年代。《尚書·大禹謨》"天之曆數在汝躬"孔安國傳："曆數，謂天道。"孔穎達疏："曆數，謂天歷運之數，帝王易姓而興。"

〔3〕皇侃曰："允，信也。執，持也。中，謂中正之道也。"

〔4〕何晏引包曰："困，極也。永，長也。言爲政信執其中，則能窮極四海，天禄所以長終。"○皇侃曰："四海，謂四方蠻、夷、戎、狄之國也。困，極也。窮，盡也。若内執中正之道，則德教外被四海，一切服化，莫不極盡也。永，長也。終，猶卒竟也。若内正中國，外被四海，則天祚禄位長卒竟汝身也。"○覺按：《説文·木部》"困"字條段玉裁注："'困'之本義爲止而不過，引伸之爲極盡。《論語》'四海困窮'，謂君德

充塞宇宙，與‘横被四表’之義略同。”《説文·穴部》：“窮，極也。”《尚書·大禹謨》“天禄永終”孔安國傳：“天之禄籍長終汝身。”《潛夫論·夢列》：“凡有異夢感心以及人之吉凶，相之氣色，無問善惡，常恐懼脩省，以德迎之，乃其逢吉，天禄永終。”據以上諸説及《潛夫論》之文，則“四海困窮”即四海被極盡，也就是天下人全部被君王德化而悦服的意思，“永”表示長久，“終”表示壽終，“永終”表示長久得一直到生命完結爲止。但是，朱熹則不從包咸、皇侃之説，其注曰：“四海之人困窮，則君禄亦永絶矣。”楊伯峻從其説，譯爲：“假若天下的百姓都陷於困苦貧窮，上天給你的禄位也會永遠地終止了。”此説實以詞語之後起義解古文，故不當。即以理而言，“允執其中”，則天下的百姓不可能都陷於困苦貧窮，如果天下的百姓都陷於困苦貧窮，也應該是天災造成的，而不是君王造成的，所以上天也不會終止其禄位。

〔5〕朱熹曰：“‘曰’上當有‘湯’字。”

〔6〕何晏曰孔曰：“履，殷湯名。此伐桀告天之文。殷家尚白，未變夏禮，故用玄牡。皇，大。后，君也。大大君帝，謂天帝也。《墨子》引《湯誓》，其辭若此。”○皇侃曰：“予，我也。小子，湯自稱，謙也。……玄，黑也。牡，雄也。夏尚黑。……昭，明也。”○劉寶楠曰：“凡大祭，牲用牛，則此玄牡爲黑牛矣。”

〔7〕何晏引包曰：“順天奉法，有罪者不敢擅赦。”

〔8〕皇侃曰：“帝臣，謂桀也。桀是天子。天子事天，猶臣事君，故謂桀爲帝臣也。不蔽者，言桀罪顯著，天地共知，不可隱蔽也。”

〔9〕簡：通“柬”（《潛夫論·賢難》云“柬在帝心”可證），選擇。簡在帝心：指商湯攻滅夏桀完全出於天帝的選擇。

〔10〕萬方：各國諸侯。《尚書·湯誥》：“王歸自克夏，至于亳，誕告萬方。”即此義。

〔11〕何晏曰：“賚，賜也。言周家受天大賜，富於善人，有亂臣十人是也。”○覺按：參見8.20注〔3〕。

〔12〕何晏引孔曰：“親而不賢不忠則誅之，管、蔡是也。仁人，謂箕子、微子，來則用之。”○覺按：參見7.5注〔1〕、18.1注〔1〕。

〔13〕何晏引包曰：“權，秤也。量，斗斛。”○劉寶楠曰：“‘謹權量’云云以下，皆孔子語。”

〔14〕劉寶楠曰：“《考工記·弓人》注：‘審，猶定也。’”○覺按：法

度：禮法制度，如《周禮》《尚書·吕刑》之類。

〔15〕皇侃曰："治故曰修。若舊官有廢者，則更修立之也。"

〔16〕劉寶楠曰："許氏《五經異義》解此文云：'國謂諸侯，世謂卿大夫。'"

〔17〕逸民：見 18.8 注〔1〕。

〔18〕信則民任焉：見 17.5 注〔2〕。

〔19〕陸德明曰："説，音悦。"

【譯文】

堯説："喂！你這位舜！上天安排的統治年代已輪到你的身上。你真誠地保持那不偏不倚的中正之道，那麼天下人就全都被你的道德所感化而心悦誠服，上天所賜的福禄你將長久地享受到壽終。"舜也用這些話任命禹。

商湯説："我小子履，大膽地依據夏朝的禮制而用黑公牛作祭品，又大膽地向偉大的天帝明白地報告：有罪的人我不敢赦免。天帝之臣夏桀的罪惡我不敢隱瞞，他是否被選用完全出於天帝的考慮。我本身有罪，並不是因爲天下各國諸侯有問題；各國諸侯有罪，罪責在我本身没有治理好。"

周王朝受到上天很大的賜予，好人很多。周天子説："即使有了與周王朝的親屬關係，也不如有仁德的人能得到任用。百姓有了過錯，責任在我一個人身上。"周王朝謹慎地規定了秤和量器的標準，審慎地制定了禮法制度，整頓了被商王朝毀壞的官僚機構，對四方的政策就實行了。恢復了被商王朝滅亡的國家，使斷絶了世襲的卿大夫有了繼承人，提拔了超脱出世的人，天下的民衆就衷心嚮往周王朝了。周王朝注重的是：人民、糧食、喪事、祭祀。對民衆寬厚，就能獲得衆人的擁護；有了信用，那麼民衆就會讓他任職；做事敏捷，就能取得成功；大公無私，那麼民衆就心悦誠服。

【評析】

此章應該是孔子整理古書時對一些文獻的摘録，體現了古代天人合一的觀念以及這一觀念的轉變。天帝是無所不能的，所以作爲天帝之子的天子，如果治理有方，則能永遠享受上天賜予的俸禄；如果有罪，天帝看得清清楚楚，一定會降下天罰。出於這樣的觀念，對天帝有敬畏的統治者就會勵精圖治。其實，治理的成效主要還取決於統治者的政治措施而不是天帝的意志，所以文章最後揭示了周王朝的成功經驗：制定度量衡標準，彰明禮法制度（如《周禮》《吕刑》），利用官僚體系，任用仁德之人，關注民生，管理寬鬆，講究信用，機敏靈活，公正公平。這些都是值得借鑒的政治原則。從中也可以看出，周王朝已經擺脱了前代的天神崇拜，而注重人在政治中的作用。孔子略記前代而詳記周代，充分體現了其關注現實、不重天而重人的思想意識。

20.2

子張問於孔子【9】，曰：“何如斯可以從政矣？”子曰：“尊五美，屏四惡〔1〕，斯可以從政矣。”子張曰：“何謂五美？”子曰：“君子惠而不費，勞而不怨，欲而不貪，泰而不驕，威而不猛。”子張曰：“何謂惠而不費？”子曰：“因民之所利而利之，斯不亦惠而不費乎〔2〕？擇可勞而勞之【10】，又誰怨？欲仁而得仁，又焉貪？君子無衆寡，無小大，無敢慢，斯不亦泰而不驕乎？君子正其衣冠，尊其瞻視，儼然人望而畏之，斯不亦威而不猛乎？”子張曰：“何謂四惡？”子曰：“不教而殺謂之虐；不戒視成謂之暴〔3〕；慢令致期謂之賊；猶之與人也，出納之吝【11】〔4〕，謂之有司〔5〕。”

【注釋】

〔1〕何晏引孔曰：“屏，除也。”○劉寶楠曰：“《廣雅·釋詁》：‘摒，除也。’‘摒’與‘屏’同。”

〔2〕邢昺曰：“民因五土所利不同：山者利其禽獸，渚者利其魚鹽，中原利其五穀。人君因其所利，使各居其所安，不易其利，則是惠愛利民在政，且不費於財也。”

〔3〕何晏引馬曰：“不宿戒而責目前成，爲視成。”

〔4〕劉寶楠引俞樾《平議》曰：“因出納爲人之恆言，故言‘出’而並

及‘納’。”

〔5〕何晏引孔曰：“謂財物俱當與人，而吝嗇於出内，惜難之，此有司之任耳，非人君之道。”○皇侃曰：“有司，謂主典物者也，猶庫吏之屬也。庫吏雖有官物，而不得自由，故物應出入者，必有所諮問，不敢擅易。”○覺按：有司：管理具體事務的小官，這裏用來形容做事不大方。

【譯文】

子張問孔子，説：“怎麼做就可以從政了？”孔子説：“尊奉五種美德，摒除四種惡行，就可以從政了。”子張説：“什麼叫作五種美德？”孔子説：“君子給人民恩惠卻不耗費政府的錢財，使民衆勞苦卻不被怨恨，有欲望卻不貪婪，泰然卻不傲慢，威嚴卻不兇猛。”子張説：“什麼叫作給人民恩惠而不耗費政府的錢財？”孔子説：“利用民衆能得利的資源來使他們得利，不也就是給人民恩惠而不耗費政府的錢財了嗎？選擇可以使民衆勞苦的時候去讓他們勞苦，他們又怨恨誰呢？想要仁德而得到了仁德，又哪裏是貪婪呢？君子無論人多人少，無論小民大官，都不敢怠慢，不也就是泰然而不傲慢了嗎？君子端正地穿戴自己的衣帽，嚴肅自己的目光，莊重得使人遠遠望見就害怕他，不也就是威嚴而不兇猛了嗎？”子張説：“什麼叫作四種惡行？”孔子説：“不進行教育，致使民衆不知法而犯法，於是就加以殺戮，這叫作殘忍；不事先告誡，卻馬上要看到成果，這叫作兇暴；慢吞吞地發佈命令，卻説期限馬上到了，這叫作害人；還是要給人的，但出手給人時卻又捨不得，這叫作專職官吏而不是個政治家。”

【評析】

此文孔子論述的九個要點，都是從政時值得注意的政治原則。

所謂政治，應該靠好的政策來治理。好的政策應該是因地制宜、因時制宜、因人制宜的。如各地自然資源不同，政府不必使用耗費財物的經濟手段使民得利，只要給他們政策，讓各地合理地利用其自然資源，就能做到“惠而不費”了。所謂“因民之所利而利之”等於説讓民衆靠山吃山，靠水吃水。如海邊的人讓他們發展漁業、鹽業來得利，平原上的人讓他們發展種植業來得利，草原上的人讓他們發展畜牧業來得利。可以説，“惠而不費”不僅是一種政治原則，實際上也是一種有效的經濟策略。至於“勞而不怨”，前人往往將“擇可勞而勞之”解爲選擇農閒之時去煩勞民衆。其實，要做到煩勞民衆而民衆不怨，只是不誤農時恐怕還不行，最重要的應該是讓民衆知道這種煩勞對其有利，如興修水利時讓可以獲益的農民參加，就肯定會"勞而不怨"了。孔子對"欲"的解釋，可以進一步擴大其外延而理解爲對崇高理想的追求。只要排除物慾、色慾之類，就談不上"貪"了。"泰而不驕，威而不猛"，雖然與從政有關，但只涉及統治者的態度儀表，是修養問題。由此可見，儒家對統治者的修養是非常重視的。

在孔子看來，從政者除了具備美德，還應該戒除各種惡行。文中指出的四種惡行，如果從正面看，則可以歸納爲：加强對民衆的法制教育，以便民衆懂法守法而不違法；事先反復告誡，以便民衆認真對待而取得成功；及早宣佈工作期限，以便民衆安排好進度而如期完成任務；信守承諾，及時獎賞。前三點的宗旨是法令先行，最後一點的宗旨是依法辦事，及時兌現承諾。

20.3

孔子曰【12】："不知命[1]，無以爲君子也。不知禮，無以立也。不知言，無以知人也。"

【注釋】

[1] 何晏引孔曰："命，謂窮達之分。"

【譯文】

孔子説："不懂命運，就没法成爲君子。不懂禮制，就没法立足於社會。不懂別人的話，就無法瞭解別人。"

【評析】

命運雖似乎不可捉摸，但人們總不能擺脱它的束縛。人們只能在歷史給予的舞臺上盡可能地把自己的角色扮演得出色一些，卻不可能跳出這個舞臺而來個"天馬行空"。要是不懂得"時勢造英雄"的道理而盲目與命運抗爭，胡亂地做一些時勢所不允許做的事，那是難以成爲英雄的。因此，對於命運，雖説可以抗爭，但也要順勢而爲。"生死有命，富貴在天"

的要義在於：人應該爲實現自己的理想而努力，但其結果如何，則取決於各方面的因素，而不是靠一己之力所能左右的。孔子爲實現仁政的理想奮鬥一生也未成功，實爲時勢所礙，但這並不妨礙他成爲君子。因此，孔子所説的“不知命，無以爲君子”的深刻涵義是：真正的君子，應該不在意命運的好壞，只要盡到自己的努力就可以了。對自己嚴格要求，奮力拼搏，但對成功與否則應該坦然面對。

以禮立身，是孔子時代的要求，因爲當時以周禮爲人們的行爲規範。但是，如果將“不知禮，無以立”作廣義的理解，即：不瞭解和遵守你所處社會的行爲規範，就無法立足於該社會。這一論斷顯然具有普遍意義，因爲無論哪一個社會，都有一定的不能不遵守的社會規範。

人們常説“言爲心聲”，語言是思想的體現，所以從言論中可以窺見其想法。如果不能分析某人言論中的是非，當然也就難以評判這個人的好壞了。在這種意義上説，就是“不知言，無以知人”。值得指出的是，“知言”的要義並不是簡單將言論當作心聲。言論往往具有複雜性，只有聽到假話、違心話時都能細加分析而知其真正的心聲，這纔是真正的“知言”，纔可以“知人”，否則就難免會受騙上當了。

【本篇校勘記】

【1】曆：朱本、監本同，邢本、皇本作“曆”，蔡本作“歷”。

【2】簡：邢本、朱本、蔡本、監本同，皇本作“簡”。

【3】罪：邢本、朱本、蔡本、監本同，皇本無此“罪”字。

【4】焉：邢本、朱本、蔡本、監本同，皇本作“矣”。

【5】世：皇本同，邢本、朱本、蔡本、監本作“丗”。

【6】寬：皇本、朱本、蔡本同，邢本、監本作“寬”。

【7】信則民任焉：邢本、朱本、蔡本、監本同，皇本無此五字。

【8】説：邢本、朱本、蔡本、監本同，皇本作“民悦”。

【9】問：邢本、朱本、蔡本、監本同，皇本作“問政”。

【10】可勞：邢本、朱本、蔡本、監本同，皇本作“其可勞”。

【11】納：邢本、朱本、蔡本同，皇本、監本作“内”。

【12】孔子：邢本、皇本、監本同，朱本、蔡本作“子”。

【附録一】

《論語》人名、族名、地名、朝代名等索引

【説明】

本書原文中有些專有名詞反復出現，如果反復注釋，則不免徒耗篇幅，但不一一注釋，又不便讀者閲覽。爲了既節約篇幅，又便利讀者，所以除了在注釋中酌情使用參見法外，今再將其編爲索引附録於此，以爲本書注釋之補充。同時，此舉也是爲了更好地發揮其史學價值，因爲"六經皆史也"（章學誠《文史通義·易教上》），而《論語》亦史也。

本索引收録《論語》中的人名、種族名、部落名、地名、國名、朝代名、典籍名、樂曲名、官名或其簡稱，也酌情收録一部分集合名詞。不過，"子"指孔子（如"子曰"）隨處可見，如果編入索引，甚嫌累贅，故略之。至於"孔子"，仍編入索引，但因爲前言中對孔子已有介紹，故注釋從略。

各名稱以全稱或常用者爲主條，以音序排列。異稱歸併於全稱或常用名稱之下，但也列爲字條（聲母相近的不再列爲字條，以節約篇幅），並採用參見法（標以"→"）。

主條下詳列該名稱及其異稱所在的篇、章（以本書原文之編碼爲代號）。其篇章號碼上有"＊"者，表示該處有注釋，可參閲。有需要説明的地方，則在括弧内加上簡略的提示。

A

哀公：2.19＊，3.21，6.3，12.9，14.21

羿：14.5＊

B

比干：18.1＊

佛肸：17.6＊

裨諶：14.8＊

卞莊子：14.12＊

伯達：18.11＊

伯适：18.11＊

伯牛：6.10＊，11.3

伯氏：14.9＊

伯夷：5.23＊，7.14，16.12，18.8

伯魚→鯉

C

蔡：11.2＊，18.9

柴→子羔

長沮：18.6＊

晨門：14.38＊

陳：5.22＊，11.2，15.2

陳恒、陳成子：14.21＊

陳亢、陳子禽→子禽

7.10, 7.18, 7.34, 9.12, 9.27, 10.14, 11.3, 11.12, 11.13, 11.15, 11.18, 11.20, 11.22, 11.23, 11.24, 12.12, 13.1, 13.3, 13.28, 14.12, 14.16, 14.22, 14.36, 14.38, 14.42, 15.2, 15.4, 16.1, 17.4, 17.6, 17.7, 17.22, 18.6, 18.7

子禽、陳亢、陳子禽：1.10*, 16.13, 19.25

子桑伯子：6.2*

子文：5.19*

子西：14.9*

子夏、商：1.7*, 2.8, 3.8, 6.13, 11.3, 11.16, 12.5, 12.22, 13.17, 19.3, 19.4, 19.5, 19.6, 19.7, 19.8, 19.9, 19.10, 19.11, 19.12, 19.13

子游、言游、偃：2.7*, 4.26, 6.14, 11.3, 17.3, 19.12, 19.14, 19.15

子羽：14.8*

子張、張、師：2.18*, 2.23, 5.19, 11.16, 11.18, 11.19, 12.6, 12.10, 12.14, 12.20, 14.40, 15.6, 15.42, 17.5, 19.1, 19.2, 19.3, 19.15, 19.16, 20.2

左丘明：5.25*

【附録二】

本書採摭文獻要目

【說明】

為了節約篇幅及行文方便，本書的前言、提要、注釋在引用文獻時不但不注明版本，而且大都使用簡稱，並作了刪節。現列其文獻全稱及所據版本，以便讀者在進一步研究《論語》時可藉此進行查考。當然，本書寫作時所參考的文獻不止於此，但未引用的（如程樹德《論語集釋》，中華書局 1990 年版）則不加羅列以免虛張聲勢之弊，在引用時不便標名的（如採摭於各種集體編著的工具書與地圖的）也依慣例從略。

《述作集自序》所引文獻已隨文詳注其出處，《論語》校本簡稱所指文獻已在《凡例》中作了說明，故不再贅錄以省篇幅。

一、《論語》注家簡稱所指文獻

1. 何晏——〔三國·魏〕何晏《論語集解》，據監本（版本詳情見《凡例》）。〔何晏集解所引孔安國、包咸、周氏、馬融、鄭玄、陳羣、王肅、周生烈之說，簡稱"孔曰""包曰"等，本書改稱"何晏引孔曰""何晏引包曰"等。監本脫頁、壞字之處則據邢本、皇本補足。〕

2. 皇侃——〔梁〕皇侃《論語義疏》，據皇本（版本詳情見《凡例》）。

3. 陸德明——〔唐〕陸德明《論語音義》，據上海古籍出版社 1985 年縮印的北京圖書館藏宋刻本《經典釋文》。

4. 邢昺——〔宋〕邢昺《論語註疏》，據邢本（版本詳情見《凡例》）。〔邢本有壞缺訛誤者，據《十三經註疏》"元刻本"（版本詳情見《凡例》）補正。〕

5. 朱熹——〔宋〕朱熹《論語集注》，據朱本（版本詳情見《凡例》）。

6. 蔡節——〔宋〕蔡節《論語集說》，據蔡本（版本詳情見《凡例》）。

7. 阮元——〔清〕阮元《論語注疏校勘記》，據中華書局 1980 年影印的阮元校刻本《十三經注疏》。

8. 劉寶楠——〔清〕劉寶楠《論語正義》，據上海書店出版社 1986 年影印的世界書局編印本《諸子集成》第一冊。

9. 楊伯峻——《論語譯注》，中華書局 1980 年第 2 版。

二、其他文獻

10.《周易》，據中華書局 1980 年影印的〔清〕阮元校刻本《十三經注疏》。

11.《尚書》及〔漢〕孔安國傳、〔唐〕孔穎達疏，據《十三經注疏》，版本同上。

12.《詩經》及〔漢〕鄭玄箋、〔唐〕孔穎達疏，據《十三經注疏》，版本同上。

13.《周禮》及〔漢〕鄭玄注、〔唐〕賈公彥疏，據《十三經注疏》，版本同上。

14.《儀禮》及〔漢〕鄭玄注，據《十三經注疏》，版本同上。

15.《禮記》及〔漢〕鄭玄注、〔唐〕孔穎達疏，據《十三經注疏》，版本同上。

16.《春秋》《左傳》及〔晉〕杜預注，據《十三經注疏》，版本同上。

17.《公羊傳》及〔漢〕何休注，據《十三經注疏》，版本同上。

18.《孝經》，據《十三經注疏》，版本同上。

19.《爾雅》，據《十三經注疏》，版本同上。

20.《孟子》及〔漢〕趙岐注，據《十三經注疏》，版本同上。

21.《國語》及〔三國·吳〕韋昭注，上海古籍出版社 1978 年版。

22.《墨子》，據中華書局 1986 年版《墨子閒詁》。

23.《逸周書》及〔晉〕孔晁注，據臺灣商務印書館 1986 年版《景印文淵閣四庫全書》第 370 册。

24.《老子》及〔漢〕河上公注，據南京大學出版社 2021 年版《老子古本探賾正解》。

25.《管子》，上海古籍出版社 1989 年影印浙江書局本。

26.《商君書》，據知識産權出版社 2012 年版《商君書校疏》。

27.《莊子》及〔唐〕成玄英疏、〔唐〕陸德明《釋文》，據中華書局 1961 年版《莊子集釋》。

28.《戰國策》及〔宋〕鮑彪注、〔元〕吳師道注，據江蘇古籍出版社 1985 年版《戰國策集注彙考》。

29.《荀子》及〔唐〕楊倞注，據中華書局 1988 年版《荀子集解》。

30.《韓非子》，據知識産權出版社 2018 年第 3 版《韓非子校疏析論》。

31.《吕氏春秋》及〔漢〕高誘注，據學林出版社 1984 年版《吕氏春秋校釋》。

32.《楚辭》及〔漢〕王逸注，據中華書局 1983 年版《楚辭補注》。

33.《孔子家語》，據三秦出版社 1998 年版《孔子家語注譯》。

34.〔漢〕賈誼《新書》，據人民文學出版社 1996 年版《賈誼集校注》。

35.〔漢〕韓嬰《韓詩外傳》，據中華書局 1980 年版《韓詩外傳集釋》。

36.〔漢〕劉安等《淮南子》及〔漢〕高誘注，據中華書局 1989 年版《淮南鴻烈集解》。

37.〔漢〕董仲舒《春秋繁露》，據中華書局 1992 年版《春秋繁露義證》。

38.〔漢〕司馬遷《史記》及〔南朝·宋〕裴駰《集解》、〔唐〕司馬貞《索隱》、〔唐〕張守節《正義》，據世界書局 1935 年影印的《四史》。

39.《大戴禮記》及〔清〕王聘珍《解詁》，據中華書局 1983 年版《大戴禮記解詁》。

40.〔漢〕劉向《新序》，據臺灣商務印書館 1986 年版《景印文淵閣四庫全書》第 696 冊。

41.〔漢〕劉向《説苑》，據中華書局 1987 年版《説苑校證》。

42.〔漢〕劉向《列仙傳》，據中國社會科學出版社 1996 年版《列仙傳今譯》。

43.〔漢〕揚雄《方言》及〔清〕錢繹《箋疏》，據上海古籍出版社 1984 年影印的光緒庚寅（1890 年）紅蝠山房刻本《方言箋疏》。

44.〔漢〕班固《漢書》及〔唐〕顔師古注，中華書局 1962 年排印本。

45.〔漢〕趙曄《吳越春秋》，據岳麓書社 2019 年版《吳越春秋校證注疏》（增訂本）。

46.〔漢〕許慎《説文》及〔宋〕徐鉉注——據中華書局 1963 年影印的陳昌治同治十二年（1873 年）刻本《説文解字》。

47.〔漢〕王符《潛夫論》，據岳麓書社 2023 年版《潛夫論彙校集注》。

48.〔漢〕劉熙《釋名》，據上海古籍出版社 1984 年影印的光緒丙申（1896 年）刻本《釋名疏證補》。

49.〔三國·魏〕張揖《廣雅》及〔清〕王念孫《疏證》，據江蘇古籍出版社 1984 年影印的嘉慶王氏家刻本《廣雅疏證》。

50.〔晉〕干寶《搜神記》，中華書局 1979 年版校注本。

51.〔晉〕葛洪《神仙傳》，據中國社會科學出版社 1996 年版《神仙傳今譯》。

52.〔南朝·宋〕范曄《後漢書》及〔唐〕李賢注，中華書局 1965年版。

53.〔北齊〕魏收《魏書》，中華書局 1974 年版點校本。

54.〔北齊〕顏之推《顏氏家訓》，據上海古籍出版社 1980 年版《顏氏家訓集解》。

55.〔唐〕陸德明《孝經音義》，據上海古籍出版社 1985 年縮印的北京圖書館藏宋刻本《經典釋文》。

56.〔唐〕歐陽詢等《藝文類聚》，上海古籍出版社 1982 年新 1 版校點本。

57.〔唐〕徐堅等《初學記》，中華書局 1962 年版點校本。

58.〔唐〕劉知幾《史通》，據上海古籍出版社 1978 年版《史通通釋》。

59.〔唐〕玄應《一切經音義》，商務印書館 1936 年影印本，見《叢書集成初編》第 0739—0744 冊。

60.〔唐〕韓愈《進學解》，據上海大方書局 1947 年再版之《古文觀止》。

61.〔唐〕劉禹錫《陋室銘》，據上海大方書局 1947 年再版之《古文觀止》。

62.〔唐〕劉禹錫《將赴汝州途出浚下留辭李相公》，據中華書局 1960年版《全唐詩》。

63.〔宋〕蘇軾《前赤壁賦》，據上海大方書局 1947 年再版之《古文觀止》。

64.〔清〕劉淇《助字辨略》，中華書局 1954 年版。

65.〔清〕曹雪芹《紅樓夢》，上海古籍出版社 1994 年版。

66.〔清〕梁玉繩《人表考》，據中華書局 1982 年版《史記漢書諸表訂補十種》。

67.〔清〕梁玉繩《瞥記》，據上海古籍出版社 2002 年版《續修四庫全書》第 1157 冊。

68.〔清〕段玉裁《說文解字注》，上海古籍出版社 1981 年影印經韵樓藏版。

69.〔清〕章學誠《文史通義》，古籍出版社 1956 年版。

70.〔清〕汪中《述學》，上海涵芬樓 1926 年影印本，見《四部叢刊·初編·集部》。

71.〔清〕武億《羣經義證》，據上海古籍出版社 2002 年版《續修四庫全書》第 173 册。

72.〔清〕王引之《經義述聞》，江蘇古籍出版社 1985 年影印的道光七年（1827 年）重刊本。

73.〔清〕王引之《經傳釋詞》，岳麓書社 1985 年版。

74.〔清〕俞正燮《癸巳類稿》，道光十三年（1833 年）求日益齋刻本。

75.〔清〕郭嵩燾《養知書屋文集》，光緒壬辰（1892 年）刊本。

76.〔清〕俞樾《羣經平議》，據上海古籍出版社 2002 年版《續修四庫全書》第 178 册。

77.〔清〕張之洞《書目答問》，據中華書局 1963 年版《書目答問補正》。

78.〔清〕孫詒讓《墨子閒詁》，中華書局 1986 年版。

79. 魯迅《阿 Q 正傳》《哀范君三章》，據人民文學出版社 2005 年版《魯迅全集》。

80. 尹桐陽《韓子新釋》，武昌曇華林工業傳習所 1919 年初版。

81. 吴承洛《中國度量衡史》，商務印書館 1937 年版。

82. 裴學海《古書虚字集釋》，中華書局 1954 年版。

83. 楊伯峻《春秋左傳注》，中華書局 1981 年版。

84. 周法高《中國古代語法·稱代篇》，據影印本，影印年月不詳，其底本應該是臺灣“中央研究院”歷史語言研究所 1959 年版。

85.《辭源》（修訂本），北京商務印書館 1979—1983 年修訂第 1 版

86. 張昌華等編《警句格言分類大辭典》，人民日報出版社 1989 年版。

87. 張覺《〈孟子〉句式變換釋例》，上海財經大學出版社 2001 年版。

88. 國華《論語·學而》，載商務印書館、漢語國際推廣北京基地主辦的《漢語世界》雜誌 2006 年試刊號。

89.《影響上財學子的 30 句誠信名言》，載《上海財經大學報》第 408 期，2007 年 6 月 30 日出版。

90. 張覺《韓非子校疏》，上海古籍出版社 2010 年版。

91. 張覺《〈論語〉第一章意藴發微》，載《孔孟月刊》2011 年 10 月第 50 卷第 1、2 期。

92. 張覺《商君書校疏》，知識産權出版社 2012 年版。

後 記

　　中國古代文化輝煌燦爛，一向爲海內外所注重。作爲這種文化的載體——中國古代要籍，也因此獲得了廣大的讀者。誠然，中國古代的要籍能歷經千百年而不廢，其最主要的原因，無疑在於其具有借鑒意義。可以說，每部廣爲流傳、經久不衰的典籍，儘管由於作者的歷史局限或思想局限而使其作品存在着一些如今看來毫無借鑒意義的内容，但其中總有一些洞察社會政治、道破人情世故、指示立身行事、研討學術文化的金玉良言或博古通今的良史之辭與膾炙人口的藝術篇章。這些精華，纔真正是這些典籍能光耀千古的生命力所在，也是最值得我們研讀的寶貴遺產。爲了使一般讀者能以較少的時間瞭解這份珍貴的精神財富，我在 1989 年初萌發了編著古代要籍精華本的設想。誠然，一些出版社早就想到一般讀者很難有充裕的時間去閱讀全本古籍，所以早就出版了一些古籍選本。但是，通常的古籍選本，往往是整篇整章地選取。這樣，選入者並非都是精言妙語，而許多未入選的篇章中的精闢之論卻被遺棄了。有鑒於此，我編著的精華本，以精簡賅博而又通俗易懂爲原則，力求疏而不漏地精選出原著中具有認識意義和借鑒意義的古代哲人智慧的結晶，每一節原文附以今譯及簡明扼要的評、注，力求使它成爲較有深度和廣度的普及讀物。其譯、注，旨在解決語言障礙，以便讀者方便而正確地理解其原文，藉以提高古文閱讀能力。其評，則不拘一格而力求公允精到，以啓發讀者對原文内涵的認識與理解，幫助初學者提高思辨能力。以精選譯評的形式整理、介紹古代文化要籍，是我當時的一種嘗試。在李大鈞先生的大力支持下，拙著《〈論語〉〈孟子〉精華譯評》《〈韓非子〉精華譯評》於 1993 年 12 月由中國旅遊出版社出版。其書問世不久即告售罄，説明這種典籍精華譯評本是深受讀者歡迎的。此後由於我忙於撰寫其他著作，編著古代要籍精華本的工作只得告一段落，但我一直以爲這樣的古籍整理形式是值得推廣的。

　　2016 年，我受邀爲 2017 年度國家社會科學基金重大委託項目《中華傳統文化百部經典》中的《韓非子》作解讀。該重大項目選取中華傳統文化經典一百部，邀請專家進行"熔古鑄今"的解讀，即精選每部經典中的精華進行普及性的注評。2021 年 3 月 3 日，全國古籍整理出版規劃領導小組辦公室公佈了首批向全國推薦的四十種經典古籍的優秀整理版本，《中華傳統文化百部經典》有多部著作入選，拙著《韓非子》（國家圖書館出版社 2018 年 12 月版）也名列其中。其實，正如偉大的科學家未必就是優秀的科普作者，研究各部經典的專家也未必就是普及傳統文化的高手。因此，即使已入選該叢書而經專家解讀的經典，仍然值得另作注評。

由於現在有很多讀者喜歡讀全本典籍，所以我早就想在《〈論語〉精華譯評》的基礎上編寫一本《論語全譯注評》。但由於一直忙於完成各種課題，所以此事一拖再拖。2010 年京郊密雲縣溪翁山莊迎客後，我每年會至此住一個多月，期間幾乎與世隔絕，卻也可藉此整理古籍。於是我完成了一些古籍校勘之後，便想利用這些時間來完成《論語全譯注評》。於是，這幾年我到溪翁山莊時帶上了劉寶楠《論語正義》等圖書，在閒暇時研治之。本書的譯文、評析、提要等，就是最近五年間利用這每年一個多月的時間斷斷續續地在此山莊完成的。

2021 年 11 月 28 日我赴溪翁山莊前，由於《論語》的譯評即將完稿，所以在 25 日將本書簡介發給了南京大學出版社。12 月我在山莊寫完譯評後，開始思考其校注工作。按照原來的設想，其原文想取用如今的通行本——中華書局 1980 年影印的阮元校刻《十三經注疏》本《論語注疏解經》，但後來決定捨棄該本。不用該本的主要原因：一是其原文未善，取用此本，就使本書混同於當今眾多的譯註本而降低了本書的學術價值。二是《論語》現存善本由於有了影印本而便於利用，利用這些善本，可提升本書的資料價值，從而使本書有別於當今的通行本。2022 年 2 月簽了出版合同之後，我除了抓緊時間將在溪翁山莊完成的譯評初稿輸入電腦，又計劃在 3 月下旬以後去圖書館完成善本彙校工作。不料上海疫情嚴重，善本校勘計劃就此落空。正當我一籌莫展之際，5 月得到了李文濤先生的熱情幫助，使我獲得了所需要的善本而順利完成了善本彙校工作。在不能到圖書館正常閱覽的情況下，查閱古籍、校勘善本之艱難非局中人實難體會。文獻是古籍整理與研究之根基，過去不少古籍校注之作或研究著作之所以有不少譌誤，除了作者抄校時的疏忽，主要還是因爲其缺乏原始文獻而轉引第二手資料乃至輾轉相抄所致，所以文獻的獲得對於確保古籍整理與研究的質量至關重要。在此，我要對李文濤先生的熱情幫助表示誠摯的感謝。善本彙校的工作完成後，爲了與其學術性相配，注釋也就自然而然地採取了集注的方式。就是説，雖然本書的譯評以普及爲宗旨，但其校注則以學術研究爲旨歸。總之，我想保持我一貫的古籍整理風格，將本書寫成一部雅俗共賞的著作。

根據我原來的寫作進度，本書稿應該在 2022 年 11 月下旬我赴溪翁山莊前完成，所以與出版社約定的交稿時間爲 2022 年 12 月 1 日。不料疫情形勢嚴峻而多變，加上其他種種原因，交稿時間只能拖了。

先是 2022 年 11 月赴京時得提前去隔離，但 12 月 19 日我還是感染了新冠病毒，山莊孟超等帶病工作爲我們服務的情景令人難以忘懷，陳愛華老師提議歌頌一下我們的山莊，我欣然命筆，其詞有云："肆虐的病毒從天降，堅强的山莊把疫抗，一幕幕情景慨而慷，我們的情誼千年萬年長。"回想 2010 年至今，我入住山莊 30 次，累計 565 天，與山莊的情誼實一言難盡，而本書又大部分完成於山莊，今姑且以此數語給山莊留作紀念吧。

12 月 25 日我回滬前夕，在與住在太倉頤悦護理院的父親通話時得知，他夜間上衛生間腿腳無力摔了跤，幸好未骨折而無大礙，25 日我回家後又必須隔離而不能去護理院探望，哪知 2023 年 1 月 2 日凌晨 4 點 52 分他心跳呼吸驟停。一向思維敏捷，耳聰目明，寫字時也不用眼鏡，還能照顧我母親的他，怎麽會突然走了呢？我每年 11 月去北京前都要去太倉頤悦園看望父母親，看到他們身體健康，又很支持我去北京，我纔放心地赴京。哪知這 2022 年 11 月之一別竟成永訣。老天啊，人命關天天不憫，我痛失慈父究何因？頭七、二七……我心不在焉，眼睜睜任憑寶貴的時光慢慢地流逝而無心寫書。終於疫情有所緩解，可以爲我父親辦喪事了。2 月 18 日我又夜不能寐，回想父親善良而艱辛的一生，不覺淚如泉湧，禁不住於 2 月 19 日 2 點 52 分在朋友圈寫了幾句："敬愛的父親，元旦剛過，您突然而去。您可知道，我少了一份日常的忙碌，多了多少倍的沉重！人家春節，是您三七。人家元宵節，是您五七。今天是您斷七，但您永遠永遠活在我心中！兒泣拜，不成聲……"此後一想起這些，總不免淚眼模糊。此時我纔真正體會到成語"如喪考妣"的情感分量了。後來漸漸有點醒悟：我應該盡早完成此稿，應該盡早讓這些文字公之於世，這纔是對家父最好的紀念啊。於是，"化悲痛爲力量"在我這裏已經不是虛飾之語而真正成了我盡早寫完此書的動力。在心鬱胸悶的狀態下我堅持不懈，總算在今天完稿了。

最後要説的是，責任編輯李晨遠女士認真細緻的審校使本書更爲完善，在此請允許我對她的辛勞付出致以衷心的謝意。此外，解釋《論語》，如果把古代的歷史記載與研究成果拋在一邊，不全面研究《論語》的語言系統，往往會失之膚淺乃至謬誤。本書雖然力求通過深入淺出的研討，以便讀者能正確而深入地理解其真諦，但智者千慮必有一失，況不智者乎？且校勘繁難，也易失誤。因此，本書不當之處恐難避免，在此懇請讀者不吝指正，以便再版時修正，使本書在弘揚中華優秀傳統文化的偉大事業中發揮更大更好的作用。

張　覺

2023 年 4 月 18 日於嘉定南翔院邸

2023 年 12 月 1 日修改於溪翁山莊